本书受全国高校古籍整理研究工作委员会资助指导

古籍研究

总第63卷

《古籍研究》编辑委员会 编

凤凰出版社

图书在版编目（CIP）数据

古籍研究. 总第63卷 / 《古籍研究》编辑委员会编
-- 南京 : 凤凰出版社, 2016.8
ISBN 978-7-5506-2429-0

Ⅰ. ①古… Ⅱ. ①古… Ⅲ. ①古籍－研究－中国
Ⅳ. ①G256

中国版本图书馆CIP数据核字(2016)第201140号

书　　名	古籍研究(总第63卷)
编　　者	《古籍研究》编辑委员会
责任编辑	李相东
出版发行	凤凰出版传媒股份有限公司 凤凰出版社(原江苏古籍出版社) 发行部电话025-83223462
出版社地址	南京市中央路165号,邮编:210009
出版社网址	http://www.fhcbs.com
经　　销	凤凰出版传媒股份有限公司
照　　排	南京凯建图文制作有限公司
印　　刷	江苏凤凰通达印刷有限公司 南京市六合区冶山镇,邮编:211523
开　　本	787×1092毫米　1/16
印　　张	20.25
字　　数	468千字
版　　次	2016年8月第1版　2016年8月第1次印刷
标准书号	ISBN 978-7-5506-2429-0
定　　价	82.00元

(本书凡印装错误可向承印厂调换,电话:025-57572508)

《古籍研究》主办单位

安徽大学文学院

安徽大学古籍整理研究所

安徽省古籍整理出版办公室

淮北师范大学古籍整理研究所

安庆师范大学文学院

安徽师范大学中国诗学研究中心

目　录

文史专论

目录与版本

校勘与注释

文献辑考

元代骈文述略*

谭家健

公元1234年蒙古灭金，1271年定国号为元，1279年灭南宋。大批北方、中原、江南文化人士陆续归附，合南北文化而形成新的文学潮流。作家作品大增，《全元文》六十册，是全金文的十五倍。其中有相当数量是骈文，但其使用范围较宋代缩小，官方文书如诏令、哀册、表章等仍有一定需求；私人写作如书启、序跋、庆贺、吊祭、赞铭以及与宗教有关的文字，尚有相当领域使用骈体，题材和风格各异。

一、元代初期骈文

从灭金至灭南宋，约四五十年，作家多为北方人。

耶律楚材(1190—1244)，燕京人，契丹皇族后裔，金亡后为成吉思汗召用，累官至中书令，在政治、文教等方面多有建树，主张继承汉文化，对促进多民族国家的形成作出了贡献。他精通汉语，诗文兼擅，著作有《湛然居士文集》等，骈文有制、表数篇，邀请高僧住寺或开讲的书疏二十多通(见《全元文》第1册)。

如《请容公和尚住竹林疏》："庆寿慈悲，拽摆犁而耕种；竹林萧洒，叹槽厂之空闲。已让位而逃，宜见机而作。我容公禅师，一条生铁脊，两片点钢唇。参透济下没巴鼻禅，说得格外无滋味话。呵佛骂祖，且存半面人情；揭海掀山，别有一般关捩。试问孤峰顶上，何如十字街头？若是本色瞎驴，好趁大队；既号通方水牯，何必芒绳。谨疏。"

这些骈文简疏，相当于文士间的小启。作者以朋友身份，邀请某和尚出任某寺住持(其中包括今北京红螺寺)，不讲弘扬佛法意义，而以调侃、幽默的笔调，漫画的手法，突出对方形象，半开玩笑说，你来这里，可以自由自在啊。"呵佛骂祖"是禅宗一派的极端行为，与法相宗、密宗谨守佛门法度者有所不同。

再如《心经宗说后序》："白华山主揝折脚铛，煮熟没米粥；万松野老用穿心碗，盛与无口人。虽然指空话空，争奈依实具实。嗟见浑沦吞枣，只管诵持；故教混沌开眉，妄生穿凿。如明以字，莫认经头；未解本文，且看注脚。"以滑稽语言解佛读经，妙极。比耶律楚材早五六十年的金人党怀英，也写过致和尚的书疏，也是这种泼辣风格，但文字稍长，夸饰稍多。

上述两文灵动、诙谐、俚俗之处，似与元曲同一机杼，与端庄严肃的庙堂之文大异其趣。

---

* 国家社科基金重点项目：中华古今骈文通史(14AZW012)

许衡(1209—1281),今河南沁阳人,幼习程朱之学,元太宗十年(1238)应试中选,入儒籍,在家乡讲学,人称鲁斋先生,后来成为北方理学大师。1254年应秦王忽必烈召,任陕西提学。1260年忽必烈即帝位,召至京师,任国子祭酒,后转中书左丞。提出行汉法,重农桑,兴学校等主张。与刘秉忠共议官制,改革历法,测定一年为365.2435天,与实际公转时间仅差26秒。在政治、思想、文化、教育等方面均有成就,有《鲁斋遗书》等著作。

他的骈文代表作如《呈丞相乞致仕状》:"许某呈:某旧患脚气,复因忧戚变为肿。此等病候,类多难治。三数年来,止以忌慎之严,苟延视息。今乃叨居要地,陪列元臣,乏德乏才,既不足以办事;非勋非旧,又不足以服人。虚负宠恩,莫任忧畏。以故耳增重听,心苦多忘。腰痛未已而手麻,腹满才轻而溲涩。有困危之势,无安养之期。望加矜怜,特赐闻奏。使退循常分,仍守旧资。岂惟免尸位之愆,亦可效育才之助。心获无歉,病庶有瘳。仰惟高明,伏幸裁处。右谨具呈。"(见《全元文》第2册,下同)

元代中央行政权集于中书省,中书左丞相当于中书省秘书长。故文中说:"叨居要地,陪列元臣。"元臣指丞相。由于许衡直言敢谏,与丞相阿合马意见不一,经常争辩,遂以多病为由,请求退休。他列举的病症,有脚气、腿肿、重听、健忘、腰痛、手麻、腹胀、小便不利等,皆老年人常见病。语言浅近,叙述具体,对偶自然,无造作之弊,可信是属实的。

《留吴行甫疏》,是写给国子监学官吴行甫的书信,劝他继续担任教职。文章说:"窃以学务求师,师明则正可就学;贤期卫道,道明则益以为贤,义有当从,谦何过执。伏惟行甫先生,德堪模范,学究渊源。已烦善诱之勤,先著小成之效。远图可望,幼志俱亲。岂容中道之退归,深抑舆情之企慕。智惟成物,忠必诲人。忍令诸子(指众学子)之无依,坐视前功之不继。万愿复垂绛帐,弘古人之旧风;重授青衿,起今日之新学。谨修短疏,用表深衷。切望高明,特赐允许。"

国子监是古代中央政府直属最高学府,国子祭酒即校长,副职为司业,教官有博士、助教等。许衡先说明教师的重要,接着说吴先生很称职,希望不要中途退出,继续坐讲堂(绛帐),教学生(青衿),弘旧风,起新学。若在南宋人笔下,也许繁选典实,斟酌字句。此文却不加修饰,平实恳切,情辞并茂,相信吴老师会被许校长说服的。

除骈文和古文外,许衡竟然也写纯白话文。其《大学要略》长达五千字,通篇用口语:"《大学》之书,是孔夫子的言语……三千徒弟,于内有个徒弟唤做曾子,那个记述孔子的言语,做成《大学》阿的是。"

郝经(1223—1275),今山西晋城人,是元初接受程朱儒学的北方代表人物之一。受忽必烈招致、器重,官至翰林侍读学士。曾出使南宋,宋相贾似道谎报战功,害怕郝经到达临安泄露真情,把他扣留在长江边上的仪征,长达16年。不屈,羁留期间,撰写了大量学术著作及诗文,有《陵川文集》39卷(见《全元文》第4册)。散文长于议论,有词采。骈文较少,但个性鲜明。如《容斋铭》:"偃偃以弗顾,藐藐以弗瞩,是之谓忽。落陷阱而不为之引,溺渊水而不为之拯,是之谓忍。当于义而弗为,事俯仰以徇时,是之谓随。惟兹三者,人欲之私,凡百君子,察而去之。, 闳塞以为通,撤藩篱而大同。东西其横,南北其从。浮云在空,马牛其风。彼横逆而至,于我何加焉?……"

此文突出表现其人格理想,充满他所崇尚的浩然正气。突破历来铭文以四言为主的格式,改为长短不拘的对句,而夹以散语,音韵铿锵,简劲有力。南宋洪适有《容膝斋上梁文》,内容略近,以抒情为主;郝经此文以说理为主,各有侧重。郝氏还有《志箴》《家人箴》《友箴》《自恕箴》等,皆言简意赅,骈散相兼,风味独特。

郝经有一批模拟古代事件之檄文、露布、制诰,皆长篇骈文,如拟《赠韩愈礼部尚书制》,给韩愈以极高的评价:"故吏部侍郎韩愈,执德不回,以道自任。几圣未达于一间,大儒兼综于四科。传仲尼心,若颜渊、曾参之亲炙;述孟轲志,谓荀况、扬雄为未醇。明白而皆仁义之归,奥衍而得性命之正。完三光五岳之气,浩然而独存:承八代百家之微,嶷若而自振。力阚二氏,申明六经。去陈言而新斯文,距邪说而立名教。巍巍乎泰山北斗,玉洁石光;浩浩乎长江大河,龙翻凤跃。置之朝廷之上而不喜,斥之岭海之外而不忧。六军无哗,逾月而清辇毂;万刃注视,片言而折凶锋。以有用之才,明佐王之道。直造先秦之上,岂惟由汉以来。……"关于韩愈的评论历来甚多,当以苏轼《潮州韩文公庙碑》最具权威,是中国散文史上的名作。郝经这篇骈文,对韩愈的道德文章和政治表现作出概括,比苏文更简要。全文对仗,无一散语,整齐而又流畅,典重而不浮华,只举事例,不用典故,化成语如己出。

王恽(1227—1304),今河南汲县人,累官至翰林学士、知制诰,同修国史。早年曾向元好问请教,受其指点,有《秋涧集》100 卷(见《全元文》第 6 册),其中祭文 60 多篇,铭文 30 多篇,表章、道疏数十篇,为骈体,数量可观,《四库全书简明目录》说:"恽诗文源出元好问,故意态波澜,具有轨范,足以嗣响其师。奏议尤疏畅详明,了如指掌。史称恽有才干,语殆非虚。"王恽是理学信徒,为文主张文理结合,然而其散文并无理学气味,尤长于山水游记,视野开阔,状景清拔。说理之文,往往切中时弊,颇有骨鲠,骈文亦不乏可读者。如《进呈世祖皇帝实录表》有云:"洪惟世祖皇帝,仁孝英明,睿谋果断。爰从潜邸,有志斯民。植根干而佐理皇纲,聘耆德而讲明治道。始平大理,再驾长江,过化存神,有征无战。迨其龙飞滦水,鼎定上都,革弊政以维新,扩同仁而一视。规模宏远,朝野清明。内则肇建宗祧,创设台省,修举政令,登崇俊良;外则整治师徒,申严边将,布扬威德,柔服蛮羌。……万汇连茹,群雄入彀。削平下土,统正中邦。慕义向风,声教羡朔南之暨;梯山航海,职贡无遐迩之殊。方且开学校而劝农桑,考制度而兴礼乐。国号体乾坤之统,书画焕奎壁之文。……"

元世祖忽必烈是元代仅次于成吉思汗的第二位英主,元代的典章制度、国号、国都皆由他确定,文治武动,内外政策都取得很大成就。王文对忽必烈的历史贡献作集中的概括,虽是歌功颂德之文,大体符合实际,当得起四库馆臣"疏畅详明,了如指掌"的考语。

阎复(1236—1312),今山东高唐人,宪宗九年(1259)入仕,至元八年(1271)供职翰林院,历任翰林学士,集贤学士、知制诰、修国史,以文学见长,不肯为政事官。在翰林院长达三十六年,至元至大德年间重要诏令典章,多阎复所草。有《静轩文集》五十卷,今存五卷(见《全元文》第 9 册)。清孙梅《四六丛话》列举元骈文六家,阎复列首位。其骈文有代皇帝起草的加封孔子、伯夷叔齐、元初四位丞相的制诰和他自己致上司的书启等多篇。

其中《尚书省上梁文》是精妙骈体:“龙蟠虎踞,近依天阙之九重;鸟革翚飞,肇启文昌之八座。昭风云之庆会,耸华夏之具瞻。麟凤来游,燕雀相贺。钦惟圣朝,磬天张宇,亘地开封。混六合以为家,揽群英而入彀。周卿有六,以冢宰统百官;唐省分三,曰尚书总庶务。喉舌曲枢机之密,股肱资辅佐之良。惟政事之有堂,实熙朝之盛典。再涓吉地,爰筑新基。辇来落落之奇材,构出潭潭之仙府。左带凤池之水,右瞻鳌冠之峰。听鸡有便于趋朝,待漏不烦于他所。三槐论道,端居上相之尊;一笔为霖,广作苍生之福。允协龟策,共举虹梁,博采欢谣,庸申善颂。”

上梁文是建筑物上梁时的颂词,盛行于两宋,延续至辽金元。此文为尚书省新建官衙而作。尚书省,在南北朝、唐宋为中央政府行政机构之中心,总揽政务。元代以中书省为中枢,尚书省时设时废,明代不设宰相及尚书省,六部直接由皇帝控制。阎复是元初人,故认定尚书省如“喉舌典枢机之密”,尚书令如“股肱资辅佐之良”,宰相“端居上相之尊”,“广作苍生之福”,表明他对尚书省的期望和祝福。上梁文用于民间和私人建筑时,往往写得轻松活泼,少用典故。用于皇家宫殿和官衙时,则比较庄重严谨,典事繁多。此文属于后者。

姚燧(1238—1313),今河南洛阳人,伯父姚枢,老师许衡,皆开国名儒。姚燧先后任翰林学士承旨、知制诰兼修国史。元张养浩《牧庵文集序》说:“公才气驱驾,纵横开合,纪律惟意,约要于烦,出奇于腐。江海驶而蛟龙拏,雷霆薄而元气溢。”《元史》本传说他“为文宏肆该洽,豪而不宕,刚而不厉,舂容盛大,有西汉风,宋末弊习为之一变”。《四库全书简明目录》说:“燧学出于许衡,而文章过衡远甚。雄深雅健,绰有古风。碑志尤足补史阙。有元一代,自虞集外,罕能旗鼓相当也。”有《牧庵集》36卷(见《全元文》第9册),其中制诰之文为骈体。如《刘秉忠赠赵国文正公制》:“渊深而智,山静其仁。方见龙之在田,尝迨天之未雨。贯百王之一其道,于圣学以开明;敷五典之三为纲,肇人纪之修叙。身本斯立,政条用张。颁禄于陕之东西,屯田于淮之南北。从征南诏,与越三江。赞神武不杀之仁,洽民心好生之德。咸嘉谟之入告,至大业之佐成。是以枫宸之念功,俾于兰省而总政;属王旅箪壶之迎劳,随王舆文轨之混同。……”

受追赠者刘秉忠(1216—1274)是忽必烈在藩的近臣,随之东征西讨,渡长江,入四川,征云南,密谋夺取皇位,以后又定朝仪官制,负责设计修建上都(开平)大都(北京),建议改蒙古国号为元,对元代的确立和发展有重大贡献。姚文的评价全面而属实。前面几句,出《周易》《诗经》等经典;中间几句,点出刘秉忠参与的重要事件。全文多为七八字对句,少见四六句,正是北宋散体四六的习惯,平实晓畅,不像南宋同类四六那样华丽浮夸。

再如《左丞许衡赠官制》:“玉裕而金相,准平而绳直。出处则惟义所在,言动亦以礼自持。休休焉有容,属属乎其敬。人能弘道,惟朝闻夕死之是期;我欲至仁,匪昼诵夜思而不得。行己似秋霜烈日,化人如时雨和风。来席下之抠衣,满户外者列屦。达简在帝心者,率多丞弼;穷固守师说者,不失善良。鹤鸣九皋,而声闻于高;凤翔千仞,必德辉乃下。爰立相以尧君舜民之志,所告上皆伊训说命之言。丹扆斥奸,少不避雷霆之轧击;青台治历,本于策日月而送迎。”

姚燧是许衡的学生,这篇赠制,内容基本属实。赠刘秉忠制重在政事武功,创业,立规。赠许衡制重在品德，招贤，献策。刘制更具体，许制更概括，各有千秋，而文风大体一致。

康晔，元初人，生卒年不详，曾被东平千户严忠济聘为府学祭酒（府立学校校长），并送给他一匹马。他致函《谢严东平赠马启》示谢：文章先自谦才素无良，志同驽马，无足取用；然后赞美对方，名高德大，不拘小大，不计过错，量材使用；使自己得备官府，不必徒行，深表感激。全文几乎句句用典，处处与马有关，寓意委婉，耐人寻绎。历来谢赐小启，率皆以典代物，从南朝萧氏兄弟，徐、庾父子，到两宋四六名家，不乏此类名作。据颜之推《颜氏家训》记，某博士买驴，书券三纸，不见驴字，讥其用典过繁。康文 206 字，马字仅一见。他不会不知道博士买驴的笑话，还故意这样写作，除了显示博学才情，也可能含有以文为戏的成分。

二、元中期骈文

大致从 1279 年至 1328 年，约五十年，作家多江南人，有些人曾仕宋，有些人宋亡时尚年轻。

刘壎（1240—1319），今江西南丰人，南宋咸淳元年（1265），开馆授徒，渐有文名，日后初涉科场，结交官员，写作应酬文章。元成宗元贞元年（1295），56 岁时被举荐任建昌学正，至大二年（1309）任延平儒学教授，享年八十岁。终其身不过小小的学官，然而却留下大量骈文著作，今存《水云村泯稿》三十卷，《全元文》第 10 册）。其中有代他人所拟制诰 16 篇，贺表 20 篇，致大小官员通书、贺启、谢启等八十来封；以及祭文、祝文、祷文、致语、法语、榜文、青词、醮词、佛道疏、营造记等等，五花八门的骈体文 140 多篇。总数 260 多篇，堪称元代骈文第一大家。然而清人评价不太高。《四库全书简明目录》说："壎才力雄赡，尤工于四六，隶事铸词，具有精采。然壎之所长，在以散体为四六，壎所短即在以四六为散体。故其杂文，不古不今，转成伪体。"此评未必允当。以散体为四六，宋金元明大有人在，刘氏的特色在于以四六作民间俗体之文。大致看来，制、表及官员通书、谢启之类官场应用文的语言是古代的，民间俗体骈文的语言有古有今，不古不今的。称之为"杂文"可以，不能说是"伪体"。

如《万缘堂化田疏》："结万人缘，盖为同修净土；图三餐饱，固须广置良田。如来尚甘乞食之羞，道人那有蒸沙之法。欲求赡足，宁免钞题。或拨三顷五顷，特地周旋；或捐十锭八锭，随时增置。拈匙弄碗，知有来处；槌钟打磬，报无尽期。是名千年田，虽历劫而不卖；只此一盂饭，至成佛而乃消。休吝休悭，常舍常有。"

此文旨在为佛寺募捐田产，作为佛寺稳定性经济来源。语言浅俗，对仗整齐，很适合向大众宣传。明徐师曾《文体明辨序说》解释"募缘疏"说："募缘疏者，广求众力之词也。桥梁、祠庙、寺观、经像，与夫释老衣食器用之类，凡非一力所能独成者，必撰疏以募之。词用俪语，盖时俗所尚。"刘壎此类文章还有《金绳禅寺修造疏》《三官祠修内殿疏》等，皆属于"不古不今之文"。

《为枯木和尚下火》："和尚原是儒家，弃而为僧，为保福寺藏主。一日往近郊访旧，酒后回至定光院前，失足而逝，就于彼寺敛棺荼毗（以上为小序，以下为火葬时致语)。正欣枯木遇芳春,惊见东风扫路尘。明月照空今寂寂,定光光里见真身。寂照禅师,朽木和尚。生兮历万苦千辛,眼里识三文两字。见居宝福藏下,足可安身;却向滑石路头,忽然失脚。休问怎生倒地,且图如此散场。一把火送汝长行,无生无死;三千界任君游戏,自去自来。大众共听,一言判断。咄! 三杯暖饱后,一枕黑甜余。”

这是为某和尚火化时的致语,宗教性质淡薄,戏谑意味强烈。生动风趣,不古不今。《寿昌和尚起棺语》也是如此,该文最后几句说:“正喜山门改观,俄闻筵席散场。到这里有甚商量? 只兀底也须寻个发放。请大众听,咄! 仰天大笑出门去,明月芦花何处寻。”其中好几句纯属口语。

至于古色古香之作,则有《自赞》:“眸不炯炯,貌不堂堂。勋业未建,鬓毛已苍。其卓乎有立,以胸中粗识大道理;其未能免俗,以笔下间为小文章。斯人也,使展其霖雨之手,固当忠君父而泽民物;而著之水云之村,亦能咏风月而歌沧浪。虽然,此犹其小者也。若其方寸之耿耿,终不以死生而存亡。”这是一篇自我评价的短文,彰显其豁达的人生理念和不凡的政治志向。个性鲜明,不同于其他人之自赞。

《贺端午日生辰》,原题下自注“自作”,为自己贺生日:“节临重午,日纪生申。蒲艾浮香,正值锦标之揭;桑蓬袭喜,式增宝牒之晖。凡与照临,孰不欣快? 僭陈微礼,仰祝修龄。齐国之生孟尝,恰逢是日;汉朝之诞胡傅,愿见同年。”还有《贺娶妇》,原题下自注“自作”,为自己庆贺新婚,实在滑稽。

《厨榜》:“斋以事帝,必蠲洁于庖羞;幽则有神,其董临于烹饪。望威灵之丕振,俾腥秽之顿清。倘苾苾芬芬,致众真之歆祀;则明明赫赫,有三锡以褒功。禁戒非轻,职司毋赦。”这是为寺庙厨房写的告示,要求清洁真诚,否则“禁戒非轻,职司毋赦”,所以用语严肃庄重。

此外,还有祝香语、放生语、祈雨、谢晴之文等,皆民间通俗骈文。

刘壎这些骈文,对于了解当时民间宗教信仰、风俗习惯、大众文化生活、思想意愿等情状,有所帮助。

戴表元(1244—1310),今浙江奉化人,宋末进士,曾任宋建康府学教授,入元后,任信州等地教授,不久以疾辞归,有《剡源文集》30卷(见《全元文》第12册)。《元史》本传说他“慨然以振起斯文为己任”,“其文清深雅洁,化腐朽为神奇”,“至元、大德间,东南以文章大家名重一时者,唯表元一人而已”。郭预衡说他“高情旷度”,“既不同于宋代季世之音,也不同于元代盛世之体,与姚燧等同辈之作,也是很不同的”[①]。他的散文成就较高,骈文不多,有十来篇短赞,如《通苏教授启》。朋友苏某将到奉化任教授,戴表元向他介绍地方文化界情况,内容颇值得注意。

> 惟此弦歌之国,素无刀笔之风。越自近年,诱成恶党。鱼鳞田籍,化为子虚之归;鹤发儒宗,侮以侯白之术。计虑疏而自陷危穽,造诣拙而倒持太阿。信萋斐之小言,弃隄防之通例。貂不足而狗尾续,惊位置之何多;蚕则绩而蟹有筐,几主名之莫辨。得者不以为感,慢之反以有辞。宜谤议之喧天,致纪纲之扫地。

① 郭预衡:《中国散文史》,上海:上海古籍出版社1986年,第724页。

大意是说，原来文化氛围浓厚的地方，现在农田变成游乐园，老师成了滑稽演员。规划不周陷入自我危机，管理笨拙授人以柄，相信各种不可靠的言论，抛弃堤防老规矩，工程预算叠加，衙门官职很多，名称变来变去，得官者不知感谢，怠慢者大吵大闹，批评意见铺天盖地，社会道德风气败坏。据历史学家研究，元代东南地区商品经济发展，市民文化畸形繁荣，造成种种弊端，戴表元对此深恶痛绝。这种现象在几百年后中国的某些地方又不同程度地出现了。此文堪称历史龟鉴。

赵孟頫(1254—1322)，字子昂，号松雪道人，今浙江湖州人，其五世祖是宋孝宗的父亲(孝宗后来成为高宗养子)。赵孟頫于南宋末年作过地方低级官员，入元，经人推荐，历任兵部郎中、翰林学士承旨，受到元世祖、成宗、仁宗重视。他是宋王朝宗室后裔，在元朝始终是个文学侍从之臣，一直不安于位，诗文中流露悔愧，在后世被指责为政治失节。然而，他在中国文化史上是多面手，第一流的书画大家，诗文词曲都有名作流传，有《松雪斋文集》(见《全元文》第19册)，夫人管道昇也是著名女诗人。赵孟頫的骈文不多，主要是制诰和少量书、序。如代表作是《赠张九思上柱国鲁国公谥忠献制》，对元代名臣张九思作出历史评价，有云：

> 具位宽厚有容，质直好义。早逢熙运，位登喉舌之司；逮事春宫，身任羽翼之寄。瞩奸臣之作乱，闭宫门而弗开。仓猝之间，忠节可尚。太皇知其谨慎，委任尽其始终；世祖畴其勋庸，爰置诸其左右。天下诵司马光之字，朝廷推万石君之风。从容乎庙堂，密勿乎禁近。鞠躬尽瘁，弼亮三朝；正笏垂绅，夷险一节。

受追赠者张九思(1243—1303)，早年受到世祖太子真金赏识，留备宿卫。至元十九年，太子随从世祖巡幸上都，宰相阿合马留守大都。妖僧高和尚、千户王著发动兵变，夜聚数百人，假称太子回京，入建德门，直趋东宫，大呼开门。张九思正在东宫值班守卫，时直昏夜，事起仓卒，众人不知所措，九思下令不得擅启宫门。妖贼见欺骗不行，乃越墙，趋南门外，杀宰相阿合马。九思发现有诈，命卫士奋力击贼，尽获之，终于稳定局势。此后，他官职升迁，皇太子病卒，他任中书省右丞。世祖卒，皇太孙(即成宗)即位，九思任中书平章事，位列宰辅。赵孟頫这篇制词，内容充实，重点突出，评价允当。文章继承北宋散体四六风格，少用典故，平实雅正，承转自如，明畅可诵。

另一篇《五柳先生传论》，是白描骈文：

> 志功名者，荣禄不足以动其心；重道义者，功名不足以易其虑。何则？纡青怀金，与荷锄畎亩者殊途；抗志青云，与徼幸一时者异趣。此伯夷所以饿于首阳，仲连所以欲蹈东海者也。矧名教之乐，加乎轩冕；违己之病，甚于冻馁。此重彼轻，有自然矣。仲尼有言曰："隐居以求其志，行义以达其道，吾闻其语，未见其人。"嗟乎！如先生近之矣。

郭预衡认为，赵孟頫仕元朝，内心颇自矛盾，其称伯夷鲁连，表明志在远举，但既已出仕，则悔之已晚。"违己之病，甚于冻馁"，乃是深有体会之言[①]，反映出他无奈的心境。全文24句，有18句对仗，属于骈散相杂以骈为主的述志之文。

---

① 郭预衡：《中国散文史》，第731页。

袁桷(1266—1327),今浙江宁波人,历任翰林编修官、直学士、侍讲学士。他是戴表元的学生,论文宗欧阳修、王安石、曾巩。有《清容居士集》(见《全元文》第23册)。今存骈文多为应用文字,朝廷制诰、册文、祝文和表、笺以及勋臣碑铭等。文风于平正中求宏丽,喜引经训,显示精博,颇得时人赞许。《四库全书简明目录》说:"桷早从戴表元、王应麟、舒岳祥诸遗老游,文律诗法俱有授受。又博览古籍,练习旧章。故册诰之文,典礼之仪,为一时弁冕。……大德、延祐之间,称艺林领袖,盖不虚焉。"

大德初年,阎复等推荐袁桷入翰林国史院,他有《谢阎学士启》,表示感谢,并谈到对翰林院和史职的见解。有云:"王言之制曰七,史官之长有三。风动四方,必训辞之温雅;诏垂万世,在书法之简严。维班马之良,不能继获麟之笔;而燕许之体,难以推倚马之才。艺不两能,物无全美。笔则笔,削则削,非曲学之可为;见所见,闻所闻,恐直情而难致。古有斗米而作赋,近多千金以致词。好恶成一己之私,褒贬失当时之实。掩长卷以窃叹,抱遗经而自娱。故魏收以轻薄寡才,咸称秽史;王通虽隐沦不仕,独著元经。"指责当时有的史官缺德,纳千金以致美词,"好恶成一己之私,褒贬失当时之实",类似北魏臭名昭著的魏收之著"秽史"。揭露相当深刻,与前述戴表元批判地方上文化界的弊端,一朝一野,可互相补充。

另一篇《回宣城郭教授启》,风格与前启有所不同。"伏维教授学士,藻思春云,丰神秋月。子綦隐几,立言深愧于炎詹;林宗垫巾,置论匪邻于危覈。脱颖悟折冲之敏,发硎穷肯綮之情。流涕力疏于治安,多病耻陈其封禅。怀章宿邸,知富贵之有时;弃繻入关,审功名之可卜。方盛世兴贤于郡国,讵长才抱道于草茅。云龙类从,冥鹏运徙。遴选金台之彦,孰敢居前?深藏宝剑之篇,岂宜缓后?……"此为前段,用大量历史名人典故夸奖对方。下面一段则谦辞述己:"桷学殖尘荒,经畬德堕。儒林丈人之源委,老矣亡传;子墨客卿之词章,终焉自失。每念空歺而增戾,诚思拔茹以避贤。位卑语轻,望浅任重。吾徒掌帝之制,弗称经纶;君子赠人以言,有惭斧藻。永绎其旨,不知所酬,伏希亮察。"大概是那位郭教授来函请求举荐,他以位卑言轻婉言拒绝。此文高华精博,不像前引《谢阎学士启》之平正俊逸。谢阎启学北宋欧苏四六,回郭启有南宋李刘等笔意。

虞集(1272—1348),今江西崇仁人,南宋名相抗金英雄虞允文五世孙。宋亡时虞集七岁,成长之后,已是元朝一统天下,所以他没有亡国之恨,而成为盛世之文的代表。曾任儒学教授、集贤院修撰、翰林直学士、国子祭酒,皆为文职。有《道园类稿》50卷(见《全元文》第26册),散文为主,骈文多,在制、诰、表、笺中。《四库全书总目提要》说:"有元一代,作者云兴,大德、延祐以还,尤为极盛。而词坛宿老,要必以(虞)集为大宗。"《四库全书简明目录》说:"金元之间,元好问为文章耆宿,迨元之季,则以(虞)为大宗。……大凡其陶铸群材,固不减庐陵(欧阳修)之在北宋也。"清初黄宗羲推崇他与姚燧为元之两大家。都是就其散文而言,说他可比欧阳修,未免过誉了;其骈文成就更没有那么高,但不乏可读之作。如《奏开奎章阁疏》。奎章阁是朝廷藏书之所,相当于今之国家图书馆,古代朝鲜亦曾设立,至今保存在汉城大学内,笔者曾经参观过。虞集对皇帝开办图书馆表示赞美,说:

特奉圣恩,肇开书阁。特辞万机而就佚,游六艺以无为。……集群玉于道山，植芳园于灵圃。委怀淡泊，造道精微。若稽在昔之传闻，孰比于今之善美。臣等躬逢盛事，学愧前修。虽既竭于论思，惧无堪于裨补。敢不咏歌雅颂，极襄赞之形容；探赜图书，玩盈虚之往来。冀心神之融会，成德性之纯熙。

元代开国之初不大重视文章学术，如今开办图书馆，总算是有益文教的善举。此文有些颂扬皇恩的套话，亦在情理之中。行文学宋四六，多用长联，造语平淡，缺少情致，可能是这种文章体制所限吧。

再如《经筵官进职谢表》。经筵讲官是给皇帝讲解古代经典的学术官员，十分荣耀。此表分四段，第一段是帽子，第二段说明讲官职务的重要性："昔者明王，不以天纵而自圣；本之先哲，式资道揆以开人。故伏羲则画于河图，神禹锡畴于洪范。凡将图治，慎在求闻。盖帝王传授之精，布于方册；而古今治乱之迹，可以鉴观。爰咨博洽之材，用广聪明之识。然守职业者，特见诸政事之著；惟事启沃者，先端其心术之微。故兹职旷典之行，实重真儒之案。"中间一段，自谦不称其职。最后一段，对皇帝提出期望："皇帝陛下，以乾坤之德为德，以尧舜之心为心。无一念不在于民生，无一事不遵于祖宪。遐方毕服，犹虞水旱之为灾；群贤在朝，尚恐俊良之攸伏。必合二帝三王之至盛，以登四方万国之太平。"这些话对于从小受儒家思想熏陶的宋代皇帝，也许是老生常谈；对于与中原汉文化隔膜的元代皇帝，不无一定启迪。

上述二例，皆官样文章，未免拘谨，难见才情。至于私人书启，情辞则异。如《贺海南将军启》："出节少府，移镇大邦。收部曲于久闲，俄旌旗之改观。浮云连海，空闻薏苡之车；明月照楼，自看芙蓉之剑。落落几忘于世故，惓惓深结于主知。退然不言，遂以经岁。抚髀而叹，能无廉颇之思；刻印以封，不在雍齿之后。偃蹇万里之外，辉煌一日之间。酌酒以饮枢臣，委曲道将军之旧；为书以授贤子，驰驱将使者之车。受弨弓而永藏，锡康爵以既醉。上恩之厚，外廷所无。"

纯用四六，对仗工整，用典繁密，切合海南地区之远，将军久戍之劳，是以博采见长之作。不过，从总体上看，虞集的骈文不如其散文个性特点之突出。

萨都剌(1272—1355)[①]，雁门(今山西代县人)，蒙古族(一说回族)，著名诗人，出身将门，少年家道中落，家境清寒，曾经商侍亲，奔走吴楚，55 岁中进士后从政，作过属吏小官，后归隐，寄情山水，享年 84 岁，有《雁门集》(见《全元文》第 28 册)，其骈文造句如诗词，结构如散文，虽然句式相对成文，却跳脱纵横，摇曳多姿。今存多为与和尚交游的记录，如《雪窦请野翁茶汤榜》："怒虎出林，万壑松风鼎沸；苍龙在窟，千寻瀑雪空悬。正宜一味之森严，痛洗多生之浮薄。窗南睡足，日上危峰；天外身容，春先大地。斗官焙固应绝胜，寄家书仍恐暗投。渝尽三万六千顷太湖之波，唤起二百五十年昭陵之梦。顽犷妖邪之无赖，求售争先；风流蕴籍之有余，策勋何晚。银河无边，肆佛祖翻澜之辩；宝露不竭，策唐虞治世之勋。蒐天地之英材，起山林之沉痼。大川一饮，舌头落处皆知；少室单传，皮髓寻时已错。嫌太白士气犹在，笑岐黄风味忒奢。用之则行，悦而诚服。礼仪具有，足为丛社之光；道脉延洪，别试诸方之妙。"

---

① 关于萨都剌生卒年有不同说法，1970 年版《辞海》作"1308—?"，本书依据李修生主编《全元文》作家小传。

这是一篇邀请朋友吃茶的信函。雪窦山在今浙江奉化市西北，是著名风景名胜地，山麓有佛教禅宗十刹之一雪窦寺。茶汤会是寺庙所设斋会，邀请世俗人士与会结缘。萨都剌此文写景只用开头四句，以下描述喝茶时的心情，用恣肆的笔法，夸张的语言，极言其豪励、痛快的感受，表现他独特的生活观和自然观。意象雄浑阔大，境界高远脱俗，蕴涵深厚，几乎每一联每一句每一语词都值得咀嚼、体悟。可以看出李白、李贺、辛弃疾的影响。既是骈文，也可以说是不押韵的诗，不按谱的词。其《禹溪和尚住雪窦》《云外和尚住天童诸山》《印月江住湖州河山江湖》《冷石泉居平口北禅教寺诸山》等文，都是这种风格。在元代骈文中，洵为上品。

揭奚斯(1274—1344)，今江西丰城人，博学多才，为世所重，官至翰林学士，曾任辽、金、宋三史总裁官，有《揭文安公集》(见《全元文》第28册)，骈文不多，以制、表为主。元黄缙《揭公神道碑》说他："为文叙事严整而精核，持论一主于理，语简而当。"《四库全书总目提要》说："凡朝廷大册及碑版之文，多出其手，一时推为巨制。"他以议论文见长，说理周密，层次清晰，温顺和平，但时有说教味道。如哲学小品《静虚解》："惟静为能统天下之至动，惟虚为能容天下之至大。至动，天也；至大，地也。非至动无以见静之用，非至大无以见虚之载。惟静虚，众理出焉，万物生焉，故圣人则之。君子学成于静，益受于虚。非静虚无以成君子，况圣人乎？惟圣人为能合静虚之体，致静之用，故可参天地，赞化育。非静虚无以成圣人，况天地乎？惟天得虚而无不覆也，惟地得静而无不载也。故能运行四时，化生万物。而非静虚无以为天地，故体莫大于静虚，用莫大于天地。是以众人法君子，君子法圣人，圣人法天地，天地法静虚。静虚者至矣。"

此文所讨论的静与动，虚与实，体与用，是中国哲学史上的重要范畴。老子主张"致虚极，守静笃"，荀子主张"虚壹而静"，佛教哲学家提出"体"与"用"，历代哲学家纷纷发表意见，宋代二程主静，清代颜元主动。……揭奚斯虽不是哲学家，受当时学术氛围影响，对这几个范畴的辩证关系也有兴趣进行深入细致的分析解剖。概念环环相扣，行文两两相对，层层推进，逻辑严密，富于理趣，风格很像魏晋玄学。大部是对句，其中有两个长对：上联起自"非静虚无以成君子，况圣人乎？……"下联起自"非静虚无以成圣人，况天地乎？……"两联相加共12句，60多字，字数略有参差，意对而字不完全相对，长句之中又有小对，此类对仗，在明清八股文中常见。不用典故，纯粹白描。以古文气息运行于骈偶句中，宋明理学家不乏其例。

姜书阁先生对此并不欣赏，说："这算什么文章？只能是空疏无学，肤浅鄙陋的村夫子的经义下乘。"①批评未免过于严苛了。

三、元后期骈文

大致从1328年至1368年，约40年。杨维桢说过："我朝自天历以来，文章渐趋衰靡。"虽然总体上如此，但仍有少数出其类而拔其萃的作家作品。

① 姜书阁：《骈文史论》，北京：人民文学出版社出版1986年，第516页。

许有壬(1287—1364),今河南汤阴人,延祐二年中进士,历任翰林学士承旨、御史中丞、集贤殿大学士、枢密副使、中书左丞。正直敢言,常与执政大臣争辩。能诗文,有《至正集》(见《全元文》第38册)。其骈文不多,《武昌新居上梁文》最具个性:

> 伏以广厦千万间,尚欲庇寒士风雨;束书三十载,始能有京师屋庐。昔贤负山斗之名,终身无楼台之地。迂疏涉世,我何人斯!因循为家,知几年矣。朝台暮省,已多索米之讥;春诵夏弦,靡获栖身之所。举室每安于薄禄,斯言可质于上苍。徒费伯氏之赀,莫制中人之产。荜门圭窦,揣分自宜;画栋朱门,效颦奚暇!身尝走俗,难求郄超之办资;才乏惊人,敢慕文昌之买宅。但未克高飞而远走,又不能穴处以巢居。跼蹐连房,与在舟而何异;纷纭插架,任充栋以莫容。长者出庭,幼或突面。左足下榻,右已及阶。潦入则奥亦横流,雪积而势将下压。幸人境得一区之隙,念农夫犹五亩之居。天上归来,方欲采山钓水;人间走遍,恰知问舍求田。此邦较楚俗而差淳,故乡如并州而在是。胭脂入画,怆先子之曾留;凤凰来仪,俨前峰之如揖。云间紫闺,晚景侵寻;眼底青山,中原咫尺。幸便途于桑梓,爰从事于楩楠。欲罢不能,与奢宁俭。叔兮督斧斤之役,深入山林;季也司桢干之劳,实崇基础。拮据集事,老子独惭;周旋相攸,拙谋时与。虽埙篪于牵作,亦杖屦以遨嬉。此盖席世泽诗书之余,所以见今日轮奂之美。榱题数尺,固得志所不为;堂构百支,以贻谋则可继。如翚如跂,岂事外观?苟合苟完,具存昔训。上栋下宇,既成始有之规,前书后琴,行遂闲居之乐。……

前半段述其早期居大不易,莫能制中人之产,居处狭窄,左足下塌,右已及阶,与在舟中无异。致仕归来,始知求田问舍。下半段讲退休之后起新屋,依孔子所言,"与其奢也宁俭"。据《论语·子路》所记,卫公子荆"始有曰:苟合矣。少有曰:苟完矣"。不事外观,依存古训。可以看出他的忧乐观,核心思想是提倡节俭,反对奢侈。宋人为自己新居作上梁文,多以写景为主,于景中抒情述志。而此文则以叙述为主,于今昔比较中自我满足,语言朴实不华,自然流畅,情愫亲切。许有壬居官五十年,后期品级甚高,其居家生活情况是否真如此言,尽管他说"斯言可质于上苍",仍然令人置疑。他还有二十来篇画像赞,皆是短篇骈体,人物性格鲜明,如见其人,如闻其语。

杨维桢(1296—1370)今浙江诸暨人,号铁崖,东维子,泰定进士,曾任归德路总管府推官,晚年居松江。明灭元,太祖召修礼乐志,以不仕两朝应付,旋卒。他政治上属于元遗民,文学上名气很大,诗风奇诡,文章亦不拘一格,有《东维子文集》(见《全元文》第42册)。他有一些骈文短赞,爱憎分明,如《余子玉小像赞》:"滑稽玩世如东方朔,而不羡金马之居;安乐行窝如邵尧夫,而不著经世之书。小夫贱隶不能忤,是其度之汪若;王公大人不能诎,又其守之宴如。古元市带,今之里闾。与华草为寒暄,与云月为盈虚。其读父之《易》,盖画前之元有;而传世之《诗》,岂删后之可无者乎!"

这是以古文作骈文,而不取四六,却又用韵。这类文章,不乏先例。他的老师欧阳玄曾写过《刘静修先生画像赞》,也是这种古文式骈体。

杨氏还有《二贼箴》:"大佞似信,大黠似愚。行之似忠,居之似虚。煦煦徐徐,默受俯趋。刺之而不得,即之而弥污。古之所谓愿贼,今之所谓哲夫。小让售大贪,小惠受大奸。曲逢苟合,节角俱刓。孰可孰否,突梯两端。机法狙令,而比盗于不刃不干。古之所谓吏贼,今之所谓能官。"讽刺圆滑的乡愿,力透纸背。他所欣赏的是有棱有角的人。像余子玉、孙元实、坦然子等,杨氏写了好几篇小像赞,颂扬这些人。

吴莱(1297—1344),今浙江浦江人,父亲吴直方,曾任集贤大学士、荣禄大夫。吴莱自幼聪颖,喜读诗书,学问广博,举进士不利,遂淡泊名利,终生不仕,长期于深山讲学读书,学生中有明初文学家宋濂等,著作有关于经学、音韵、刑律等多种,文学著作有《吴渊颖文集》(见《全元文》第44册)。《元史》本传引黄溍说:"吴莱之文,崭绝雄深,类秦汉人所作,实非今世之士也。"宋濂说:"以精深玄懿之学,发沉雄奇绝之文。诸作置之司马迁、相如、刘向、王褒之间,吾知其未必有愧也。"(《渊颖先生碑》)四库馆臣认为评价太高。其骈文不多,少数箴、赞不乏佳作。

如《盐官箴》。盐是人们生活必需品,从汉代起,即设盐官,管理生产、销售和税收,是关系国计民生的重要部门,被视为财源广进的肥缺。吴莱此文向盐官提出告诫。指出盐为"五味之长,百肴之王","礼存国容,咸佐王食","物因天产,利许民共","将众是济,岂容之私",盐官切勿以权谋私,否则,"法如张弓,利若舔刃","贪以近宝,宝不可即;富以敛怨,悲何能克","敢告有司,敬之毋慝"。浙江沿海出产海盐,明清江南盐商富可敌国,不少盐官栽倒在盐池里。吴莱此文,切中肯綮,的确"精深沉雄",是关心国家和民众利益的表现。

吴莱的《盗跖赞》,是"奇绝"之文,居然为春秋时期大盗唱赞歌,说:"我观古人,我赞唯跖。""盗本有道,杀人以矜,横行鲁国,按剑东陵。""分金我义,后出吾仁。"这些话基本上继承庄子的观点。吴莱又指出,"圣人不作,大盗日争,所恃者力,相擒以兵。上行下效,侥幸邪侈"。那些大小军阀和各级官吏,是"不盗之盗",他们把良民逼成盗贼:"人岂齐豹(齐国大盗),地非萑苻(强盗窝),谁生祸首,卒化盗区。跖斯可赞,为善者惕。"吴莱生活在元代末年,各地农民起义方兴未艾,他看到了苗头,找到了根源,故发此惊世骇俗之言,并不是支持农民起义,而是呼唤统治者提高警惕。另有《蚩尤赞》,亦属此类。

上述二文都采用四言韵语,对句占多数,可视为骈文。吴莱的散文更有名,长于议论,纵横自如。如《论倭》,对骚扰沿海各地的倭寇表示关切并提出对策。《形释》以主客对话形式,抒发清高自洁之志,愤世嫉俗之情,文风颇近西汉东方朔、扬雄。

戴良(1317—1383),号九灵山人,今浙江浦江人,通经史百家,曾任日泉书院山长。元末任江北儒学提举。农民起义军起,他依附张士诚,不久挈家泛海至胶州,明洪武六年南迁,隐居四明山,洪武十五年被召至京师,授官不就,次年自杀,有《九灵山房文集》(见《全元文》第53册)。他以散文见长,成就高于其诗,骈文亦能见个性。如《九灵自赞》:

识字不如扬子云,摛辞不似沈休文。胡为而有沈之瘦,胡为而有扬之贫。观汝之生,盍视汝真。以不死不活之眼,而欲览八咏之风致;以半饥半饱之腹,而欲吐四赋之清新。此所以乱叔敖于优孟,辱中郎于虎贲也乎!若乃处荣辱而不二,齐出处于一致。歌黍离麦秀之音,咏剩水残山之句。则于二子,盖庶几乎无愧。

他以扬雄、沈约、孙叔敖、蔡邕自比，身穷志高而自赞。他在元朝不曾仕官职，却以元遗民自居，以歌黍离麦秀之音、咏剩水残山之句自夸，以为胜过美化王莽、追随萧衍的扬雄、沈约。这是不识时务之言，然而这篇骈文确实流丽而又工致。

《松风老人吕君像赞》："君名复，字元膺，松风其别号也。胡仲厚氏为写像，九灵山人赞之曰：以两眼而窥六艺之奥，以一心而究六伎之精。汲汲乎其成己之志，拳拳乎其济物之诚。得一善有以澡身而浴德，拔一毫可以起死而回生。是故知之者识其为吾儒之老成，不知者有以谓擅夫一代之医名而已矣。虽然，此皆得其粗而语其肤者也。彼其怡神浩劫之余，游心太古之初。忌者之所不能毁，附者之所不能谀。惟尝读其书者，于此复睹其图焉。然后知其老不枯、贱不污，身之臞而道之腴乎！"

吕复是当时名医，戴良曾为之作《沧州翁传》，以散文记其医术之高明。又作画像赞，以骈文颂扬其品德之高尚。同样的题材还有《滑伯仁像赞》，也是以骈体赞美老儒而兼医师的朋友。他的这类骈体都学宋代新骈体，多用长句，不见四六，不用典故，不加雕琢，气韵悠然，了无滞碍。是以古文改造骈文的表现，也可以说是骈文吸收古文的变体。上承欧阳玄、杨维桢，而下启明代骈体小品。

元代除了正统骈体，还有一些非正统文人写作非正统四六文字。内容形式与正统骈体有差别，当时不受重视，今天应该承认它们是元代文苑百花中的一丛野花。如：

陶宗仪，元末人，生卒年不详，其《南村辍耕录》中，有某士子作四六弹文，揭露科举考试中舞弊现象，其略云："文运重开，多士欢腾于此日；科场作弊，丑类莫盛于今年。启奸人侥幸之门，负贤相宾兴之意。事既如此，人其奈何！切维考试官实文章之司命，岂宜伪定于临期；员外郎执科举之权衡，安可公然而受贿？……俞潜、徐鼎，三月初收买试官；邱民、韩明，五日前预知题目。元孚乃南泉之大贾，挥金不啻于泥沙；许征实云间之富家，纳粟犹同于瓦砾。……大坏文风，难逃舆论。呜呼！天之将丧斯文也，实系兴亡之运；士欲致用于国，岂期贡举之私。此非一口之诬谋，实乃众情之公论。"

此文通俗浅显，妇孺能解，可能出于童生之手，犹如一张传单，"路府州县盛传之"，受到广大群众欢迎。写作水平并不高，但是起到了揭露批判社会丑恶现象的作用。

《南村辍耕录》中还有一篇陆居仁为官妓连枝秀写的募缘疏。连枝秀已年过四十，脱离风月场，投身佛门，想通过化缘筹款建造栖身尼庵，本来是件好事。她在接待陆居仁时有些失敬，请陆撰写募缘疏，陆借机在文章中极力嘲弄调笑。全文用四六对偶的骈体，把连枝秀从前的妓女生活与如今空门处境句句对比，对其人生角色的转换，身份的改变，不是尊重，而是尽情讥讽。有些话庸俗无聊。疏文一出，遐迩传诵，以为笑谈。连枝秀遭恶意羞辱，携弟子连夜逃遁。《南村辍耕录》编撰者陶宗仪说："文虽新奇，因近徘体，视厚德君子有间矣。"委婉地批评陆居仁有些缺德。古代妓女是饱受玩弄侮辱的低贱者，年老色衰，或从良，或入佛门，都是解脱，应该还以人格的尊严，不能再拿她们昔日的苦难作笑料，使之再次受辱。这应是文化人的道德底线。她如果接待不礼貌，你可以不写，不能拿笔来报复。

综观元代骈文,可以看出三大特点:

一是作家多民族化。辽金骈文作者中已有契丹族、女真族,但水平不高,影响不大。元代少数民族作家受汉文化浸润已深,各族文化进一步融合。如耶律楚材,政治上是元代名相,文学上成就甚高,散文、骈文皆一时之选。萨都剌,其名词《金陵怀古》,脍炙人口,其骈文跳脱纵横,别开生面,堪称精品。

二是语言通俗化。元代文学以杂剧、散曲和通俗小说见长,促使骈文语言通俗化加速,比辽金南宋更明显。幽默、滑稽、调侃、风趣的骈体短文,在元人文集中频频出现。明人王志坚《四六法海序》斥之为"浑语如优,俚语如倡,祝语如巫",即针对骈文通俗化倾向而发,他未免太正统,太保守了。

三是题材与宗教和民俗相关者日益广泛。这与金元道教盛行和佛教禅宗世俗化有关。举凡道疏、青词、祈祷、募化,贺节、祝寿、生子、送葬、火化以及喝茶、饮酒、聚餐时的致语,习用骈体。高雅的骈文从朝廷殿堂走向民间里巷。清代四库馆臣斥刘壎此类骈文是"伪体",其实称之为"变体"更合适。

以上三点,可以认为就是元代骈文对中国骈文史的贡献。

(作者单位:中国社会科学院文学研究所)

"挽歌"源流考论

顾春军

从文体学角度考察挽歌,有学者认为,"挽歌便是一种哀祭文体,它通常是用于为死者送葬之歌曲,大致是生者表达对于死者的怀念和哀悼之情"①;但若从起源角度考察,挽歌"就是送葬歌"②。作为哀祭文体的挽歌,是丧歌演化流变的结果。

一、西汉——丧乐开始出现

关于挽歌的起源,一种谓其起源于春秋时期,哀公十一年,齐国和吴国交战,《春秋左传》记载曰:

> 公孙夏曰:"二子必死。"将战,公孙夏命其徒歌《虞殡》。杜注:《虞殡》即送葬之挽歌,唱之以示必死。陈子行命其徒具含玉。③

"陈子行命其徒具含玉",含玉以明将帅有必死之志:"天子含实以珠;诸侯以玉;大夫以玑;士以贝;庶人以谷实。"④战争最需要砥砺士气,故公孙夏命其徒所歌之《虞殡》,必是激励鼓舞士气之歌,其歌词大约不外慷慨任气罢了。我们可从类似的故事揭橥其主题:

> 太子及宾客知其事者,皆白衣冠以送之。至易水之上,既祖,取道,高渐离击筑,荆轲和而歌,为变徵之声,士皆垂泪涕泣。又前而为歌曰:"风萧萧兮易水寒,壮士一去兮不复还!"复为羽声忼慨,士皆瞋目,发尽上指冠。⑤

《礼记·郊特性》:"素服,以送终也。"《周礼·春官·司服》:"大札、大荒、大灾,素服。"故"皆白衣冠",与"具含玉"之意同,均暗含必死之意。从"风萧萧兮易水寒,壮士一去兮不复还!"可以推断:《虞殡》必是慷慨与激昂的励志之歌。将《虞殡》视为挽歌,最早来自于杜预对《春秋》的笺注。首先,从《春秋》成书到杜预生活的西晋,已有七个世纪之久,期间没有其他材料认为《虞殡》为挽歌之始;其次,晋代是挽歌大盛的时代,杜预或"以己度人",以为《虞殡》为挽歌之始;其三,挽歌哀叹生命易失,其曲调必然主悲,这与《虞殡》的慷慨激昂是不同的。

另有挽歌起源于战国之说,例证是《庄子》一书的佚句,这见于刘孝标为《世说新

---

① 吴承学:《汉魏六朝挽歌》,《中国古代文体形态研究》,广州:中山大学出版社,2002年,第67页。

② [日]一海知义:《〈文选〉挽歌诗考》,俞士玲译,《古典文献研究》第14辑,2011年,第248页。

③ 杨伯峻:《春秋左传注》,北京:中华书局,1981年,第1662页。

④ (汉)刘向撰:《说苑校正》卷十九,北京:中华书局,第493页。

⑤ (汉)司马迁:《史记》卷八十六《刺客列传》,北京:中华书局,2013年,第3058页。

语》所作的笺注：

按《庄子》曰："绋讴所生，必于斥苦。"司马彪注曰："绋，引柩索也。斥，疏缓也。苦，用力也。引绋所以有讴歌者，为人有用力不齐，故促急之也。"[①]

司马彪是西晋宗室，他将"绋讴所生"解释为引柩索，实武断：任何苦力都可引绳而歌，这种论证方式不免有断章取义之嫌。我们还可看到，附会先秦史料为挽歌起源之证据，基本为晋代学者，这因为挽歌在晋代大盛，为将如此"越礼"行为纳入仪轨，故不能不敷衍故事。

从礼学角度分析，丧葬之礼乃先秦《周礼》《仪礼》《礼记》三礼中的重要内容，如果先秦有挽歌，怎么不见片言只语提及？《荀子》一书亦有"礼论"章，但其荦荦大端者，亦毫不提及挽歌。所以，挽歌起源于先秦说，是靠不住的。另有一种说法，见于三国时期蜀国学者谯周，他以为挽歌起源于西汉的田横：

谯子曰："周闻之：'盖高帝召齐田横至于户乡亭，自刎奉首，从者挽至于宫，不敢哭而不胜哀，故为歌以寄哀音。彼则一时之为也。'"[②]

关于田横之死，《史记》有比较详细的记载，而司马迁尤其喜好奇谈异闻，故《史记》一书"作意好奇"处极多，倘田横自刎身死，其门客以"挽歌送葬"，又为何不见于司马迁笔下？再退一步，如司马迁忽略此事，为何班固一仍其旧？那四百年后的谯周又如何得知？之后，晋代的崔豹更多添加枝叶：

《薤露》《蒿里》，并哀歌也，出自田横门人。横自杀，门人伤之，为作悲歌。言人命如薤上露易晞灭也。亦谓人死魂魄归于蒿里。故有二章，其一曰："薤上朝露何易晞，露晞明朝更复落，人死一去何时归。"其二曰："蒿里谁家地，聚敛魂魄无贤愚，鬼伯一何相催促，人命不得少踟蹰。"至孝武时，李延年乃分二章为二曲，《薤露》送王公贵人，《蒿里》送士大夫庶人，使挽柩者歌之，世亦呼为挽歌。[③]

李延年是见于史籍的西汉著名音乐家：

李延年，中山人也。父母及身兄弟及女，皆故倡也。延年坐法腐，给事狗中。而平阳公主言延年女弟善舞，上见，心说之，及入永巷，而召贵延年。延年善歌，为变新声，而上方兴天地祠，欲造乐诗歌弦之。延年善承意，弦次初诗。其女弟亦幸，有子男。延年佩二千石印，号协声律。[④]

制礼作乐是历代王朝的大事，汉武帝时期更是如此：

孝武初立，卓然罢黜百家，表章《六经》。遂畴咨海内，举其俊茂，与之立功。

---

① (南朝宋)刘义庆著，余嘉锡笺疏，《世说新语笺疏》，北京：中华书局，1983年，第892页。

② 《世说新语笺疏》，第892页。

③ (晋)崔豹：《古今注》，沈阳：辽宁教育出版社，1998年，第8页。挽歌出于田横门客一说，另见于《新辑搜神记》卷二十三，《北堂书钞》卷九十二，《文选》卷二十八，《初学记》卷十四，《太平御览》卷五百五十二，其他类书史书也多有记录，不一一罗列。

④ 《史记》卷一百二十五《佞幸列传》，第3853页。

兴太学,修郊祀,改正朔,定历数,协音律,作诗乐,建封禮,礼百神,绍周后,号令文章,焕焉可述。[①]

如果李延年为汉武帝改作挽歌,史籍没有理由不实录:然而在《史记》《汉书》中,找不到任何关于挽歌的记录。由此观之,挽歌起源于田横之徒一说,符合古史辩派所主张的"层累地造成的中国古史":

第一,可以说明"时代愈后,传说的古史期愈长"。第二,可以说明"时代愈后,传说中的中心人物愈放愈大"。第三,我们在这上,即不能知道某一件事的真确的状况,但可以知道某一件事在传说中的最早的状况。[②]

无论是挽歌起源于田横之徒,还是李延年制作挽歌,都是后世的传说。但在西汉时期民间,丧乐开始大量出现:"今俗因人之丧以求酒肉,幸与小坐而责辨,歌舞俳优,连笑伎戏。"[③]演奏丧乐亦成为职业:"周勃,沛人。其先卷人也,徙沛。勃以织薄曲为生,常以吹箫给丧事,材官引强。"[④]丧乐的产生,就为挽歌的出现,奠定了基础。

尤可注意者,"吹箫给丧事"的周勃是楚人,东周以来,楚国巫风大畅,民间素有祭祀鬼神的风俗,祭祀仪式上会唱祭歌,屈原所作《九歌》,即为祭歌中的代表,汉代学者王逸云:

《九歌》者,屈原之所作也。昔楚国南郢之邑,沅、湘之间,其俗信鬼而好祠。其祠,必作歌乐鼓舞以乐诸神。屈原放逐,窜伏其域,怀忧苦毒,愁思沸郁。出见俗人祭祀之礼,歌舞之乐,其词鄙陋。因为作《九歌》之曲,上陈事神之敬,下见已之冤结,托之以风谏。故其文意不同,章句杂错,而广异义焉。[⑤]

祭礼属于吉礼,有别于属于凶礼的丧葬之礼,祭礼上所演唱的祭歌,从内容上看,与挽歌迥然不同;再从丧葬礼仪角度看,丧葬仪式后的庙祭(虞祭),已属于吉礼。毫无疑问,早期的祭歌会影响到挽歌的形成,显然,周勃的"吹箫给丧事",盛行于楚国故地,就可以为此提供一个例证。

二、东汉到魏晋——挽歌的产生与盛行

人死化为"魂"和"魄",此种观念源于商周并在汉代成型:"尽管儒家和道家对于魂和魄的各自功能的看法有别,但其基本结构的相似性是毋庸置疑的。这个相似性充分证明了魂魄相异,即魂是'精神的'灵魂,魄是'肉体性'灵魂,在汉代已具普遍性"[⑥]。儒家以为魂魄是可以分离的:"魂气归于天,形魄归于地。"(《礼记·郊特牲》)魄附于身体入地,而魂则四处飘散:"骨肉归复于土,命也。若魂气则无不之也!无不

① (汉)班固:《汉书》卷六《武帝纪》,北京:中华书局,2005年,第151页。

② 顾颉刚:《与钱玄同先生论古史书》,《古史辨》第一册,台北:蓝灯文化事业公司,1992年,第60页。

③ 王利器校注:《盐铁论校注》《散不足第二十九》,北京:中华书局,1992年,第354页。

④ 《汉书》卷四十《周勃列传》,第1586页。

⑤ (宋)洪兴祖:《楚辞补注》卷二《九歌章句第二》,北京:中华书局,1983年,第55页。

⑥ 余英时:《东汉生死观》附录二,台北:联经出版事业股份有限公司,2008年,第176—177页。

之也!”(《礼记·檀弓下》)秦汉之后,又有“泰山治鬼”之说:

> 尝考泰山之故,仙论起于周末,鬼论起于汉末。《左氏》《国语》未有封禅之文,是三代以上无仙论也。《史记》《汉书》未有考鬼之说,是元成以上无鬼论矣……然则鬼论之兴,其在东京之世乎?①

将历史文献与考古发掘相结合,当代学者研究认为:

> 汉人不仅相信泰山为鬼魂群聚之处,而且还把和泰山相连的高里山也看作是和幽冥有关的地方。《汉书·武帝纪》:“太初元年十二月,禅高里。”颜注引伏俨曰:“山名,在泰山下。”高里和泰山相连,所以在民间迷信中,它和泰山一样地被涂上了神秘的色彩。汉代人以为人死后到篙里,篙里即是从山名的高里演化来的。②

也就是说,直到汉代,蒿里才成为亡魂的归宿地,故所谓的起源最早的《蒿里歌》:“蒿里谁家地,聚敛魂魄无贤愚,鬼伯一何相催促,人命不得少踟蹰。”就不可能早于汉代,这又为挽歌不起源于汉代之前增添一个例证。

西汉晚期,在皇室的大丧及大臣丧礼上,开始有挽郎出现。西汉哀帝的时候,大臣孔光死后,礼仪甚为隆重:

> 光年七十,元始五年薨。莽白太后,使九卿策赠以太师博山侯印绶,赐乘舆秘器,金钱杂帛。少府供张,谏大夫持节与谒者二人使护丧事,博士护行礼。太后亦遣中谒者持节视丧。公卿百官会吊送葬。载以乘舆辒辌及副各一乘,羽林孤儿诸生合四百人挽送。车万余辆,道路皆举音以过丧。③

由上述可见,按照当时礼制,羽林孤儿之挽送类似于仪仗队性质;由“道路皆举音以过丧”可以看出,丧礼用乐已被纳为朝廷礼制。挽歌被朝廷采纳并成为礼制,是在东汉明帝刘庄母亲阴太后的葬礼上:

> 永平七年,阴太后崩,晏驾诏曰:“柩将发于殿,群臣百官陪位,黄门鼓吹三通,鸣钟鼓,天子举哀。女侍史官三百人皆著素,参以白素,引棺挽歌,下殿就车,黄门宦者引以出宫省。太后魂车,鸾路,青羽盖,驷马,龙旗九旒,前有方相,凤皇车,大将军妻参乘,太仆妻御悉道。公卿百官如天子郊卤簿仪。”后和熹邓后葬,案以为仪,自此皆降损于前事也。④

尤可注意者,“后和熹邓后葬,案以为仪,自此皆降损于前事也”。也就是说,在阴太后之丧礼上,挽歌正式成为礼制。在皇室贵族的丧礼上,挽歌的演唱者基本由贵族子弟担任:“有司又奏依旧选公卿以下六品子弟六十人为挽郎。”⑤成为一名挽郎显然

---

① (清)顾炎武:《日知录》卷三十,上海:上海古籍出版社,2006年,第1718—1719页。

② 吴荣曾:《镇墓文中所见到的东汉道巫关系》,《文物》,1981年03期,第60页。

③ 《汉书》卷八十一《孔光列传》,第2505页。

④ (宋)范晔:《后汉书》志第六,北京:中华书局,1965年,第3151页。

⑤ (南朝梁)沈约:《宋书》卷十五《礼二》,北京:中华书局,1974年,第406页。

是荣耀之事:"任育长年少时,甚有令名。武帝崩,选百二十挽郎,一时之秀彦,育长亦在其中。王安丰选女婿,从挽郎搜其胜者,且择取四人,任犹在其中。"①

挽歌本来是主悲的丧歌,但在东汉末期,达官显贵将演唱挽歌视为娱乐,后来的史学家将其收入"五行志",以为是不祥之兆:

《风俗通》曰:"时京师宾婚嘉会,皆作魁櫑,酒酣之后,续以挽歌。"魁櫑,丧家之乐。挽歌,执绋相偶和之者。天戒若曰:"国家当急殄悴,诸贵乐皆死亡也。"自灵帝崩后,京师坏灭,户有兼尸,虫而相食,"魁櫑""挽歌",斯之效乎?②

六年三月上巳日,商大会宾客,宴于洛水,举时称疾不往。商与亲昵酣饮极欢,及酒阑倡罢,继以《薤露》之歌,坐中闻者,皆为掩涕。太仆张种时亦在焉,会还,以事告举。举叹曰:"此所谓哀乐失时,非其所也。殃将及乎!"商至秋果薨。③

挽歌登上"大雅之堂",这与汉魏晋社会思想潮流极有关系:一、东汉后期,统治阶级越来越腐败,清议盛行,甚至"饰伪以邀誉,钓奇以惊俗"④;二、魏晋以来,玄学兴起,人们更以"齐生死"的态度去面试死亡,所以就不忌惮在宾婚嘉会上演唱挽歌。

魏晋政治上黑暗,杀戮盛行,士人难有保全,谈玄说异成为一种风流,在意识形态上,儒家的礼制被颠覆了,为显示特立独行,唱挽歌成为风雅之举:

海西公时,庾晞四五年中喜为挽歌,自摇大铃为唱,使左右齐和。又宴会辄令倡妓作新安人歌舞离别之辞,其声悲切。时人怪之,后亦果败。⑤

张湛好于斋前种松柏。时袁山松出游,每好令左右作挽歌。时人谓"张屋下陈尸,袁道上行殡"⑥。

张骥酒后挽歌甚凄苦,桓车骑曰:"卿非田横门人,何乃顿尔至致?"⑦

流风余韵所及,在魏晋时期,很多达官显贵也喜欢演唱挽歌:

晋恭思皇后葬,应须百官,皆取义熙元年除身。以延之兼侍中,邑吏送札,延之醉,投札于地曰:"颜延之未能事生,焉能事死?"文帝尝召延之,传诏频不见,常日但酒店裸袒挽歌,了不应对,他日醉醒乃见。⑧

元嘉九年冬,彭城太妃薨,将葬,祖夕,僚故并集东府。晔弟广渊,时为司徒祭酒,其日在直。晔与司徒左西属王深宿广渊许,夜中酣饮,开北牖听挽歌为乐。义康大怒,左迁晔宣城太守。⑨

---

① 《世说新语笺疏》,第1069页。
② 《后汉书》志第十三,第3273页。
③ 《后汉书》卷六十一《周举列传》,第2028页。
④ (宋)司马光:《资治通鉴》卷五十一《汉纪四十三》,北京:中华书局,1956年,第1650页。
⑤ (唐)房玄龄:《晋书》卷二十八《五行中》,北京:中华书局,1974年,第836页。
⑥ 《世说新语笺疏》,第890页。
⑦ 《世说新语笺疏》,第892页。
⑧ (唐)李延寿:《南史》卷三十四《颜延之列传》,北京:中华书局,1975年,第879页。
⑨ 《宋书》卷六十九《范晔列传》,第1819—1820页。

或单骑出游,逢人婚姻葬送,辄就挽歌,与小儿同聚饮酒为乐。①

居白杨石井宅,朝中交好者载酒从之,客恒满坐。时左丞庾仲容亦免归,二人意相得,并肆情诞纵,或乘露车历游郊野,醉则执铎挽歌,不屑物议。②

平秦王诉之于文宣,系于京畿狱。文略弹琵琶,吹横笛,谣咏,倦极便卧唱挽歌。③

所以发展到西晋,虽然舆论认为丧礼与挽歌相悖,但囿于习俗的力量,统治者做出了妥协的决策:

汉魏故事,大丧及大臣之丧,执绋者挽歌。新礼以为挽歌出于汉武帝役人之劳歌,声哀切,遂以为送终之礼。虽音曲摧怆,非经典所制,违礼设衔枚之义。方在号慕,不宜以歌为名,除不挽歌。挚虞以为:"挽歌因倡和而为摧怆之声,衔枚所以全哀,此亦以感众。虽非经典所载,是历代故事。《诗》称'君子作歌,惟以告哀',以歌为名,亦无所嫌。宜定新礼如旧。"诏从之。④

魏晋时期人性得以解放,其代表人物嵇康阮籍之流"非汤武而薄周孔","越名教而任自然",用阮籍的话来说:"礼岂为我辈设也?"嵇康更是认为:

今若以明堂为丙舍,以诵讽为鬼语,以六经为芜秽,以仁义为臭腐,睹文籍则目瞧,修揖让则变伛,袭章服则转筋,谭礼典则齿龋。于是兼而弃之,与万物为更始,则吾子虽好学不倦,犹将阙焉。则向之不学,未必为长夜,六经未必为太阳也。⑤

尤其需要注意的是,在传统礼制被颠覆的同时,乐文化也出现了新提法,那就是"声无哀乐"论的提出:

夫天地合德,万物贵生;寒暑代往,五行以成。(故)章为五色,发为五音。音声之作,其犹臭味在于天地之间。其善与不善,虽遭遇浊乱,其体自若,而不变也。岂以爱憎易操,哀乐改度哉?……因兹而言,玉帛非礼敬之实,歌(舞)〔哭〕非(悲哀)〔哀乐〕之主也。何以明之?夫殊方异俗,歌哭不同;使错而用之,或闻哭而欢,或听歌而(感)慼,然而哀乐之情均也。⑥

既然声无哀乐,那么,宾婚嘉会演唱挽歌也就不算违礼了——在传统儒家看来,魏晋之际真是一个礼崩乐坏的时期,这也是一个挽歌大行其道的时期。

① (唐)许嵩:《建康实录》卷十四,北京:中华书局,1986年,第519页。
② 《南史》卷十九《谢几卿列传》,第545页。
③ (唐)李百药:《北齐书》卷四十八《尔朱文略列传》,北京:中华书局,1972年,第667页。
④ 《晋书》卷二十《礼中》,第626页。
⑤ (三国魏)嵇康著,戴明扬校注:《嵇康集校注》,北京:中华书局,2014年,第447页。
⑥ 《嵇康集校注》,第346页。

三、由兴盛而消歇——皇权制度下的挽歌

隋唐统治者有恢弘的心胸与包容的气魄，在文化上承袭魏晋南北朝之遗风，依然将挽歌列入朝廷丧葬礼仪：

三品已上四引，四披，六铎，六翣；挽歌六行三十六人；有挽歌者，铎依歌人数，已下准此。五品已上二引，二披，四铎，四翣，挽歌四行十有六人。九品已上二铎，二翣。其执引、披者皆布帻、布深衣；挽歌者白练帻、白褠衣，皆执铎、披。①

一旦遇到帝王的大丧，当朝文士还要撰写挽歌诗，以供朝廷选用："文宣帝崩，当朝文士各作挽歌十首，择其善者而用之。魏收、阳休之、祖孝徵等不过得一二首，唯思道独得八首。"②浸染久远，挽歌就成为葬礼等级的一种标志：

武德六年二月十二日，平阳公主葬，诏加前后鼓吹。太常奏议："以礼，妇人无鼓吹。"高祖谓曰："鼓吹，是军乐也。往者，公主于司竹举兵以应义军，既常为将，执金鼓，有克定功。是以周之文母，列于十乱。公主功参佐命，非常妇人之匹也，何得无鼓吹？宜特加之，以旌殊绩。"至景龙三年十二月，皇后上言："自妃、主及五品以上母、妻，并不因夫、子封者，请自今婚葬之日，特给鼓吹。宫官准此。"③

挽歌不单单兴盛于朝廷，在民间亦成习俗："丁会字道隐，寿州寿春人也。少工挽丧之歌，尤能凄怆其声以自喜。后去为盗，与梁太祖俱从黄巢。"④但是，民间的挽郎地位卑贱，在唐传奇《李娃传》中，因为儿子流落民间做了挽郎，所以太守大怒："以马鞭鞭之数百。生不胜其苦而毙，父弃之而去。"⑤

到了宋代，一旦遇到遇到皇家丧礼，大臣依然要献上挽歌："改卜陵寝，宣祖合用哀册及文班官各撰歌辞二首。"⑥对于大丧及大臣之丧礼所使用挽歌，做了更细致的规定：

诸引、披、铎、翣、挽歌：三品已上四引、四披、六铎、六翣、挽歌六行三十六人；四品二引、二披、四铎、四翣，挽歌者四行十六人；五品、六品挽歌八人；七品、八品挽歌六人；六品、九品挽歌四人。其持引、披者，皆布帻、布深衣；挽歌，白练帻、白练褠衣，皆执铎、綍，并鞋袜。⑦

按照《宋会要辑稿》的记录，宋代的大丧基本按照礼制执行，但挽郎人数多寡，依

① （唐）李林甫等撰：《唐六典》卷十八，北京：中华书局，1992年，第508页。
② （唐）魏征等撰：《隋书》卷五十七《卢思道列传》，北京：中华书局，1973年，第1397页。
③ （宋）王溥撰，牛继清校正：《唐会要校正》卷三十八，西安：三秦出版社，2012年，第594页。
④ （宋）欧阳修：《新五代史》卷四十四《丁会传》，北京：中华书局，1974年，第481页。
⑤ （宋）李昉等编：《太平广记》卷四百八十四，北京：中华书局，1961年，第3989页。
⑥ （元）脱脱：《宋史》卷一百二十二《礼二十五》，中华书局，1985年，第2848页。
⑦ 《宋史》卷一百二十四《礼二十七》，第2909页。

据不同情况略有调整。如徽宗建中靖国元年正月十三日夜,钦圣宪肃皇后崩于慈德殿。二月十三日,太常寺言:“大行皇太后山陵一行法物,欲依元丰二年慈圣光献皇后山陵故事,大舁轝一百五十人,辆车挽士二十人。挽歌三十人。”(《宋会要辑稿》礼三十三)

蒙元之丧葬习俗迥异于汉族:“北俗丧礼极简,无衰麻哭踊之节,葬则刳木为棺,不封不树。”①蒙古贵族采取“不封不树”的密葬方式,于挽歌不相宜,故蒙元统治者的丧葬礼仪中没有挽歌。到了明代,挽歌已发生了转变:一方面,在明代的正史及稗史中,再也见不到对丧礼中挽歌的描述;另一方面,士大夫父母之丧,花重金求挽歌诗为册,依然成为一种风气:

> 今仕者有父母之丧,辄遍求挽诗为册,士大夫亦勉强以副其意,举世同然也。盖卿大夫之丧,有当为神道碑者,有当为墓表者,如内阁大臣三人,一人请为神道,一人请为葬志,余一人恐其以为遗己也,则以挽诗序为请。皆有重币入贽,且以为后会张本。既有诗序,则不能无诗,于是而遍求诗章以成之。亦有仕未通显,持此归示其乡人,以为平昔见重于名人。而人之爱敬其亲如此,以为不如是,则于其亲之丧有缺然矣。于是人人务为此举,而不知其非所当急。甚至江南铜臭之家,与朝绅素不相识,亦必夤缘所交,投贽求挽。受其贽者,不问其人贤否,漫尔应之。铜臭者得此,不但裒册而已,或刻石墓亭,或刻板家塾。有利其贽而厌其求者,为活套诗若干首以备应付。及其印行,则彼此一律。此其最可笑者也。②

然在所留存的明代史料中,亦有两条关于挽歌的记载,不少论者以之为证据:

> 灵车动、从者如常。灵车后方相车、次志石车、次冥器舆、次下帐舆、次米舆、次酒脯舆、次食舆、次铭旌、次纛、次铎、次挽歌、次柩车。③
>
> 铎者,以铜为之,所以节挽歌者。④

虽然在制度中有规定,但史料中见不到丧礼中关于挽歌的记载;清代满族统治者继承了汉文化,但是丧礼中使用挽歌却是没有了,明清两代是挽歌消歇的时期。

四、民间“挽歌”——由“丧乐”到“丧戏”

《吕氏春秋》曰:“昔葛天氏之乐,三人操牛尾,投足以歌八阕。”远古时期,诗乐舞本为一体。前已述及,丧乐产生时间不会晚于挽歌。汉代《风俗通》曰:“时京师宾婚嘉会,皆作魁櫑,酒酣之后,续以挽歌。魁櫑,丧家之乐。”也就是说,在东汉的送殡仪式上,丧乐和挽歌同时并举:

---

① (元)黄溍撰:《答禄乃蛮氏先茔碑》,《金华黄先生文集》卷二十八,四库全书本。

② (明)陆容:《菽园杂记》卷一五,上海:上海古籍出版社,2012年,第126页。对这种陋俗,明代学者如程敏政、章懋、湛若水、丘濬等多有批判,参看徐乾学《五礼通考》卷六十五“挽歌”条。

③ (明)申时行:《明会典》卷九九,北京:中华书局,1989年,第554页。

④ (清)张廷玉:《明史》卷六十《礼十四》,北京:中华书局,1974年,第1485页。

孝昌元年，太后还总万机，追赠怿太子太师、大将军、都督中外诸军事、假黄钺、给九旒、鸾辂、黄屋左纛、辒辌车、前后部羽葆鼓吹、虎贲班剑百人、挽歌二部，葬礼依晋安平王孚故事，谥曰文献。①

晋代礼部在制礼作乐的时候，大臣挚虞以为，挽歌与哭泣之声相通，虽然并不是古礼，但依然可以保留；而丧乐则与儒家主张相悖，故只得剔除丧乐：

汉魏故事，将葬，设吉凶卤簿，皆以鼓吹。新礼以礼无吉驾导从之文，臣子不宜释其衰麻以服玄黄，除吉驾卤簿。又，凶事无乐，遏密八音，除凶服之鼓吹。②

作为文化小传统的民俗，并不完全受制于儒家礼制，往往更能体现人性一面，所以也有"礼不下达庶人"一说：

郑氏曰：为其遽于事，且不能备物。孔氏曰：张逸云："庶人非是都不行礼，但以其遽务不能备之，故不著于经文三百，威仪三千耳。其有事，则假士礼行之。"③

礼不下庶人。非谓庶人不当行，势有所不可也。且如娶妇三月，然后庙见，及见舅姑。此礼必是诸侯大夫家才可行。若民庶之家，大率为养而娶。况室庐不广，家人父子朝暮近在目前，安能待三月哉！又如内外不共井，不共湢浴。不共湢浴，犹为可行，若凿井一事，在北方最为不易。今山东北畿大家，亦不能家自凿井，民家甚至令妇女沿河担水。山西少河渠，有力之家以小车载井绠，出数里汲井。无力者，以器积雨雪水为食耳，亦何常得赢余水以浴？此类推之，意者，古人大抵言其礼当如此，未必一一能行之也。④

所以，丧礼用乐，不独民间如此，就连士大夫都不能禁止：

性好音乐，自弟万丧，十年不听音乐。及登台辅，期丧不废乐。王坦之书喻之，不从，衣冠效之，遂以成俗。⑤

汉代以来，民间都有凶肆这样的机构，为民众提供丧葬服务。如北魏的开封，"市北有慈孝、奉终二里。里内之人，以卖棺椁为业，赁辆车为事。有挽歌孙岩，娶妻三年，不脱衣而卧"⑥。唐代的白行简在《李娃传》中写道："生怨懑，绝食三日，遘疾甚笃，旬余愈甚。邸主惧其不起，徙之于凶肆之中。"

凶肆之间也必然会有竞争，故须不断改进业务，这也是"市场竞争"的必然。从唐代开始，戏曲开始萌芽："至唐而所谓歌舞戏者，始多概见。有本于前代者，有出新撰者。"⑦戏曲婉约多姿，生动活泼，必然会吸引更多观众：

① （北魏）杨衒之：《洛阳伽蓝记》卷四，北京：中华书局，2006年，第163页。
② 《晋书》卷二十《礼中》，第626页。
③ （清）孙希旦：《礼记集解》卷四，北京：中华书局，1989年，第81页。
④ （明）陆容：《菽园杂记》卷二，上海：上海古籍出版社，2012年，第14页。
⑤ 《晋书》卷七十九《谢安列传》，第2075页。
⑥ （北魏）杨衒之：《洛阳伽蓝记》卷四，北京：中华书局，2006年，第177页。
⑦ 王国维撰，马美信疏证：《宋元戏曲史疏证》，上海：上海古籍出版社，2004年，第5页。

大历中,太原节度辛云京葬日,诸道节度使使人修祭,范阳祭盘最为高大。刻木为尉迟鄂公与突厥斗将之戏,机关动作,不异于生。祭讫,灵车欲过。使者请曰:"对数未尽。"又停车设项羽与汉高祖会鸿门之像,良久乃毕。①

蒙元贵族采用密葬方式,丧礼无挽歌,不奏乐;但汉族百姓依旧保持了传统乐丧习俗:

晋宁路总管府契勘本路:一父母兄长初亡,殡葬之际,彩结丧车,翠排坛面,鼓乐前导,号泣后随,无问亲疏,皆验赙礼多寡,支破布帛,少不如意,临丧争竞。②

从恪守古礼之士大夫的反对声中,可知丧葬用乐在元朝已成流俗:"丧礼之废久矣,今流俗之弊有二,而废礼尤甚。其一,铺张祭仪,务为观美,甚者破家荡产。以侈声乐器玩之盛,视其亲之棺椁衣衾,反若余事也。其二,广集浮屠大作佛事,甚者经旬逾月,以极斋羞布施之盛,顾其身之哀麻哭踊,反若虚文也。"③随着戏曲表演艺术的成熟,在明清葬礼上的丧乐就演变为戏曲演出:

近年京城军民之家丧事甚违礼制,初丧扮戏唱词,名为伴丧及出殡,剪制纱罗、人物、幡幢之类排列塞途,兼用鼓乐、戏舞导送,及墓陈设荤酒饮啖至醉,又有扬幡设坛,修斋追荐,糜费钱物,不可胜记,宜并禁革。④

京师丧家出葬,浮费最多。一丧车或至百人舁之。铭旌有高五丈者,缠之以帛,费百余匹。其余香亭幡盖仪从之属,往往越分。又纸糊方相,长亦数丈,纸房累数十间。集送者张筵待之,优童歌舞于丧者之侧,跳竿走马,陈百戏于途,尤属悖礼。⑤

在明代世情小说《金瓶梅词话》中,就体现了乐丧这种民俗:如李瓶儿死后大殓,"晚夕,亲朋伙计来伴宿,叫了一起海盐子弟搬演戏文"。"下边戏子打动锣鼓,搬演的是韦皋、玉箫女两世姻缘《玉环记》。不一时吊场,生扮韦皋,唱了一回下去。贴旦扮玉箫,又唱了一回下去"。西门庆吩咐:"拣着热闹处唱罢。"曹雪芹的《红楼梦》是清代的风俗画,在秦可卿之死章回中写道:"只听得一棒锣鸣,诸乐齐奏,早有人端过一张大圈椅来,放在灵前,凤姐坐了,放声大哭。"对于这样的"越礼"行为,儒学之士依然要猛烈抨击:

鼓吹,古之军容。汉、唐之世,非功臣之丧不给,给或不当,史必讥之。近来豪富子弟,悉使奴仆习其声韵,每出入则笳鼓喧天,虽田舍翁有事,亦往往倩人吹击,何其僭也。⑥

---

① (唐)封演撰,赵贞信校注:《封氏见闻记校注》卷六《纸钱》,北京:中华书局,2005年,第61页。
② 黄时鉴辑:《大德典章遗文》,《元代法律资料辑存》,杭州:浙江古籍出版社,1988年,第50页。
③ (元)谢应芳:《辩惑编》卷二,北京:中华书局,1985年,第23页。
④ 李国祥,杨昶主编:《明实录类纂》,武汉:武汉出版社,1993年,第1104页。
⑤ (清)于敏中等编纂,《日下旧闻考》卷一百四十六,北京:北京古籍出版社,1985年,第2337页。
⑥ (明)王锜:《寓圃杂记》卷五,北京:中华书局,1984年,第41页。

军中鼓吹，在隋、唐以前，即大臣非恩赐不敢用。旧时吾乡凡有婚丧，自宗勋缙绅外，人家虽富厚，无有用鼓吹与教坊大乐者，所用惟市间鼓手与教坊细乐而已。近日则不论贵贱，一概混用，浸淫之久，体统荡然。恐亦不可不加裁抑，以止流兢也。①

对恪守古礼的人，文人在笔下则予以歌颂："后与胡端敏嗣君纯交，悉其行事谨身节用，敦笃姻族，训诫家人，修治坟墓，皆若父训。追举父丧，一遵《家礼》。所列惟方相、香亭、神亭、旌亭、包筲、银瓶、把花、雪柳而已。鼓乐陈而不作，尽削杭城繁缛之习。"②

民间凶肆素来被视为"贱业"，西汉的周勃，唐代的荥阳公子郑生，他们的职业无一不被人轻视，这种观念一直到明清依然如此：

民间吉凶事，率夫妇服役，鼓吹歌唱，以至舁轿、篦头、修足，一切下贱之事，皆丐户为之。③

然性纡缓，多为人所愚，任湖南学政归，以宦囊开凶肆，以其利薄，人争笑之，而先生不顾也。④

只有生活没有着落，或身残之破落户，才从事凶肆这个职业，反之，比如上引材料中的官员褚筠心，以官宦之身开办凶肆，就受到他人耻笑；与之相反的是皇家大丧的挽郎，却令人艳羡不已，因为筛选挽郎不公，唐代的诗人贺知章甚至因此被贬官：

俄属惠文太子薨，有诏礼部选挽郎，知章取舍非允，为门荫子弟喧诉盈庭。知章于是以梯登墙，首出决事，时人咸嗤之，由是改授工部侍郎，兼秘书监同正员，依旧充集贤院学士。⑤

除了道德上的谴责，对于丧礼用乐，明清均明确规定了处罚措施："凡闻父母及夫之丧，匿不举哀者，杖六十，徒一年。若丧制未终，释服从吉，忘哀作乐及参预筵宴者，杖八十。"⑥至于朝廷，则有诏书要求严格处理如此事件：

今各处愚民有遭父母、兄弟之丧，殓葬之期，宰牲筵款吊祭姻朋，甚至歌唱以恣欢，乘丧以嫁娶者，伤风败俗，莫此之甚，乞敕该部严禁约之，上命该部议行。⑦

乾隆十年，陕西巡抚陈宏谋上《巡历乡村兴除事宜檄》云：

丧中宴饮，已属非礼；而陕省更有丧中演戏之事，或亲友送戏，或本家自演，名为敬死，其实忘亲，哀戚之时，恒舞酣歌，男女聚观，悖理伤化，莫此为甚。从前屡经禁止，至今恶习未除，风化攸系，未便因循。嗣后应先从绅士为始，遇有丧

---

① (明)顾起元：《客座赘语》卷九，北京：中华书局，1987年，第290页。
② (明)张瀚：《松窗梦语》卷七，北京：中华书局，1985年，第141页。
③ (明)叶权：《贤博编》，北京：中华书局，1987年，第32页。
④ (清)昭梿：《啸亭续录》卷二，北京：中华书局，1980年，第408页。
⑤ (后晋)刘昫等撰：《旧唐书》卷一百九十中《贺知章列传》，北京：中华书局，1975年，第5034页。
⑥ 怀效锋点校：《大明律》卷十二，北京：法律出版社，1999年，第95—96页。
⑦ 李国祥，杨昶主编：《明实录类纂》，武汉：武汉出版社，1993年，第1100页。

事,禁止演戏,违者无论乡保地邻,许其首告。并令教官严切训诫,不时稽查,倘有违犯,即为详究。然后及于齐民,一体禁止。[①]

清代朝廷也屡颁发诏书,要求对丧中用乐给予处罚:

十三年,诏曰:"朕闻外省百姓丧葬侈靡,甚至招集亲邻,开筵剧饮,名曰闹丧,且于丧所殡时杂陈百戏。匪唯背理,抑亦忍情。"敕督抚严禁陋习,违者治罪。[②]

从周代直到晚清,一方面是统治者的三令五申,希冀通过道德倡导和法律制裁回复儒家的丧葬礼制,然而丧乐和丧戏在民间却禁而不止,这除了人性与制度之间的内在矛盾外,还应该看到:一方面是皇权社会对民间控制的松弛有关系,另一方面是王朝的法律更多约束文人士大夫,而对民间自然生成的礼俗,往往会网开一面:

守丧之制虽在唐以后的历代法律中加以规定,甚至入于"十恶"大罪,但从实际司法效果来看,其主要的禁约对象仍然是贵族官僚,极少见有惩治平民百姓之不遵守丧法律者。因为守丧之制虽属礼教精粹,但毕竟不是封建专制统治的直接利益所在,而且民间习俗之演变,也非法律力量所能禁止得住的。[③]

五、挽歌——习俗与礼制的冲突

借助声音这个媒介,音乐可以表达人的悲欢离合之情。但儒家对于音乐的观点,过于强调其欢乐的一面:"夫乐者,乐也,人情之所不能免也。""且乐者,先王之所以饰喜也;军旅铁钺者,先王之所以饰怒也。"(《荀子·乐论》)儒家认为,死亡是莫大的悲哀,丧礼主悲,故丧礼就应禁乐:"二十又八载,帝乃殂落。百姓如丧考妣,三载,四海遏密八音。"(《尚书·舜典》)"丧礼不歌"被儒家礼制化,先秦的经典认为:"子于是日哭,则不歌"(《论语·述而》);"临丧不笑。揖人必违其位。望柩不歌,入临不翔。当食不欢。邻有丧,舂不相;里有殡,不巷歌。适墓不歌,哭日不歌。"(《礼记·曲礼》)

丧礼用乐,有悖于儒家礼制,被历代统治者所不容。汉景帝之孙刘勃,父丧期间奏乐击筑,因此被贬谪到房陵:

汉使者视宪王丧,棁自言宪王病时,王后、太子不侍,及薨,六日出舍,太子勃私奸、饮酒、博戏、击筑,与女子载驰,环城过市,入狱视囚……有司请废勿王,徙王勃以家属处房陵,上许之。[④]

公元前74年,昌邑王刘贺被立为皇帝,在位27天后被赶下王位,其罪状之一就是在先王丧期奏乐:

① 中国戏曲志编辑委员会:《中国戏曲志·陕西卷》,北京:人民出版社,1995年,第814页。

② 赵尔巽等著:《清史稿》卷九十三,北京:中华书局,1977年,第2725页。

③ 丁凌华:《中国古代守丧之制述论》,《史林》,1990年01期,第5页。

④ 《汉书》卷五十三《常山宪王传》,第1855页。

大行在前殿,发乐府乐器,引内昌邑乐人,击鼓歌吹作俳倡。会下还,上前殿,击钟磬,召内泰壹宗庙乐人辇道牟首,鼓吹歌舞,悉奏众乐。①

以礼入法的晋代,将丧中禁乐时间更为延长:

庐江太守梁龛明日当除妇服,今日请客奏伎,丞相长史周颉等三十余人同会,隗奏曰:"夫嫡妻长子皆杖居庐,故周景王有三年之丧,既除而宴,《春秋》犹讥,况龛匹夫,暮宴朝祥,慢服之愆,宜肃丧纪之礼。请免龛官,削侯爵。颉等知龛有丧,吉会非礼,宜各夺俸一月,以肃其违。"从之。②

唐宋以来,统治者开始用刑罚规范礼仪,丧中禁乐,相关惩处就更为严厉:

诸闻父母若夫之丧,匿不举哀者,流二千里;丧制未终,释服从吉,若忘哀作乐,徒三年;杂戏,徒一年;即遇乐而听及参预吉席者,各杖一百。③

元代虽然是蒙古人主政,但在对于汉族的管理上,还是秉持了儒家的丧葬制度,对丧中用乐做出了严格规定:

至大三年,皇太子令旨,禁教坊司乐人送殡。延祐元年,江南行台御史王奉训言:"近年以来,江甫尤甚。父母之丧,小敛未毕,茹荤饮酒,略无顾忌。至于送殡,管弦歌舞,导引灵柩,焚葬之际,张筵排晏,不醉不已。泣血未干,享乐如此。昊天之报,其安在哉! 兴言及此,诚可哀悯。请今后除蒙古、色目合从本俗,其余人等居丧送殡,不得饮食动乐。违者诸人首告得实,示众断罪,所在官司申禁不禁者,罪亦如之。不惟人子有所惩劝,抑亦风俗少复淳古。"④

前已述及,明清两代基本就是唐宋法制的沿袭,对于丧中禁乐,一直都有严格规定。这种禁忌更多表现在道德层面的约束,如明代的官员黄佐撰乡约定:"凡丧事不得用乐,及送殡用鼓吹、杂剧、纸幡、纸鬼等物,违者罪之。"⑤历代王朝从维护正统意识形态出发,都对丧中用乐加以禁止,但却禁而不止:

长庆三年十二月,浙西观察使李德裕奏:"缘百姓厚葬,及于道途盛设祭奠,兼置音乐等。闾里编甿,罕知报义,生无孝养可纪,殁以厚葬相矜。丧葬僭差,祭奠奢靡,仍以音乐荣其送终。或结社相资,或息利自办,生业以之皆空。习以为常,不敢自废。人户贫破,抑此之由。今百姓等丧葬祭,并不许以金银锦绣为饰及陈设音乐。其葬物涉于僭越者。勒禁。"⑥

九年,诏曰:"访闻丧葬之家,有举乐及令章者。盖闻邻里之内,丧不相舂,苴麻之旁,食未尝饱,此圣王教化之道,治世不刊之言。何乃匪人,亲罹衅酷,或则

---

① 《汉书》卷六十八《霍光列传》,第2215页。

② 《晋书》卷六十九《刘隗列传》,第1835—1836页。

③ 刘俊文点校:《唐律疏议》,北京:法律出版社,1999年,第222页。(《宋刑统》一仍其旧,基本就是照搬前者。《宋刑统》,法律出版社,1999年,第183—184页)

④ 何绍忞撰:《新元史》卷九十,长春:吉林人民出版社,1995年,第1858页。

⑤ (清)徐乾学:《读礼通考》卷一百十五,上海:上海古籍出版社,2003年,第653页。

⑥ 《唐会要校正》卷三十八,第599页。

举奠之际歌吹为娱，灵柩之前令章为戏，甚伤风教，实紊人伦。今后有犯此者，并以不孝论，预坐人等第科断。所在官吏，常加觉察，如不用心，并当连坐。”①

民间不能恪守丧中禁乐之礼制，司马光批评宋代民间习俗说：“甚者，初丧作乐以娱尸；及殡葬，则以乐导辒车，而号哭随之。”②此种习俗甚至扩散到士大夫：

康熙二十二年，左都御史徐元文言：又律文：凡居丧、释服、作乐、筵宴、嫁娶，悉有明禁。而比者士大夫鲜克由礼，或衰绖婚娶、或丧中听乐、或迟讣恋职、或吉服游谒。此皆薄俗伤化，不可容于圣世者，宜并严行申饬。③

儒家以为，礼以维护秩序，乐以教化人心：“移风易俗，莫善于乐。安上治民，莫善于礼。”(《孝经》)“故乐行而志清，礼修而行成。耳目聪明，血气平和，移风易俗，天下皆宁，莫善于乐。”(《荀子·乐论》)儒家的乐论有着极强的社会功利性：“礼者，殊事合敬者也。乐者，异文合爱者也。礼乐之情同，故明王以相沿也。故事与时并，名与功偕。”(《礼记·乐记》)那么，对于违礼制行为，就必须要“非礼勿视，非礼勿听”。无论丧礼用乐，还是使用挽歌，不但与儒家礼制相悖，更与传统乐论相离。

但人是万物之灵，内秉七情六欲，易受外物激荡：“凡音之起，由人心生也。人心之动，物使之然也。感于物而动，故形于声。声相应，故生变，变成方，谓之音。比音而乐之，及干戚羽旄，谓之乐。”(《礼记·乐记》)复杂的情感需要多样表达方式，故歌唱可以表达愉悦，亦可以抒发痛苦：“乐者，音之所由生也，其本在人心感于物也。是故其哀心感之，其声噍以杀，其乐心感者，其声啴以缓；其喜心感者，其声发以散；其怒心感者，其声粗以厉；其敬心感者，其声直以廉；其爱心感者，其声和以柔。六者非性也，感于物而后动。”(《礼记·乐记》)《诗经·四月》说：“君子作歌，唯以告哀。”那么，在亲人去世之后，由哭而泣，由泣而歌，由声音到乐音，就属于情理之中了。

儒家重视乐教，但从来都是把音乐视为手段，维护礼制才是真正的目的，比如隋炀帝杨广还在藩邸之时，就装作一副远离声乐的姿态：“既而高祖幸上所居第，见乐器弦多断绝，又有尘埃，若不用者，以为不好声妓，善之。”④所以，无论挽歌还是丧乐，必然会凸显儒家礼制与音乐之间内在的矛盾与冲突。也就是说，无论是反对丧乐，还是认可挽歌，儒家礼法的制定者只是在人性与制度之间首鼠两端，历经三千年，终皇权社会，都没有基于人性与礼法之和谐而建立一个符合人性的制度。

此外，儒家还以为，音乐与朝政紧密相关：“是故治世之音安以乐，其政和；乱世之音怨以怒，其政乖；亡国之音哀以思，其民困。声音之道，与政通矣。”(《礼记·乐记》)“淫邪”的音乐往往是社会动乱的前奏：“凡奸声感人而逆气应之，逆气成象而乱生焉。正声感人而顺气应之，顺气成象而治生焉。唱和有应，善恶相象，故君子慎其所去就也。”(《荀子·乐论》)违反礼制的音乐必然被儒家所排斥：“故君子耳不听淫声，目不视女色，口不出恶言。此三者，君子慎之。”(《荀子·乐论》)基于这种包含有道德基因

① 《宋史》卷一百二十五《礼二十八》，第2918页。

② (宋)司马光：《司马氏书仪》卷六，上海：商务印书馆，民国二十五年，第65页。

③ 《读礼通考》卷一百八，第528页。

④ 《隋书》卷三《炀帝上》，第59页。

的乐论，所以在《汉书·五行志》中，梁商等人非礼非时而唱挽歌，就被视为覆灭或者末世之前兆了。

挽歌与丧乐在民间所具有的旺盛生命力，亦受道家主张影响，道家以为以“齐物我、齐生死”的态度看待死亡，故面对死亡必然会有超脱一面：

> 有间，而子桑户死。未葬，孔子闻之，使子贡往侍事焉。或编曲，或鼓琴，相和而歌。歌曰：“嗟来！桑户乎！嗟来，桑户乎！而已反其真，而我犹为人猗！”子贡趋而进，曰：“敢问：临尸而歌，礼乎？”二人相视而笑。曰：“是恶知礼意？”①

在道家看来，死亡并不可怕，生未必乐，死未必苦，生与死是没有差别的。故《庄子·至乐》记载说，庄子的老婆死了，惠子去吊丧，“庄子则方箕踞鼓盆而歌”。

另一方面，儒家虽然隆死重生，却也有达观于生死一面，孔子在死亡来临之际歌曰：“泰山其颓乎！梁木其坏乎！哲人其萎乎！”(《礼记·擅弓上》)所以，好生乐死就成为一种民间的“隐形”信仰。人们通常认为，“寿终正寝”就是最好的结局，老而不死则为“贼”。所以，从民间的生死观来看，挽歌和丧乐以有其生存的土壤。此外，任何社会底层，都会存在着与主流意识形态差距较大的底层礼俗，这也是挽歌与丧乐存在的社会基础：

> 在某一种文明里面，总会存在着两个传统；其一是一个由为数很少的一些善于思考的人们创造出的一种大传统，其二是一个由为数很大的、但基本上是不会思考的人们创造出的一种小传统。大传统是在学堂或庙堂之内培育出来的，而小传统则是自发地萌发出来的，然后它就在它诞生的那些乡村社区的无知的群众的生活里摸爬滚打挣扎着持续下去。②

挽歌与儒家的礼制相冲突，但因其与世俗人情相契合，所以就能够在儒家礼制的空隙中存在、生长；虽然历代统治者不能接受丧乐，但是丧乐、丧戏满足了民众的心理需求，所以往往就是禁而不止，以倔强的生命力存在于世俗社会中，直到今天依然如此。

六、挽歌对文学创作的影响

挽歌本是丧礼上演唱的丧歌，主题往往是演绎人生之悲苦，生离死别之惨痛。魏晋以来，挽歌创作在体现实用性的同时，作为文人案头的挽歌诗创作则早早兴盛起来。

挽歌诗之所以兴盛，一方面和统治者的喜好有关，如一些帝王甚至为亲近大臣作挽歌诗，以示恩宠：“帝又亲为作碑文及挽歌词，皆穷美尽哀，事过其厚。”③另一方面，挽歌甚至成为诗人竞展才华邀宠的手段：“及文宣崩，文士并作挽歌，杨遵彦择之，员

① 杨柳乔：《庄子译诂》，上海：上海古籍出版社，1991年，第131页。

② [美]罗伯特·芮德菲尔德，《农民社会与文化》，王莹译，北京：中国社会科学出版社，2013年，第95页。

③ (唐)李延寿：《北史》卷八十《外戚列传》，北京：中华书局，1974年，第2680页。

外郎卢思道用八首，逖用二首，余人多者不过三四。”[①]

挽歌诗的抒情性，丧礼上的实用性，创作的功利性，成为后世挽歌诗创作的动力所在。以挽歌为主题的诗歌创作，在文学史上历久不衰，最别具一格的是咏史诗、自挽诗、悼亡诗。

一、咏史诗

史诗最早出现在《诗经·大雅》中，东汉班固的《咏史》则是最早以咏史为名的咏史诗，而以挽歌题材创作咏史诗，曹操当为第一人。

东汉末年，藩镇割据，战乱频仍，社会动荡，曹操继承“饥者歌其食，劳者歌其事”的写实主义的传统，创作了以挽歌为主题的咏史诗，一首为《薤露行》。另一首则是《蒿里行》：

> 关东有义士，兴兵讨群凶。初期会盟津，乃心在咸阳。军合力不齐，踌躇而雁行。势利使人争，嗣还自相戕。淮南弟称号，刻玺于北方。铠甲生虮虱，万姓以死亡。白骨露于野，千里无鸡鸣。生民百遗一，念之断人肠。[②]

名为挽歌，实为咏史。故明代钟惺评价说：“汉末实录，真诗史也。”清代沈德潜说：“借古乐府写时事，始于曹公。”诸葛亮做《梁甫吟》以咏史，郭茂倩《乐府诗集》解题云：“按梁甫，山名，在泰山下。《梁甫吟》盖言人死葬此山，亦葬歌也。”

> 步出齐东门，遥望荡阴里。里中有三坟，累累正相似。问是谁家墓，田疆古冶子。力能排南山，文能绝地纪。一朝被谗言，二桃杀三士。谁能为此谋？国相齐晏子。[③]

魏晋之际，以古题创作挽歌咏史者甚众，比如前凉君主张骏的《薤露行》，西晋傅玄的《惟汉行》。王粲的《七哀诗》则最为出色：

> 西京乱无象，豺虎方遘患。复弃中国去，远身适荆蛮。亲戚对我悲，朋友相追攀。出门无所见，白骨蔽平原。路有饥妇人，抱子弃草间。顾闻号泣声，挥涕独不还。未知身死处，何能两相完？驱马弃之去，不忍听此言。南登霸陵岸，回首望长安。悟彼下泉人，喟然伤心肝。[④]

以挽歌咏史，概因其旋律凄切，更能表达文人的悲悯。而从东汉到东晋四百年间，一方面社会动荡不安，另一面就是瘟疫频发：“大的瘟疫一共有36次，每次瘟疫，死者泰半，对中国社会造成了巨大冲击。”[⑤]很多的文人士大夫不能永年：“建安二十

---

① 《北史》卷四十二《刘逖列传》，第1551页。

② 逯钦立辑校：《先秦汉魏晋南北朝诗》魏诗卷一，北京：中华书局，1983年，第347页。

③ (宋)郭茂倩：《乐府诗集》卷四十一，北京：中华书局，1979年，第605—606页。

④ 《先秦汉魏晋南北朝诗》魏诗卷二，第365页

⑤ 林富士：《中国中古时期的宗教与医疗》，北京：中华书局，2012年，第5—7页。

二年，疠气流行。家家有僵尸之痛，室室有号泣之哀。或阖门而殪，或覆族而丧。"①曹丕感叹说："昔年疾疫，亲故多离其灾。徐陈应刘，一时俱逝，痛可言邪？"②所以，魏晋以来："奏乐以生悲为善音，听乐以能悲为知音，汉魏六朝，风尚如斯。"③

从文学创作角度考察，这与曹魏政权下形成的文人集团是极有关系的："降及建安，曹公父子，笃好斯文；平原兄弟，郁为文栋；刘桢、王粲，为其羽翼。次有攀龙托凤，自致于属车者，盖将百计。彬彬之盛，大备于时矣！"④

以挽歌为主题创作咏史诗，这种风尚的形成，源于挽歌曲调主悲，内容上书写死亡，在变现精神上二者是一致的。前代学者以为："要之，以内容而论，魏乐府实远不逮汉，盖写作多以个人为主，题材单调，局面狭小，且不足以'观风俗，知厚薄'也。"⑤如果我们考察曹魏时期的咏史诗，就会发现：这种说法是不符合事实的，起码是有失偏颇的。

二、自挽诗

死亡令人恐惧，讳言死亡是普遍的世俗观念，但在魏晋南北朝时期，却出现了一种比较奇特的文学现象，那就是自挽之作的出现，其中最著名就是陶渊明的《拟挽歌辞三首》：

> 有生必有死，早终非命促。昨暮同为人，今旦在鬼录。魂气散何之，枯形寄空木。娇儿索父啼，良友抚我哭。得失不复知，是非安能觉。千秋万岁后，谁知荣与辱？但恨在世时，饮酒不得足。
>
> 在昔无酒饮，今但湛空觞。春醪生浮蚁，何时更能尝。肴案盈我前，亲旧哭我傍。欲语口无音，欲视眼无光。昔在高堂寝，今宿荒草乡。一朝出门去，归来夜未央。
>
> 荒草何茫茫，白杨亦萧萧。严霜九月中，送我出远郊。四面无人居，高坟正嶕峣。马为仰天鸣，风为自萧条。幽室一已闭，千年不复朝。千年不复朝，贤达无奈何。向来相送人，各自还其家。亲戚或余悲，他人亦已歌。死去何所道，托体同山阿。⑥

在萧统编著的《文选》一书中，按创作时间顺序，选有缪袭、陆机、陶渊明三人的挽歌，从这三者的挽歌中，可以看出自挽诗的发展过程，如曹魏之际缪袭的《挽歌》：

> 生时游国都，死没弃中野。朝发高堂上，暮宿黄泉下。白日入虞渊，悬车息驷马。造化虽神明，安能复存我。形容稍歇灭，齿发行当堕。自古皆有然，谁能

---

① 曹植：《曹植集校注》卷一，北京：人民文学出版社，1984 年，第 177 页。（张仲景则在《伤寒杂病论》中说："余宗族素多，向逾二百，自建安以来，犹未十年，其亡者三分之二，伤寒十居其七。"）

② （梁）萧统：《文选》卷四二，北京：中华书局，1977 年，第 591 页。

③ 钱钟书：《管锥编》，北京：生活·读书·新知三联书店，2001 年，第 1506 页。

④ （梁）钟嵘：《诗品序》，《中国历代文论》第一册，上海：上海古籍出版社，2001 年，第 308 页。

⑤ 萧涤非：《汉魏六朝乐府文学史》，北京：人民文学出版社，1984 年，第 127 页。

⑥ 《先秦汉魏晋南北朝诗》晋诗卷十七，第 1012—1013 页。

离此者。[①]

在这首诗歌中,虽然讲述了亡者从死亡、出殡到埋葬的全过程,但写作主体却是第三人称,其视角却是冷静、客观的。到了陆机的挽歌诗,虽以第一人称写就,亦有生动的描写:“舍爵两楹位,启殡进灵轜。饮饯觞莫举,出宿归无期。”但其写作或说表达手法僵硬,“闱中且勿喧,听我《薤露》诗”。虽然诗人写丧礼尚是限制视角,不能把作者从诗歌中解脱出来,但也是一种写作手法上的创新:“陆平原多为死人自叹之言,诗格既无此例,又乖制作本意。”[②]

到了陶渊明,则用大开大合的手法,完全以全知视角描绘自己的“出殡”,所以他的诗歌多了悲情,少了板滞之感。不少研究者认为,陶渊明之自挽诗是学习陆机的结果,从二者生存时间上是有可能的,但考察诗歌史,也未必尽然。比如南朝鲍照作自挽诗《松柏篇》,如果按照上述逻辑,那应该就近学习陶渊明,但其在自序曰:“余患脚上气四十余日,知旧先借《傅玄集》,以余殇剧,遂见还。开袠,适见乐府诗《龟鹤篇》,于危病中见长逝词。恻然酸怀。抱如此重病,弥时不差,呼吸乏喘,举目悲矣,火药间缺而拟之。”[③]

鲍照自言模拟了傅玄的《龟鹤篇》,虽然傅玄之诗已佚,傅玄尚另有《挽歌》三首[④]留存,可以窥一斑而见全貌,该诗歌的结构是:首写死亡,“不幸婴笃病,凶候形素颜。衣衾为谁施,束带就阖棺”;次写殡葬,“路柳夹灵轜,旟旐随风征。车轮结不转,百驷齐悲鸣”;最后写生死两茫茫,“平生坐玉殿,没归都幽宫。地下无刻漏,安知夏与冬”。故可以推测,《龟鹤篇》亦当如此结构。再考察鲍照的《松柏篇》之结构:先从出殡写起,“舍此赤县居,就彼黄垆宅。永离九原亲,长与三辰隔”;次写埋葬,“大暮杳悠悠,长夜无时节。郁湮重冥下,烦冤难具说”;最后以丧礼结束纨结全诗:“孝子抚坟号,父兮知来不。欲还心依恋,欲见绝无由。”[⑤]所以,鲍照说自己学习了傅玄的写作手法,确非虚言。鲍照尚有五言诗《代挽歌》[⑥]一首,开篇即说生时的显贵:“独处重冥下,忆昔登高台。”次说死时的无奈:“玄鬓无复根,枯髅依青苔。”还提到了饮酒:“忆昔好饮酒,素盘进青梅。”从中可以看到缪袭和陶渊明自挽诗的影子。

在魏晋时期,自挽成为一种社会风气:“叔集弟道玙,少而敏俊。世宗初,以才学被召,与秘书丞孙惠蔚典校群书,考正同异。自太学博士转京兆王愉法曹行参军。临死,作诗及挽歌词,寄之亲朋,以见怨痛。”[⑦]这种风尚就是魏晋风流的表现方式,其源头就在于魏晋南北朝文人士大夫,他们崇老谈玄,乐生轻死,就像晋人所作《列子》杨朱篇所言:“十年亦死,百年亦死。仁圣亦死,凶愚亦死。生则尧舜,死则腐骨;生则桀

① 《文选》卷二八,第406页。

② 王利器:《颜氏家训集解》卷四,北京:中华书局,1993年,第285页。

③ 《乐府诗集》卷六十四,第931页。

④ 《先秦汉魏晋南北朝诗》晋诗卷一,第565—566页。

⑤ 《乐府诗集》卷六十四,第930—931页。

⑥ 《先秦汉魏晋南北朝诗》宋诗卷七,第1258页。

⑦ (北齐)魏收:《魏书》卷七十七,北京:中华书局,1974年,第1690—1691页。

纣，死则腐骨。腐骨一矣，孰知其异？且趣当生，奚遑死后？”[①]

在晋人的眼中，生是暂住，死是长往，他们重生："死生亦大矣"；但却并不畏死，如王羲之慨叹说："一死生为虚诞，齐彭殇为妄作。"（《兰亭集序》）嵇康的告别演出竟然是一曲《广陵散》，这是何等的潇洒！所以，自挽诗的出现不是偶然的，那是魏晋风流土壤上结出的果实。

三、悼亡诗

挽歌产生、使用于丧礼上，悼亡诗则是作于殡葬之后，一些文人创作的挽歌诗，也是创作于殡葬之后的悼亡诗；故可以说，挽歌诗和悼亡诗的关系紧密，在很多时候是混同的。

一般认为，最早的悼亡诗是《诗经·绿衣》，汉武帝亦有悼亡之作："是邪，非邪？立而望之，偏何姗姗其来迟！"[②]但是，这些诗歌对后代悼亡诗的创作基本没有影响，而真正成为后世使悼亡诗创作源头的，则是晋代潘岳悼念亡妻的"悼亡诗"，如其第一首：

> 荏苒冬春谢，寒暑忽流易。之子归穷泉，重壤永幽隔。私怀谁克从，淹留亦何益。僶俛恭朝命，回心反初役。望庐思其人，入室想所历。帷屏无仿佛，翰墨有余迹。流芳未及歇，遗挂犹在壁。怅恍如或存，回遑忡惊惕。如彼翰林鸟，双栖一朝只。如彼游川鱼，比目中路析。春风缘巢来，晨霤承檐滴。寝息何时忘，沉忧日盈积。庶几有时衰，庄缶犹可击。[③]

这首诗歌没有生僻的典故，词句明白如话，他善于使用譬喻，文笔流畅，对妻子的思念娓娓道来，不矫揉造作，故清代的学者评议说："安仁情深之子，每一涉笔，淋漓倾注，宛转侧折，旁写曲诉，剌剌不能自休。夫诗以道情，未有情深而语不佳者。"（陈祚明《采菽堂古诗选》卷十一）潘岳的诗歌创作，无疑是时代风气的产物：

> 魏晋在中国历史上是一个重大变化时期。社会变迁在意识形态和文化心理上的表现，是占据统治地位的两汉经学的崩溃。正是在这种基础上，与颂功德、讲实用的两汉经学、文艺相区别，一种真正思辨的、理性的"纯"哲学产生了；一种真正抒情的、感性的"纯"文艺产生了。这就是人的觉醒。[④]

魏晋士大夫不屑物议，故多我行我素之态，于夫妻之情的表达，更能于礼教之外，体现其真情的一面："荀奉倩与妇至笃，冬月妇病热，乃出中庭自取冷，还以身熨之。"[⑤]另一则故事是："王安丰妇常卿安丰。安丰曰：'妇人卿婿，于礼为不敬，后勿复尔。'妇曰：'亲卿爱卿，是以卿卿；我不卿卿，谁当卿卿？'遂恒听之。"[⑥]这在阮籍身上

① 杨伯峻：《列子集释》卷七，北京：中华书局，1979年，第221页。
② 《汉书》卷九十七上《外戚传》，第2910页。
③ 《先秦汉魏晋南北朝诗》晋诗卷四，第635页。
④ 《美的历程》，第88—90页。
⑤ 《世说新语笺疏》，第1075页。
⑥ 《世说新语笺疏》，第1080页。

表现得更为淋漓尽致:

> 籍嫂尝归宁,籍相见与别。或讥之,籍曰:"礼岂为我设邪!"邻家少妇有美色,当垆沽酒。籍尝诣饮,醉,便卧其侧。籍既不自嫌,其夫察之,亦不疑也。兵家女有才色,未嫁而死。籍不识其父兄,径往哭之,尽哀而还。①

也就是说,潘岳的悼亡诗断然不会产生于经学一统的两汉时期,只有在个人情感淋漓展现之晋代,悼亡诗才能成为诗歌创作的一种选择。在具体写作上,潘岳的悼亡诗明显借鉴了东汉以来的挽歌诗,但清代的赵翼却认为,悼亡诗比挽歌诗起源更早:

> 寿诗、挽诗、悼亡诗,惟悼亡诗最古。潘岳、孙楚皆有悼亡诗载入《文选》。《南史》宋文帝时,袁皇后崩,上令颜延之为哀策,上自益"抚存悼亡,感今怀昔"八字,此"悼亡"之名所始也。《崔祖思传》:齐武帝何美人死,帝过其墓,自为悼亡诗,使崔元祖和之,则起于齐、梁也。②

赵翼是清代的重要学者,但就挽歌和悼亡诗起源关系的论断,逻辑混乱,结论武断,错漏百出:既然已明确悼亡诗出自晋代的潘岳,为何又武断说源于齐梁?再者,不提挽歌诗的起源,没有比较,就骤下结论说,悼亡诗早于挽歌诗,没有道理么。

悼亡诗远绍《诗经》,汲取了但其重情感的一面,但对悼亡诗产生最直接的影响则是挽歌。晋代之后,悼亡便成为悼念亡妻诗歌的特称。自此以后,悼亡之作源源不断,其作品显赫者,有唐代元稹,宋代苏轼,以及清代纳兰性德等诗人。

(作者单位:珠海城市职业技术学院)

---

① 《晋书》卷四十九《阮籍列传》,第1361页。

② (清)赵翼:《陔余丛考》卷二十四《寿诗挽诗悼亡诗》,北京:中华书局,1963年,第483页。

空间、地域文化与文化观念

——论班固的地域移动与《汉书》正统史观的形成

杨　霞

《汉书》是我国第一部纪传体断代史，同时也是一部"宗经矩圣"①、充满正统思想的政治文本。"正统"本指血统纯正，而后发展为一历史政治概念，多指某一政权建立、存续的合法性。《汉书》以儒学为尊，以神化帝王之出生情境来附会"君权神授"论；以大量灾异记录来凸显"灾异谴告"说；强调等级制度，主张"自卿大夫以至于庶人各有等差"②；抨击王莽代汉之举，指出"自书传所载乱臣贼子无道之人，考其祸败，未有如莽之甚者"③。——所极力呈现的正是"天乃归功元首，将授汉刘"④的政治信念，以证西汉政权的合法性，同时也意在说明光武政权乃西汉王朝的继续与发展。这一政治立场鲜明的著作得到统治者的褒扬和推广。"《汉书》一出，当世甚重其书，学者莫不讽诵"⑤。在其后历代，"始自汉末，迄乎陈世。为其注解者，凡二十五家，至于专门受业，遂与《五经》相亚"⑥，——已然是史学正宗。

《汉书》由班彪、班固、班昭、马续相继成之：先是班彪"继采前史遗事，傍贯异闻，作《后传》(即《史记后传》数十篇)"⑦，乃《汉书》编撰之发轫期；班彪去世后，班固续修其业，自二十余岁始，前后历时二十余年，在建初七年(82)基本完成此著；班固卒，班昭、马续分别撰写"八表"与《天文志》，正式完结此书。

作为《汉书》最重要、最主要的编写者，班固本人的正统意识是《汉书》正统史观的思想来源，而他本人浓厚的正统意识的形成，不仅与其学识、家学、时代有关，与其一生行迹也有大关联。本文尝试以班固的地域流动为考察对象，对其浓厚的正统史观的形成作一论述。

一、地域流转：扶风故里与洛阳新都

(一) 班固一生行迹

班固生于光武帝建武八年(32)，卒于和帝永元四年(92)。据《后汉书》记载以及

---

① 刘勰著、周振甫注：《文心雕龙注释》之《史传第十六》，人民文学出版社，1981年，第170页。

② 班固：《汉书》卷92《游侠传》，中华书局，1962年，第3697页。

③ 《汉书》卷99下《王莽传》，第4194页。

④ 严可均：《全后汉文》卷26《典引》，商务印书馆，1999年，第256页。

⑤ 范晔：《后汉书》卷40上《班固传》，中华书局，1965年，第1334页。

⑥ 刘知几撰、浦起龙释：《史通通释》卷12《古今正史》，上海古籍出版社，1978年，第339页。

⑦ 《后汉书》卷40上《班彪传》，第1324页。

有关学者的论述,可将班固一生行迹作大致归纳。其中,考虑班固入窦宪幕府发生在89年,而此前数年,也即章帝建初七年(82),班固已将《汉书》上呈朝廷,所以这里重点梳理章帝建初七年(82)之前班固的流动轨迹,大致若此:

1. 少居洛阳

光武帝建武十二年(36),河西大将军窦融征还洛阳,"官属宾客相随,驾乘千余两,马、牛、羊被野"①。后光武帝"雅闻彪才,因召入见,举司隶茂才"。由这两则材料可知作为窦融从事的班彪携家属一同至洛。《后汉书·班固传》记载"(固)年九岁,能属文诵诗赋",又《后汉书·崔骃传》记载"(骃)少游太学,与班固、傅毅同时齐名",可知班固一度受业于太学。

2. 丁忧安陵

光武帝建武三十年(54),班彪卒。班固返回扶风安陵,为父丁忧。其间,"固以彪所续前史未详,乃潜精研思,欲就其业"②。

3. 陷京兆狱

在安陵期间,"有人上书显宗,告固私改作国史者,有诏下郡,收固系京兆狱,尽取其家书"③。时间约在汉明帝永平五年(62)或稍前一段时间。

4. 重返洛阳

汉明帝永平五年(62),班固弟班超"驰诣阙上书,得召见,具言固所著述意,而郡亦上其书。显宗甚奇之,召诣校书部,除兰台令史"④。此后班固常居兰台,观书、修史、论难、编书。直至汉章帝章和元年(87),班固因丁母忧再返故里扶风安陵⑤。次年十月,"大将军窦宪出征匈奴,以固为中护军,与参议"⑥。

综上可见,班固一生大部分时间居于京都洛阳,次为扶风安陵故里。因此,洛阳与扶风也就成为了我们研究班固思想的空间背景。

(二)学术发达的扶风安陵

班氏本为楚国贵族,"与楚同姓,令尹子文之后也","秦之灭楚,迁晋、代之间"(今山西、河北一带),"始皇之末,班壹避地于楼烦"(今山西雁门一带)。西汉成帝之初,班氏"徒昌陵。昌陵后罢,大臣名家皆占数于长安"⑦。王莽之世,班彪一代徙居扶风安陵,安陵也就成为班固的故邑所在。

扶风所在的三辅地区,一直是西汉的学术、政治中心,众多名士出入此间。至东汉之初,该地域学术实力依旧不衰。据卢云《汉晋文化地理》推测其时三辅士人在京师者就有六百人左右⑧。这一时期、这一地域还有一位重要文化人物,即"著经传义

① 《后汉书》卷23《窦融传》,第807页。
② 《后汉书》卷40上《班彪传》,第1333页。
③ 《后汉书》卷40上《班固传》,第1334页。
④ 关于班固何时除兰台令史,可参见刘跃进《秦汉文学编年史》,商务印书馆,2006年,第392页。
⑤ 关于班固丁母忧返回扶风的时间,可参考陆侃如《中古文学系年》(人民文学出版社,1998年)之分析。
⑥ 《后汉书》卷40下《班固传》,第1385页。
⑦ 《汉书》卷100上《叙传》,中华书局,1962年,第4197—4198页。
⑧ 卢云:《汉晋文化地理》,陕西人民出版社,1991年,第69页。

诂及论难百余万言”、被“学者宗之”[①]的经学大师贾逵。

而作为班固本籍的扶风安陵是三辅地区文化最为发达的郡县之一。三辅地区以长陵、安陵、阳陵、武陵、平陵五县最为发达，“五县游丽辩论之士，街谈巷议，弹射臧否，剖析毫厘，擘肌分理”[②]。安陵县学术之发达由此可见一斑。

班固所在的班氏家族更是为故邑文化的发展做出积极贡献。西汉成帝时期，班氏就有班伯、班斿、班稚以学行驰名于世。班伯少受《诗》于师丹，后师从其时著名经学家郑宽中、张禹学习《尚书》《论语》。班斿博学有俊才，以对策为议郎，曾与刘向共同校书，成帝赏其才华，赐书于他；其子班嗣是当时著名学者。班稚少为黄门郎中常侍，性格“方直自守”。班彪是班稚之子，其从小好古敏求，“幼与从兄嗣共游学”。正如班固所总结两汉之际的班氏“家有赐书，内足于财，好古之士自远方至，父党杨子云以下莫不造门”[③]。而班固留居故里之时，州郡之中更有“宿儒盛名，冠德州里”的故司空桓梁、“好古乐道、玄默自守”的京兆祭酒晋冯、“廉清修絜、行能纯备”的扶风掾李育等名士[④]，且与班固相熟、相善。

（三）名士聚集的京都洛阳

班固幼时因父职而得以居于洛阳，三十岁因祸得福返回洛阳。此后至章和元年(87)复归故里丁母忧止，班固都生活在洛阳。

就在此间的几十年里，洛阳学术在光武、明、章三帝王的倡导下获得极大发展。先有光武“爱好经术，未及下车，而先访儒雅”的文化感召，四方名士云会京师，“范升、陈元、郑兴、杜林、卫宏、刘昆、桓荣之徒，继踵而集”。次有汉明帝“正坐自讲，诸儒执经问难于前”的躬身示范，以致“冠带缙绅之人，圜桥门而观听者盖亿万计”。再有汉章帝召集诸儒集于白虎观，论定《五经》异同，数月乃罢。

在最高统治者的大力推动下，儒学昌盛一时，众多名士宿儒由四方汇聚京城，连“朝门、羽林介胄之士，悉通《孝经》。匈奴亦遣子入学”。就班固自身经历而言，早在少时，他便与傅毅、崔骃、李育、王充等同在太学[⑤]；置身兰台后，先“与前睢阳令陈宗、长陵令尹敏、司隶从事孟异共成《世祖本纪》”，又与贾逵、杨终、孔僖等经学大家相交[⑥]。

综上，班固无论身在故里还是京城，都浸润于浓厚的儒学之风。特别是居于洛阳之时，他与上层关系密切，更是自觉、不自觉地受到正统儒学带来的全面冲击。

---

① 《后汉书》卷36《贾逵传》，第1240页。

② 萧统编、李善等注：《六臣注文选》卷2《京都赋》李善注“五陵”，中华书局，1987年，第52页。

③ 分别见《汉书》卷100上《叙传》第4203、4205、4205页。

④ 《后汉书》卷40上《班固传》，第1331—1332页。

⑤ 分别依据《后汉书·崔骃传》“（骃）少游太学，与班固、傅毅同时齐名”、《后汉书·儒林列传》“（育）知名太学，深为同郡班固所重”、《后汉书·班固传》李贤注“班固年十三，王充见之，抚其背谓班彪曰：‘此儿必记汉事。’”

⑥ 可参见梁宗华《班固师友交游考》中对班固与贾逵、杨终、孔僖交游的考论，《齐鲁文化研究》第12辑。

二、心境变迁:从囹圄到朝堂

光武帝建武三十年(54),班固因父丧丁忧故里,开始致力于父亲班彪未竟的修史事业。建武中元二年(57),光武帝崩,明帝即位,其弟东平王刘苍以至亲身份拜骠骑将军辅政,并"开东阁,延英雄"。班固借此良机作《奏记东平王苍》,向刘苍推荐桓梁、晋冯、李育、郭基、王雍、殷肃六位"有殊行绝才,德隆当世"的名士。从奏记主要内容来看,这是身在故邑的班固向朝廷推荐贤达,而仔细体会,可发现,这又是班固的一封自荐书。在奏记开篇,班固自言"幸得生于清明之世",因而"私以蝼蚁,窃观国政",在文末更殷切希望刘苍"咨嗟下问,令尘埃之中,永无荆山、汨罗之恨",表达了自己不愿归于尘土,欲发奋有为的士子情怀。然而,刘苍阅后,对班固推荐的名士"纳之",却没有将班固一并延揽①。

欲有为政治而自荐不成的班固转而继续汉史编写工作。汉明帝永平五年(62),班固被人告发私改国史而收系于京兆狱。有关班固下狱时的心情,我们无法从现存文献中觅得。但观其先前"窃观国政"以为朝廷士的远大理想到突然沦为阶下囚的残酷现实的巨大反差,我们大约也可以想象班固此时的惊恐之状。此后,经班超陈其意、州郡上其书、明帝奇其才,班固非但没有罹祸,相反被朝廷召至兰台,自此开启长达二十余载的洛阳仕宦生涯。

入洛后,班固相继得到明帝、章帝赏识。他不仅奉明帝诏令参与编撰《世祖本纪》《列传》《载记》,还得以继续修撰西汉历史;章帝雅爱文章,班固更加得幸,"数入读书禁中,或连日继夜。每行巡狩,辄献上赋颂,朝廷有大议,使难问公卿,辩论于前,赏赐恩宠甚渥"②。

细观班固安陵自荐、京兆下狱、洛阳得意的行迹,再仔细体会其时心境后,就不难理解班固在《汉书》中"光扬大汉"的用心与努力了。这种用心与努力不仅是大时代儒风熏染、家学传承、自身学识的驱动,也来自班固独有的经历。作为一个博贯载籍、入仕无门,且一度身陷囹圄、有性命之忧的普通士子,在其因才华获得帝王肯定而逃出生天,并由此进入仕途且一路恩宠有加后,他的才华也就要得到最大程度地展现了——于史家班固而言,这种才华在《汉书》中得以充分发挥。前文已提及,班固修史,本因其父"所续前史未详"而欲补充完善之,也就是延续《史记》体例,将其未竟的汉武帝太初年间后的历史补充完毕。而后经过入狱、赦免、征召等一系列事件之后,班固的思想发生了变化。他认为"史迁所记,乃以汉氏继百王之末,非其义也。大汉当可独立一史"③,将汉刘地位从"百王之末"提升到"独立一史",或许正是班固有感知遇之恩而作出的一份最有力量的拥汉宣言。正如他在《典引》(序)中的心迹自陈,"臣固被学最旧,受恩最深,诚思毕力竭情"以"启发愤懑,光扬大汉,轶声前代"④。

---

① 《后汉书》卷40上《班固传》,第1330—1333页。

② 《后汉书》卷40下《班固传》,第1373页。

③ 《初学记》卷21《史传第二》,中华书局,1962年,第503页。

④ 《全后汉文》卷26《典引》,第256页。

三、成书洛阳:官修与私撰

《汉书》浓厚正统史观的形成,与其成于洛阳这一地域也是分不开的。作为政治中心、学术中心的洛阳对《汉书》的成书意义重大。

东汉政权是作为西汉政权的延续而存在的。所谓“光武中兴”之“中兴”,正是越过王莽新朝对西汉刘氏所作出的呼应。东汉定都洛阳后,“更以河南郡为尹,以三辅陵庙所在,不改其号”①。东汉历代皇帝也多有“巡幸长安”之举。光武帝先后六次“幸长安”,明帝、章帝、安帝、顺帝、桓帝也至长安谒高庙。这些都意在说明两汉政权的延续性。

就《汉书》成书的东汉初期而言,经过了王莽代汉这样一段插曲,东汉初期的政府更需要采用各种举措来论证、宣扬汉室的正统地位。西汉后期,社会上流传“汉历中衰,当更受命”②的预言,王莽也正是依据于此得到士人群体支持,从而顺利代汉。有鉴于此,东汉政府一直都重视史书的编撰,重视书籍中的舆论导向。从与班固同时代的同郡士人苏朗“伪言图谶事,下狱死”③事件就可知当时政府对不同言论的警惕与控制。故当有人告发班固私改作国史,朝廷即收捕其人、尽取其书,足可见上层对士人思想动向的重视。

其后班固被释的最主要原因是班超向明帝澄清“固所著述意”。关于班固的著述之意,史书有载:“以彪续前史未详,乃潜精研究,欲就其业。”——仅作完善而已。而班彪著述之意,是有感于前人所续《史记》“其言鄙俗,不足以踵前史”,更有“褒美伪新”之作(如扬雄、刘歆的撰述),“误后惑众,不当垂之后代者也”④。因此,班彪著述的根本意图在于矫正视听,更是忠于汉室之举。因此,与其说,“显宗奇之”,感叹的是班固的才华,不如说,是班固父子对汉室的忠诚打动了明帝。

即使班固被明帝奇之,并召至洛阳为兰台令史,也并不是立刻开始了续写《汉书》的进程。班固先是参与编撰《世祖本纪》,后又撰“功臣、平林、新市、公孙述事,作列传、载记二十八篇”。在这些完成之后,明帝“乃复使终成前所著书”,即《汉书》。这里,我们或许可以将班固续西汉史之前先撰东汉史这一过程视为东汉政府对他的再一次考察。《汉书》也就此完成了私撰到官修的性质的转变。官修史书打上了国家意志的烙印,正统性得以大大提升。

四、见贤思齐:王充与班固

班固在不同时期、不同地域结识的士人对他的正统意识的形成也有影响。前文已经提及的与班固有交集的洛阳名士,如同在太学的崔骃、傅毅,共撰史书的陈宗、尹

① 《后汉书》志27《百官四》,第3614页。
② 《汉书》卷75《李寻传》,第3192页。
③ 《后汉书》卷40上《班固传》,第1334页。
④ 《史通通释》卷12《古今正史》,第338页。

敏等。在诸多名士中，王充与班固的关系值得探究一番。

王充，会稽上虞人。少游太学，师事班彪。学成后“归乡里，屏居教授”[①]，著有被后世誉为“奇书”的《论衡》一书。该书以“疾虚妄”为宗旨，大力宣扬天之无为、谴告之缪和祥瑞之虚，似与当时政府所极力宣扬的正统儒学思想格格不入，与班固所秉持的正统思想就更是“道不同”了。而事实上，班固、王充彼此相熟。并且，二人有诸多相通之处：

两人年龄相仿：班固生于32年，卒于92年；王充生于27年，卒于97年。二人有共同的时代背景，也有足够漫长的时间来维系这自少年时代就开始的同学情谊。

两人同在洛阳：班固幼时因父至洛，时间大约在36年；王充于44年游学洛阳，投于班彪门下。两人又分别于54年、59年离开洛阳[②]。两人同在洛阳的时间从44年至54年，有十年之久。这十年时间，也正是二人学业有成、思想日趋成熟的重要时期。

两人学术背景相同：班固“年九岁，能属文诵诗赋”，受学于班彪；王充则直接师承班彪。

两人治学态度相似：班固“博贯载籍，九流百家之言，无不穷究”，“不为章句”；王充“好博览而不守章句”[③]。

两人至少还有一个共同的朋友：会稽谢夷吾。明帝永平十八年(75)，班固作《为第五伦荐谢夷吾疏》，代第五伦向朝廷推荐谢夷吾，赞其“才兼四科，行包九德”[④]；而谢夷吾不仅与王充同在一郡，两人更是好友。谢夷吾曾上书力荐王充，称“充之天才，非学所加，虽前世孟轲、孙卿，近汉扬雄、刘向、司马迁，不能过也”[⑤]。

此外，王充“为人清重，游必择友，不好苟交”[⑥]，却对班固赞赏有加，曾预言班固“必记汉事”[⑦]，日后也多次赞美班固“名香文美”[⑧]，“文比叔皮，非徒五百里也”[⑨]，有大国气象。同时，班固“性宽和容众”[⑩]。因此，两人成为密友可能性极大。

那么，如何解释《论衡》《汉书》不同的思想呢？后世多因王充在《问孔》《刺孟》《异虚》《自然》《乱龙》等篇中质疑圣人、批判灾异谴告的言论而将其放置在与同一时期官方意识形态对立面。而事实上，细观《论衡》，可发现王充对刘氏政权多有溢美之辞。特别在《宣汉》篇中表示要“高汉于周，拟汉过周”，而作《恢国》目的竟是“论汉国在百代之上”，甚至于前文说“凤凰麟龙皆谓不足为世瑞”，而后文“扬厉汉家之功德则又备著其佳祥”[⑪]。可见，王充并非对东汉政权不满，更不是质疑其政权的合法性。相反，

---

①③ 《后汉书》卷49《王充传》，第1629页。

② 有关王充离洛时间，可参看刘跃进《秦汉文学编年史》，第384页。

④ 《全后汉文》卷25《为第五伦荐谢夷吾疏》，第244页。

⑤ 《全后汉文》卷29《上书荐王充》，第296页。

⑥ 黄晖撰、刘盼遂集解：《论衡校释》卷30《自纪篇》，新编诸子集成本，中华书局，1990年，第1190页。

⑦⑩ 《后汉书》卷40上《班固传》，第1330页。

⑧ 《论衡校释》卷13《别通》，第602页。

⑨ 《论衡校释》卷13《超奇》，第615页。

⑪ 王洲明：《中华大典文学典·先秦两汉文学分典·汉文学部》，凤凰出版社，2008年，第187页。

他认为“前汉已灭，光武中兴，复致太平”①。由此可见，王充也是拥护刘氏政权的“正统”士人。这一点，也可从王充晚年被谢夷吾推荐于朝廷，而“肃宗特诏公车征”的礼遇可知：汉室未曾将王充视为异类，而王充也从来就不是汉室的反对者。

综上所言，作为班固密友的王充非但没有影响班固的判断，反之，两人在“颂扬汉德”的深层思想与具体文章层面都达成了根本性的一致。

五、田野派与学院派：司马迁与班固

班固《汉书》是西汉一代历史，起自汉高祖元年（前 206），终于王莽地皇四年（23）。司马迁《史记》是通史，其中西汉部分止于汉武帝太初年间。两部史著从汉高祖到汉武帝时代重合。《汉书》对这一时段的撰写，大部分借鉴了《史记》，但同样由于正统史观的影响，即使是同一时间、同一人物、同一事件，仍然表现出不同的态度与倾向。比如，对屈原的态度，对游侠的态度，包括高祖刘邦的出生的情景描述等。有关司马迁与班固著史的同异之处及其原因，学界已有很多成果论及。这里仅从二人的游历来看两部史著的成书及其中的差别。

首先，两人自身游历不同。

司马迁少时耕于河山之阳，及长，游学于长安，先后师从大儒伏生、孔安国、董仲舒。弱冠之年，司马迁开始漫游全国，先后“南游江、淮，上会稽，探禹穴，窥九疑，浮于沅、湘，北涉汶、泗，讲业齐、鲁之都，观孔子之遗风，乡射邹峄，厄困鄱、薛、彭城，过梁、楚以归”②。同时，在对自然山水的考察中，司马迁对富含文化气息的历史人文地理也给予了极大关注，比如，“秦汉之际，兵所出入之途，曲折变化，唯太史公序之如指掌。……盖自古史书兵事地形之详，未有过此者。太公胸中固有一天下之势，非后代书生之所能及也”③。在游历中，司马迁又结识了不少士人，由此得以耳闻目见诸多史实，而非尽取自于书。

进入仕途后的司马迁依然游历不止。其间，除去曾“奉使西征巴、蜀以南，略邛、莋、昆明”④之外，又多跟随汉武帝巡行郡县、东巡封禅、祭祀五帝，曾“西至空桐，北过涿鹿，东渐于海，南浮江淮”⑤。从元狩五年司马迁出仕为郎中起，到征和四年汉武帝最后一次封禅泰山止，司马迁更随武帝 36 年，巡游 26 次。

相对司马迁一生丰富的地域流动，班固的学习于太学，仕宦于兰台及幕府的经历就稍显单薄。特别是当其处于兰台期间，一方面，兰台所秘藏的皇帝诏令、臣僚章奏、国家重要律令、地图、郡县计簿与各种书籍为班固撰写西汉史实提供了最丰富的第一手资料，但同时，也将班固禁锢于文献之中，以致对文本之外的各地域的山川风物、百姓民生等自然地理与历史人文地理接触较少。这种地域流动的差别会导致二人的视

① 《论衡校释》卷 19《宣汉篇》，第 818 页。

② 司马迁：《史记》卷 130《太史公自序》，中华书局，1963 年，第 3293 页。

③ 顾炎武：《日知录》卷 26《史记通鉴兵事》，安徽大学出版社，2007 年，第 1431 页。

④ 《史记》卷 130《太史公自序》，第 3293 页。

⑤ 《史记》卷 1《五帝本纪》，第 46 页。

野有差、心态有别。司马迁更有历史纵深感,也更有全局眼光,特别是他还身处国力强盛、意气风发的汉武时期。“究天人之际,通古今之变,成一家之言”的著述理想是这样大的时代背景下,个体士人通过广泛游历而开阔眼界、增益见闻的产物。

其次,两人对“游”的态度也有差别。

可以《史记·游侠列传》和《汉书·游侠传》作对比。在司马迁陛下,游侠“其行虽不轨于正义,然其言必信,其行必果,已诺必诚,不爱其躯,赴士之厄困,既已存亡死生矣,而不矜其能,羞伐其德,盖亦有足多者焉”[①]。更甚者,司马迁游历时还曾与燕赵豪俊交游,因此宋代苏辙评之以“其文疏荡,颇有奇气”[②]。相反,班固对游侠则持否定态度。班固所谓的游侠中包括“学经传”、“诵医经、本草、方术数十万言”的楼护,包括“略涉传记,赡于文辞,性善书”的陈尊。可见班固所谓的游侠有的具有相当高的文化修养,与我们今天说到的东汉流动之士并无本质不同。班固认为游侠促成了“背公死党之义成,守职奉法之义废”的不良习气,同时,更是对等级制度的冲击,“古者天子建国,诸侯立家,自卿大夫以至于庶人各有等差,是以民服其上,而下无觊觎”。而类于游侠郭解等人,“以匹夫之细,窃杀生之权”,其僭越之举,“罪已不容于诛矣”[③]。

司马迁之宽容、班固之批判,两者态度的不同,还是要回到开始说的第一点,即与二者的自身游历有关。司马迁有丰富的游历经验,且是主动出行,结交名士、感受风俗,他有更多机会接触到普通民众,也因此对很多正统史家所不能理解之事怀有深沉的“理解之同情”。而班固自十余岁游学洛阳,后又入兰台、校书籍、参加白虎观会议,倾听各位大儒讲解五经异同,奉命撰写《白虎通德论》,亲身参与儒学谶纬化的改造——接收到的都是正统的儒学思想。观两位行迹所至,可以说,司马迁走的是一条田野派的路线,而班固则是正统的学院派士人。

结 语

正统史观经由班固系统、具体地呈现于《汉书》这部史学名著之后,遂成为后世撰修史书的重要法则,《汉书》也被后世史学奉为“不祧之宗”[④]。而这一正统史观的形成又与作者所处时代有关,与作者在这一时代中的地域流转、心境变迁有关。就班固而言,其一生所至之地域,儒学大行其道,儒者环于四周,原本承袭其父志,后又得遇于明帝,因此,其正统史观之形成,既是国家意志之体现,却更是作者个体地域流转、情感浮沉、思想也随之渐趋成型的必然产物。

(作者单位:安徽广播电视大学文法学院)

---

① 《史记》卷124《游侠列传》,第3181页。

② 陈宏天、高秀芳点校:《苏辙集》卷22《上枢密韩太尉书》,中华书局,1990年,第381页。

③ 分别见《汉书》卷92《游侠传》,第3706、3711、3697、3697、3699页。

④ 章学诚:《文史通义》卷1《内篇一·书教下》,上海书店,1988年,第14页。

《隋志》总集三例发覆*

智晓静　胡　旭

由于年深月久，加上兵燹水火，《隋志》著录的许多总集，早已亡佚，我们要了解其原貌与性质，困难极大。有的总集虽然保存了下来，但辗转传抄，鲁鱼亥豕，讹误颇多。《文章流别集》《文选》《善文》等就是如此，它们在《隋志》著录的诸多总集中，有一定典型性，本文对其进行探讨，力图揭示它们的某种真实面貌或基本性质，尽量深化长期以来围绕着它们的一些简单认识。

一　《文章流别集》的双重性质

《文章流别集》早已亡佚，但唐人尚能见到约三分之二①。故《隋志》论及《文章流别集》，当有相当的可信度。其中有云：

> 总集者，以建安之后，辞赋转繁，众家之集，日以滋广，晋代挚虞苦览者之劳倦，于是采摘孔翠，芟剪繁芜，自诗赋下，各为条贯，合而编之，谓为《流别》。是后文集总钞，作者继轨，属辞之士，以为覃奥，而取则焉。

此段文字历来被学者关注并大量引用，但理解却有偏差。其内涵至少有三：第一，总集出现的背景。建安以后，文人之作——特别是辞赋——越来越多，文人的作品汇集也越来越广，但这些汇集是杂乱的，没有什么标准②。第二，挚虞的划时代作用。挚虞看到当时读者浏览文章的繁杂与辛苦，对这些作品进行了整理和分类，形成诗、赋等系列，并汇聚在一起，称为《文章流别集》。第三，《文章流别集》的影响。挚虞之后，文人多认可他的做法，效仿他的人很多，类似于《文章流别集》的文章类聚，次第出现，影响深远。

然而，看似明白的这一段记述，其实还有不明白的地方。挚虞究竟是怎么分类的？比较传统的看法，是挚虞以文体来分类，即诗归为一集，赋归为一集，其他文体依此类推，各为一集。各集之中，大约再以作家依次排列。这种看法，得到古今学者的普遍认可。

但也有不认同这一看法的，章学诚云：

---

* 国家社会科学基金重大项目：汉魏六朝集部文献集成(13&ZD109)之子项目：先唐集部叙录。

① 《隋志》著录《文章流别集》四十一卷，下有注："梁六十卷。"然《晋书·挚虞传》云："又撰古文章，类聚区分为三十卷，名曰《流别集》。"疑六十卷本为后人分卷，与《文选》初三十卷被后人分为六十卷相类。

② 关于"众家之集"一语，易生歧义。一是承"辞赋转繁"，指辞赋的汇聚；二是众多的别集。笔者认为，建安时期时虽然已有别集编撰，但依然在萌芽阶段，并没有明确的别集概念，故认为"众家之集"指以辞赋为代表的作品汇聚。

> 自东京以降,讫乎建安、黄初之间,文章繁矣,然范、陈二史,所次文士诸传,识其文笔,皆云所著诗、赋、碑、箴、颂、诔若干篇,而不云文集若干卷,则文集之实已具,而文集之名犹未立也。自挚虞创为《文章流别》,学者便之,于是别聚古人之作,标为别集,则文集之名,实仿于晋代。①

很多学者看到这一段文字时,认为章学诚所谈的是别集的起源,这当然是不错的,但是,章学诚所说的"别聚古人之作,标为别集",则很显然地认为,挚虞的《文章流别集》是以一部部别集为单元的,众多别集汇聚在一起,形成一部大型总集。

那么,章学诚的看法与多数人的看法究竟哪一个更有道理呢?不妨先对《文章流别集》这一题名的关键字作出解释。

关于汉魏六朝时期"文章"的概念,郭绍虞先生、杨明先生都进行过论述②,简言之,泛指一切文字作品。"流"该如何理解?它体现的应该是时间顺序,自古至今的作家及其作品依次排列,顺流而下。"别"又如何理解?它是区分的意思,不仅将一个个作家及他们的作品区分开来,而且在每一个作家的集子中,用文体将作品区分开来。"集"乃汇聚之意,文章汇聚而称之为"集"者,实自《文章流别集》始。

把《文章流别集》理解为一部部别集汇聚而成的总集,并不突兀。在《文章流别集》之前,这样的情形已经出现过。曹丕《与吴质书》云:

> 昔年疾疫,亲故多离其灾。徐陈应刘,一时俱逝,痛可言邪……何图数年之间,零落略尽,言之伤心!顷撰其遗文,都为一集。

曹丕所做的事,就是搜集徐幹、陈琳、应玚四人遗文,汇聚成册。怎么汇聚?应该是人各一集,然后再合成一个整体。也就是说,先成别集,后再合成总集。虽然此时别集、总集的概念都没有出现,而编撰别集和总集的实际行为,已经实实在在地出现了。曹丕为建安诸子撰集的做法,对挚虞编撰《文章流别集》有所启示,应该是不难理解的。

综上所述,《文章流别集》是实实在在的一部大型总集,但这部总集是由一部部别集组成的。别集实际上早已出现③,只是有其实而无其名而已,别集概念是随着《文章流别集》概念的出现而出现的。然而,此时的《文章流别集》虽然是实实在在的总集,但也是有其实而无其名,直到南朝梁代阮孝绪编制《七录》时,才出现了总集的概念。

二 《文选》编次体现的选本特征

《文选》是总集,更是选本。我们通常说《文选》编撰是出于梁建立后文化建设方

① 叶瑛认为,"实仿于晋代"之"仿",当为"昉"之误,乃起源之意。说可从。参章学诚:《文史通义校注(卷三〈内篇三〉)》,北京:中华书局,第300页。

② 郭绍虞:《中国文学批评史(上)》,天津:百花文艺出版社,1999年,第40页。又,杨明:《欣然斋笔记》,上海:东方出版中心,2010年,第231页。

③ 胡旭:《先唐别集叙录(前言)》,北京:中国社会科学出版社,2011年,第4—5页。

面润色鸿业的需要，这是一个形而上的考量。其实，《文选》还有一个很现实的编撰目的，就是提供文学写作的范本。既然是范本，选文得有一定的标准。古今学者大多认为“事出于沉思，义归乎翰藻”是《文选》的选文标准，固然不错。但是，作为一个选本，文体类型与作品典范是必须考虑的，因而典范性是《文选》选文的重要标准。

《文选》序最后谈到编次顺序：“诗赋体既不一，又以类分；类分之中，各以时代相次。”可是，实际编纂时，却并不遵守这个规定。一些学者进行了考察与统计①，多认为是编撰失误。当然，编纂失误是可能的，但大面积的编纂失误，就很值得怀疑了。其中有些看起来编次不按时间先后的情况，恰恰是着眼于选本典范性的要求。兹举若干典型实例，予以说明。

赋之“音乐类”，一般学者都认为潘岳《笙赋》不当排在成公绥《啸赋》之前，因为成公绥(231—273)比潘岳(247—300)年长甚多。但是，潘岳是西晋文学家的代表，他的《笙赋》和同入选《文选》的王褒《洞箫赋》、马融《长笛赋》、嵇康《琴赋》，是音乐赋的正体，具有典范性。而成公绥的文学影响远逊潘岳，其《啸赋》在一定程度上也是音乐赋的一个变体，独具特色却非主流。《啸赋》次于《笙赋》，原因或许在此。

诗之“公宴类”，建安四位诗人的编次是曹植、王粲、刘桢、应玚。对此李善注曰：“赠答、杂诗，子建在仲宣之后，而此在前，疑误。”②但仔细考察，好像是有意为之。考察《文选》所收公宴诗，曹植这一首写得最好，内容包括宴饮、冶游、言志，其中的“秋兰被长坂，朱华冒绿池”乃千古神来之笔。将其看作《文选》所收公宴诗的最佳典范，并没有什么疑问，置其于此类之首，当出于这种考量。王粲的《公宴诗》在文学成就上与曹植之作，相距甚远，但形式上切题，所谓“述恩荣，叙酣宴”是也，入选的形式意义远远大过内容价值。刘桢的《公宴》不写宴会情形，而写宴后游览，景致清丽优美，所谓“怜风月，狎池苑”是也，其入选《文选》，也是出于“典范”的考虑。可以说，王粲、刘桢之作，各写了一个侧面，不及曹植之作的典正，他们和应玚之作皆位列曹植之后，从选本的需要来看，是符合实际的。

诗之“哀伤类”，嵇康的《忧愤诗》排在首位，曹植的《七哀诗》次之，王粲的《七哀诗》又次之。众所周知，嵇康的《忧愤诗》乃其身陷囹圄时所作，既有对自身遭遇的叹息，又有对世事黑暗的愤慨，思想深广，一唱三叹，十分感人，实为此类诗歌之冠，故能排在早于他的王粲与曹植之前。这是《文选》给“哀伤类”诗歌选择的模版，即个人的彻骨感受与深刻的社会意义。相对于嵇康的忧愤诗，曹植和王粲的《七哀诗》是对社会的哀伤。曹植的《七哀诗》之所以排在王粲的《七哀诗》之前，则与《文选》“事出于沉思，义归乎翰藻”的标准有关。相较而言，曹植之作华美流丽，却又怨而不怒，王粲之作过于直露，有伤渊雅之致。李善注云：“赠答，子建在仲宣之后。而此在前，误也。”如果子建在仲宣之前为误，那么嵇康在子建仲宣之前，如何理解？李善显然没有看到《文选》选文强调典范性这一本质。

文之“弹事类”共选文三篇，任昉的《奏弹曹景宗》《奏弹刘整》在前，沈约的《奏弹

① 关于《文选》编次问题，骆鸿凯、王晓东、力之等学者都有统计和论述，不一一列出。

② (梁)萧统：《文选》，(唐)李善注，北京：中华书局，1977年，第283页。

王源》在后。沈约比任昉年长近二十岁,《奏弹王源》一文写于他在南齐任御史中丞时。任昉的两篇文章,写于他入梁后任御史中丞时。无论从年辈看,还是时间先后来看,《奏弹王源》似乎应该排在前面。《文选》将任昉之文排在前面,绝非编次失误。弹事类文章之特点,《文心雕龙》说得明确:“若乃按劾之奏,所以明宪清国。昔周之太仆,绳愆纠谬;秦有御史,职主文法;汉置中丞,总司按劾;故位在鸷击,砥砺其气,必使笔端振风,简上凝霜者也。”从这个角度而言,任昉之文笔挟风雷,正气凛然,确实较沈约之文略高一筹,所谓“沈诗任笔”,此言非虚。显然,最能体现南朝弹事类文章特点的,是任昉的此类文章。还有两点,也有申述的必要。第一,弹劾对象曹景宗、刘整、王源三人中,曹景宗是梁开国元勋,对其弹劾最有代表性、典型性,编次在先当与此有关。第二,就事件而言,奏弹曹景宗是军国大事,奏弹刘整、王源则着眼于整齐风俗,孰轻孰重亦有分别。总体而言,这三篇文章分为两大类,第二类中又分成两小类,侧重点各不相同。

《文选》中只要选录谢惠连的作品,全部排在同类作品之首。他的《雪赋》在谢庄的《月赋》之前,这是没什么可说的,因为他年辈长于谢庄,作品也不亚于谢庄之作。而他的《泛湖归出楼中玩月》排在谢灵运以《登池上楼》为代表的八首游览诗、颜延之以《车驾幸京口三月三日侍游曲阿后湖作》的三首诗之前,还是令人惊讶的。但是,仔细阅读他们三人的游览诗,可以看出颜延之的是应制之作,不及二谢之自然。谢惠连和谢灵运对自然之景皆别具只眼,悠然心会,但谢惠连之作,境界更为阔大,抒情也更为深远,谢灵运的格局则要小一些,爱发一己幽情,相形之下,高下立分。尽管谢灵运在后代的名气更大,但齐梁时人们对谢惠连的评价也很高。《诗品》云:

> 小谢才思富捷,恨其兰玉夙凋,故长辔未骋。《秋怀》《捣衣》之作,虽复灵运锐思,亦何以加焉。又工为绮丽歌谣,风人第一。《谢氏家录》云:“康乐每对惠连,辄得佳语。后在永嘉西堂,思诗竟日不就。寤寐间忽见惠连,即成‘池塘生春草’。故尝云:‘此语有神助,非吾语也。’”

在钟嵘看来,谢惠连死得太早,未能尽展其才,即便如此,《秋怀》《捣衣》这样的作品,谢灵运也无法超过。甚至谢灵运的绝世佳句“池塘生春草,园柳变鸣禽”之得来,也与谢惠连有关。虽然《诗品》置谢灵运上品,谢惠连中品,但从评语来看,贬灵运褒惠连之意甚明,于此不难看出谢惠连在齐梁时期的巨大影响。

《文选》的编次确实有一些问题,这些问题究竟是源于当时的编纂,还是后来的传抄,甚为复杂。但是有些看起来有错误的编次,可能实际上却是撰者的匠心独运。正如众多研究者所看到的,《文选》基本上没有把作家朝代编错的情况,这是其严谨之处。同一朝代的作家在某类作品中的编次,不遵守“时代相次”的原则,某种程度上是从作品典范性的角度考虑而作出特殊安排,这正是《文选》作为选本的重要特征。

三　《善文》与《古今善言》的误判

《隋志》著录杜预撰《善文》五十卷,两《唐志》著录杜预撰《善文》四十九卷。文廷式《补晋书艺文志》著录两部《善文》，一是杜预撰，另一华廙撰。前者题解云：

《齐书·晋安王子懋传》：“赐子懋杜预手所定《左传》及《古今善言》。”是此书一名《古今善言》也。《玉海》五十四云：“《史记》李斯传注，辩士隐姓名，遣秦将章邯书，在《善文》中。”《困学纪闻》卷十二同。廷式案，陶渊明《圣贤群辅录》、章怀太子《后汉书·皇后纪》注并引《善文》，当出此书。《御览》四百三十一引《古今善言》曰：“灵帝时欲用羊续为三司，而中官求赂，续出黄纸补袍以示使者。”①

文廷式的观点包含两个方面，第一，杜预的《善文》一名《古今善言》。第二，《史记》裴骃注、陶渊明《圣贤群辅录》《后汉书》章怀太子注所引《善文》，皆杜预之书。

《古今善言》究竟是什么样的一部书？撰者是谁？《宋书·范泰传》云：“泰博览篇籍，好为文章……撰《古今善言》二十四篇及文集，传于世。”《水经注》云：“范泰《古今善言》曰：日南张重，举计入洛，正旦大会，明帝问：‘日南郡北向视日邪？’重曰：‘今郡有云中、金城者，不必皆有其实。日亦俱出于东耳，至于风气暄暖，日影仰当，官民居止随情，面向东西南北，回背无定。人性凶悍，果于战斗，便山习水，不闲平地，古人云：五岭者，天地以隔内外，况绵途于海表，顾九岭而弥邈，非复行路之径阻，信幽荒之冥域者矣。’”②《隋志》《旧唐志》《新唐志》皆录范泰《古今善言》三十卷。《日本国见在书目录》著录《古今善言》二十一卷，不云撰者。《崇文总目》著录《古今善言》二十卷，不云撰者。从上述文献不难看出，《古今善言》的著作权基本上没有争议③，当属范泰。《古今善言》的著作权是明确的，那么其性质如何呢？《隋志》《日本国见在书目录》《旧唐志》《新唐志》《崇文总目》皆明确地将其归入子部杂家，没有任何分歧。可见，将《古今善言》与总集部的《善文》等同，是一件荒谬的事。

那么，文廷式为什么要说《古今善言》就是杜预的《善文》呢？原因在于他对文献的误读。《南齐书·晋安王子懋传》之“赐子懋杜预手所定《左传》及《古今善言》”一句，确实容易产生歧义：一是《左传》和《古今善言》都是杜预手定的，二是《左传》是杜预手定的而《古今善言》不是。揆以实际，正确的应该是第二种解读，即“杜预手所定《左传》”和“《古今善言》”，后者与杜预无关。文廷式的误读，对后来的学者产生了影响，他们的研究也因此发生了某些误判④。

《隋志》等文献著录杜预《善文》，归入总集，但华廙的《善文》却不见著录。《史记》裴骃注、陶渊明《圣贤群辅录》⑤、《后汉书》章怀太子注所引《善文》，皆未明确指出撰者，因而要说这三处引文出自哪一部《善文》，尚无充分的理据。

华廙的《善文》虽然不见著录，但却可从传世文献中找到一些讯息。《晋书·华表传》附其子《华廙传》云：“栖迟家巷垂十载，教诲子孙，讲诵经典。集经书要事，名曰《善文》，行于世。”这一段记载，时间稍有点含混，“十载”不很精确。华廙栖迟家巷，原

① 二十五史刊行委员会：《二十五史补编（三）》，北京：中华书局，1955年，第3795页。

② 《水经注》卷三十六《温水》。参《水经注疏》，南京：江苏古籍出版社，1989年，第2997—2998页。

③ 《崇文总目》著录诸书，皆不云撰者。

④ 如范子烨先生依据文廷式的结论，推断范泰的《古今善言》很可能是在杜预的《古今善言》基础上发展而成的。参范子烨：《华廙善文考略》，《书品》，2010年第1期，第78页。

⑤ 《四库全书总目·子部·类书类存目》力辩《圣贤群辅录》非陶渊明所作，而是北齐阳修之增入陶集。

因有二:一是父丧葬讫,晋武帝要他回到都督河北诸军事任上,他拒绝,因而忤旨。二是鬲令袁毅贿赂公卿获罪,华廙与袁毅同为卢氏之婿,且有不法之事,受到牵连。《华表传》对华表之死记载明确,为咸宁元年(275)八月。袁毅事发生时间虽不载于《华表传》,却见于《何劭传》:"咸宁初,有司奏劭及兄遵等受故鬲令袁毅货。"二者互证,可知华廙咸宁元年末废官。又《华廙传》云:"太康初,乃得袭封。"因而华廙栖迟家巷亦即编撰《善文》的时间当在咸宁二年(276)到太康元年(280),前后约五年,而不是本传所说的十年①。顺带而及,华廙的生卒年也不太难考,本传云其惠帝初与韩寿不协,不登台司,年七十五卒。而《晋书·贾充传》云:"寿官至散骑常侍、河南尹,元康初卒。"大致可知华廙的生年在建安二十一年(216),最迟也不超过其后一二年。

上述考证,可以得到两点启发。第一,华廙的《善文》是"集经书要事",可能是部分抄录、撮要,形成一部书。同类情况有被《隋志》著录在总集部的隋代李文博的《政道集》。马总《意林》序云:"隋代博陵李文博,攟掇诸子,编成《理道集》十卷。"②这种归类是否正确,是另外一个问题,此处不赘。第二,华廙与杜预(262—284)基本上是同时人,很难找到华廙《善文》讹为杜预《善文》的理由。杜预的《善文》,《隋志》等著录确切,但相关传记则无一提及,除了知道这是一部五十卷的总集外,其他信息皆付阙如,不能不说是一个遗憾。至于后代学者的评价,如骆鸿凯先生云:"最初选集列代之文以成一书者,当自晋杜预之《善文》始。"③都是就《隋志》、两《唐志》等文献的著录来说的,其实可能并不知道原书的真正面目。

《隋志》著录的总集,大多已经亡佚,要准确地了解其原貌,已经相当困难。更为重要的是,《隋志》著录的一部分总集,与其阐述的总集概念,并不完全吻合,与后人的总集概念也有一定的分歧,这越发给我们的理解带来了困难。如何在相关文献中寻找蛛丝马迹,深入考察,反复比勘,获得尽量客观、合理的认识,是先唐总集研究的重要任务。

(作者单位:厦门大学中文系)

① 范子烨先生认为,华廙撰《善文》的时间在太康初年以前,颇有见地。参《华廙善文考略》,第74—78页。

② 李文博此书原名《治道集》,唐人避李治讳,故称《政道集》《理道集》等。

③ 骆氏此说,遭到一些学者的反驳,如力之先生的《总集之祖辩》(《郑州大学学报》2000年第2期)就认为,骆氏的观点是总集始于《善文》。窃以为,这是一种误读,骆氏只说"选集列代之文为一书"自《善文》始,并没有说《善文》是总集之祖。又,近人黄逢元在其《补晋书艺文志》中云"据杜预撰《善文》五十卷,则荟萃文章自杜预始。"骆氏之说,当源于此。

杜诗辨疑三则

陈道贵

一、《题忠州龙兴寺所居院壁》之“独园”

此诗乃杜甫寓居忠州龙兴寺时所作，其末二句云：“淹泊仍愁虎，深居赖独园。”对其“独园”一词，历来注杜者几无异辞，认为是援引佛教典实。赵次公谓：“独园，指言龙兴寺。给孤独长者有园，佛尝居之，故佛寺谓之给孤园，又谓之独园。”[①]蔡梦弼《杜工部草堂诗笺》、高崇兰《集千家注批点杜工部诗集》、郭知达《九家集注杜诗》、仇兆鳌《杜诗详注》等，均以给孤独园注此“独园”。曹慕樊先生则认为，以佛教典实解“独园”不确，佛典中的“给孤独园”，可称“给孤园”“给园”“孤独园”，但不能省为“独园”。据此，曹先生自立新说，解“独园”为孤立无依之园[②]。按，曹先生此说有未周之处，难以信从。佛教中所谓祇树给孤独园，又称祇园精舍，乃印度佛教早期著名寺院。中国历代文人在言及佛教寺院时，往往用以作为寺院代称。在具体援用时，常有简化之现象。而简化时，又非限于某种特定形式。其中既有如曹先生所指出的“给园”“给孤园”“孤独园”等，也有如杜甫此诗中所用的“独园”。“独园”用指寺院之例颇多，兹举若干，以解曹先生之疑。颜真卿等《月夜啜茶联句》诗：“醒酒宜华席，留僧想独园。”[③]孙狄《酬万八贺九云门寺归溪中作》诗：“独园余兴在，孤棹宿心违。”[④]以上二例，均以“独园”指佛家寺院。如果仍有疑问，那么下面两例则更有说服力。于邵《阿弥陀石像赞》：“独园对境，双树齐阴。”[⑤]释良秀《奉敕造波罗蜜经疏进上表》：“至道同源，圣人一贯。大雄示相，演妙音于独园；宝位分身，霈湛恩于双阙。”[⑥]这两处“独园”无疑是给孤独园之省称。

又，曹先生述及此诗时，将诗题写作《题忠州龙兴寺壁》，而杜诗传世诸本如《九家集注杜诗》《集千家注杜诗》《钱注杜诗》《杜诗详注》等均作《题忠州龙兴寺所居院壁》(《瀛奎律髓》录此诗题作《题忠州龙兴寺壁》)。也许曹先生没有注意到“所居院”三字，故而导致将“独园”视为与龙兴寺无关的所谓孤立无依之园。换言之，如果曹先生注意到题目中“龙兴寺所居之院”的“院”字，恐怕不会将诗人所赖之“院”理解为孤立

① 林继中：《杜诗赵次公先后解辑校》，上海：上海古籍出版社，2012年，第681页。
② 曹慕樊：《杜诗杂说全编》，北京：三联书店，2009年，第214页。
③ (清)彭定球等：《全唐诗》，上海：上海古籍出版社，1986年，第1937页。
④ (宋)李昉等：《文苑英华》，北京：中华书局，1966年，第1217页。
⑤ 《文苑英华》，第4125页。
⑥ (清)董诰等：《全唐文》，上海：上海古籍出版社，1992年，第4234页。

无依之“园”了。也就是说,即使此“独园”是孤立无依之园,那也应该是依题作“独院”。

二、《西阁夜》之“盗贼尔犹存”

此诗有“时危关百虑,盗贼尔犹存”句,一般解“盗贼尔犹存”为指盗贼而言。顾宸曰:“‘盗贼’,言崔旰之乱。”边连宝谓:“‘盗贼尔犹存’,诗恨极语,愤极语。”[①]《杜诗阐》释为:“嗟尔盗贼,至今尚存耶!”[②]黄生则解为:“击柝之声何处?无衣之子可怜!百虑遂尔关心,盗贼尚满天地,故若呼而怪之。非怪盗贼也,怪其以盗贼遗君父者也。”[③]此类解说均为有据合理。曹慕樊先生则主张应将这两句和前面的“击柝可怜子,无衣何处村”联系起来,解为:“不晓得哪里的村子里还有衣裳单薄的可怜人在打更呢!接着说,在危急的年代,人们为自己的打算多极了,不料在盗贼纵横的时候你(更夫)竟仍然还在啊!”[④]

曹先生之所以如此解说,可能是出于两个原因。其一,杜诗中有“盗贼敢忘忧”之类的句子。其中“敢忘忧”与“盗贼”的关系有些特别,不是说盗贼不敢忘忧,而是说因为有盗贼存在,所以(我,诗人)不敢忘忧。也许是受了这类诗句的引导,曹先生把“盗贼尔何存”理解为有盗贼,你(击柝子)却还在打更。实际上,“盗贼敢忘忧”与“盗贼尔何存”是不一样的。“盗贼敢忘忧”是说因为有盗贼存在,自己怎么能将忧患放在一边呢?如果以此为参照,如曹先生所言,那么“盗贼尔犹存”就应该解为:有盗贼存在,你竟然存在(或:你为什么存在)?更夫的存在,似乎不当与盗贼存在构成矛盾;相反,正因为天下未宁,乡村更夫执夜才更加重要。

“盗贼尔犹存”是一种“呼告句”式诗句,即黄生《杜诗说》所谓“盗贼尚满天地,故若呼而怪之”。徐仁甫先生所见与黄生略同,认为“盗贼尔犹存”应读为“盗贼,尔犹存!”是“呼告句”,并例举谢道韫《登山》“气象尔何物”、韩愈《奉和仆射裴相公感恩言志》“自然无不可,范蠡尔其谁”为证[⑤]。徐先生的解说,使得历来公认的解读更具说服力。笔者在此再补一例。《六度集经》中的《镜面王经》,其中有“盲人摸象”的故事。当众盲人各依所摸部分判断大象为何物,争论不休之际,“镜面王大笑之曰:‘瞽乎!瞽乎!尔犹不见佛经者矣。’”[⑥]此例或更可见“呼告”之意。

其二,对“时危关百虑”句意的不同理解。“时危关百虑”,以诗意脉络而言,应该是诗人在前面诗句所描述的情景之下而引发的主观情思,即在这动荡不安的时局中,自己心系天下,百虑关心。而这正是由于“盗贼”所起,故结句以“呼告”语出之。曹先生另有所见,以为此“关百虑”者非诗人自己,而是“人们”,且此“虑”是“为自己打算”。

---

① 两条皆转引自张忠刚:《杜甫全集校注》,北京:人民文学出版社,2014年,第3880页。
② (清)卢元昌:《杜诗阐》,卷二十五,台北:大通书局,1974年。
③ (清)黄生:《杜诗说》,合肥:黄山书社,1994年,第165页。
④ 《杜诗杂说全编》,第252页。
⑤ 徐仁甫:《杜诗注解商榷·杜诗注解商榷续编》,北京:中华书局,2014年,第183页。
⑥ 《六度集经》卷八,《大正新修大藏经》第3册,第51页。

这样的解读，似乎太为曲折，也过于主观，因为“虑”怎么就一定是“为自己打算”呢？再者，曹先生将“无衣何处村”与“击柝者谁子”并观，认为其应当解为“不晓得哪里的村子里还有衣裳单薄的可怜人在打更呢！”如此解会值得商榷。就诗意脉络而言，这两句应该说的是两件事，一为“击柝子”，一为“无衣村”，均为诗人“百虑”关心的表现。如果将其视为一事，像曹先生那样串讲，主观添加的成分太牵强；“无衣”变成“衣裳单薄”，似乎太勉强了。

又，将“尔”解作“击柝子”，曹先生似非第一人。黄生《杜诗说》引洪舫之言：“陋士竟以‘尔’目此子。”[①]可见在清初或之前，已经有人将此诗之“尔”视为“子”了，只是由于不可信而影响几绝。

三、《别董颋》之“小长安”

《别董颋》诗“南适小长安”之“小长安”，注者多持邓州小长安聚说。如《九家集注杜诗》《集千家注杜诗》《杜工部草堂诗笺》《补注杜诗》《钱注杜诗》《杜诗详注》等。邓绍基先生则认为此诗之“小长安”指的是江陵[②]。《杜甫全集校注》据陶敏先生说，认为旧说全误，定“小长安”为指桂州[③]。按，《别董颋》之“小长安”何指，确为值得探讨之问题。但笔者以为，解“小长安”为桂州，只可作一说，不宜视为定论。

先看“桂州说”之立论依据是否无懈可击。郭曾炘《读杜劄记》已指出《别董颋》诗“小长安”或指桂州，其立说是由“南适小长安”之“南”所示之地理方位问题引发，其提出“小长安”或指桂州的依据是李商隐《即日》诗自注与张叔卿《流桂州》“胡尘不到处，即是小长安”诗句（张氏此诗，钱谦益已经注意到了，《钱注杜诗》在《别董颋》一诗后录张诗“胡尘不到处，即诗小长安”句）。但是，郭曾炘却不愿贸然下断语，而是审慎地说：“此则桂林亦称小长安，正在荆湘之南，或董是赴桂州，但此外亦无确证耳。”[④]一则谓“或”，一则谓“无确证”，只是存疑而已。陶敏先生立说之据未出郭氏所及，并没有提出新的证据。丘良任先生也依据《读杜劄记》，定“小长安”为桂州[⑤]。笔者以为《读杜劄记》的存疑态度是可取的，因为其立说的两个依据都不是十分可靠的。李商隐《即日》诗自注“宋考功有‘小长安’之句”，并不见于宋之问传世之作，而且这“小长安”之句出现在什么样的语境也不清楚，恐怕不能因此而直接得出宋之问说过桂州有小长安之称这样的结论。至于《即日》诗“自注”的可信性，也有学者提出疑问。叶葱奇曾谓这个所谓自注“显然也是宋人的批注，决不是作者的手笔”[⑥]。张叔卿《流桂州》诗“胡尘不到处，即是小长安”，更可能是比喻的用法，即没有受到“胡尘”之扰的地方，就可以称为小长安。邓绍基先生即持此观点，认为“张叔卿诗中‘小长安’云云，当

---

① 《杜诗说》，第165页。

② 邓绍基：《读杜随笔》，《齐齐哈尔师范学院学报》（社科版），1981年第4期，第25页。

③ 萧涤非等：《杜甫全集校注》，北京：人民文学出版社，2014年，第5656页。

④ 郭曾炘：《读杜劄记》，上海：上海古籍出版社，1984年，第428页。

⑤ 丘良任：《杜诗考索》，《暨南大学学报》（社科版），1997年第3期，第108页。

⑥ 叶葱奇：《李商隐诗集疏注》，北京：人民文学出版社，1985年，第467页。

是自嘲自慰之词,在通常意义上,'小长安'是喻平安乐土"[①]。由此可见,支持"桂州说"的材料,既是孤证,又存歧义,怎么能说就是定论呢?

再者,如持"桂州说",则《别董颋》诗存在诸多难以解释的问题。一是其诗云:"士子甘脂腴,不知道里寒。有求彼乐土,南适小长安。"由此四句可知,董颋去的是所谓"乐土",而此"乐土"就是"小长安",且往"小长安"所经过之地("道里")的气候寒冷。如果"小长安"指桂州,杜甫怎么会因为路途寒冷而替董颋担忧呢?桂州属五岭以南的"炎方"。唐时桂州冬天的气温在炎方相对属于比较低的。戎昱《桂州口号》云:"谁道桂林风景暖,到来重著皂貂裘。"不过李商隐却觉得桂州冬天并不十分寒冷,其《即日》诗云:"桂林闻旧说,曾不异炎方。山响匡床语,花飘度腊香。"杜甫《别董颋》诗作于大历三年冬由公安赴岳州途中[②]。由这里南适桂州,道里所经之地,其气候应该是趋于温暖的。由此,诗人再三为董颋衣裳单而生发的关切之情似有多余之嫌。二是诗末"汉阳颇宁静,岘首试考槃"难以理解。如解为南适桂州,杜甫怎么又在诗末写出这两句呢?"汉阳"、"岘首"和桂州以及他们分手之地均无关联,不免给人"游离"之感。

如果按传统说法,诗中的"小长安"为邓州附近的小长安,上述两个问题却可以得到较好的解释。"道里寒"指的是由他们分手之地北上所经之地的气候。"汉阳""岘首"为北上所经之地,而"岘首在襄州,与邓州相近。公因董君之往邓,故思及之"[③]。

不过,解"小长安"为邓州小长安,确有一问题不能无视,即往邓州方向怎么能说是"南适"呢?这的确是持邓州小长安说者难以回避的问题。令人不解的是,诸家在解"小长安"为邓州小长安时,却多无视"南适"问题。只有浦起龙说"南适恐误,邓州在江陵西北也"[④]。而持"小长安"指江陵的邓绍基先生则认为,此"南适"非指离别时董颋去往的方向,而是追述董颋因生活所迫由秦地"南适"[⑤]。浦起龙疑"南适"可能是文字的错误,只能说是主观推测,难以服人。邓绍基先生的解释倒是有些道理(只是我们不同意"小长安"指江陵)。如果按邓绍基先生的思路,我们似乎可以说"南适小长安"乃董颋由秦地南下邓州小长安,后又到公安、岳州之间某地,在此与杜甫相遇。作此诗时,董北上而杜甫南下。因为董北上,故杜甫忧其"道里寒";也因为董北上将经"汉阳""岘首",故诗末歌咏及之,聊发心向隐逸的情怀。

(作者单位:安徽大学文学院)

---

① 《读杜随笔》,第25页。

② 杜甫与董颋分手之地,历来有歧见。本文据张忠纲先生《杜甫年谱简编》,《杜甫全集校注》,第6570页。

③ 《杜诗赵次公先后解辑校》,第1455—1456页。

④ (清)浦起龙:《读杜心解》,北京:中华书局,1961年,第194页。

⑤ 《读杜随笔》,第25、26页。

旧文体中的新世界

——潘飞声《海山词》的价值与特色

林传滨

上世纪末，学界对近代文学改革运动中词体的缺席与否展开讨论，陈铭、袁进认为近代词人没有提出革命的口号，词逐渐走向衰微①，张宏生、巨传友、沙先一和倪春军则指出近代词有新语句和新意境的表现，在内容和精神上与诗界革命有所呼应，而民国以后胡适、曾今可、卢前等人也相继对词体创作提出改革的意见②。上述学者探讨的是词（旧文体）在近代社会及文学革命（新时代）中的发展（或衰微），论述其创作内容是否反映新时代的事物和社会变化，不过，他们的讨论多聚焦在国内词人，较少关注直接面对新世界的海外词。

鸦片战争以后，西方船舰日益频繁来华的同时，愈来愈多的国人也因各种机缘远赴海外，创作了不少文学作品。目前，学界对晚清郭嵩焘、王韬、黄遵宪等人的海外日记和诗文著作早已有所关注，然而除了民国时期的吕碧城之外，对海外词的讨论研究却不多。早在光绪十三年（1887），广东文人潘飞声（1858—1934）③就已应德国驻华公使邀请④，担任柏林大学东语学堂教席，旅居期间除了《柏林竹枝词》《游萨克逊日记》之外，更著有《海山词》一卷，是笔者目前所见最早编著于海外的词集。虽然自晚清以来不少人已注意到《海山词》描写海外风光的特色，然而它对于审视近代词体创作发展变化的价值意义却尚未被关注。相较于国内词人，《海山词》是潘飞声在柏林直接面对新世界的创作，如何将生活周遭的新事物纳入旧文体是必须解决的问题。有鉴于此，本文将以潘飞声的《海山词》为例，首先介绍其中的海外因素和特色，其次探讨潘氏对旧文体表现新材料的创作思考，由此说明海外词对审视近代文学改革运动中词学发展的价值意义。

---

① 陈铭：《晚清词论转变的核心，以诗衡词》，《浙江学刊》，1993 年第 3 期，第 78 页；袁进：《中国文学观念的近代变革》，上海：上海社会科学院出版社，1996 年，第 185 页。

② 张宏生：《清词探微》，上海：上海古籍出版社，2008 年，第 353—372 页；巨传友：《临桂词派研究》，上海：上海古籍出版社，2008 年，第 185—197 页；沙先一、张晖：《清词的传承与开拓》，上海：上海古籍出版社，2008 年，第 328—344；倪春军：《词体革命：创作思路与理论建构》，《兰州大学学报》（社会科学版），2012 年第 1 期，第 31—40 页。

③ 潘飞声，字兰史，号剑士，广东番禺人，曾担任《香港华字日报》和《实报》主笔，与黄遵宪、丘逢甲、邱炜萲等人往来，晚年寓居上海，与朱祖谋、周庆云、胡寄尘、柳亚子等相过从，有《说剑堂集》《在山泉诗话》《粤词雅》等著作。

④ 张德彝：《五述奇》卷 1，见《稿本航海述奇汇编》第 5 册，北京：北京图书馆，1996 年，第 65 页。

一、新材料与新意境

《海山词》以主题划分大体可以分为友朋交游、冶游爱情、羁旅思乡、纪游怀古四类。由于生活环境的异域色彩,潘飞声在相关作品的创作中,自然而然地呈现了一些特别的趣味特色,亦即"新材料"和"新意境"。

"新材料"是指海外生活经验中的各种新奇事物。潘飞声旅居德国,在创作时无可避免要触及生活环境中有别于国内的新事物,然而在表述时,若直接采用中国对应的文字,则失去了新事物本身的新奇性,况且也未必能轻易找到完全对应、又符合词谱声韵要求的现有词汇,于是如何将海外新事物融入词体就成为他必然面对的一个问题。

《海山词》对于"新材料"入词有两种取向。第一种是为了体现事物本身的新奇或异域特色,直接音译或自创新词,如《临江仙·记情》:

> 第二红楼听雨夜,琴边偷问年华。书房刚掩绿窗纱。停弦春意懒,侬代脱莲靴。　　也许胡床同靠坐,低教蛮语些些。起来亲酌架菲茶。却防憨婢笑,呼去看唐花。[①]

这首词可能是潘飞声在柏林"访妓香闺"[②]所作。词中"架菲茶"的"架菲"是咖啡的音译,加"茶"字以表明其性质,而"胡床"是指"沙发","蛮语"指"德语",以"胡""蛮"点明其西方特性,借用已有的传统字词来表达新的意思。这样的词语搭配既是作者为描述新的生活环境而音译自创,同时也为传统的词作带来新的时代气息,即使掩去潘飞声赴德国的背景资料,"架菲茶""胡床""蛮语"仍能提醒读者当时作者身处异域的创作背景,也要求读者由此想象海外的生活情境。

第二种情况是为了迁就词的文体特色及审美需求,不直接用音译新词,而是用中国的传统词语、典故来表达新事物,以求融入词境当中,如《金缕曲·德兵合操日,姚子梁都转命车往观,柏林画工照影成图,传诵城市,都转征诗海外,属余为之先声》:

> 图画人争买。是边城、晶球摄出,陆离冠盖。绝域观兵夸汉使,赢得单于下拜。想谈笑、昂头天外。渡海当年曾击楫,斩鲸鲵、誓扫狼烟塞。凭轼处,壮怀在。　　列河禊饮壶觞载。有佳人、买丝绣我,临风狂态余在安德定陵河边酒肆,与诸女史修禊,亦有人写入图画。请缨上策平生愿,换了看花西海。只小杜、豪情未改。自笑封侯无骨相,望云台、像绘君应待。敲短剑,吐光彩。[③]

这首词写相机、拍照等新事物,但在叙述时全化为中国古典语句。姚子梁即姚文栋,是当时清朝驻德国使臣之一,潘飞声《在山泉诗话》曰:"客柏林日以文字称知己

---

① 潘飞声:《海山词》,载《说剑堂集》,香港:龙门书店,1977年版,第24页。

② 方宽烈编:《二十世纪香港词钞》,香港:香港东西文化事业有限公司,2010年,第59页。

③ 《海山词》,第20—21页。

者，承伯纯子爵(承厚)，姚子梁观察(文栋)，过从最密。”[①]当时姚文栋前往观看德国士兵操练，被摄影师拍下，所谓传诵柏林很有可能是因为照片被刊登在报纸杂志上。由此可知，词中的“画工”实指摄影师，“图画”指照片，“晶球”是照相机，“买丝绣我”借用了李贺《浩歌》“买丝绣作平原君”句[②]，以古人刺绣为像之事借指油画或拍照。此外，潘氏又用“绝域”指称德国，“汉使”借代清廷驻德使臣，“单于”借代德国皇帝。“鲸鲵”作为近代诗词中常用的新意象，往往指西方的船舰，其中“鲸”因为身体的巨大和皮的坚硬，与外国军舰船坚炮利的形象吻合，故常为潘氏用作比喻外国船舰，如《高阳台》(竹外弦诗)：“凭阑极目江天迥，喜鲸鲵戮尽，千顷波平(自注：别驾杈鱼雷局事时，海氛已平)。”[③]《凤凰台上忆吹箫》(根竹支筇)：“潮头上，洋船烟瞑，手欲屠鲸。”[④]如果将这首词的前序和自注删去，则“晶球”一词令人费解，但是“绝域”“汉使”“单于”等词仍然会透露其描写域外情景的特色，而且这首词不只是描写相机、照片等新事物，还暗寓了潘飞声、姚文栋渴望“屠鲸封侯”，击退外敌、建立功业的志向。

除了意译或借用现有词汇表达海外新事物之外，《海山词》的一些作品也表现了一种新的生活体验，如《菩萨蛮·宿威陵》：

> 飞车穿过层云湿。长河渡口烟波黑。今夜宿山村。水风寒到门。　　蒲桃供浅醉。短烛酣清睡。梦里见烟鬟。吹愁上碧山。[⑤]

潘飞声在这首词中描写了坐火车的经验，以“飞车”描写火车的快速，更以“飞”字为启发，将火车的快速夸大为好像在天上飞一样，可以感受到天上云层中的湿气。“烟波黑”乍见似乎并无特别之处，可以解释为河面上的夜幕或乌云，但是也可能是指轮船喷出来的黑烟，这样的解释是源于潘飞声《游萨克逊日记》的记录。他在光绪十六年四月初六(1890 年 5 月 24 日)从柏林搭乘火车到威陵，途中经过萨克逊首都得来斯登(Dresden)，此时是“戌刻”(约为晚上 7 点到 9 点)，潘氏“登郭外望，迤连碧河，楼阁云连，灯火潮拥，河水为沸”[⑥]，“长河”“碧河”即指贯穿得来斯登城的易北河(Elbe)，河面宽广，两岸有供货船客轮停泊之处。由于 5 月的得来斯登一般日落时间约为晚上九点，如果潘氏抵达时间是在晚上七、八点之际，则距离天黑还有一段时间，“黑”字则未必是指夜幕，而可能是指当时在易北河上往来的轮船释放出来的黑色烟雾。另外，古人诗词中描写烟波多写“白”或“碧”，很少用“黑”字，如白居易《南湖晚秋》“烟波白浩浩”[⑦]，司马光《送章伯镇知湖州》“烟波碧四围”[⑧]，即使谢章铤《酬林二

---

① 潘飞声：《在山泉诗话》卷 3，见何藻辑：《古今文艺丛书》，扬州：江苏广陵古籍出版社，1995 年，第 1647 页。

② (唐)李贺著，(清)王琦等注：《李贺诗歌集注》，上海：上海人民出版社，1977 年，第 72 页。

③ 潘飞声：《花语词》，载《说剑堂集》，香港：龙门书店，1977 年，第 56 页。由于潘氏部份词序过长，故于调名外，一律附首句标示。

④ 《花语词》，第 61—62 页。

⑤ 《海山词》，第 39 页。

⑥ 潘飞声：《游萨克逊日记》，见李德龙、俞冰主编：《历代日记丛钞》，北京：学苑出版社，2006 年，第 7—8 页。

⑦ (唐)白居易著，顾学颉校点：《白居易集》卷 10，北京：中华书局，1999 年，第 204 页。

⑧ (宋)司马光撰，李之亮笺注：《司马温公集编年笺注》第 2 册，成都：巴蜀书社，2009 年，第 50 页。

子鱼直》有“此时南望烟波黑”①一句,也有它特定的语境,是指当时南方的战事。因此,“烟波黑”很可能是潘飞声在途经易北河见到轮船的特定情境下产生的语句,是描写轮船的黑烟,乍看是普通的旧词语,实际上表达了新的生活体验,也为作品带来不一样的情境。

《海山词》除了描写海外新事物,予读者新的生活感受之外,还有“新意境”的特色,在此,新意境不只是指新的思想或审美情趣,还是新的世界观。古人诗词中的世界视野往往局限于中国或毗邻的国家地区,时至晚清,西方各国的东来使国人重新认识这个广阔的世界。潘飞声由广州至柏林的旅途中,东南亚、非洲、欧洲各国各地的名字不再是书本上的知识,而是活现在眼前的建筑文明,在柏林期间,他又与日本人井上哲、金井飞卿,印度人杜鲁华那沙尔,暹罗人永远臣等不同国籍人士往来,意图联合东亚各国组建兴亚会,共谋自强之道。随着对欧亚各国认识增加,对世界形势的发展有更为确切的掌握,潘飞声已经不再是当年僻处岭南一隅的普通文人,在新的世界观下,他在反视己身或国家的过去未来时有了不同以往的比对资源,在他的创作中也呈现超越本国意识、反映时代的广大叙述视野。颜清华《老剑文稿序》曰:

> 兰史远游欧洲,旅居德国四年,威廉第一之伟绩,毕士马克之大猷,如何而转弱为强,如何而以小敌大,如何而内治,如何而外交,皆一一身履其地而目覩之,提纲絜领,撮其国之大政,与耳食途说者迥不侔。……兰史负经济才,十年前尝上书于当道矣,广铁路以通地利,联南洋以固藩篱,筹边隅以防俄,练海军以慑倭。秉国钧者,苟将其说而行之,于边功外交已得过半。②

潘氏赴柏林任教时,正值德国最强盛的时期。1871年,普鲁士先后击败奥匈帝国和法国两大欧洲强国,统一德意志地区建立德国,由德意志邦联的小国一举跃升为欧洲大陆最强大的国家。与此同时,清朝对外战事是屡战屡败,内部又有太平天国和捻军之乱,从天朝上国沦为半殖民国家。潘氏在柏林亲身体会到德国的文明富强,相较于国内的内忧外患、积弱不振,更加感受到两者之间的强弱悬殊,德国从弱到强的历史经验对他有很大的启发,是他反思和改革清朝政治的范例,其《欧洲各国论》《德意志学校说略》《德意志兵制兵法译略》《兴亚会序》等文章③或劝谏为政者借鉴德国政制对中国进行改革,或审时度势描绘出欧洲各国的政治形势和未来发展,更提出联合东亚各国自保的策略,这些都是海外生活对他的刺激和帮助。

除了上述政论文章之外,潘飞声《海山词》中的部分作品同样因为新的世界观及对德国历史的认知呈现出新的意境,如《满江红·博子墪译言橡树林也,有布王富得利第二离宫,风亭雪阁,数十里相望。大河湾环,明湖迤逦,山光水色,苍翠万重,为布鲁斯第一佳山水》:

> 如此江山,问天外、何年开辟。凭吊古、飞桥百里,粉楼千尺。邻国终输瓯脱

---

① (清)谢章铤:《赌棋山庄全集·诗集十四卷》诗一,见沈云龙主编:《近代中国史料丛刊续编》,台北:文海出版社,1975年,第773页。

② 见潘飞声:《老剑文稿》卷首,载《说剑堂集》(25种本),光绪刻本。

③ 以上诸篇皆见于潘飞声《老剑文稿》。

地，名王不射单于镝。看离宫、百二冷斜阳，苍苍碧。　　葡萄酒，氍毹席。挠饮器，悬光壁。话银槎通使，大秦陈迹。左纛可能除帝制，轺车那许遮安息。待甚时、朝汉筑高台，来吹笛。①

博子塾即波茨坦(Potsdam)，在柏林西南；布王富得利第二即普鲁士国王腓特烈二世，又称腓特烈大帝，在位时加强军事力量，出兵夺取奥地利西里西亚，瓜分波兰获得西普鲁士②，是普鲁士历史上甚有作为的皇帝；而离宫即指无忧宫(Schloss Sanssouci)。

虽然这只是一首纪游怀古词，然而词中所游的是普鲁士皇帝的离宫，怀想的是德国、中国的古今。词上片写潘飞声前往博子塾游赏，亲见普鲁士离宫的繁华，有"飞桥百里，粉楼千尺"，进而联想到当年腓特烈二世强政励治、扩充版图的风光历史。下片由西欧器皿联想到汉代出使西域时中国的强盛，"葡萄酒，氍毹席"曾经是汉代珍视的西域进贡之物，此时则是潘氏柏林日常生活中的用品，然而词人由此所发想的却是千多年前的大汉盛世，今昔对照之下，生出不知何时清朝再次富强，使西方诸国"朝汉筑高台"的感慨。这首词不单是潘飞声的纪游见闻，其情感思绪更在中、德历史之间来回往返，作为一名拥有悠久历史文明、但现在却沦为半殖民国家的国民，潘氏面对眼前德国离宫的金碧辉煌，古今、中外的强弱对照，词人羁旅异地的哀伤，国事日艰的叹息，这些繁杂的情感思绪不仅加深了作品的内涵，更呈现了新的意境，在以往的词中少见。

又如另一首纪游怀古词《浪淘沙・登石门》：

> 匹马破蛮烟。倚剑峰峦。雨晴天外好看山。想见夸娥来裂石，划此孱颜。
> 壮志任投闲。射虎空还。元帅曾出铁门关。谁续西游编手录，醉墨斓斑。
> 自注：元史，太祖收印度兵至铁门关，耶律楚材劝还。③

当时，潘飞声游览萨克逊的石门天险，见到眼前山势的巍峨险峻，不禁心生感慨，继而联想当年成吉思汗西征的丰功伟业，引发一番思古豪情，却也对自己现在羁旅海外心生怅惘。这首词的现实空间虽然只是萨克逊，然而时空跨越于古今和欧亚大陆之间，思绪神游于成吉思汗西征的时代，将古今中外都挽合在一起。

以上两首词的时空背景都是空前的辽阔，其世界观也不再限于中国或东亚一地，而是包括欧亚两大洲。在古今对比方面，以汉朝、元朝时中国武功的强盛，对照现在清廷对外战事的连连失利；在中外对比方面，又以普鲁士的崛起，对比清廷的日趋腐朽。这两首词不但有豪放之气，而且是针对时事兴发感慨，虽然身处海外远离家国，然而德国之行却给了潘飞声更开阔的世界观和历史观，在叙述当前时局、抒发个人感慨时，自然地营造出更大的时空背景作为衬托，不仅体现了一个晚清中国文人在欧洲强国的生活感受，更将欧亚大陆的时空、历史连接在一起，在古人视为小道、诗余的词中呈现出具时代意义和广阔深厚的新意境。

---

① 《海山词》，第33—34页。

② 陈永正选注：《岭南历代词选》，广州：广东人民出版社，1993年，第267页。

③ 《海山词》，第40页。

二、《海山词》与近代文学革新运动

《海山词》描述了潘飞声身处德国的生活情感,在论述其海外词特色时,还有一个值得思考的问题,即其对旧文体表现新材料的思考与中国近代文学改革运动是否存在某种联系。

早在明清之际,已有西方传教士和商人来华传教经商,汤若望、南怀仁等传教士更成为朝廷官员,一些新奇的西方事物也随之传入中国,如康熙皇帝十分喜爱的自鸣钟等,也有一些文人尝试将这些新材料写入诗词当中,如纳兰性德的《自鸣钟赋》写自鸣钟的种种功用特色,陈维崧《满江红·赠大西洋人鲁君,仍用前韵》写外国人讲话"怪怪奇奇,咄咄甚、砸砸出出",但是医术十分高明,"能医却笑神农苳"[①]。虽然西方传教士在清初已经来到中国,然而他们在华的活动受到限制,大多集中在澳门、广州和北京,西方新事物也不是国人日常可以接触到的,当时文人也只是以一种尝新的想法将新材料写入诗词当中。直到鸦片战争之后,清廷开放门户,外国船舰由沿海港口逐渐深入到内陆地区,与此同时,大量西方新事物、思想涌入并且逐渐遍及整个中国,在政治、社会、文化等多方面都造成重大的冲击,文学创作亦未能例外,文人无法再用偶一为之或尝新的心态去面对西方新事物,而是必须思考如何使用旧文体书写新材料、新时代:是要避用新词汇,保留旧文体的语言风格?还是突破文体的传统框架,寻求新的叙述方式?

在十九世纪末,以梁启超为代表的维新人士在提出政治维新变法的同时,对诗、文、小说和戏曲提出改革的口号,这些改革口号固然有政治上的考虑,但也响应了晚清文学界面对的如何用旧文体表达新材料的问题,从而拉开了近代文学革新运动的序幕。

在1896—1897年间,夏曾佑(穗卿)、谭嗣同(复生)的新诗体创作尝试可以视为晚清文人对于新材料入旧文体的第一种取态,梁启超对他们当时的创作有这样的描述:

> 盖当时所谓新诗者,颇喜挦撦新名词以自表异。丙申、丁酉间,吾党数子皆好作此体,提倡之者为夏穗卿,而复生亦綦嗜之。……其《金陵听说法》云:"纲伦惨以喀私德,法会盛于巴力门。"喀私德即Caste之译音,盖指印度分人为等级之制也。巴力门即Parliament之译音,英国议院之名也。又赠余诗四章中,有"三言不识乃鸡鸣,莫共龙蛙争寸土"等语,苟非当时同学者,断无从索解,盖所用者乃《新约全书》中故实也。[②]

以夏曾佑和谭嗣同为代表的新诗体创作标榜以新名词入诗,对于西方的新材料

---

① (清)陈维崧著,陈振鹏标点,李学颖校补:《陈维崧集》,上海:上海古籍出版社,2010年,第1206—1207页。

② 梁启超著,吴松、卢云昆、王文光、段炳昌点校:《饮冰室文集》第6集,昆明:云南教育出版社,2001年,第3816页。以下引用一律简称为《饮冰室文集》。

是全面接受的，不避忌在诗歌中直接使用欧洲语句和思想，直接以音译新词和圣经典故入诗，如“巴力门”是 Parliament（英国议院）的音译，“三言不识乃鸡鸣”则是用《圣经》中彼得在鸡鸣天亮前三次否认认识耶稣的典故。虽然他们的创作将新材料直接化生成新词汇带入旧文体当中，表达了新的内容思想，然而梁启超认为这并不是成功的方法，他在《夏威夷游记》中说：

> 夏穗卿、谭复生皆善选新语句。其语句则经子生涩语、佛典语、欧洲语杂用，颇错落可喜，然已不备诗家之资格。[①]

几年后，又在《饮冰室诗话》批评二人诗作“渐成七字句之语录，不甚肖诗矣。”[②]梁氏认为夏、谭二人新诗体尝试以新语句表达新内容思想值得肯定，但他们在解决书写新材料的问题时也使旧文体失去了原本的风格特色，新诗体不像是古典诗歌，更像是容纳新语句的文字工具。

1899 年，梁启超在《夏威夷游记》提出“诗界革命”时指出了第二种取向：“第一要新意境，第二要新语句，而又须以古人之风格入之，然后成其为诗。”[③]梁氏认为在内容方面不必避忌新词汇，要追求新意境，以求反映新事物和新时代精神，而要求古风格则是一种尊体意识，是对夏、谭二人新诗体创作的改进，强调在用旧文体表现新材料的同时，需要关注文体本身的古典特色。“古人之风格”是“诗界革命”口号中接合新材料和旧文体的重要桥梁，然而，梁启超在提出以“古人之风格”补救新材料入旧文体的同时已经意识到新语句和古风格之间的冲突：“新语句与古风格，常相背驰。公度重风格者，故勉避之也。”[④]在梁氏看来，旧文体中如果包含太多的新语句，难免会出现像夏、谭的新体诗失去旧文体特色的问题，新语句和古风格实际上未必能完全融合，即使是黄遵宪，也只能勉避新名词以求保存古典诗歌的风格特色。因此，在后来写作《饮冰室诗话》时，梁启超已经放弃了对于新语句的要求，更加重视以“旧风格含新意境”的理念：

> 吾党近好言诗界革命，虽然，若以堆积满纸新名词为革命，是又满洲政府变法维新之类也。能以旧风格含新意境，斯可以举革命之实矣。苟能尔尔，虽杂一二新名词，亦不为病；不尔，则徒示人以俭而已。[⑤]

梁氏认为“诗界革命”的实质并不是一味堆积新名词，而是要有新意境，同时保存诗歌的风格特质，新名词至此已经可有可无。

简而言之，近代文学改革运动对新材料入旧文体产生了一些尝试和讨论。第一种取态是夏曾佑、谭嗣同的新诗体创作，在旧文体中直接引用新名词和西方典故，在表达新内容的同时，难免出现失去古风格的缺陷。第二种是梁启超的“诗界革命”，在经过了一段时间的思考后，梁氏最后选择了以“旧风格含新意境”的方式，对新名词虽不避用，但强调保存旧文体本身的风格。在了解近代文学改革运动对新材料入旧文

---

①③④ 《饮冰室文集》第 3 集，第 1826 页。

② 《饮冰室文集》第 6 集，第 3816 页。

⑤ 《饮冰室文集》第 6 集，第 3817 页。

体的思考和尝试后,我们可以发现,早在他们之前,远在德国的潘飞声已经在词的创作上面对相同的问题,而他和梁启超不约而同、并且更早地采取了以“旧风格含新意境”的方法。

比起生活在国内面对新材料逐渐涌现的文人而言,旅居德国的潘飞声更切身地体验着西方的新文化、新事物,也更难以避免旧文体描写新材料的问题。正如上文所述,《海山词》中不乏描述新材料的作品,其中虽有直接音译入词之作,但是更多的还是借用或变化旧有词汇、典故来表达新的意思,使新事物自然地融入词中而不会破坏文体本身的风格。如《洞仙歌》(电灯妒月)以“檀槽声”借代歌剧的音乐①;《寿楼春》(向琼楼开筵)以“晶球”指电灯,“湘弦”指洋琴,又以“东瀛旧侣,西海群仙”写日本友人和欧洲美女②;《罗敷艳歌》(玻璃亭子明如水)中的“玻璃亭子”实指“温室”,潘氏于词后更有详细解说:“此园所得数茎为玻璃圆屋以护风露,又以铜管注热水其中,使温暖如中土地气。”③以词为媒介向读者介绍温室这种西方新事物。这些词作既表达潘氏身处海外的生活体验及新事物,同时又顾全了词体本身的语言风格。

潘飞声对新材料的叙述方式除了可能是出自对中国读者认知接受上的同化需要,或是词体音韵上的限制选择,同时也与他对词体表现方式的思考有关。潘飞声的文学思想论述多是在返国后所作,1905年,他开始在香港《华字日报》上刊载《在山泉诗话》,其中曾经转载梁启超《饮冰室诗话》刊登的狄葆贤(字楚青)的一首七律,并作出以下的评价:

> 其所作有七律一章云:“又见东风拂耳过,任他飞絮自蹉跎。金轮转转牵情出,帝网重重酿梦多。珠影量愁分碧月,镜波掠眼接银河。为谁竟着人天界,便出人天也奈何。”全用新理想,却有意味可寻,与谭壮飞之满纸硬铜怪铁,不成一器者,正自不同也。④

不知道是趣味相投,还是受到了梁启超的影响,潘氏也对谭嗣同大量引用新名词的新诗体创作提出批评。他认为狄葆贤的诗歌虽然借用佛经词语,如“金轮”、“帝网”和“人天界”,在体现新意境的同时仍有古典诗歌的意味可以咀嚼,而谭嗣同的新体诗则截然相反,谭氏在以新名词表现新事物时未能兼顾旧文体的风格特色,只留下生造硬砌的弊病。

此外,潘飞声又认为以新材料入旧文体,最好还是采用传统的表现方式。潘氏《在山泉诗话》对梁启超评价狄葆贤《泊长崎有感二绝》“以美人喻中日两国,不着一字,感怆甚深”深表赞同⑤,称许狄氏写新材料时,善用比兴手法,既有新意境,又有古风格,感慨愈深。而这种重视新意境和传统表现方式的思考同样反映在潘飞声的创作实践上,《海山词》的大部分作品正是用现有词句或典故表达新材料、新意思,音译新词只是偶一为之,更多作品都能兼顾词体本身的语言风格。

---

① 《海山词》,第20页。
② 《海山词》,第23页。
③ 《海山词》,第32页。
④⑤ 潘飞声:《在山泉诗话》卷3,第1628页。

然而，使用传统表现手法也可能导致词作真实情境难以明白的问题，一旦掩去作者的前序、自注和写作背景，读者恐怕难以从传统词句、典故中读出当时作者身处的海外情境。这样的问题确实出现在《海山词》的部分词作当中，如《高阳台·芜亚陂女子越梨思所居第五楼，镜屏琴几，位置如画。槛外绿鹦鹉，能学语唤人。余两宿其中，绣榻明灯，曾照客梦。而梦中思梦，转难为怀，题此词，脐其壁，亦足见回肠荡魄时矣》：

帘卷花痕，屏开雪影，有人楼外偷凭。密语些些，等闲忘了深更。娉婷心似纤纤月，照闲愁、又照闲情。慰飘零，细酌银瓶，细拢银筝。　　年来孤阁听秋雨，问绮怀谁诉，冷枕寒灯。一夕温存，消他暖熨吴绫。鹦哥解唤伤春客，护梨魂、晓梦休惊。记香盟，如此分明，如此凄清。①

这首词是潘飞声记与欧洲女子的艳情之作，词中从女子房间中的装饰写到二人之间的情感。然而，女子和房间的西方特色在这首词中消失了，剩下的是被潘飞声中国化了或者说是考虑词体风格后经过选择的语言，德国房间、欧洲女性以及作者和异国女子的情事完全以古典诗词的语言风格呈现，如果将词的序和写作背景抹去，将之置于秦观、柳永等人的作品中，几可混人耳目。

不过，这样的表现方式选择或许与作者想要表达的主要情感相关。潘飞声学词是由纳兰性德和郭麐入手，其《粤东词钞三编序》云：

飞声少时稍学为诗，于词则未解声律也。尝读先大父《灯影词》，拟作数首，携谒陈朗山先生，先生以为可学，授以成容若、郭频伽两家词，由此渐窥唐宋门径，心焉乐之。②

纳兰和郭氏的词作皆以抒发性灵为主，潘氏在学习过程当中自然也接受了这种思想，对他而言，词作最重要的就是表达个人性情。因此，他对当时词人模仿梦窗词风、大量使用生僻典故以致词意难明的现象有所批评：

词者，诗之余，盖长短句之变格耳。大凡清辞丽句，慷慨高歌，必有意思以运之，性灵以出之，雅而不俚，真而不伪，方成一己之诗，即词又何独不然。迩日词学大兴，代有作者，然以描摹草窗、梦窗二家最多，晦涩生强，至不可读。③

他认为诗词创作必须要有自己的意思，抒发个人性灵，追求词风典雅和情感真挚，批评时人一味模仿吴文英词，不以抒情达意为主，刻意使用生僻典故，造成词意“晦涩生强，至不可读”的问题。了解这一点之后，在解读《高阳台》(帘卷花痕)时就可以明白作者在词中实际想要表达的未必是海外的艳福奇遇，而是个人的私密情感，既然已有序作为背景说明，那在正文中就不用再刻意突出异域女性及闺房的特殊不同之处，更重要的还是当时欧洲女子对他心灵的抚慰，以及二人分离后，自己对这段情感的追忆：“记香盟，如此分明，如此凄清。”

① 《海山词》，第17—18页。
② 潘飞声：《老剑文稿》，第82页。
③ 潘飞声：《刘廉生词集序》，《词学季刊》，1933年第1卷第2号，第193页。

综合而言,潘飞声对词体创作方式有以下的思考:第一,旧文体不必避用新语句,但在表述新事物时,不能生砌硬造欧化新名词,而是应该兼顾文体本身的特色,善用比兴等表现手法,这就是梁启超所说的"旧风格含新意境";第二,文学创作以抒发个人性情为主,运用典故时不宜用生僻涩典,使本意难明。

在了解潘飞声和近代文学改革运动对旧文体书写新材料的思考和创作实践后,我们可以知道潘氏和梁启超的看法是完全相同的。在海外的生活环境和国内大量新材料不断涌现的背景下,他们都抱持开放的态度,实践或提倡"旧风格含新意境"的理念,在创作上追求不避用也不堆砌新名词,重视旧文体的风格特质。虽然,潘飞声《海山词》的出现是在梁启超"诗界革命"提出前,对于新材料入旧文体的问题有自己的创作实践,也呈现出具有"新意境""新材料"和古风格特色的词作,但应该认清他更多的思想论述是在"诗界革命"之后才提出,因此,在近代文学改革运动探讨"新材料入旧文体"的问题上,潘飞声是早期的创作实践者及后期理念上的认同呼应者,而不能认为他比梁启超等人更早提出了具体的文学理论。

三、结　语

在潘飞声赴德国四十余年后,他的这种旧文体书写新材料的创作取向仍然在另一位海外词作者吕碧城的作品中得到回响。虽然吕碧城经过了白话文运动的洗礼,然而在运用词(旧文体)表现海外情景时,她和潘飞声一样,不约而同地采取传统的叙述方式,用旧有的意象典故描述西方新事物,使其融入于词体当中又不觉突兀。在《念奴娇·游白琅克 Mont Blanc 冰山》(灵娲游戏)中①,她以"晶屏""巫峡"写瑞士雪山之美,以"飞车"指高空缆车,自注云:"电线悬车,掠空而行。"②以"飞"字表达缆车悬空而行的特点。在《玲珑四犯》(一片斜阳)中③,她写自己游览意大利佛罗罗曼 Fororomano 的市场遗址,由眼前的残垣败壁联想到过去的罗马帝国(大秦),进而想到周穆王访西王母的典故,由此将中国和意大利的历史连接起来,同时又抒发了对时移势易的感慨。吕碧城与潘飞声一样,在采用现有词汇和典故叙述新的海外经验时,经常会使用小序和自注为读者提供解读的写作背景,从而弥补了新材料融入旧文体后实际情境不明的问题。

也许从整体上而言,潘飞声和吕碧城的海外词并没有完全突破传统框架,但在内容意境上,他们以旧文体描写海外新事物和生活体验,表现新的世界观和广阔的书写语境,展示了词在描述海外事物的可能性及创造力。近代海外词以及其他海外文学值得研究的不只是当中书写了什么样的风景或新事物,而是新的生活环境、新的世界视野对他们的心灵及思想造成怎么样的冲击,就像德国之行赋予了潘飞声新的世界观,让他从另一个广阔的叙述视野反思国内形势,创作出突破国内文人及反映时代的作品。另外,就时间点而言,潘氏在以梁启超为代表的近代文学改革运动之前,已经

① 吕碧城著、李保民笺注:《吕碧城词笺注》,上海:上海古籍出版社,2001年,第162页。
② 《吕碧城词笺注》,第164页。
③ 《吕碧城词笺注》,第168页。

于创作上实践了梁氏所提倡的“旧风格含新意境”的改革思想。无论潘氏在当时是否已经形成了自己的词学思想，无可否认的是他并没有革新词体的意向，即使在“新材料”和“旧文体”的问题上，比梁启超等人更早的有所思考和实践，但晚清词界并没有因此产生大范围和有影响的改革。如果对比潘飞声和吕碧城的词作，会发现在晚清民国社会、政治和文学出现翻天覆地变化的四十年间，词即使在内容意境上有很大的扩充，然而在表现形式方面却几乎没有丝毫的改变。在新文学运动以后，旧文体的创作地位逐渐被新文体取代，即使还有一些文人学者探讨词体创作的改革问题，然而更多的新一代作者似乎已不再关注旧文体如何反映新材料、新时代的问题。词体创作的衰微也许不是因为它没有提出革命的口号，也不是因为它无法反映新时代的变化，而是它与所有古典文学样式一样，在新文学运动的驱逐下，成为边缘的书写文体，再也难以回到创作主流的中心地位了。

（作者单位：香港浸会大学孙少文伉俪人文中国研究所）

■目录与版本

《无上依经》汉译本考①

杨维中

作为早期如来藏思想代表性经典的《无上依经》，在佛教教义系统中有其重要位置。在如来藏经典中，《无上依经》最为独特的地方在于以“佛舍利”崇拜切入以彰显如来、如来界、如来藏等范畴的内涵。可惜，学术界对其研究甚少。由于汉语译本所依据的梵语本仍未发现，所以，汉语译本就显得尤其珍贵。限于篇幅，本文仅对《无上依经》的汉译本及其翻译过程作些叙述考辨。

一、概　述

智昇在《开元释教录》说《无上依经》总共有三个汉语译本。《开元释教录》卷十二先是记载：“《无上依经》二卷，梁天竺三藏真谛译，全本，第二译，《出经后记》。”②其后，智昇记载说：

> 《未曾有经》一卷，后汉失译。旧录在小乘单本中，误也。第一译。
>
> 《甚希有经》一卷，大唐三藏玄奘译，出《内典录》。第三译。
>
> 右二经同本异译，是前《无上依经》初品出，第一卷。③

智昇在此提出，《无上依经》有三个汉语译本。而现代学者也有沿袭其说的，如台湾编写的《中华佛教百科全书》“无上依经”词条说：“本经之梵文原典未明，汉译有三：(1) 梁绍泰三年(或言陈永定元年)所译之本经；(2)《佛说未曾有经》一卷，译出年代为东汉，然译者不详；(3)《甚稀有经》一卷，唐贞观二十三年(649)由玄奘三藏所译。此中，第二、三两译本之内容，几乎完全相同，均与本经的序说相应，且极简洁。”④第一种是真谛译本，第三种是玄奘译本，基本没有争议，而第二种在历代经录的著录显得较复杂，上引智昇所说的“旧录在小乘单本中，误也”是有所指的。

---

① 基金项目：国家社科基金年度一般项目“佛典汉译史的诠释学研究”(12BZJ004)、国家社科基金重点项目“汉传佛教解经学研究”(13AZD030)前期研究成果。

② (唐)释智昇：《开元释教录》，卷十二，《大正藏》第55卷，第596页下。

③ (唐)释智昇：《开元释教录》，卷十二，《大正藏》第55卷，第597页上。

④ 蓝吉富主编：《中华佛教百科全书》，第7册，台南：中华佛教百科文献基金会，1994年，第4353页。

二、《未曾有经》辨

为了更清晰地说明历史上被称为《未曾有经》之佛典的著录情形，在此不避累赘，对此作一说明。

现有藏经中保存了三类被称之为《未曾有经》的佛典，一种是标名为《未曾有因缘经》的两卷本佛经，另一种则是标名为《未曾有经》的一卷本佛经，还有一种标明为《佛说四未曾有法经》的一卷本佛经。尽管现存藏经中的名称略有区别，但它们在传播流通过程中，三种经名常常混用，特别是常常被简称为《未曾有经》。这三种佛经现在都存世，但经过比对，三者的内容基本上没有相关性，第一种主要内容是叙述佛陀之子罗睺罗出家的因缘和过程，第二种即智昇所说的与真谛所译《无上依经》第一卷相当的失译本《未曾有经》，第三种的主要内容是叙述四种"未曾法"。尽管如此，但古代经录的著录却含混不清。

先看梁代僧祐《出三藏记集》的记载。僧祐在《出三藏记集》卷四的"新集续撰失译杂经录第一"中记载了三种《未曾有经》：其一，"《未曾有因(缘)经》二卷，或云《未曾有经》"①；其二，"《未曾有经》一卷，异出本"②；其三，"《四未曾有法经》一卷，抄《阿含》"③。对于"新集续撰失译杂经录"的缘由，僧祐有一说明："其两卷以上凡二十六部，虽阙译人，悉是全典。其一卷以还五百余部，率抄众经全典，盖寡观其所抄，多出《四鋡》《六度》《地道》《大集》《出曜》《贤愚》及《譬喻生经》，并割品截揭，撮略取义，强制名号，仍成卷轴。至有题目浅拙，名与实乖，虽欲启学，实芜正典。其为愆谬，良足深诫，今悉标出本经，注之目下。抄略既分，全部自显。"④应该注意的是，《出三藏记集》在一卷本下注出"异出本"而不属于前文所说的"其一卷以还五百余部，率抄众经全典"之内，可见，一卷本并非抄自二卷本，而应是一独立的本子。另外，僧祐《出三藏记集》卷五中又载录："《抄未曾有因缘经》一卷。"⑤在其后，僧祐有一说明："从《华严经》至《贫女为国王夫人》凡三十六部，并齐竟陵文宣王所抄。凡'抄'字在经题上者，皆文宣所抄也。"⑥考虑到僧祐在同书卷四中所著录的《未曾有因(缘)经》是二卷本，因而萧子良等人所抄的应该是记载罗睺罗出家因缘的这一种《未曾有经》。而《出三藏记集》卷十二又著录了他自己所撰《释迦谱》的第十三篇《释迦子罗云出家缘记》，并且注出："出《未曾有经》。"⑦此中所说的《未曾有经》是指两卷本的《未曾有因缘经》。

经过如此梳理，僧祐的著录尽管从《未曾有经》之经名的使用方面来说，颇容易使人混淆，但可能是由于僧祐翻阅过这三种佛经，所以至少在他心中是清楚的。至隋代，法经和费长房对于此经翻译的不同记载，使得后人大感疑惑。

---

① (梁)释僧祐：《出三藏记集》，卷四，《大正藏》第55卷，第21页下。
② (梁)释僧祐：《出三藏记集》，卷四，《大正藏》第55卷，第28页下。
③ (梁)释僧祐：《出三藏记集》，卷四，《大正藏》第55卷，第30页上。
④ (梁)释僧祐：《出三藏记集》，卷四，《大正藏》第55卷，第21页中—下。
⑤⑥ (梁)释僧祐：《出三藏记集》，卷五，《大正藏》第55卷，第38页上。
⑦ (梁)释僧祐：《出三藏记集》，卷十二，《大正藏》第55卷，第87页下。

法经在《众经目录》的记载与僧祐大致相同,但也有细节的补充:其一,《众经目录》卷一:"《未曾有因缘经》二卷,沙门昙景译。"[①]同书同卷又记载:"《未曾有因缘经》二卷,萧齐沙门昙景译。"[②]在此补充了译者及其时代。其二,同书卷三记载:"《四未曾有法经》一卷……《长者子六过出家经》一卷。右十八经并是《增一阿含》别品异译。"[③]对于此处所著录的佛经,法经有一说明:"前一百经并是重译,或全本别翻,或割品殊译。然而世变风移,质文迭举,既无梵本校雠,自宜俱入定录。"[④]由此可见,法经认定,上述《四未曾有法经》一卷是《杂阿含经》的"割品殊译"。这不同于僧祐将其当作"抄"经。其三,法经在《众经目录》卷三"众经失译"项下记载有"《未曾有经》一卷"[⑤],而这一项下的"二百五十经并是众经失译。虽复遗落译人、时事,而古录备有,且义理无违,亦为定录"[⑥]。其四,僧祐所记载的萧子良的抄本,法经也作了著录[⑦]。

隋代费长房对《未曾有经》的记载要点如下:其一,费长房在竺法护译经录中列入了"《四未曾有经》一卷,亦云《四未(曾)有(法)经》"[⑧]。关于其中的原因,费长房直接指出:"《高僧传》唯云护出一百六十五部,僧祐《出三藏集记》止录一百五十四部三百九卷。……所以《杂录》及诸别记,多注竺法护出,故知今之所获,审是护公翻译不疑。故聂承远子道真与竺法首、陈士伦、孙伯虎、虞世等,前后并是笔受之人,已见别传,不复委载。又《李廓录》及《杂别录》,并云支菩萨译经六部一十六卷"[⑨],如此等等。可见,费长房是将曾经做过竺法护助手者所译的经典都算在竺法护名下,因此,数字比其他人所记要多出六十余部,《四未曾有经》也在其中。其二,与法经所记相比较,费长房列出了二卷本《未曾有经》译者之著录根据。《历代三宝纪》卷十一记载:"《未曾有因缘经》二卷,亦直云《未曾有经》,见《始兴录》。《摩诃摩耶经》二卷,亦名《摩耶经》,并见王宗、宝唱、法上等三录。右二部合四卷,群录直云:齐世沙门释昙景出。既不显年,未详何帝。"[⑩]其三,与僧祐《出三藏记集》一致,在"小乘修多罗失译录"项下费长房著录了"《未曾有经》一卷"[⑪]。

在费长房之后以彦琮为主编订的《众经目录》对于《未曾有经》的著录与前大同,但出现了两大纰漏。其一,同书卷四也同样著录齐萧子良《抄未曾有经》一卷本[⑫]。但编者却将其编入"疑伪"即"名虽似正义涉人造"栏目下,并且说:"右自《华严》下三十五经,并是萧子良造。"[⑬]说"抄"为"造",极不严谨。其二,同书卷五"阙本"即"旧录

① (隋)释法经:《众经目录》,卷一,《大正藏》第55卷,第115页下。
② (隋)释法经:《众经目录》,卷一,《大正藏》第55卷,第123页上。
③ (隋)释法经:《众经目录》,卷三,《大正藏》第55卷,第129页中。
④ (隋)释法经:《众经目录》,卷三,《大正藏》第55卷,第130页中。
⑤ (隋)释法经:《众经目录》,卷三,《大正藏》第55卷,第131页下。
⑥ (隋)释法经:《众经目录》,卷三,《大正藏》第55卷,第133页中。
⑦ (隋)释法经:《众经目录》,卷三,《大正藏》第55卷,第127页中。
⑧ (隋)费长房:《历代三宝纪》,卷六,《大正藏》第49卷,第64页中。
⑨ (隋)费长房:《历代三宝纪》,卷六,《大正藏》第49卷,第64页下—65页上。
⑩ (隋)费长房:《历代三宝纪》,卷十一,《大正藏》第49卷,第96页上。
⑪ (隋)费长房:《历代三宝纪》,卷十四,《大正藏》第49卷,第117页下。
⑫ (隋)释彦琮等:《众经目录》,卷四,《大正藏》第55卷,第174页下。
⑬ (隋)释彦琮等:《众经目录》,卷四,《大正藏》第55卷,第175页上。

有目而无经本”栏目下列出“《未曾有经》一卷”①。这一记载也是疑点重重:将所著录之经说成是“无经本”,即阙本。仔细考究,倒有可能是误解僧祐的记载所致。而这一所谓“阙本”在现今藏经中都有收载。此可作为彦琮经录之粗疏的又一例证。

《开元释教录》在此经的著录方面也堪称典范,特别是将属于《无上依经》系统的《未曾有经》的译本与属于小乘系统的《未曾有经》的区分,很是准确。不过,应该指出,智昇对《未曾有因缘经》的著录也出现了费长房等人未曾著录的内容。他在《开元释教录》卷十四中记载:“《未曾有因缘经》二卷,姚秦三藏鸠摩罗什译,出《法上录》,第一译。右一经前后两译,一存一阙。”②同样的内容也见于此著卷四。经过查证,长房《录》中并未有此内容。而智昇所标出的根据也是费长房在叙述昙景译籍时所注出的根据。可见,《法上录》中是有这一内容的。

三、真谛翻译《无上依经》考述

下文对梁陈之际来华的真谛三藏翻译《无上依经》的时间、地点、基本过程以及其著(或译)《无上依经疏》四卷等事实作一考辨。

《开元释教录》卷六记载:

> 《无上依经》二卷,梁绍泰三年丁丑九月八日,于平固县南康内史刘文陀请令译出,见《经后记》。房云“陈代出”者,非也。诸家年历并无绍泰三年,如“别录”中会。③

这一记载,有一大问题。绍泰二年(556)九月已经改元为太平元年,因而正确的纪年应为梁太平二年(557)丁丑九月八日。上述引文中的平固县属于南康郡,如《晋书》卷十五《地理志下》所载:“南康郡,太康三年置,统县五,户一千四百,赣、雩都、平固、南康、揭阳。”④隋开皇九年(589),改南康郡为虔州,隶洪州总管府,而平固则并入赣县。长房《录》中所说的南康净土寺,不见于记载。也不能排除此净土寺位于南康郡平固县境内的可能。由此可见,《经后记》所说的译经地点与长房《录》所记很大可能是一致的。至于为什么会有这样的纪年,上文说见于“别录”。

《开元释教录》卷十二则摘录了上文所称的“别录”,其文曰:

> 《无上依经》二卷,梁天竺三藏真谛译,全本第二译。《出经后记》。
>
> 右此《无上依经》,谨按长房等《录》并云:“陈永定二年丁丑真谛三藏于南康郡净土寺出其经。”《后记》乃云:“梁绍泰三年太岁丁丑九月八日,三藏真谛于平固县南康内史刘文陀请令译出。”今寻诸家年历,差互不同。长房年历但至承圣五年丙子,梁国即绝。甄鸾及王道珪年纪至绍泰二年丙子改为太平元年,太平二年丁丑改为永定元年,陈霸先立号为陈国。又有年纪,不知何人所撰。彼云:“承

① (隋)释彦琮等:《众经目录》,卷五,《大正藏》第55卷,第178页下。

② (唐)释智昇:《开元释教录》,卷十四,《大正藏》第55卷,第632页中。

③ (唐)释智昇:《开元释教录》,卷六,《大正藏》第55卷,第538页中。

④ (唐)房玄龄等:《晋书》,卷十五,北京:中华书局校本,1974年,第462页。

圣三年甲戌改为大定元年。逮于后梁,凡经八载方改年号。"然四家年历并无绍泰三年。四本既并不同,未详孰为正说?或可梁绍泰三年丁丑即是陈初永定元年也。历中但纪后号,不载前名。今者且依《经记》,为梁代译也。[①]

智昇的这一段解释很重要,有几个要点需要强调:

其一,他所引的长房《录》等并云:"陈永定二年丁丑真谛三藏于南康郡净土寺出其经"一句中,现存的《大正藏》版本中,长房《录》以及沿袭长房《录》的《大唐内典录》《大周录》等书中都无"丁丑"二字。

其二,智昇罗列的自己看到的包括长房《录》在内的四种经录所用的纪年的对应关系,现代的学者已经研究清楚,丁丑年为公元557年。当时梁代朝廷很复杂,凡是承认梁元帝的合法性而不承认此后分别由西魏和陈霸先扶持的皇帝的一方,继续沿用承圣年号,如襄助真谛译经的广州刺史萧勃即是如此。而承认梁敬帝的合法性者,则使用太平年号。太平二年(557)十月,陈霸先正式受禅让建立陈朝,改年号为"永定",这是"永定"年号的来由。而"大定"年号为西魏扶持的皇帝萧詧使用的年号,大定八年,萧詧被陈所灭。这样一来,丁丑年(557)即可标为:承圣五年,太平二年,永定元年,大定三年。

其三,最重要的是,为什么此《出经后记》独独标为绍泰三年呢?经过查考,陈霸先立萧方智为帝是在杀掉王僧辩并废掉王僧辩所拥护的皇帝萧渊明的前提下完成的,而正史在记述萧勃起兵的时候,都说陈霸先于绍泰二年(556)废梁之心已露,其于此年九月改元是一个暗示,《梁书·敬帝本纪》记载:"九月壬寅,改元大赦,孝悌力田赐爵一级,殊才异行,所在奏闻;饥难流移,勒归本土。进新除司徒陈霸先为丞相、录尚书事、镇卫大将军、扬州牧,封义兴郡公。"[②]而第二年,萧勃随即起兵。如果从萧勃的角度思考,则极有可能不承认陈霸先所改的年号,而继续使用绍泰三年的年号。当然,也有另外的两种可能:一是纯粹由于作者无知而发生的纪年错误,二是传抄错误。但笔者反复考虑,觉得以有意为之的可能性最大。如果真如此,说明此序文乃当时参与翻译者在陈霸先未曾称帝之前所撰写的。

智昇所说的《〈无上依经〉出经后记》已经不存,而费长房、道宣也未曾交代其是否看到过这一文章。但如果假定他们没有看到,而仅仅是智昇(仅指编经录者)看到的话,依照现在的标准,此文便有可能被当作"伪文"。然而,智昇依据此文说出了费长房等人所未曾提到的翻译细节,而且有些细节似乎应该出自当事者之口,因此,《出经后记》的可信度相当大。而如前文所叙述考辨,真谛是在陈永定二年(558)七月到达豫章的,而南康距离豫章不太远,因此,真谛离开南康的时间也不会距离七月太久。因此,真谛于永定元年九月翻译出《无上依经》便可成立。

从上述材料以及简单的考辨,可得出如下初步结论:第一,说此经翻译于广州的可能性最低,因为第二说与第三说尽管有细节的差别,但共同点还是多于差别之处。第二,从智昇的引述看,费长房的叙述有干支纪年的错误问题,但如上所说的理由,也

① (唐)释智昇:《开元释教录》,卷六,《大正藏》第55卷,第596页下。

② (唐)姚思廉:《梁书》,卷六,北京:中华书局点校本,1973年,第147页。

许是智昇所看到的文本的抄写错误所致。再加之我们不能轻易否认费长房没有看到《出经后记》，当然也存在此文当时已经随经编排，而费长房、道宣未曾翻检经本。但基本上，费长房的说法也不能说无所依傍。第三，鉴于智昇看到了《出经后记》，并且说出了此文所蕴含的此前的经录未曾记录的细节，而我们又不能否认《出经后记》的真实性，所以，三说之中，智昇的说法可能更接近真相。当然也存在这样的情况，智昇所记的是开始翻译此经的时间，即太平二年(557)九月八日，而费长房记录的是写定的时间，即陈永定二年(558)。还有，如果相信法经所说一定是有所本的话，也许真谛在广州曾经应弟子之请求重新修订了其早期的这一译本。

此外，《历代三宝纪》卷九记载，真谛还有"《无上依经疏》四卷"[①]。由于此疏早已不存，现代有一些学者怀疑其是否真的存在过。但我们检索藏经，发现了隋代吉藏引用过真谛对于《无上依经》的解释。吉藏《中观论疏》卷二最末有文曰："真谛三藏用《无上依经》及《摄大乘论》意释八不，甚广。今略取大意耳。初为各四人，次破四障，次行四因，后得四果。八不之要义显于斯，与上诸解释无相违背也。"[②]吉藏的引文很长，兹引述其第一层次对于"四人"与"八不"的关系的解释亦见其一斑。吉藏其文曰：

> 余至关内，得三藏师用《无上依经》意释八不，今略述之：
>
> 八不为四人说，亦得为八人说。
>
> 为四人说者，为阐提说不生不灭中道。阐提有二：一、邪见阐提，拨一切法，言诸法皆灭，即虽未灭，必当归灭。二、婴儿阐提，执诸法决定有，故名为生。所以名婴儿者，其见诸法生，不敢言无，故执诸法有生，名为婴儿。为治此二阐提，说不生不灭，以诸法本来未曾生，故不生，破婴儿阐提。诸法今亦无灭，故破邪见执灭阐提。
>
> 次，不常不断，为破声闻人。声闻人，亦有二执，即名二人。其人既怖畏生死，急欲断之，名为断见。欲住无为寂静涅槃，故是常见。为破此二执，故云不常不断。
>
> 次，不一不异，治外道。外道有二：一、计我与阴一。二、计我与阴异。为破此二人故，明不一不异。
>
> 次，明不来不出，为破独觉及初发心菩萨。此二人异者，独觉一向乐观因缘，不乐观利他事。始行菩萨一向求利他行，不乐观因缘。此二人所行乃异，而并谓乘因至果为来，从三界出为出，故来有所从，去有所至。为此二人故，明诸法不来不出也。所以束八，不为四对，为对四人亦为八人也。[③]

对于上述引文的出处，尽管吉藏没有明确地讲其来自于真谛的《无上依经疏》，但从情理推测，其来源于《无上依经疏》的可能性最大。如此，则可证实真谛确实曾经翻译或者讲述而由弟子编订而成《无上依经疏》四卷。而吉藏很有可能见到过此《无上依经疏》的全部或者"片断"。而隋代的费长房在其著作中著录此疏，应该是有充分根据的，是可信的。

---

① (隋)费长房:《历代三宝纪》，卷九，《大正藏》第49册，第88页上。
② (隋)释吉藏:《中观论疏》，卷二末，《大正藏》第42卷，第34页上。
③ (隋)释吉藏:《中观论疏》，卷二末，《大正藏》第42卷，第33页上一中。

四、玄奘翻译《甚希有经》

《开元释教录》卷八记载了玄奘翻译《甚希有经》的时间、地点。其文曰:

> 《甚希有经》一卷,见《内典录》。第三出,与《未曾有经》等同本。贞观二十三年五月十八日,于终南山翠微宫译,沙门大乘钦笔受。①

贞观二十二年(648)六月底或七月一日,太宗在玉华宫,敕追玄奘赴宫相见。到达玉华宫之后,太宗在玉华殿接见玄奘,又言渴慕之意,劝请玄奘还俗辅政。玄奘委婉拒绝。太宗令所司于北阙紫微殿西别营一所,号"弘法院"。十月十六日,太宗从玉华宫回京城,玄奘也跟随回长安。玄奘回到长安后,太宗让其居于弘法院。如此,玄奘白天入宫与皇帝谈说,夜乃还院翻经。玄奘在此地于闰十二月二十六日,翻译出无著《摄大乘论本》三卷。贞观二十三年正月一日,翻译出《缘起圣道经》一卷。贞观二十三年五月十八日,于终南山翠微宫译出《甚希有经》一卷,沙门大乘钦笔受。

玄奘所翻译的《甚希有经》非常简短。这便引出了一个问题,这一部由真谛所"全译"的被称之为《无上依经》的佛经,其梵文原貌到底如何?从现存的后汉失译的《未曾有经》与玄奘翻译的《甚希有经》相似性来判断,智昇将这两部当作"异译"来看待是正确的。而从内容上看,玄奘的这一译本与真谛的《无上依经》确实有些相似,但是否同出于一种梵文原典是值得考虑的。如果真的是出于同一种梵文原典,就会引出一个结论,那就是玄奘的译本是节译。而联系到失译本《未曾有经》的译出时间,则作为如来藏经典的《无上依经》的产生时间也要相应地提前了。也许这也可以作为将此经作为初期如来藏经典的根据之一吧!

五、结　语

智昇在《开元释教录》说《无上依经》总共有三个汉语译本。真谛三藏翻译的《无上依经》二卷本最为完备。玄奘翻译的《甚希有经》与真谛译本是否同出于一种梵文原典是值得考虑的。现有藏经中保存的《未曾有因缘经》二卷本、《未曾有经》一卷本、《佛说四未曾有法经》一卷本的内容基本上没有相关性,第一种主要内容是叙述佛陀之子罗睺罗出家的因缘和过程,第二种即智昇所说的与真谛所译《无上依经》第一卷相当的失译本《未曾有经》,第三种的主要内容是叙述四种"未曾法"。古代经录的著录却含混不清,研究者尤需注意。

上述三中现存的三种《无上依经》汉译本,失译本《未曾有经》大致与真谛所译《无上依经》第一卷相当,玄奘译本相当于此经的第一品。可见,真谛所翻译的《无上依经》是多么的重要。

(作者单位:南京大学中美文化研究中心、南京大学哲学系)

---

① (唐)释智昇:《开元释教录》,卷八,《大正藏》第55卷,第555页下。

遗山集诸本详考*

颜庆余

遗山集的流传情况，与陶集、杜集、韩集、白集等相比，并不算复杂，然而，遗山集诸多传本的具体特征、沿承关系和完整谱系，尚未得到详实的考察。姚奠中主编《元好问全集》(2004 年增订本)，广泛搜罗众本及其异文，却未能理清诸本的关系和异同，并且忽视现存最古的刊本。狄宝心《元好问诗编年校注》(2011 年)，简明地将传本分成全集系统和诗集系统，对于各传本只是提及，未作具体的描述。著者所撰博士学位论文(2008 年)以及后来修改发表的论文(2012 年)，比较完整地描述遗山集诸传本的源流关系，但仍然失之简略。

基于此，本文的主要任务是，对遗山集诸本(尚存和已佚)逐一考察，撰写翔实的版本叙录，描述各本的具体特征、相互之间的传承和变化，并构建完整而准确的版本谱系。这一考察的目标，不仅是为遗山集的校勘提供版本方面的参考，也是从文献方面呈现遗山诗文在元明清时期的接受史。

(一) 元刊本

1. 中统本

《遗山先生文集》四十卷，交城张德辉类次，蒙古中统四年(1263)东平严忠杰刊本。卷首封龙山人李冶中统三年(1262)十月序、陈郡徐世隆序，卷末济南杜仁杰后序、曹南王鹗中统四年癸亥(1263)七月后引。

此本已佚。诸家序引，具载明刊本。版式特征，据学者推测，保留在翻刻的明刊本中。

刊刻者，李、徐、王三家序引所称"东平严侯弟忠杰"，是元东平行台严实第五子，"严侯"指的是袭职的次子严忠济。遗山与严侯父子交往颇多，集中有《东平行台严公神道碑》《东平行台严公祠堂碑铭有序》《约严侯泛舟》诗，其他诗文如《东平府新学记》等，也多次提及。

此本付刻的底本是严忠杰所得元好问家藏稿本全集。李冶序称："求得其全编，将锓之梓。"徐世隆序称："求其完集，刊之以大其传云。"王鹗引亦称："即其家购求遗稿，捐金鸠匠，刻梓以寿其传。"从文献来源上说，此本是完全符合作者之意的权威刊本。

中统本刊行于遗山殁后五六年，此前遗山集的流传情况，李冶序提到："其遗文数百千篇藏于家，虽有副墨，而雒诵者率不过得什一二，其所谓大全者曾莫见焉。"可知

* 基金项目：教育部人文社科研究青年基金项目"宋以后师古诗学研究"[12YJC751095]。

除家藏稿本外,世间已有传抄本。至于这些无名的传抄本对遗山集的流传有无影响,是完全无法确定的。

严忠杰所刻文集包含诗十四卷和文二十六卷,一向并无异议。然而清人施国祁提出:“考徐序有评乐府语,则新乐府五卷,当并入刻,或别自为卷,至明刻乃削去。”(《元遗山诗集笺注》卷首《例言》)徐世隆序确实提及“乐府”,不过并未明确说明中统本包含词集,只是在论述造物之文时泛泛谈到:“故为诗为歌为赋为颂为传记为志铭为杂言为乐府,兼诸家之长,成一代之典,使斯文正派,如洪河大江,滔滔不断。”并且徐序中的“乐府”,未必指词,也可以是古乐府诗。明清以来著录中统本的书目、翻刻的明刊本序跋,也从未提及词集。因此,施国祁的推论不能成立。

2. 至元本

《遗山诗集》二十卷,应州曹之谦辑,至元七年(1270)曹鋧刊本。卷首稷亭段成己引。

此本已佚。段引载明刊本。版式特征,据学者推测,保留在翻刻的明刊本中。

刊刻者曹鋧是遗山友人曹之谦之子。曹之谦,字益甫,号兑斋,金末与遗山同为尚书省掾,相与谈诗,金亡后隐居平阳三十余年,诗载《河汾诸老诗集》卷八,有《寄元遗山》《读唐诗鼓吹》等。

此本付刻的底本是曹之谦所得元好问家藏稿本诗集。段引曰:“余亡友曹君益甫……间遣人即其家,尽得所有律诗凡千二百八十首,又续采所遗落八十二首,将刻梓以传,以膏润后学。未及而益甫没。于后四年,子鋧继成父志,同门下客杨天翼,命工卒其事。俶落于至元戊辰之秋,迨庚午夏,首尾历六十五旬有五日。”可知曹鋧刻遗山诗集,俶落于至元五年戊辰(1268)秋,讫功于至元七年(1270)夏,而曹之谦殁于至元五年之前四年,寻访遗山家藏稿本当在此前。以此推算,曹益甫访得遗山集的时间,未必晚于严忠杰。从编次和数量看,曹之谦所得诗集二十卷与严忠杰所得全集中的十四卷诗,是一致的,即使不是同一稿本,也是手稿与抄副稿的关系。因此,至元本的权威程度不低于中统本。

至元本所收诗多于中统本,乃曹之谦“续采所遗落八十二首”搜集之力。二者间的具体差别,晚清莫友芝已有考述:“遗山全集,凡四十卷,交城张德辉所类次,中统壬戌严忠杰刻之,在曹刻前六年。其诗居十四卷,凡千二百七十八篇。曹本次叙悉同,唯卷析十四为二十,又增多五言古诗十二篇,七言古诗四篇,杂言三篇,乐府二篇,五言长律一篇,五言律七篇,七言律三十四篇,凡增八十四篇,分续各体之末,合千三百六十篇,为不同耳。”[①]

遗山诗的总数,据这两种出于家藏稿本的权威刊本,应是1280首(或莫友芝所计1278首),再加上曹之谦所辑82首(或莫友芝所计84首),凡1362首。传世也有一些集外的佚诗,数量不多,大抵保存在方志等载籍中,因此总数应当相差不远。然而,遗山门人郝经在《遗山先生墓铭》中却记载:“以五言雅为正,出奇于长句杂言,至五千

① (清)莫友芝:《郘亭遗文》卷三《遗山诗集跋》,清咸丰至光绪间刻《影山草堂六种》本。

五百余篇。为古乐府，不用古题，特出新意以写怨恩者，又百余篇。”①清人赵翼由此指出：“郝经作《遗山墓志》，谓其诗共五千五百余篇，为古乐府以写新意者，又百余篇，以今题为乐府者，又数十百篇，是遗山诗共五千七百余篇。今所存者，惟康熙中无锡华希闵刻本。魏学诚作序，谓其购得善本而锓之。卷首载元初徐世隆、李冶二序，于元世祖，仍抬起顶格，是必仿元初刻本。然诗仅一千三百四十首，则所存者，只五分之一而已。岂元初严忠杰等初刻时，即为删节耶，抑华氏翻刻时删去耶？……不知世间尚有全集否？当更求之。”（《瓯北诗话》卷八《元遗山诗》）

郝经的记载和赵翼的统计，从中统本和至元本的来源和数量看，显然不可采信。这里补充莫友芝的相关考辨：“郝经志遗山墓，谓其诗至五千五百余篇，为古乐府，不用古题，特出新意者，又百余篇，用今题为乐府揄扬新声者，又数十百篇。校此本篇数，乃溢出四之三。而忠杰刻全集，有李冶、徐世隆、杜仁杰、王鹗四序，并谓忠杰就其家求得完帙，而遗山《自题绝句》云‘千首新诗百首文’，盖即晚年定集所作，特举成数，与今传者未为悬殊。然则郝志两‘五’字，盖一二字之伪，曹本即是元诗足本，不必援郝志误文见疑也。”②

3. 至顺本

《遗山诗集》二十卷，元至顺二年(1331)余谦校刊本。卷首余谦至顺二年三月十一日序。

此本已佚。未见书志著录或学者提及，可见其流传湮晦。清中叶尚有传本，道光初，施国祁笺注遗山诗集，曾从归安杨凤苞(1754—1816)假读一旧钞至顺本，所谓“架阁本”。道光三十年，张穆校刊遗山全集，自序已称：“而元黄公绍选本，穆又未之见也。”有关此本的有限情况，仅见于施国祁《元遗山诗集笺注》卷首《例言》的介绍以及所附余谦序。余谦序亦仅见于施注本附录，今人所编《全元文》亦不及收录。

此本卷数虽与至元本相同，而据施国祁所见，收诗仅七百余首，并非一本。余谦序称此本出于邵武黄公绍手抄，而黄抄本出于何本则不可确知，大抵是出于中统本或至元本的选本。施国祁《例言》曰：“盖选本也。”选录情况已不可考，而施国祁《例言》引杨凤苞语曰：“此集七律不载《岐阳》，七绝不载《论诗》，弃取已失当，他何论耶。”

余谦序曰：“予为补其残阙，正其谬误，凡阅月而告成。”可见黄抄本付梓前经过余谦校订，并留下若干校语，如施国祁《例言》所引：“其《移居八首》注云：元本止七首，今仍之。”校订质量并不让人满意。这条校语后，施国祁指出余谦将八首误作七首的错误：“乃以‘故书堆满床’句，上接‘尚有百本书’句，为一首。岂知八首各用一韵，无转韵者，误也。”

余谦序又曰：“至篇什次第，悉依原本。汇付剞劂，俾海内骚雅共珍之。”明确声明校刊本不改变黄抄本的次序。而施国祁《例言》指出：“乐府次首卷，余略同。”乐府置于首卷，与中统本、至元本置于古体之后、近体之前不同，这大概只能归诸黄公绍的

---

① 墓铭石本的文字如此，而《郝文忠公陵川文集》卷三十五收此墓铭，无“五”字。墓铭末尾记大德四年(1300)立石，可见郝经当日撰写墓铭时，遗山集的中统本、至元本皆已行世。

② 《郘亭遗文》卷三《遗山诗集跋》。

改动。

以上元刊本,凡三种。

(二)明刊本

1. 汝州本

《遗山先生诗集》二十卷,明弘治十一年(1498)沁水李瀚序刊本。卷首李瀚弘治十一年四月序、段成已引。每半叶十行,行二十一字,大黑口,双鱼尾,四周双边。

此本今存。公藏书目著录多本,如国家图书馆藏周叔弢旧藏本、上海图书馆藏华亭封氏篑进斋旧藏本、香港中文大学图书馆藏清王士禛批本(残)、台北"国家"图书馆藏徐康跋本、柏克莱加州大学东亚图书馆藏唐翰题跋本等。

此本是旧本重刊。据李瀚《重刊元遗山先生诗集序》:"近奉命巡按河南,复取家藏诗集,属汝州知州高士达刻行之。"虽然没有明言家藏何本,从版本流传情况看,重刊的应该是至元本。后世藏家的误认或考辨,也证实这一点。

晚清唐翰题藏本有手跋曰:"元椠元印本,纸墨与予所藏《战国策》吴氏校注至正十五年第一刻本同,若黄氏士礼居所称之本序有舛错者,则校注之第二刻也。世人不察,以黄氏所称为元刻,不知已落第二义矣。此等元刻最易交臂失之,故特书于册首。丁卯重九又记。"此本后经吴重熹、长尾甲递藏,现藏于柏克莱加州大学东亚图书馆,馆藏书志指出此本实是明刊汝州本:"今李序已为黠估抽去,唐翰题遂定为元刻,函外书签有日本长尾甲手题'元椠元遗山集,雨山草堂珍藏',则沿唐氏之误也。"①

唐翰题误将抽去重刊序言的汝州本当成元椠元印本,这说明汝州本在重刊时尽可能保留至元本的版式特征。莫友芝《影山草堂六种》之《郘亭遗文》卷三著录耕钓草堂影抄汝州本,也提出:"此之细行密字,盖犹元式也。"恰好唐翰题手跋也提及这一影抄本:"《遗山集》有密行小字本,不分诗体。曾见独山莫偲老案头影抄本,惜未及一借校耳。鹪安记。"所谓"元式",叶景葵(1874—1949)有更明确的描述:"己巳冬日,有故友以弘治本《遗山诗集》求售,为二十卷本,前有稷亭段成已引,每半页十行,行二十一字,遇'恩纶'等字,或抬头,或空格,当遵元刻款式。疑即郘亭所见之沁水李瀚汝州刊本,惜无重刻人序跋。"②另外,潘景郑(1907—2003)著砚楼藏有汪氏古香楼旧藏汝州本,称:"字体犹不失元椠意味,为可宝也。"③

2. 开封本

《遗山先生文集》四十卷,明弘治十二年(1499)李瀚序刊本。《附录》一卷,海陵储巏辑。卷首李冶、徐世隆二旧序,储巏弘治十一年冬十月序、李瀚弘治十一年闰十一月序,又附《储太仆先生手简》(弘治十一年七月十四日与李瀚书),卷末杜仁杰、王鹗二引、丹徒靳贵弘治十二年后序。卷端题"颐斋张德辉类次"。每半叶十行,行十九字,大黑口,双鱼尾,四周双边。卷首序跋之后,既有《遗山先生文集总目》,只列出各

---

① 《柏克莱加州大学东亚图书馆中文古籍善本书志》,上海:上海古籍出版社,2005年,第286页。

② 叶景葵:《卷盦书跋》,顾廷龙编,上海:上海古籍出版社,2006年,第133－134页。

③ 潘景郑:《著砚楼书跋》,上海:上海古籍出版社,2006年,第249页。

类文体，又有《遗山先生文集目录》，列出分体编次的详细篇目[①]。

此本今存。据《中国古籍善本书目》著录，国家图书馆、上海图书馆、北京大学图书馆、日本公文书馆内阁文库等都有藏本，又有福建省图书馆藏徐𤏡跋本、北京市文物局藏沈曾植跋本、台北"国家"图书馆藏何焯跋本。通行本有民国间《四部丛刊》据乌程蒋氏密韵楼藏本影印本，又有《中华再造善本》影印国图藏本(2012年)。

卷末靳贵弘治十二年序，《四部丛刊》影印本已脱去，诸家藏本大抵如此，故皆著录为弘治十一年李瀚刊本。惟傅增湘所见尚存靳序，故《藏园群书题记》著录为"明弘治十二年戊午刻本"，又由靳序所载，提出此本的实际刊刻者并非李瀚："卷末又有弘治己未翰林院编修靳贵后序，言'太仆爱其文，尝手为雠校，故视他本为善。侍御李君叔渊出按河南，始命太康杨令溥录之，而属方伯徐公用和、仰公进卿刻梓以传云'。据此始知刻书者实为徐、仰二君，叔渊不过为之倡率，今则人只知为李瀚本矣。"[②]刻书者徐恪和仰昇，皆见《河南通志》卷三十一《职官二》，二人皆于弘治间任布政使司左布政使，升右布政使，即靳贵所称"方伯"，李瀚序所称"藩臬诸公"。徐恪字公肃，一字用和，江南常熟人。仰昇字进卿，江南无为人。河南布政使司驻开封府，刊刻之事想必就在驻地，因此这里称此本为开封本[③]。

此本同样是旧本重刊，是出于储巏传抄的新安程敏政所藏善本。程敏政藏本是否即是中统原刊本，储、李二序未透露，但由此本保存的元人序引和卷端所题，即使不是原刊，至少也是出于原刊的传抄本[④]。

汝州本与开封本，素来都称李瀚刊本，且都有弘治戊午李瀚序，不免令学者混淆。潘景郑还为此作出考辨："因疑瀚先刊二十卷本，继得储本，再刊河南；而提要所据，则是后来一本耳。今藏家于此本混淆莫明，故不得不详为辨正之。"[⑤]实际上二本的版式特征，除每行字数外，也是相同的。唐翰题等藏家都认为汝州本保留元刊特征，由此推论，开封本同样如此。

3. 潘是仁本

《元遗山诗集》十卷，明潘世仁编《宋元名家诗集》本，明万历四十三年(1615)刊本，又有天启二年(1622)重修本。前有李维祯、焦竑二序。卷端题"明潘是仁讱叔甫辑校"。每半叶九行，行十九字，白口，单鱼尾，四周单边。

---

① 按，《总目》应有串行的讹误，第九行"七言绝句　宏词"应在第五行"七言律诗　五言六言绝句"后。

② 傅增湘：《藏园群书题记》卷十五《明弘治李瀚刊本遗山先生文集跋》，上海：上海古籍出版社，1989年，第765页。案靳贵序，学界罕见称引，孔凡礼辑《元好问资料汇编》、姚奠中主编《元好问全集》(增订本)皆未收此序。藏园所见之外，丁丙《善本书室藏书志》卷三十三著录马寒中旧藏明抄弘治本，有靳贵跋其后。靳贵序，亦载其《戒庵文集》卷六，题作《元遗山文集后序》(《四库全书存目丛书》集部45册影印北京大学图书馆藏嘉靖十九年靳懋仁刻本)，文字略有不同。集本不署姓氏、官职及时间，关于刊刻者，也只提及徐氏，而删去仰氏。

③ 傅增湘《藏园群书经眼录》卷十五著录一汝州本，有何焯跋语称："汝州所刊遗山诗视归德所刊全集为善。"(北京：中华书局，2009年，第1080—1081页)周叔弢《古书经眼录》亦著录此何焯跋汝州本。何焯所谓"归德所刊全集"，大概是认为刊刻的地点是河南归德，或别有所据。不过，明前期归德降府为州，属开封府，即使此本刊于归德，也可称为开封本。

④ 傅增湘称："据储太仆手简，言得秘本于礼部程公，录而藏之，李氏即据以墨板。是所得亦钞本，仍未见中统本也。"(《藏园群书题记》卷十五，同上，第766—767页)

⑤ 《著砚楼书跋》，第249页。

此本今存。国家图书馆等藏。

此本的来源、编次、数量等情况,俟考。潘是仁《宋元名家诗集》的编纂情况,可参《郑振铎书话》。

遗山诗集十卷本,除此本外,尚有《中国古籍善本书目》著录浙江图书馆藏清抄本。又见傅增湘《藏园群书经眼录》著录一种旧抄本,每半叶九行十九字,版心题"竹北亭手钞"五字①,从行格看,或是潘是仁本的传抄本。

4. 汲古阁本

《遗山先生诗集》二十卷,明崇祯间毛氏汲古阁刻《元人十种诗》本。丛书前有闽郡徐𤊹崇祯十一年(1368)序②。集后有毛晋跋。每半叶九行,行十九字,白口,无鱼尾,左右双边。

此本今存。公藏书目著录多本,如上海图书馆藏沈钦韩校本、台北"国家"图书馆藏周半樵跋本等。通行有民国涵芬楼影印《元人十种诗》本、《四库全书存目丛书》影印本。翻印本有清光绪六年(1880)南海黎维枞刊本,卷末附考异一卷;清宣统二年(1910)成都茹古书局刊本,卷末山阴周肇祥跋;民国九年(1920)曹氏刊本。

此本付刻的底本,毛晋跋文中完全没有交待,而《四库全书总目》别集类存目著录此本称:"此诗集二十卷,乃毛晋从全集摘出,刊于十元人集中者,别行已久,姑附存其目。"这种判断的失误,莫友芝已经指出:"纪文达谓毛本为从全集摘诗别行,殆未审勘也。"并提出:"右遗山诗通行本,毛子晋据元至元戊辰曹鋧所刊单诗本传刻者。"③叶景葵曾对校汲古阁本与汝州本,得出结论:"对校一过,凡弘治本板烂处,汲古本每作墨□,知汲古实从弘治出,且段引内擅删二十一字,改为"遗稿若干"四字。子晋后跋,亦不言所据何本。毛氏刻书,每犯此病,不足异也。十一月二十三日灯下,景葵校毕记④。汲古阁本的底本是至元本还是汝州本,从文字校勘的角度说,大概关系不大,涉及的只是至元本何时失传的问题。

至元本既已失传,这里比较汲古阁本与汝州本的差异。版式上,从汝州本的细行密字,汲古阁本改成疏行大书,版心、鱼尾、框栏也都不同。文字上,叶景葵已经指出汲古阁本擅自删改卷首段引,实际上,汲古阁本误改的例子还有很多。狄宝心《元好问诗编年校注》以汲古阁本为底本,却经常要依据汝州本、开封本校改,这就说明底本存在大量讹误。

以上明刊本,翻印者不计,凡四种。

(三) 清刊本

1. 剑光阁本

《遗山先生文集》四十卷,附录一卷,清康熙四十六年(1707)无锡华希闵剑光阁写

① 傅增湘:《藏园群书经眼录》卷十五,北京:中华书局,2009年,第1081页。

② 案汲古阁所刻《元人十种诗》,并非罕见之本,而徐𤊹序则不经见,沈文倬、陈庆元、王长英等补辑红雨楼序跋,均未搜得。究其缘由,大概是徐序乃为毛刻丛书而作,而丛书后多以单种传世,徐序无可附入,因此阅者罕觏。

③ 《郘亭遗文》卷三《遗山诗集跋》。

④ 叶景葵:《卷盦书跋》,顾廷龙编,上海:上海古籍出版社,2006年,第133—134页。

刻本。卷首蔚州魏学诚康熙四十六年十二月上浣序。卷首《遗山先生文集目录》，卷端题："无锡后学华希闵重校订。"每半叶十一行二十字。黑口，双鱼尾，左右双边。

此本今存。公藏书目著录多本。翻印本有清道光二十七年(1847)定襄李镕经京都贵文堂刊本。卷端题"定襄后学李镕经重刊"。

遗山诗文全集，元刻有严忠杰中统本，明刻有李瀚开封本，此本为第三刻。中统本久已不传，此本附有储巏附录一卷，付刻底本应是开封本。附录资料，华希闵略有增补。

此本在清代流传颇广，清道光初施国祁指出："此刻盛行，传是楼所藏，查初白所评，赵蓉江所易，赵云松所说，皆是。"①徐乾学《传是楼书目》(集部号字二格)所著录，查慎行《初白庵诗评》卷中所评校，赵翼《瓯北诗话》卷八所论说，都是剑光阁本。赵蓉江，俟考。

2. 南昌本

《元遗山诗集》八卷，清乾隆四十三年戊戌(1778)南昌万廷兰刊本。卷首《金史》本传，传后有万廷兰刻书题识。每半叶十二行，行二十三字，白口，无鱼尾，四周单边。

此本今存。公藏书目著录多本，尚无影印本。

此本的来源，应该是剑光阁本或开封本。万廷兰题识称："遗山诗久无专刻，兹于全集中录出，校订而付之梓。"可见他并不知道汝州本、汲古阁本等单诗本传世，只能从四十卷全集本中录出十四卷诗，并重订成为八卷。清人张穆已指出："南昌万廷兰本，系从全集摘出，故于曹益甫所增之八十余首，概从缺佚。"②

这本是毫无疑义的问题，然而，沈钦韩(1775—1831)却提出："汲古阁本《遗山集》二十卷，兹本合为八卷，既不合旧时卷目，而于阁本每卷后，或缺数首，有多至二三十首者。不知何故。盖抄掇合卷时，或任意删削，或抄胥偷刊，未可知也。既从阁本对勘一过，因识之。嘉庆庚辰七月，沈钦韩记。"③偶阅《柏克莱加州大学东亚图书馆中文古籍善本书志》著录此本，对沈钦韩所谓"删削"情况作出详细的描述："此本与汲古阁刻二十卷本各篇排列顺序略同，然如《读书山月夕》一首后，汲古本有《继愚轩和党承旨雪诗》四首及《寄题沁州韩君锡耕读轩》数首；《王学士熊岳图》一首后，汲古本有《赠史子桓寻亲之行》一首；《付阿耽诵》一首后，汲古本有《挽赵参谋》二首、《嗣侯大总管哀挽》二首、《答弋唐佐》《不寐》《送杨叔能东之相下》等篇；《张村杏花》一首后，汲古本有《送仲希兼简大方》等二十九篇，此本皆已删去。是此本非但擅改卷次，且任意删落篇章，而致编次歧异。"④

这种疏谬是不明白遗山集流传谱系的表现。以至元本为祖本的单诗本，由于曹之谦的续采，所收诗多于以中统本为祖本的全集本。从全集本中摘录而成的南昌本，

① (清)施国祁:《元遗山诗集笺注》卷首《例言》,《续修四库全书》1322册影印清道光二年南浔瑞松堂蒋氏刊本，第105页。

② 《元遗山先生集》卷首张穆序，清道光三十年刊本。

③ 国家图书馆藏万廷兰刊本沈钦韩手书题记。此引自孔凡礼辑《元好问资料汇编》，北京：学苑出版社，2008年，第256页。

④ 《柏克莱加州大学东亚图书馆中文古籍善本书志》，第287页。

收诗数量自然要少于单诗本系统的汲古阁本。实际上,南昌本卷首目录标出各卷数量,如卷一"五言古诗一百二十九首",卷二"七言古诗七十八首",卷三"杂言三十六首""乐府四十八首"等,正是全集本收诗的数量。万廷兰所作的改变,只是卷数的合并。前引《书志》所举某某篇后,汲古本有某某首,实际上是曹之谦续采的篇目,这算是徒增淆乱的认真考证吧。

3. 瑞松堂本

《元遗山诗集笺注》十四卷,施国祁笺注,清道光二年(1822)南浔瑞松堂蒋氏刊本。卷首依次是原序、例言、本传、墓铭、世系、年谱。原序包括诸传本所载序引。例言,考订旧本、校勘、佚作等,凡十五则。本传、墓铭,皆附有考辨。世系、年谱,均出施氏所撰。卷末有附录(储巏辑、华希闵增)、补载(施国祁辑)各一卷。卷端题"元张德辉颐斋类次""后学乌程施国祁北研笺""蒋炳枕山校"。每半叶十二行,行二十三字,小字双行,行三十三字,黑口,无鱼尾,左右双边。

此本今存。公藏书目著录多本。翻印本有清道光七年(1827)苕溪吴氏醉六堂刊本、苏州交通益记书馆刊本。又有上海扫叶山房石印本(清宣统三年、民国七年)、上海中华书局《四部备要》本。影印本有《续修四库全书》1322册据上海图书馆藏本影印。又有凌朝枢点校本(人民文学出版社1958年初版,1989年修订版)。

此本所用底本,据卷首《例言》,是清代前期盛行的剑光阁刊本。《笺注》十四卷的卷数,也是沿续全集本所收诗的编次。又据所谓的眠琴山馆藏至元本,补入曹之谦续采诗[①]。参校的本子,包括至元本、至顺本和开封本,又参考《初白庵诗评》的校语。此本只收诗,却不属于单诗本的系统,而是全集本的后裔,并杂有单诗本的血统。

施国祁没有交待底本选择的理由,为何是晚出的华希闵本,而不是元明旧本,为何是收诗较少的全集本,而不是收诗更全的单诗本。由《例言》所述推测,大概华希闵本是归安夙好斋主人杨知新(号拙园)所赠,便于用作工作底本,而开封本、至元本是从刘桐眠琴山馆借读,至顺本既非足本又是从杨凤苞(号秋室)假读,只能用以参校。另外一个原因可能是,施国祁原定笺注诗文全集,所以选用全集本,而最终完成的只有诗笺。稍晚的张穆提到:"近乌程施北研氏,熟于金源掌故,有《遗山诗文笺》,极精博。《诗笺》初梓,吾友沈子惇即以相赠,近亦印行。《文笺》仍郁未出也。"[②]

瑞松堂本是最后一种单诗本,也是古代仅有的经过全面考订笺注的遗山诗集。清末灵石耿文光(1830—1908)准确地指出:"此本只录其诗,详为之注,订讹补阙,其功不少。前有总目、本传、墓志、世系、年谱。读遗山诗者,以此本为最佳。"[③]

---

① 施国祁从眠琴山馆借读的所谓"元刻曹益甫至元庚午本",因为《南浔刘氏眠琴山馆藏书目》失传,已无从考定其真假。从至元本流传湮晦的状况看,眠琴山馆所藏极有可能与唐翰题藏本一样,是抽去李瀚序而冒充元刊的明刊汝州本。傅增湘指出:"惟李瀚同时别刻有《诗集》二十卷,写刻视《文集》为工,余曾藏有一帙,不知者咸以为元刊。余颇疑施国祁所言瞑琴山馆藏元至元本即是刻也。"(《藏园群书题记》,同上,第768页)另外,施国祁《例言》提及清中叶以前所有遗山集刊本,唯独不及汝州本,这也是可疑之处。

② 《元遗山先生集》卷首张穆序。

③ (清)耿文光:《万卷精华楼藏书记》卷一百十九,北京:北京图书馆出版社1997年影印《山右丛书初编》本,第3954页。

4. 阳泉山庄本

《元遗山先生集》四十卷，《续夷坚志》四卷，《新乐府》四卷，附凌廷堪撰年谱二卷、施国祁撰年谱一卷、翁方纲撰年谱一卷、附录一卷、补载一卷。清道光三十年（1850）平定灵石杨氏阳泉山庄刊本。卷首张穆序。卷端题“元张德辉颐斋类次、平定后学张穆廉友校梓”。每半叶十二行，行二十三字，白口，单鱼尾，左右双边。版心下题“阳泉山庄”四字。

此本今存。公藏书目著录多本。翻印本有清光绪三年（1877）京都同立堂刊本、清光绪八年（1882）京都翰文斋刊本等。又有清光绪三十一年（1905）《石莲盦汇刻九金人集》本，卷前宣统元年吴重憙序，卷末有缪荃孙光绪乙巳九月刻书跋。前有牌记：“灵石杨氏原刻本光绪八年京都翰文斋书坊印行。”内封又题：“遗山集光绪三十一年乙巳补于江宁。”《新乐府》卷五版心下题：“石莲庵补刻。”可见石莲盦本是据翰文斋本重印，又补刻缺佚的《遗山新乐府》第五卷。

此本所收遗山著述各种的底本，叶德辉（1864—1927）《郎园读书志》著录时指出：“平定张石舟穆刻《元遗山集》，为遗山集大全之本。其诗文四十卷，从明弘治李叔渊本、康熙华希闵本、毛晋汲古阁本、南昌万廷兰本、乌程施国祁注本，勘定伪误，别白是非，各类之后增补续编，凡遗山诗文佚见他书者，此本悉详载之，可谓留心文献者矣。《续夷坚志》四卷，从余秋室刊本重刻，旧传只写本。《新乐府》五卷，《四库》未收，阮氏元《揅经室外集》着录，此亦从华本再刻。《年谱》三卷，施本从《诗注》本，翁本从《苏斋丛书》本，凌本从汉阳叶氏钞本，皆善本也。”[①]除词集所本并非华本外，叶德辉的描述是准确的[②]。

张穆校本收录遗山诗、文、词与小说，是遗山自著的首次汇集刊行。张穆序自称：“遗山一家之业，其存于今者，约略备矣。”傅增湘也指出：“盖遗山遗著五百年来至此乃蔚然萃为钜观，其致力可谓勤且卓矣。”[③]

5. 读书山房本

《元遗山先生集》四十卷，卷首一卷，《续夷坚志》四卷，《新乐府》四卷，附凌廷堪撰年谱二卷、施国祁撰年谱一卷、翁方纲撰年谱一卷、附录一卷、补载一卷，赵培因考证三卷。清光绪七年（1881）忻州读书山房刊本。卷端题“照平定张穆阳泉山庄本校梓”。卷首方戊昌《重刻元遗山先生集序》，卷末赵培因《重刻遗山先生集书后》。每半叶十行，行二十二字，黑口，无鱼尾，四周单边。

此本出于张穆校辑的阳泉山庄刊本。方戊昌序称：“平定张硕洲苦心搜集，萃其诗文、乐府、年谱及《续夷坚志》，都为一集，刊行于时。今甫三十年，访之平定，询之京

① 叶德辉：《郎园读书志》卷九，杨洪升点校，上海：上海古籍出版社，2010年，第418－419页。

② 关于词集底本，张穆序只说：“乐府五卷，阮太傅《揅经室外集》载有提要，而《文选楼书目》初无其名。闻汉阳叶氏有写本，数从相假检，未获也。”既未获汉阳叶氏写本，又不再交待另外的来源。而叶德辉所说的华本，实际上不收词集。

③ 《藏园群书题记》卷十五，第767页。

都,版已无存。"又称:"检郡中所存张硕洲所裒全集,加以校正,重付手民。"[①]重刻的表现,一是版式的变化,二是重加校订,并增补若干佚作,即赵培因《书后》所说:"爰取郡人士所校硕洲原本,与司孝廉冀北、年友李计部希白、张明府坪、胡文学警三及王君覆加商订,脱者补之,讹者更之,疑者阙之,其有各书互异与文有可商者,别为考证三卷,以俟博雅君子辨正焉。至编辑次第,一依硕洲之旧。惟补载中收录稍滥及与本书重复者,酌删三则。其增入集内者,有五律四首、七律一首、词四首,则郝孝廉曼修、子才两君暨家用九兄新从诸书所采得也。"

6. 汗青簃本

《遗山诗钞》三卷,樊宗源辑。清光绪十年(1884)刻本。内封牌记:"光绪癸未季秋叙州汗青簃刊。"附清光绪十年庆符樊宗源序、《金史》本传及郝经所撰遗山墓铭。南京图书馆、四川大学图书馆等有藏本。

据樊宗源序,此本系摘自阳泉山庄本,虽仅三卷,遗山诗悉数收录。卷上,五古、七古、杂言;卷中,乐府,五律、七律;卷下,五绝、七绝。

以上清刊本,翻印者不计,凡六种。

以上元明清三代刊本,翻印者不计,凡十三种。

(四)旧抄本

在遗山集传本中,诸刊本流传有绪,收录完整,又迭经学者校订,显然构成权威的流传谱系。然而,无论刊本如何盛行于世,载籍可稽的抄本始终不绝如缕。在中统本之前,除家藏稿本外,已有作为副墨的抄本行世。在中统本、至元本、至顺本三种元刊本问世后,明代中期李瀚仍然感到刊本不易获见,书在人间,多是抄本。在李瀚倡率的汝州本、开封本先后付梓后,文徵明后人仍然世代收藏楷体精写的玉兰堂抄本,其他明人旧抄本甚至流传至今。而在有清一代,遗山集从康熙至光绪间先后刊行五次,并产生更多的翻印本,清抄本仍有数种幸存至今,并得到学者的批校和珍藏。

这些抄本,无论已佚或尚存,无论出于名家所书或佚名所写,都表明手抄本文化及其相应的阅读方式在印本时代的持续存在和影响。在遗山集诸传本中,抄本的校勘价值也许不应高估,然而诸多抄本存在的意义不仅在于此。一方面,在遗山集近八百年的流传中,抄本与刊本并存互补,共同作为知识阶层可以获取的书籍资源;另一方面,在刊本的流传链条中,抄本有时成为其中的一环,已佚的旧刊本通过其传抄本而得到重刊。

这些经常来源不明的抄本,除名家抄校批跋外,一般不见诸著录,也不会得到珍存,幸存于世的十数种远远并不能反映实际的数量。这里只依据相关资料介绍其中五种。

1. 玉兰堂旧钞本

《遗山诗集》二十卷,明长洲文氏玉兰堂旧钞本,楷书字体,四册。

---

① 阳泉山庄本,光绪八年尚有京都翰文斋重印本,可见板片尚存北京,而方戊昌光绪七年却称:"访之平定,询之京都,版已无存。"是未见而径称无存。

此本未见书志著录，仅见于嘉兴钱仪吉（1783—1850）《衎石斋记事续稿》卷七《跋遗山诗集玉兰堂旧钞本》：

"《遗山诗集》，写本四册，前后有文嘉、休承、文彭、文掞、宾日诸印文。又有玉兰堂图书记印。第四册前页，有十二砚斋及东吴文献衡山世家印，知为文氏故物。楷法劲秀，不必定是衡山，要出善书人手。史婿叔平得之山阴，喜以示予。遗山诗单行本，以至元庚午刻曹益甫本为最古。昔予里居，尝从友人借观，凡二十卷，前有段氏序。诗凡千二百余篇，又续增八十余篇。今此本亦二十卷，篇数略相当，知从至元本钞录者。"①

钱仪吉跋称，文氏玉兰堂旧钞本出于至元本。这种可能性当然是存在的。不过，从文徵明（1470—1559）的生活年代看，他所抄录的也可能是重刊至元本的汝州本。另外，与施国祁年代相近的钱仪吉，他所经眼的所谓至元本，可能也是汝州本。

钱仪吉跋记述卷中钤印，可见文氏世代珍藏此旧钞本，从明代嘉靖、万历初的文彭、文嘉（字休承），至清初的文掞（宾日、十二砚斋）。此本后归史叔平，今未见。

另外，张金吾《爱日精庐藏书志》著录一种玉兰堂旧藏开封本遗山集，称："卷首有玉兰堂、辛夷馆暨季振宜印记，盖文氏旧藏后归沧苇者。"②

2. 汲古阁藏旧抄本

毛扆《汲古阁珍藏秘本书目》著录："元遗山诗集八本。旧抄　三两二钱。"（清嘉庆士礼居刊本）在这部鬻书目录中，毛扆没有提供这部旧抄本的更多特征，或许是汲古阁所刊遗山诗集的底本。今未见。

3. 士礼居藏明钞本

《元遗山集》三十卷，明钞本，何焯校，汤燕生、黄丕烈递藏。

此本今未见，仅据黄丕烈《士礼居藏书题跋记》著录："遗山集元刻仅见五砚楼曾藏十余卷，昔年借校家传钞本，知近本校明刻录出居多。是本为明汤燕生严夫氏所旧藏，亦出自明本。其朱笔字的系何义门手迹。较他本多是正，视元刻亦在伯仲间矣。嘉庆乙亥午月得此因识，荛圃。"③

此本卷数与诸刊本皆不合，来源无考，下落不明。黄丕烈跋声称此本出自明本，想必是开封本，而脱去十卷；又提出此本经何焯校订后，文字接近他曾借校的五砚楼旧藏元刊本十余卷。概言之，黄丕烈跋提供的信息比较混乱，与可考的遗山集都不相吻合。

4. 耕钓草堂旧钞本

《遗山先生诗集》二十卷，吕留良南阳耕钓草堂抄本。前有莫友芝跋。三册。每半叶十二行，行二十字，无栏格。现藏丁国家图书馆，《中国古籍善本书目》著录。

莫友芝同治七年戊辰（1868）在苏州书肆购得此本，手跋略曰："此影钞明弘治戊午汝州重刻曹益甫所编二十卷本……此之细行密字，盖犹元式也。"又曰："此耕钓草

① （清）钱仪吉：《衎石斋记事续稿》卷七，《续修四库全书》1509 册影印清道光刻咸丰四年蒋光焴增修光绪六年钱彝甫印本，第 187 页。

② （清）张金吾：《爱日精庐藏书志》卷三十二，冯惠民整理，北京：中华书局，2012 年，第 499 页。

③ （清）黄丕烈：《士礼居藏书题跋记》卷六，清光绪间潘祖荫刻本。

堂影抄旧本,旧有段稷亭氏至元庚午为益之二子刻书引,亦载叔渊此书序,而云附,则其据汝州本或至元本,未可知也。……此影手虽未致佳,然殊不草草,细行密字,矧大资我舟车耶。”(《宋元旧本书经眼录》附录卷一)

此本后归南浔刘氏嘉业堂。《嘉业堂藏书志》卷四著录,缪荃孙、董康所撰提要,记述此本相关特征:“此本密行小字,书口书‘南阳讲习堂钞书’,或作‘南阳耕钓草堂’,或作‘南阳村庄’,吕晚村藏书。有莫子偲手跋并其父子印记。”(缪稿)“此本密行小字,为南阳讲习堂抄书。……有‘莫友芝图书印’‘子偲’‘莫印彝孙’‘莫印绳孙’诸记。”(董稿)而刘承幹所撰提要对莫友芝的判断提出异议:“按元遗山诗无小字,此本亦非影钞,跋语过夸,不足据。”(刘稿)[①]从行格上看,此本确非汝州本的影抄,抄录的来源也未必就是汝州本,也可能是汲古阁本。

5. 静乐故家藏旧抄《遗山诗集》

清乾隆五十九(1794),忻州知州汪本直修葺元遗山墓,重建野史亭,并访求遗文。据山西学政戈源记载:“刺史汪公既修遗山先生墓,复博求遗文,于静乐故家,得旧抄先生诗,并此《世系略》一则,今摘出,附刊于此。督学使者河间戈源识。”[②]

汪本直于静乐故家访得的旧抄遗山诗,同时静乐人氏李銮宣在其题墓诗自注中同样提及:“旧钞《遗山诗集》,每首下注作诗岁月,较世行本为详,先大父中宪公所藏书,余家故物也。余索米长安,离里门几及二十年,未曾目睹此本。今为守愚先生(汪本直号守愚)购去,缘是重其葺遗山墓。表兄冯仲匢学博来京师,为余详言之。余闻是举,既叹祖研之不能守,而又深喜官兹土者表章先贤之功不朽云。”[③]

李銮宣提及,此旧钞《遗山诗集》的特点,是“每首下注作诗岁月,较世行本为详”。如果所言属实,这应该是具有很高价值的旧抄本。遗山集自张德辉编次(甚至是家藏稿本)以来,都如翁方纲所讲的“粗分各体而时地则未尝一一细考也”,所收诗也大多不注年月。翁方纲显然应该知道此旧钞本,李銮宣的题墓诗就附录于翁方纲所撰年谱之后,并且翁方纲在年谱附录中也提到“静乐旧抄遗山诗后世系略”[④]。令人遗憾的是,不管是访得旧抄的汪本直、旧藏的主人李銮宣,还是撰写年谱的翁方纲,都没有提供有关此旧抄本的更多信息。近读忻州人氏张俊赟《李銮宣野史亭歌咏元好问》一文,称:“(汪本直)从静乐县五家庄李銮宣的老家购得渤海戴明说手抄《遗山诗》《遗山先生世系略》和《元遗山墓图》。”(文载忻州传媒网)所谓“渤海戴明说手抄《遗山诗》”,不知所本,姑记于此,俟考[⑤]。

(作者单位:江南大学人文学院)

---

① 缪荃孙、吴昌绶、董康撰:《嘉业堂藏书志》,吴格整理点校,上海:复旦大学出版社,1997年,第598—599页。

② (清)翁方纲:《元遗山先生年谱》附佚名《遗山先生世系略》后戈源按语,清咸丰三年(1853)南海伍氏刊《粤雅堂丛书》本。

③ 翁方纲:《元遗山先生年谱》附《忻州刺史守愚汪君重修元遗山先生墓诗》所收李銮宣三首其三自注,同上。

④ 翁方纲:《元遗山先生年谱》附录,同上。

⑤ 戴明说,字道默,沧州人,工书画,生活于明末清初(详参张玲:《戴明说生平及作品创作年代考证》,载《美苑》2010年2期)。所谓戴明说手抄本,年代应定于明清之际。

孛术鲁翀著述考论*

张建伟

孛术鲁翀(1279—1338),清译改为富珠哩。始名思温,字伯和,后更名翀,字子翚,号菊潭,女真人①。孛术鲁翀先世为上京路隆安(今吉林省农安县)人,后徙顺阳(今河南省淅川县)。大德十一年(1307)由宪府荐授襄城学官。至大四年(1311),河南行省右丞王约署为汴学正。同年,授国史院编修官。延祐二年(1315)为河东道廉访司经历,转陕西行台御史,入拜监察御史。延祐五年,擢中书右司都事。拜柱为相,复荐为左司都事,转从仕郎,寻升右司员外郎。泰定元年(1324)充会试考官,迁国子司业。后除河南行省左右司郎中,迁燕南道廉访副使。泰定四年,入佥太常礼仪院事,寻升奉训大夫兼经筵官。文宗至顺元年(1330),同知礼部贡举,拜汉中道廉访使。后佥太禧宗禋院事兼祗承神御殿事,改集贤直学士兼国子祭酒。应召赴上都议事,又兼经筵官,进中顺大夫、礼部尚书。元统二年(1334),进中奉大夫,拜江浙行省参知政事。后至元二年以葬亲北归。后至元四年(1338)卒,年六十。追封南阳郡公,谥文靖。生平资料见苏天爵《滋溪文稿》卷八《元故中奉大夫江浙行中书省参知政事追封南阳郡公谥文靖孛术鲁公神道碑铭并序》(以下简称《孛术鲁公神道碑铭》)、《元史》卷一八三本传及拙作《孛术鲁翀年谱》(收入刘毓庆主编《国学新声》第五辑,三晋出版社2014年版)。

作为女真族中典型的汉化家族,孛术鲁翀家族在元代有着特殊的际遇,孛术鲁翀在政事、学术与文学方面成就突出,其子孛术鲁远为元朝殉难。目前学术界对孛术鲁翀的研究比较薄弱,笔者所见仅有两篇文章。张文澍先生《〈全元文〉之辑佚与女真族古文家孛术鲁翀》认为,孛术鲁翀资料的散文反映了时代重大事件,具有相当的文史资料价值(《民族文学研究》2004年第2期)。王树林先生《元代河南三先生文集叙考》,考证了孛术鲁翀《菊潭集》的编定与散佚情况,并为辑佚其作品提供了一些线索(《南阳师范学院学报》2006年第4期)。本文在王先生文的基础上又辑得孛术鲁翀诗文若干,并考证其散佚作品十余篇。

孛术鲁翀为当时古文大家,与诗友广泛交游唱和,是元代多族士人圈的重要成员。本文对孛术鲁翀的著述作出考证,尤其是钩沉其散佚作品,探究他与诗友的交游唱和,在此基础上探讨孛术鲁翀在元代文坛的作用。

---

* 教育部人文社科青年基金项目:元代北方文学家族研究(10YJC751116)。

① (清)王士祯《居易录》卷二误孛术鲁翀为色目人。

一、《菊潭集》与《大元太常集礼稿》

苏天爵《孛术鲁公神道碑铭》及《元史》本传均记载孛术鲁翀有《菊潭集》六十卷。"菊潭"位于邓州内乡(今属河南),"源出析谷东石洞山,其水重于诸水,傍生甘菊,水极甘馨,饮之多寿"①。菊潭为邓州的名胜,唐人孟浩然有《寻菊花潭主人不遇》诗,金代元好问也曾宦游于此。孛术鲁翀以家乡的名胜来名集,体现了他对邓州的深厚感情。

《菊潭集》明初《文渊阁书目》已不见著录,约元明之际已佚。苏天爵《元文类》收孛术鲁翀文九篇(包括铭、颂),诗一首。明人刘昌编《中州名贤文表》,收《孛术鲁文靖公文》二卷,据《元文类》及散见金石碑板辑得十五篇作品,包括碑铭文十一篇,序二篇,诗颂各一篇②。较《元文类》多《大元奉元明道宫修建碑铭并序》《皇元故武略将军济南冠州万户府千夫长监默勒齐公神道碑铭》《河南淮北蒙古军都万户府增修公廨碑铭》《普济宫重建麻衣子神宇铭》《镇平县尹刘侯遗爱之铭》《张文忠公归田类稿序》,而少《大都乡试策问》一篇。清人缪荃孙在《中州名贤文表》的基础上又辑得遗文四篇、诗七首,重编为《菊潭集》四卷,清末刊入《藕香零拾》丛书。今有台湾《元人珍本文集丛刊》影印本、中华书局1999年据原刊本之缩印本。卷一为诗八首,卷二为文十二篇,卷三为文八篇,卷四乃收孛术鲁翀生平资料,分别为《元史》本传、苏天爵撰《神道碑铭》、虞集撰《画像赞》。编后有缪氏光绪二十一年(1895)自跋,跋云:"访碑录载有《襄城学记》《大兴尹题名记》《重修香城院记》,均未见录。"《襄城县学记》已由《全元文》从天一阁藏明嘉靖《襄城县志》辑出,《大兴尹题名记》《重修香城院记》两篇尚待稽考。此外,《全元文》还辑出了《重修嘉显侯庙记》《高平县庙学记》《濬州知州刘公去思碑》《大元创建三皇庙碑铭》《元赠陇西郡侯李公祖考妣神道碑铭》《左丞陈公墓表》《渤海郡侯吴绎世庆碑铭》等七篇文。

诗文集《菊潭集》外,孛术鲁翀还编辑过《大元太常集礼稿》。苏天爵《孛术鲁公神道碑铭》记载:"太常典礼因革不同,每遇禘享辄稽吏牍,故多抵牾。公请于朝,赐笔札廪膳,倡礼官汇集为书七十五卷。"泰定四年(1327),孛术鲁翀佥太常礼仪院事,与博士李好文等人编辑《大元太常集礼稿》五十一卷③,两年后,即天历二年(1329)完成。包括郊祀九卷,社稷三卷,宗庙二十一卷,舆服二卷,乐七卷,诸神祀三卷,诸臣请谥及官制因革典籍录六卷④。此书当时未刊刻,今已不存⑤。

---

① (明)潘庭楠:嘉靖《邓州志》卷八《舆地志》,上海:上海书店影印《天一阁藏明代方志选刊》。

② 收入明刘昌编《中州名贤文表》卷二十九、卷三十,文渊阁四库全书本。

③ 此卷数与苏天爵《孛术鲁公神道碑铭》所记七十五卷有异,当以李好文所作序为准。

④ (元)苏天爵:《元文类》卷三十六李好文《太常集礼稿序》。

⑤ (清)李光暎:《金石文考略》卷十五著录《重修淮阴侯庙记》,为泰定帝致和改元(1328)杨先韩撰,孛术鲁翀书。

二、《全元文》孛术鲁翀文重收考辨

《全元文》对孛术鲁翀两篇文存在重收的情况。

第一，该书卷一三九一据《古今图书集成》第九八册第三十八页收录鲁翀《重修三潭庙记》。鲁翀，正是孛术鲁翀的简写，该文与同书卷一零二九孛术鲁翀《重修嘉显侯庙记》文字基本相同，显系重收。三潭庙，即嘉显侯庙。据该记，三潭在南阳西北，原属邓州，宋太祖乾德年间，武胜军节度观察使张永德祷雨灵应，创立祠堂，宋神宗熙宁十年(1077)封嘉显侯，宋徽宗崇宁三年(1104)赐庙额曰"普润"。金代在此立县镇平，元朝因之。泰定二年(1325)夏，镇平主簿李昱祷雨成功，秋天收获后重修庙宇，孛术鲁翀作此文记其事。该记的写作时间两篇略有不同，《重修三潭庙记》题下署"泰定二年秋"，《重修嘉显侯庙记》末云"泰定三年"。据《元史》本传，孛术鲁翀泰定二年为河南行省左右司郎中，三年擢燕南河北道廉访使。该文当作于泰定三年初孛术鲁翀任职河南行省之时。

第二，延祐六年春，吴绎的祖父母、父母被朝廷追赠官爵，后丁母忧，他请孛术鲁翀为文，但此文最终由刘岳申代笔完成。刘岳申《申斋集》卷七《信都吴氏世德之碑》题下注："代国子祭酒孛术鲁翀作。"[①]《全元文》卷一〇三一又从清同治《畿辅通志》卷一七四辑录《渤海郡侯吴绎世庆墓铭》，两文内容基本相同，铭文更是只有一句存在差异[②]，《渤海郡侯吴绎世庆墓铭》比《信都吴氏世德之碑》文字简略，更像是后者的节写本。此文当从刘岳申本集，同治《畿辅通志》、民国《冀县志》误将该文署名孛术鲁翀。

三、孛术鲁翀佚文考

王树林先生《元代河南三先生文集叙考》认为，孛术鲁翀文集外文尚有元人同恕《榘庵集》附录《元故太子左赞善赠翰林直学士亚中大夫同文贞公神道碑铭并序》《鲁斋书院礼请司业同公先生主领师席疏》文两篇[③]，前一篇署名为孛术鲁翀，后一篇未署作者，当为从前省略。《鲁斋书院礼请司业同公先生主领师席疏》是请同恕来鲁斋书院任教。据许有壬《鲁斋书院记》"皇庆癸丑，始从西台侍御史赵世延请，暨宋九儒升从祀，建书院京兆"[④]。赵世延请置鲁斋书院在元仁宗皇庆二年(1313)，孛术鲁翀至大四年(1311)为国史院编修官，在京城大都，他延祐二年(1315)为河东道廉访司经历，转陕西行台御史，才到了陕西。由此可见，请同恕主持鲁斋书院的并非是赵世延，而是延祐初任陕西行台御史的孛术鲁翀。整理孛术鲁翀集，或修订《全元文》，应将这两篇文补入。

---

① (元)刘岳申:《申斋集》卷七《信都吴氏世德之碑》，文渊阁四库全书本。《全元文》卷六六九刘岳申部分收入此文(第21册，第577页)，孛术鲁翀担任国子祭酒在文宗至顺年间，碑文当作于此时。

② 《信都吴氏世德之碑》曰："仁义崇大"，《渤海郡侯吴绎世庆墓铭》作"崇大仁义"。

③ (元)同恕:《榘庵集》十五卷附录，文渊阁四库全书本。

④ (元)许有壬:《至正集》卷四十三，《元人文集珍本丛刊》本。

另外,王先生还将方志中孛术鲁氏遗文线索加以提示,包括《湖州路安定书院夫子燕居堂碑铭》(明董斯张《吴兴备志》卷二十四)、《安氏尊经堂记与铭》(《畿辅通志》卷五十四)、《萧卿行》(《河南通志》卷六十四)、《陈介墓碣》(《河南通志》卷六十四)、《李谦亨墓志铭》(《山西通志》卷五十七)、《云中郡公谥襄茂忽神公墓碑铭》《大都路总管兼大兴府尹姚天福墓表》(以上两篇见《山西通志》卷六十)。案:以上七篇佚文《全元文》已经辑出三篇,《湖州路安定书院夫子燕居堂碑铭》一文由光绪《归安县志》卷二十五辑出,《云中郡公谥襄茂忽神公墓碑铭》由光绪《山右石刻丛编》卷三十七辑出,《大都路总管兼大兴府尹姚天福墓表》由涵芬楼《古今文钞》卷七十辑出。《安氏尊经堂铭》《全元文》由涵芬楼《古今文钞》卷七十八辑出的为有铭无记。《萧卿行》《陈介墓碣》《李谦亨墓志铭》三篇未能辑出。

笔者以为,除此以外,可以考知的孛术鲁翀作品线索还有很多,包括他的《丞相东平忠献王传》、薛汉墓志、王泰亨神道碑、《醉经堂记》、游天平山诗、辽阳七言排律、赠歌者文林燕诗、爱莲图题诗、《天历大庆诗》三章等,他还为邓州周文卿家族作世庆碑、为疡医盍彦泽之孝义、李淑安之贞洁作文。

拜住为蒙古勋臣木华黎之后,元初名臣安童之孙,至治间为相,辅佐英宗以汉法治国,对孛术鲁翀极为推崇与信任。至治二年(1322)英宗曾命人为拜住祖父安童立碑,并亲幸涿州(今属河北)观瞻,拜住嘱孛术鲁翀作《驻跸颂》。苏天爵《题丞相东平忠献王传》叙述了拜住谏阻英宗兴建佛寺之事,他这篇文章是读了国子司业孛术鲁翀所述丞相传,有感而作①。可知孛术鲁翀作过《丞相东平忠献王传》。泰定初,朝廷追封拜住为东平王,谥忠献,孛术鲁翀任国子司业也是在这一时期,因此《丞相东平忠献王传》当作于泰定初年。

据顾嗣立《元诗选》二集薛汉小传,孛术鲁翀曾作薛汉墓志。薛汉,字宗海,永嘉(今属浙江)人。力学有名,以青田教谕迁诸暨州学正。曾拟北郊礼乐,大臣以太祝荐。延祐五年(1318)待铨京国,辟功德使,授休宁县主簿,因祭酒邓文原荐而未行。泰定元年(1324)春二月选国子助教,随驾至上都,当年九月三日卒。薛汉精于古今制度、名物创作变易的考证,据称赵孟頫得古遗器书画,一定要薛汉辨认才能定。与虞集、柳贯等人友善。孛术鲁翀墓志称他"诗律书楷严缜有法,而慎懿不矜,非雅交莫克知也"②。

王泰亨,字子通,晋宁(今山西临汾)人,晚年自号康庄老人,谥清宪。成宗时给事东宫,为太子宾客。大德四年(1300)以刑部尚书使高丽,累官中书平章政事。致仕,封晋国公。生平见陈旅《安雅堂集》卷六《王平章文集序》、《元史》卷二〇八《外夷传·高丽传》、《元诗选》癸集小传等。陈旅《王平章文集序》说王泰亨官簿行事具见翰林侍讲学士孛术鲁翀所撰神道碑,则孛术鲁翀曾为王泰亨写过神道碑。王泰亨年辈早于孛术鲁翀,其子王宗敏曾为官江浙行省理问,元统二年到三年(1334—1335)孛术鲁翀担任江浙行省参知政事,与王宗敏为同僚,神道碑当作于此时。王泰亨曾学于大儒许

---

① 参见元苏天爵《滋溪文稿》卷二十八《题丞相东平忠献王传》。

② (清)顾嗣立:《元诗选》二集,北京:中华书局,1987年,下册,第878页。

衡，陈旅说："其学以明经饬行为先务，以匡时泽物为己责。居家以孝弟称于乡，立朝以忠慤廉洁闻于上。"[①]王泰亨正是孛术鲁翀的同道。

孛术鲁翀以儒家伦理持身教子，对于他人的忠孝节义行为不惜笔墨，大力表彰。其中就包括同乡陈介、周文卿、自己的姑母等人。陈介，力学强记，博通经史。河南行省以文学辟主师席，不就。他性至孝，亲终，庐墓尽哀，使得乡人感化。孛术鲁翀曾为他作墓碣，详细叙述其事迹[②]。周文卿"与弟宪卿三世同居，百余口财无私蓄，庭无间言"[③]。孛术鲁翀为周氏家族作世庆碑，宣扬其孝友传家。孛术鲁翀的姑母为贞节女子，据虞集《道园学古录》卷十一《孛术鲁氏贞节跋》，"孛术鲁太常公叙其姑氏贞节君之事"，考泰定四年(1327)，孛术鲁翀佥太常礼仪院事，虞集泰定年间历任国子司业、秘书少监、翰林直学士兼国子祭酒，正和孛术鲁翀同事，孛术鲁翀作文叙述姑母之贞节，虞集应他之请为这篇文章写了跋。

孛术鲁翀还作文叙述疡医盍彦泽之孝义。盍彦泽家族在金元世代为医，由于子孙一传而微，家族居秦燕两地者十二丧未入土，他日夜以安葬亲人葬而忧愁，适逢藩王赏赐，得以如愿。至大四年(1311)，做国史院编修的孛术鲁翀为文，表彰盍彦泽的这种孝顺节义的行为。程钜夫随后为孛术鲁翀此文作跋[④]。河中(今山西永济)人张诚，字信甫，为人仁厚，孝友，多有善行，其子克宽将乞铭于孛术鲁翀[⑤]，王沂文称孛术鲁翀为浙省参政，则当在元统二年(1334)以后。

据揭傒斯《李节妇传》，孛术鲁翀曾为文章，夸赞李节妇，文今不存，大概内容可以考知。李节妇姓冯氏，名淑安，字静君，大名(今属河北)人。山东廉访使冯时之孙，湖州录事冯汝弼之女，山阴令东平李如忠之继室。李如忠去世时继室冯氏才二十二岁，她抚养教育二子成人，迁夫丧葬于家乡。冯氏成为当时闻名的节妇，孛术鲁翀与中书参知政事王士熙、侍御史马祖常、翰林学士吴澄、集贤学士袁桷、奎章阁侍书学士虞集、国子司业李端、太常博士柳贯等人争为文章颂扬李节妇[⑥]。揭傒斯称孛术鲁翀为礼部尚书，可知此文作于顺帝元统二年(1334)，此时孛术鲁翀官礼部尚书。

《元史》本传载，元文宗亲祀天地、社稷、宗庙，孛术鲁翀为礼仪使，事后上《天历大庆诗》三章。孛术鲁翀还曾从文宗幸上都，奉敕撰碑文，惜所撰碑文今不存，具体情况不详。孛术鲁翀还为门人窦伯辉写过《醉经堂记》。窦伯辉，中山(今河北无极、新乐等地)人，曾从孛术鲁翀学习，他有读书之堂，孛术鲁翀起名为"醉经"，并作了记，此文元末已亡佚[⑦]。

除此以外，今尚可辑得孛术鲁翀遗文两则。朱彝尊《经义考》卷二九六引孛术鲁翀曰："孔子经法，于《易》则溯伏羲以本无言，《书》则始唐虞以道政事，《诗》则采殷周

① (元)陈旅：《安雅堂集》卷六《王平章文集序》，文渊阁四库全书本。

② 陈介生平见嘉靖《邓州志》卷十六《人物列传·卓行》。

③ (明)潘庭楠：嘉靖《邓州志》卷十六《人物列传·卓行》。

④ (元)程钜夫：《跋孛术鲁翀子翚编修叙疡医盍彦泽孝义后》，《雪楼集》卷二十五，文渊阁四库全书本。

⑤ 参见王沂《伊滨集》卷二十四《张君信甫行述》，文渊阁四库全书本。

⑥ (元)揭傒斯：《文安集·补遗》，文渊阁四库全书本。

⑦ 参见明王祎撰《王忠文集》卷八《醉经堂记》，文渊阁四库全书本。

以正性情,《春秋》则黜五霸以严名分,礼乐升降以鉴污隆,天人之道至矣。”《宋元学案补遗》卷九十五所录相同,孛术鲁翀这段文字讲的是对儒家经典的看法,属于旧儒成说。雍正《钦定执中成宪》卷八引孛术鲁翀曰:“圣人之治天下,其为道也动与天准,其为法也灿若列星,使民畏罪迁善,而吏不敢舞智御人。盖鞭笞斧钺与礼乐教化相为表里,及其至,则民协于中,刑措不用,道法本无二故也。”所谓“使民畏罪迁善”、“刑措不用”与孛术鲁翀为官准则相同,延祐末年往江北淮东道考核宪司官员,淮宪尚严刑,庭列狱具甚众。孛术鲁翀说:“国家置风纪,本以肃清贪污,兴行治化。初不专尚刑也。”取狱具焚之①。

四、孛术鲁翀佚诗考

孛术鲁翀的诗散佚更为严重,今仅存八首。笔者新辑得孛术鲁翀佚诗七首。

孛术鲁翀擅长书法,传世墨迹仅存黄庭坚《松风阁诗卷》后行书题跋七绝诗一首,今藏台北“故宫博物院”。诗曰:“晨钟暮鼓镇匆匆,虫鸟春秋各自雄。何似道人高阁上,萧萧双耳听松风。”末署“中书右司员外郎孛术鲁翀赋盥手书”。孛术鲁翀为中书右司员外郎在英宗至治二年末到三年初(1322—1323)。黄庭坚《松风阁诗卷》为七言古诗,作于宋徽宗崇宁元年(1102),当时他游鄂城樊山(今湖北鄂州市),借景抒情,表达了对长年贬谪生涯的不满。该诗为黄庭坚书法精品,达到了随机应变、出神入化的自然韵趣。孛术鲁翀题诗表现了对黄庭坚的仰慕。

元人孙存吾编《皇元风雅》后集卷五收孛术鲁翀《孙义方寿庆堂》:“谁似孙家鹤髪亲,升平重见至元春。主儿不必公侯贵,日聚诗书福缙绅。”②由“升平重见至元春”可知该诗写于后至元初年③,是为孙义方家的寿庆堂所写,颂扬孙氏能够以诗书传家。孙义方,庐陵(今江西吉安)人,其高祖孙季昭,南宋乡贡进士,被称为履斋先生,曾与名臣周必大论修后汉三国史,以正汉统④。孙义方母年过九旬,他在鄂州(今属湖北)筑寿庆堂奉母以居,许有壬、雷机等很多人为诗文,颂扬其孝义,孛术鲁翀后至元年间由江浙行省参知政事辞官居于家乡,虽然不在鄂州,仍然为孙义方寿庆堂题诗。

嘉靖《太原县志》卷六《集诗》(天一阁藏明代方志选刊)收入孛术鲁翀诗六首,《圣母祠前祈祷雨》《题汾东王》(五首),其中《圣母祠前祈祷雨》《题汾东王》前二首已见《元诗选》二集、《山右石刻丛编》卷三十一、缪荃孙所编《菊潭集》,题目略有不同。《太原县志》所录《题汾东王》第三到第五首为诸书所遗,依次为:

河东此地建神官,山色依然水向东。封号尚传周盛典,游观不变晋遗风。一

---

① (元)苏天爵:《孛术鲁公神道碑铭》,《元史·孛术鲁翀传》所记相同。

② (元)孙存吾:《皇元风雅》后集卷五,四部丛刊缩印高丽翻元本,第84页(文渊阁四库全书《元风雅》后集卷九所录相同)。

③ 许有壬《至正集》卷三十一《寿庆集序》说元统元年(1333),他为孙义方作《寿庆堂记》,之后为文颂其孝连篇累牍,后至元四年(1338)其母去世。

④ 参见宋褧《燕石集》卷十五《跋孙履斋周益公二帖》、苏天爵《滋溪文稿》卷二十九《题孙季昭上周益公请改修三国志书稿》。

渠道院沧浪畔，几族人家杳蔼中。闻说岁时多祀祷，锦衣光照画桥红。

晓随驺从谒灵官，杲日初升殿角东。分水塔高归急溜，望川亭古起悲风。闲看铁树临祠下，倦采青蘋向沼中。清兴满怀归未尽，吟鞭指处夕阳红。

庙门高敞倚长松，日照珠帘见圣容。金榜大书新赐额，宝幢徽号旧褒封。轩裳接踵来游客，牲酒充庭拜老农。我欲枕溪营杰阁，直宜高处挂元龙。

孛术鲁翀游览晋祠并作诗当在元仁宗皇庆元年(1312)任职河东道廉访司期间[①]。河东道廉访司冀宁路置司(《元史》卷八十六《百官志》)。冀宁路即太原路，治所在今山西省太原市。

清吴高增修《行唐县志》卷三《地理·古迹附诗》有洗心亭，“在治西北，元时邑宰创为游息之所，夏月绿阴浓郁，士人游观甚众”。下录元孛术鲁翀诗二首：“青天白日见灵台，六合清明绝点埃。方寸浑然天地我，更于何处觅三才。”“元因天地定卑尊，莫大君亲覆育恩。无象太平瞻有象，洗心亭上看乾坤。”[②]《明一统志》卷三真定府恒山郡行唐县“洗心亭”下录孛术鲁翀诗第二首。乾隆《正定府志》卷二《古迹》洗心亭下说“有石刻孛术鲁翀诗”。可证孛术鲁翀确实写过洗心亭诗。孛术鲁翀泰定年间曾为燕南道廉访副使，《元史》卷八十六《百官志》载“肃政廉访司”条，燕南河北道，真定路(治所在今河北正定)置司[③]。行唐县位于保定路(治所在今河北保定)西南，紧邻真定路，孛术鲁翀游洗心亭并作诗当在泰定年间。

杨镰先生主编《全元诗》辑得孛术鲁翀佚诗五首，包括题黄庭坚《松风阁诗卷》《孙义方寿庆堂》，还有《李早寒林猎骑图》《送友归介休》。杨先生根据《大明一统志》卷三真定府辑录孛术鲁翀《洗心亭》第二首[④]，却未收录第一首。该首诗及《题汾东王》第三到第五首当补入。孛术鲁翀晚年还为行唐县县尹聂用之刻诗，歌颂其兴学之举[⑤]，不知是否为孛术鲁翀所作。

孛术鲁翀现存诗多为游赏之作。他曾访问范镇墓，范镇(1007—1088)，字景仁，华阳(今四川成都)人，为政直言敢谏，支持司马光，曾参与修撰《新唐书》等典籍。他的坟墓在汝州襄城(今属河南)，历经宋金、金元两次鼎革，已经沦为农夫耕作之所，其后代不知所存。孛术鲁翀有感于此，因此作《范坟诗》。他游晋祠曾作七律三首。还有三首题跋诗，两首是题南宋名相周必大的墨迹，另一首题于黄庭坚《松风阁诗卷》后。

---

① 参见张建伟、陶金红《孛术鲁翀年谱》。嘉靖《太原县志》将孛术鲁翀的诗定在“延祐戊午”，戊午为仁宗延祐五年(1318)，孛术鲁翀延祐五年前后的仕历如下：“奏为河东道廉访司经历，迁陕西行台御史，阶将仕佐郎，入拜监察御史。延祐五年，擢中书右司都事。”(苏天爵《孛术鲁公神道碑铭并序》)可见延祐五年之前，孛术鲁翀早已回到朝廷。《太原县志》所署时间有误。

② (清)吴高增：《行唐县志》卷三《地理》，乾隆二十九年(1764)刊本。

③ 《元史》卷五十八《地理志》“保定路”条，完州下列“燕南河北道肃政廉访司”，无论燕南河北道肃政廉访司在保定路完州还是在真定路，与行唐县的距离都不远。

④ 杨镰：《全元诗》，北京：中华书局，2013年，第29册，第420页。

⑤ 《钦定日下旧文考》卷一百四十王思诚《重修檀州文庙碑记》(民国《密云县志》卷七之一所录文字有异，《全元文》失收)记载：聂用之“在行唐亦新三皇、孔子庙及医学儒学，宪使孛术鲁翀刻诗于石，以颂其德。”文章说聂用之任行唐县尹在顺帝至元六年(1340)之前，而孛术鲁翀至元四年卒，可知刻诗在其晚年。

孛术鲁翀游天平山曾作七言律诗二首。至元元年(1335)冬十二月,时任江浙行省参政的孛术鲁翀与张渊仲、柯九思等同游吴中天平山。他们拜谒范仲淹祠堂塑像,亲临白云之泉,孛术鲁翀各赋诗七言四韵[①]。孛术鲁翀以御史分按辽阳时曾作长篇排律五十韵,袁桷评为"精密",他随皇帝到开平(即上都,在今内蒙古正蓝旗)时作了次韵诗[②]。孛术鲁翀作过六言诗赠歌者文林燕,并给爱莲图题过七绝诗[③]。孛术鲁翀还效仿韩愈《嗟哉董生行》,作过《萧卿行》,表彰同乡萧景风辞职养母的行为[④]。《萧卿行》为一首歌行体诗,今佚失。元文宗至顺年间,孛术鲁翀官国子祭酒,在一年内考试学生七十二次,很多沉抑之士脱颖而出,颇受赞誉。他与僚属作诗联句以纪其事,并将诗作刻于石堂之上[⑤]。这首联句诗诗也未能保存下来。

五、从著述看孛术鲁翀的文坛地位

综上所述,孛术鲁翀《菊潭集》散佚严重,今存者不足十分之一,尤其是诗歌部分,仅存十首,但在元人文集中可见他人与孛术鲁翀酬赠唱和之诗多达十四处,包括虞集、张养浩、袁桷、曹伯启、许有壬、柳贯、范梈、李孝光、胡助、朱晞颜、柯九思等人,这些人物遍及南北,多为元代诗坛重要人物,可见孛术鲁翀在诗界交游广泛,享有较高地位[⑥]。为黄庭坚《松风阁诗卷》题字的元人有魏必復、李泂、张珪、王约、冯子振、陈颢、陈庭实、李源道、袁桷、邓文原、柳赞、赵岩等人,张珪、冯子振、李源道、袁桷、邓文原等人都和孛术鲁翀同时代,能参与这样大规模的书法题跋活动,也反映了孛术鲁翀在书法领域也是知名人士。

孛术鲁翀的文存留较多,主要分以下三类:

第一,政治与学术文。包括《大元通制序》《大都乡试策问》,孛术鲁翀与人合作编辑《大元太常集礼稿》也属此类。朱彝尊《经义考》卷二九六引用孛术鲁翀的遗文谈的是对儒家经典的看法。《钦定执中成宪》卷八所引"使民畏罪迁善""刑措不用",说的是治国方略。

第二,碑传。孛术鲁翀担任过众多职务,又享有文名,因此,求他作文者甚多,其中既有深交如李谦亨、韩若愚等人,也有慕名而来者。比如孛术鲁翀为蒙古部忽神氏人、昭毅大将军实吉博吉父伯里阁不花作神道碑铭。他应尚文侄儿曹州判官尚克和之请,为其作《平章政事致仕尚公神道碑》。应姚天福之子、内藏库副使姚侃之请,作《大都路总管姚公神道碑铭》。他还作有《濬州知州刘公去思碑》《真定路加葺宣圣庙碑》等。此外,孛术鲁翀对于他人的忠孝节义行为不惜笔墨,大力表彰,其中就包括同

① 参见(明)钱穀编《吴都文粹续集》卷十九柯九思《游天平山记》,文渊阁四库全书本。

② 参见袁桷《清容居士集》卷九《鲁子翚御史分按辽阳作长律五十韵爱其精密予今岁亦扈跸开平因次其韵》。

③ 许有壬《至正集》卷二十三有《赠歌者文林燕用鲁子翚韵》、卷二十九有《题爱莲图用卷中鲁子翚韵二首》二首(卷二十九),都是用孛术鲁翀韵而作。

④ 萧景风生平见嘉靖《邓州志》卷七《选举表·辟举》。

⑤ 参见虞集《跋鲁子翚祭酒试诸生联句》,《道园类稿》卷三十二。

⑥ 参见拙作《孛术鲁翀诗友考论》,未刊稿。

乡陈介、周文卿等。

第三,序记。孛术鲁翀于后至元元年(1335)作《张文忠公归田类稿序》,称赞张养浩为政尽忠国事,"行直道""务用仁术",为文豪宕妥帖。他还作过《襄城县学记》《高平县庙学记》《重修嘉显侯庙记》《重修奉元明道宫记》等。孛术鲁翀为儒家信徒,不管是为政,还是为文,都恪守儒家经典,《元史》本传还记载了他不拜帝师的故事。他临终前,"遗言丧祭一本于礼,勿事夷鬼"(苏天爵《孛术鲁翀墓志铭》),因此常为各地庙学作记。孛术鲁翀并不信仰佛教、道教,他为寺庙道观作记主要是由于文名甚高。

孛术鲁翀曾跟随姚燧与元明善学习古文,深得姚燧的称许,姚燧说孛术鲁翀"德性温厚,固为勤斋叟之所熏陶。其文章自得,有不待师传为能者,进进不已,足以名家"[①]。王睿在《跋孛术鲁石堂山麻衣子神宇铭》中说,在姚燧死后,其师孛术鲁翀"巍然为一代文章之主者,三十余年,凡天下□宫、佛刹、神区道宇,与夫名人之墓,请先师铭者,无虑数十百"[②]。孛术鲁翀的碑铭序记多是应人之请而为,可见他在当时享有很高的古文声名,在元代文坛享有极高的声誉。

(作者单位:山西大学国学院)

① (元)王睿:《跋孛术鲁石堂山麻衣子神宇铭》,李修生主编《全元文》,凤凰出版社,2004 年,第 51 册,第 459 页。

② 李修生:《全元文》第 51 册,第 459 页。

《可洪音义》所见五代《玉篇》传本考

冯先思

《新集藏经音义随函录》三十册，五代僧人可洪撰。据《新集藏经音义随函录》(以下简称《可洪音义》)每册首题所载，其人籍贯汉中，此书撰于河中府(今山西蒲州)方山延祚寺。《可洪音义》书末载《庆册疏文》云："右从长兴二年十月七日起，首看经兼录草本，至清泰二年十二月三日罢卷。又从清泰三年六月二十三日下手眷写入册，至天福五年六月二十日绝笔。"[①]从后唐长兴二年到后晋天福五年，可洪从着手纂录，到最后写定，花费十年之久。

《可洪音义》见于宋《崇文总目》著录，云三十卷。《通志·艺文略》《宋史·艺文志》同，然此二书所载，多据旧目，元时未必实有其书。今传全本皆祖《高丽藏》刻本，题三十册，不称卷。《可洪音义》书后载蒲州僧人希悟撰《赞经音序》云"二十五卷圆就，字字双出说文；一十五册梵装，句句并明来处"[②]，可见其书本二十五卷，装订为十五册。书后《施册入藏疏文》题三十册[③]，盖今传《高丽藏》三十册所本。竺沙雅章以为《高丽藏》本《可洪音义》中"敬、弘、殷、镜、竟"等宋初讳字阙笔，当据宋本翻刻[④]。敦煌石室遗书中有其书残片，如北 8722、P.2948、P.3971、S.5508、S.3553、S.6189、Дx11196 等皆是[⑤]。其中敦煌本误处多与高丽本同。更为有力的证据是，P.2948 残卷误将版心文字钞入正文[⑥]，可见敦煌、高丽两本所据皆为宋初刻本。可见高丽藏所据之宋刻底本，"可能在十世纪中叶之时"[⑦]已付刊刻。

《可洪音义》一书征引繁富。当时所参考的藏经，除了底本方山延祚藏外，还有百梯藏、长水藏、麻谷藏、千佛藏、浑家藏、广济藏、开元楼藏等。同时还征引前代字典辞书及佛经音义。如《说文》《字林》《玉篇》《西川玉篇》《鄜州篇》《江西篇》《字统》《苍颉篇》《文字音义》《颜氏字样》《五经字样》《九经字样》等字书，《新韵》《旧韵》《切韵》《唐韵》《孙愐韵》等韵书，《尔雅》《方言》《释名》《广雅》《埤苍》《声类》《纂文》等训诂书，玄

① 长兴、清泰为后唐年号，天福为后晋年号。长兴二年即公元 931 年，清泰二年十二月三日已入公元 936 年，天福五年即公元 940 年。

② 可洪：《新集藏经音义随函录》后序，《中华大藏经》第 60 册，北京，中华书局，1993 年，第 608 页。

③ 《中华大藏经》第 60 册，第 609 页。

④ 竺沙雅章：《契丹大藏经小考》，《内田吟风博士颂寿纪念东洋史论集》，京都，同朋舍，第 311－329 页。转引自高田时雄《敦煌·民族·语言》，北京，中华书局，2005 年，第 402 页。

⑤ 引自高田时雄《敦煌·民族·语言》，第 401、406 页。又见韩小荆《可洪音义研究》，成都，巴蜀书社，2009 年，第 5 页。

⑥ 如 P2948 卷背第八行"罽宾"条云"上居例反，亦名迦湿弥罗国。藏经音义随函录第玖册第叁拾伍张"，见许端容《可洪新集藏经音义随函录敦煌写本考》，《第二届敦煌学国际研讨会论文集》(汉学研究中心辑刊，论著类第二种)，台北，汉学研究中心，1991 年。转引自高田时雄《敦煌·民族·语言》，第 402 页

⑦ 高田时雄：《敦煌·民族·语言》，第 403 页。

应《一切经音义》、郭迻《新定一切经类音》《西川经音》《江西经音》《峨嵋经音》《浙西韵》《南岳音》《苌筠和尚韵》《华严经音义》《楼藏经音随函录》《广济藏随函》，以及其他藏经随函（如《别随函》）等佛经音义书①。

《可洪音义》引书中与《玉篇》有关者四种，即《玉篇》《西川玉篇》《鄜州篇》《江西篇》。

一、《可洪音义》引《玉篇》当为别本

众所周知，《玉篇》的版本有梁顾野王原本、唐人孙强、宋元人改编本之分，顾野王原本，今存日藏抄本八卷许。孙强本，今已失传。今所见《玉篇》全本皆自为宋元人改编之本。可洪所引《玉篇》在收字范围、注音、训释等方面都与今本有许多不同之处，其底本可能既非顾野王原本，又非孙强改编本，而是晚唐五代北方流行的别本《玉篇》②。收字范围上，“偽、怀、蛔、撩、锠、蔙、遵、喚、呟、怏、颋、憻”等字见于可洪所引《玉篇》，而不见于今传本。注音方面，可洪所引《玉篇》“诶”字有“意（志影开三）、佚（质以开三）二音”，今本《玉篇》音徒結切（屑定开四）。训释方面，可洪所引《玉篇》“枥”字，训为“马槽也”，今本《玉篇》作“枥：力狄切。枥橵，椑指也”。

《可洪音义》所引《玉篇》有 117 单字③，《龙龛手镜》所引有 289 单字，二者多所重合，且所引音释多同。兹列表举例如下：

	可洪引《玉篇》	《龙龛手镜》引《玉篇》	备　注
1	跸继：[A751c09]上补畔反。羁跸也。正作绊、靽二形也。经音义作平患反，《玉篇》音盘，并非此用。 跸踦：[B234a04]上音半，下居宜反。正作靽羁，亦作绊輢也。上又应和尚作平患反，郭氏作平满反，《玉篇》音盘，后三呼并非。	跰、跸：基、应二师音平患反。江淮间谓跸跒坐即开膝坐也。《玉篇》音盘，跸足也。（卷四 463—7）	《玉篇》：“蹣：步般切。蹣跚，行皃。跸，同上。”《新撰字镜》卷二足部（138 页）：“跸：未见字。出□。宜作跰。” 玄应《一切经音义》卷六《妙法莲花经》第一卷（128—129 页）：“加趺：古遐反。《尔雅》：加，重也。今取其义则交足坐也。《除灾横经》《毗婆沙》等云结交趺坐是也。经文作跏，文字所无。案俗典，江南谓开膝坐为跸跨，山东谓之甲趺坐也。跸音平患反，跨音口瓜反。”

① 参见韩小荆《可洪音义研究》第三章，第 41 页。

② 详参拙文《可洪音义引玉篇考异》，待刊。

③ 韩小荆：《试论〈可洪音义〉所引〈玉篇〉的文献学语言学价值》，《中国典籍与文化》2015 年第 3 期，第 55—65页。

续表

	可洪引《玉篇》	《龙龛手镜》引《玉篇》	备　注
2	喃耳:[A1105b09]上与唂同,古木反。鸟鸣也。律意谓比丘于耳中高作声而相惊为戏也。经音义云,相承音角,耳边语也。《玉篇》作角、觜二音,郭氏亦音角,又呼角反,此后三家所出并非也。	《龙龛手镜》卷二口部上声(271页):"喃:俗。觜角二音。"	《玄应音义》卷十五(326页)、《慧琳音义》卷五十八《僧祇律》第七卷(1529页)并云:"喃耳,相承音古学反。耳边语也。未详何出。"《广韵》入声屋韵:"唂:古禄切。鸟鸣。又作喃。"《新修玉篇》卷五口部七画引《阴祐馀文》:"喃:古禄切。鸟鸣。"
3	迦偂:[B354c10]昨先反。陀邻尼钵经作迦前,郭氏亦音前,《玉篇》音煎,非也。应和尚未详,盖俗字耳。	偂:《玉篇》:煎剪二音。又俗音前。又《旧藏》作偷,在《灌顶经》,神名也。(卷一027—9)	今本《玉篇》:"偂:则前切。又音翦。"煎音精母仙韵,则前切音精母先韵,仙先二韵同,二音实同。
4	湴泥:[B165a08]上蒲鉴反。染泥也。又经音义作排咸反。又《玉篇》作女监反。亦作埿,同湴字呼。	《龙龛手镜》卷二水部(234页):"湴:蒲鉴反。深泥也。《玉篇》又女鉴、奴监二反。泥湴也。""埿:蒲鉴反。深泥也。《玉篇》又女鑒、符鑒二反。亦泥埿也。"	今本《玉篇》:"湴:蒲监切。""埿:蒲鉴、奴兮二切。埿涂也。"
5	颈头:[B209b13]上居郢反。楼藏作頚,《玉篇》昌旨反,非。	《龙龛手镜》卷四页部(485页):"頚:昌旨反。《玉篇》云面大也。"	今本《玉篇》:"頚:昌旨切。面大也。"
6	三钺:[B229b14]是支反。正作匙、袛二形。律文并作鉳袛二字也。《玉篇》音侈,川音作尸尒反,釜也,非用。侈,尺氏反。	《龙龛手镜》卷一金部(14页):"钺、铈:《玉篇》:昌氏反,釜也;又甑也。下又音移。《方言》云:甑也。"	《玉篇》:"铈:尺尔切。《说文》曰:曲铈也。又曰,鬵鼎也。钺,同上。"《篆隶万象名义》:"钺,鉹字。""铈:尸纸反。鬵鼎也。"尺尔、昌氏、侈皆为昌纽纸韵上声。可洪所引《玉篇》与《龙龛手镜》所引音义皆同,今本音同训近。
7	作稚:[B359b14]见藏作鶩、鶩,同音木。依字。《玉篇》音住。	《龙龛手镜》卷一隹部(142页):"稚:音木。与鶩同,凫属。《玉篇》又音隹,同雏。鸟名。"	《龙龛》引《玉篇》又音隹,为雏字异体,雏不见于今本《玉篇》。行均所见《玉篇》雏或为稚字异体。行均、可洪所见《玉篇》当同。
8	鏒锹镢:[A1117b13]上二同七消反。锸也,亦作锹、斛二形。此律文剩中间锹字也。上又《玉篇》音参,亦非也。此卷至末四处并同也。下俱缚反。	《龙龛手镜》卷一金部(008页):"鏒:《玉篇》:七南、色咸二反。镦鏒,马口中铁也。又思感反。"	今本《玉篇》:"鏒:思感切。金鏒也。" 《新修玉篇》作:"以箴紩衣。通作缲。" 《集韵》又:"七绀切。锄也。"
9	奈婫:[B311a04]音妇。郭氏作许韦反。《玉篇》作光昆反。奈婫:[B343c13]音妇。传写久误也。又《玉篇》作五魂反,亦非也。	《龙龛手镜》卷二女部(280)引:"婫:《玉篇》牛昆反。女字也。"	今本《玉篇》:"婫:牛昆切。女婫也。" 《类篇》:"婫:胡昆切。女字。又吾昆切。又吁韦切。"

从表来看,可洪所引《玉篇》与今本不同的文字与《龙龛手镜》所引《玉篇》正相符合,可见无论是可洪,还是行均,所引《玉篇》当有所本,绝非臆造①。我们现在所见的《玉篇》只是宋人重修之本,而宋以前的多种传本(包括印本)都逐渐淘汰。幸而还可以从行均、可洪的引文中得见其片鳞只羽,可借以管窥唐五代传本《玉篇》面貌。可洪与行均同为五代时期北方僧人,二书所引字头音注大致相同,可见二人所引《玉篇》即便不是同一传本,也应该是面貌极为近似之本。这种《玉篇》传本当为五代时在北方流传的一种增字改编本。

二、《可洪音义》引《川篇》《鄜州篇》《江西篇》为各地改编本

"西川玉篇",韩小荆标点分为《西川》和《玉篇》,《鄜州篇》韩小荆也认为即前代经师音释的一种②。按《可洪音义》册二十五"沾渍"条云:

> 疾赐反,浸润也。又沤也。孙愐韵及浙西韵并作前智反,《西川玉篇》作疾赐,应和尚经音作在赐反,郭迻音作才赐反,《鄜州篇》作似利反,并是也。唯苌筠韵又作紫赐反,此切非也,亦是随时俗呼耳。又似赐反者,吴音也。吴人呼寺为字,又以上声字切去声,渍乍若双声,如字、利之类焉。③

韩小荆以为"西川"为"西川音"之省。实则不然,"西川音"即《西川经音》,为西川厚大师所作,《可洪音义》引厚大师音只作"西川音"或"西川经音"。如果引文中两种字书或韵书并称的时候,也不会省略其名称中的音、韵、篇等字,而且还往往加"及"这样的表示并列的连词,所以这里不当断开,应当连读为《西川玉篇》。日本僧人宗睿《新书写请来法门等目录》有"西川印子《唐韵》一部五卷,同印子《玉篇》一部三十卷"④,宗叡归国在咸通六年(865)。可洪所引当即此书。《西川玉篇》这种命名方式为地域名称冠在《玉篇》之上,当是西川(今成都及周边地区)地方所流传的《玉篇》版本,且有印本流通。

众所周知,成都地区是中国雕版印刷最早流行的地域之一,也是晚唐五代时期,中国印刷术最为繁盛的地区。现存较早的雕版印刷实物,如剑南西川成都府樊赏家所印《中和二年具注历》。张秀民《中国印刷史》认为"唐代刻书地点可考者,有京城长安、东都洛阳、越州、扬州、江东、江西,尤以益州成都较为发达。"⑤见于记载的有《册府元龟》卷一六〇所引太和九年(835)东川节度使冯宿《禁版印时宪书奏》,其文云:"准敕,禁断印历日版。剑南两川及淮南道皆以版印历日鬻于市。每岁司天台未奏颁下新历,其印历已满天下,有乖敬授之道,故命禁之。"⑥又《柳玭家训序》云:"中和三

① 陈飞龙认为凡是《龙龛手镜》引《玉篇》与今本不同之处,都是行均臆造。详《〈龙龛手镜〉研究》,台北:文史哲出版社,1974年。

② 韩小荆:《可洪音义研究》第39页,《鄜州篇》的归类见《可洪音义研究》第76页。

③ 《中华大藏经》第60册,第404页。

④ 宗叡:《新书写请来法门等目录》,《大正藏》第五十五册,第1111页。

⑤ 张秀民、韩琦:《中国印刷史》(增订版),杭州:浙江古籍出版社,2006年,第17页。

⑥ 《册府元龟》卷一六〇,北京:中华书局,1960年,第1932页。

年癸卯夏,銮舆在蜀之三年也。余为中书舍人,旬休,阅书于重城之东南,其书多阴阳杂说、占梦相宅、九宫五纬之流。又有字书、小学,率雕版印纸,浸染不可尽晓。”①

成都还有印书铺见于记载,如西川过家印佛经、成都县龙池坊卞家印咒本等。后蜀所统治时期的成都,雕版印刷事业则极为发达。前蜀任知玄雕印杜光庭《道德经广圣义》,昙域和尚雕印《禅月集》,后蜀宰相毋昭裔雕印《文选》《初学记》《白氏六帖》等书,后来毋氏更是出私财百万,雕印《九经》。由此皆可窥见成都雕版印刷事业的发达,无怪乎在北宋初年,五千多卷的《开宝藏》的雕印工作由皇帝指定在成都完成。所以这一地区的流行印本《西川玉篇》亦是理所当然。

《西川玉篇》又可省为《西川篇》《川篇》。《龙龛手镜》所引诸书有《西川篇》《川篇》,如卷二口部“吱:《川篇》各何反”。这一条又见于《新修累音引证群籍玉篇》所引《会玉川篇》,反切相同。

金人编撰的大型字书《新修累音引证群籍玉篇》(简称《新修玉篇》)以《玉篇》为基本框架,广采八家篇韵编辑而成。这八家篇韵是:《省篇韵》《塌本篇韵》《馀文》《龙龛》《龛玉字海》《会玉川篇》《奚韵》和《类篇》②。《会玉川篇》当是将《川篇》和《玉篇》汇编在一起的一种字书。

《可洪音义》还引有《鄜州篇》《江西篇》③,亦当如《西川玉篇》,加地名于《玉篇》前,为《鄜州玉篇》《江西玉篇》的简称,“篇”即字书。《可洪音义》中有“篇韵”连称,储泰松认为其中“篇”就是《玉篇》④。《鄜州篇》《江西篇》当为鄜州、江西两地所纂改编本《玉篇》。

综上所述,《可洪音义》引《玉篇》有四种,一为《玉篇》,一为《西川玉篇》,一为《鄜州篇》,一为《江西篇》。其中《西川玉篇》和《江西篇》仅引用一次,很可能是转引自其他佛经音义(如西川经音、江西经音)。《鄜州篇》引用有10次,鄜州与可洪编撰音义的蒲州距离较近,可洪可能直接参考过该书。

三、《川篇》与可洪所引《玉篇》的关系

现存《川篇》佚文三千多条。其中《可洪音义》引一条,《龙龛手镜》引两条,《新修玉篇》《四声篇海》各有三千多条⑤。《新修玉篇》《四声篇海》两书体例相似、内容略同,引文差异也不多⑥。据《新修玉篇》书前揭载《重修类玉篇海序》可知《川篇》的性

---

① 叶寘:《爱日斋丛钞》,卷一,北京:中华书局,2010年,第3页。

② 梁春胜:《从〈类玉篇海〉到〈四声篇海〉——我国字典编纂史上的一个转折点》,《中国典籍与文化》2004年第2期,第21—26页。

③ 《鄜州篇》见上文引卷二十五“沾渍”条,《江西篇》见《可洪音义》卷二十七“盻响:[B464c03]上许乞反。布也。《玉篇》云身振也。《江西篇》云,动作不安也。《字样》及《旧韵》并作肸肸二形,《新韵》作肹,《玉篇》作肐肻二形也。又诣、系二音,非也。”

④ 储泰松:《可洪音义札记》,《古汉语研究》2004年第2期,第9页。

⑤ 数据准崔智慧《四声篇海所引川篇音系研究》(温州大学2012年硕士论文,指导教师丁治民),此文虽然没有直接指出具体数据,但是依据其声类、韵类系联表,统计有三千多字。

⑥ 梁春胜:《从〈类玉篇海〉到〈四声篇海〉——我国字典编纂史上的一个转折点》,第21—26页。

质,"《龙龛手镜》《会玉篇》唯明梵语,而馀无所载。"①《会玉篇》即《会玉川篇》。梁春胜认为"该书性质应该与《龙龛手镜》一样,主要记录佛经俗字。"②《龙龛手镜》按照部首四声编排,而《川篇》可能沿袭《玉篇》的以形类聚的部首编排方式。

《新修玉篇》所引《玉篇》有比较特殊的地方,其书所引《川篇》单字皆不见于金代传本《玉篇》《龙龛》《集韵》。因为《新修玉篇》的体例是,以《玉篇》为纲,凡不见于《玉篇》之字,则引他书,其顺序为"先《玉篇》,次《馀文》,次《龙龛》,次《川篇》,次《奚韵》,最后是《类篇》。"③梁春胜认为《新修玉篇》所收《玉篇》《龙龛》与今传本音释相差不大④;《馀文》所收则为见于《集韵》而不见于《玉篇》的那部分字⑤。经过这样的筛选,《新修玉篇》所引《川篇》的单字不见于《玉篇》《龙龛》《集韵》也就不足为奇了。这部分新增字为《川篇》独有。我们知道了《新修玉篇》引书体例,就不难理解为何《川篇》多为非常用字、疑难字、俗字了。

其实《川篇》也应该收录了一些常用字,比如《龙龛》所《川篇》有"鐸"两字,云"鐸:音亦。出《西川篇》"。"鐸"字又见于《原本玉篇》以及今传本《玉篇》。可见《川篇》收字范围上可能和《龙龛手镜》类似,即删削部分常用字,而据佛经音义增补一部分俗字,所以会产生《会玉川篇》这样,合二为一的字书。

可洪所引《玉篇》多为注音,训释无多。其中不见于今本《玉篇》的音释,和《龙龛手镜》相同那部分之外,还见于《川篇》《阴祐馀文》。金人所纂《新修累音引证群籍玉篇》所引诸字书有《阴祐馀文》,其收字范围限于《集韵》而不见于《玉篇》的那部分字。由此,我们可以管窥可洪所见《玉篇》较今本增字甚多。

A. 与《川篇》同

	可洪引《玉篇》	《川篇》	备　注
1	还夫:[A959b13]号无反。夫持也。正作扶。又《玉篇》作方鸠反,郭氏音伏,并非也。	《新修玉篇》卷三人部四画引《会玉川篇》"夫:方鸠反。女夫壻。"	夫字可洪以为当用作扶字。今本《玉篇》无此字。
2	帙意:[B303a06]上苦迈反。正作快也。《玉篇》音夫,非也。古怢:[B383c01]音快,狳字韵也。《玉篇》音夫,非也	《新修玉篇》卷八心部引《会玉川篇》"怢:音夫。贪也。"	怢字《可洪音义》以为用作快字。今本《玉篇》无怢字。可洪所引《玉篇》与今本不同。
3	回斡:[B574b05]乌活反。转也。《浙西韵》作軒,《孙愐韵》作斡,千佛藏作斡,《西川经音》斡也。《玉篇》音饭,非也,传写悮也。	《新修玉篇》卷十八车部引《会玉川篇》"斡:扶远切。又步本切。车横木也。"	谨按:斡字《可洪音义》以为用作斡。今本《玉篇》无斡字。《康熙字典》以为斡亦輽字异体,今本《玉篇》"輽,扶远、步本二切。车輽。""篷:步公切。船连帐也。亦輽也。箻,同上。"輽即篷。与《川篇》音同而释义不同。

① (金)邢准:《新修累音引证群籍玉篇》书前序言,《续修四库全书》229 册,上海:上海古籍出版社,1996 年。

② 梁春胜:《〈新修玉篇〉〈四声篇海〉引书考》,《中国典籍与文化》2008 年第 4 期,第 55－60 页。

③④ 梁春胜《〈新修玉篇〉〈四声篇海〉引书考》,第 55－60 页。

⑤ 据《重修类玉篇海序》可知,"迨宋贤特编《集韵》,而比于《玉篇》,字增之愈多。有阴祐者,取其韵有篇无者,编之以为《馀文》。"

续表

	可洪引《玉篇》	《川篇》	备　注
4	锠锖:[A896a04]上音昌,出《玉篇》。下音育,温器也。上又经音义作鑃,应和尚以鸰字替之,音乌。鸰锖,小釜也,锉鑹也。上又郭迻作处丈、处亮二反,非也。上方本作鎢锖。	《新修玉篇》卷十八金部引《会玉川篇》"锠:音昌。器也。"	谨案:今本《玉篇》无锠字。《广雅》"鸰锖谓之锉鑹"。可洪所引锠字盖鸰之讹。

B. 与《阴祐馀文》同

	可洪引《玉篇》	《阴祐馀文》	备　注
1	蔙华:[A774c13]上音旋,正作蔙,出《玉篇》。	《新修玉篇》卷十三草部引《阴祐馀文》"蔙:辞恋切。草名。"	今本《玉篇》无蔙字。
2	借僋:[A1091a06]上子昔反,下他得反。从人求物也。正作貣也。郭氏及《玉篇》作女利反,非。	《新修玉篇》卷六人部引《阴祐馀文》"僋:而至切。《说文》:副,益也。"	今本《玉篇》无僋字。僋字不见于今本《说文》。
3	喅耳:[A1105b09]上与嗀同,古木反。鸟鸣也。律意谓比丘于耳中高作声而相惊为戏也。经音义云,相承音角,耳边语也。《玉篇》作角、觜二音,郭氏亦音角,又呼角反,此后三家所出并非也。	《新修玉篇》卷五口部引《阴祐馀文》"喅:古禄切。鸟鸣。"	《玄应音义》卷十五(326页)、《慧琳音义》卷五十八《僧祇律》第七卷(1529页)并云"喅耳,相承音古学反。耳边语也。未详何出。"《广韵》入声屋韵"嗀:古禄切。鸟鸣。又作喅。"《龙龛手镜》卷二口部上声(271页)"喅:俗。觜角二音。"

顾野王原本《玉篇》仅存才八分之一许,其全貌不可得见,《篆隶万象名义》一书约略可见顾野王原本大致面貌,收字一万六千字有余。唐孙强改编本《玉篇》今虽不可得见,但是宋人陈彭年等增修本即以孙强本爲基础增修,则孙强本收字范围当不超越今本《玉篇》,今本《玉篇》收字两万两千有余。可洪所见《玉篇》的收字范围不仅比《篆隶万象名义》为多,而且还可能有今本《玉篇》未收之字。可洪、行均在五代之时所见《玉篇》版本当为另外一种已经失传的《玉篇》改定本。这一改定本收字范围较今本为广,所增字与《川篇》有不少相同之处,只是这一版本已遭淘汰,不传于世。

日本学者冈井慎吾认为《玉篇》在宋本以前存在过不同于《原本玉篇》的多种传本。即以吐鲁番出土的两个《玉篇》残片为例,这些残片是我们见到《玉篇》最早的实物,其中一个残片的分卷与今本有很大差异①。而可洪所引《玉篇》则是当时众多《玉篇》改编本的一种。

① 转引自[日]高田时雄:《敦煌本〈玉篇〉·补遗》一文,此文收入《敦煌·民族·语言》,第324页。

可洪所参考的佛经音义有西川厚大师经音,江西谦大德经音。其中西川经音的形式是随函式的,江西经音为字书式的。可洪在《大藏经音随函录后序》中如是描述这两部经音:"或单收一字,不显经名,首尾交加,前后失次,江西谦大德经音是也。""或署其卷目,亦不双彰,唯标误错之形,馀则都无一二,西川厚大师经音是也。"①现存佛经音义都是摘句式,与《经典释文》的体例近似,这种形式便于阅读佛经随卷参阅。也有字书式样的,如《龙龛手镜》,《龙龛》多录异体和非常用字,算是一种俗体字典。两种式样都有利弊,可洪研判撰集体例时认为"若乃总集众字,则偏傍之作攒抚。若乃逐部区分,则随函之为历落。是以依随行伍,次第标明,重收则表厥经殊,双载则定其处所"②。可洪认为字书样式不如随函方便,且不避条目重复,故全书达一百多万字,其体例仍然是摘句式样。

但是摘句式的佛经音义都或多或少地存在一定程度的内容重复。如果按照字书形式编排,无疑其内容就变得更为精炼。于是出现多种字书式的佛经音义(如《龙龛手镜》),也就理所当然了。以《玉篇》为母本,在其基础上增加音切、单字及某些字的用法,也可以起到佛经音义的作用。《西川玉篇》《江西篇》很可能是基于《玉篇》的改编本,和上述西川、江西佛经音义大概也有几分联系。《鄜州篇》大概也有类似的撰述背景,鄜州处于唐帝国的政治中心的边缘,靠近关中、河东地区。这两个地区的佛教文化极为发达,《可洪音义》所记录的十几种大藏经,在鄜州附近的不在少数。江西和西川所出现的增订本《玉篇》,在鄜州也完全有可能出现。

(作者单位:中山大学中文系)

① 可洪:《新集藏经音义随函录》后序,《中华大藏经》第60册,第607页。

② 《中华大藏经》第60册第607页。

《说文解字篆韵谱》抄本考略

田范芬

《说文解字》是中国第一本系统完备的字典，徐锴是五代时期研究《说文解字》的大家，有《说文解字系传》传世。为了查检《说文》的方便，他曾据《切韵》分韵次序将《说文》所收字按韵重编，作《说文解字篆韵谱》（下文简称《篆韵谱》）十卷；后其兄徐铉据李舟《切韵》修订其书，改为五卷，故《篆韵谱》有十卷本和五卷本之分。

华南师大古籍部藏有一部《篆韵谱》五卷本抄本，共二册，每半叶七行，每行十字；抄本字迹清晰、秀美，卷帙完整。卷首有罗振玉所作跋、徐铉《说文解字篆韵谱序》，卷末有《说文解字篆韵谱后序》及罗振玉之孙罗继祖《后记》。钤有"何元锡""虞东吴氏珍赏""师孔堂图书""罗振玉印""唐风楼"（罗振玉藏书楼）、"君石""子冕"等印。

此抄本收入《中国古籍善本书目》（经部），是华师古籍部藏书中列入此目录的为数不多的古籍之一。

一、抄本底本考

罗振玉跋称"此书乃吴中冯氏所刻，日本影写宋本为宗摹"。"吴中冯氏"指晚清吴县（今苏州）文字学家、书法家冯桂芬，冯氏曾据"东洋纸影钞宋本韵谱"缩摹、刊刻了《说文解字均普十卷》，这也是目前唯一能见到的《篆韵谱》十卷本刻本。但此抄本为五卷本，故不可能与冯氏所刻同系列。

下面将抄本与《篆韵谱》其他存世五卷本比较，以考证其所据底本。所查版本包括：1. 民国十六年（1927）徐乃昌影印元种善堂刊本；2. 日本天理图书馆编印《善本丛书・汉籍之部》（第六卷）所影印《说文解字篆韵谱》，原书注"元刊本"，但小川环树《说文解字篆韵谱・解题》引用阿部隆一的观点，认为此本可能是"明初覆刻本"；3. 湖北图书馆藏明李显刻本；4. 文渊阁四库全书本；5. 嘉庆十四年（1809）万卷楼刻李调元函海本；6. 丛书集成初编所收小学汇函本。我们从如下两个方面来考察抄本与其他版本的关系：

（一）改字

明清所刻《篆韵谱》中，有大量匣母字以晓母字"呼"为反切上字，下表将所涉晓匣相混字例（举小韵首字为例）在各版本中的注音一一列出，以考察抄本在此问题上与各版本之相近与否：

韵部	首字	元刊本	日藏本	李显本	抄本	四库本	函海本	汇函本
豪部	嚎	乎刀反	乎刀反	呼刀反	呼刀反	吁刀反	乎刀反	乎刀反
麻部	蝦	乎加反	乎加反	呼加反	呼加反	呼加反	乎加反	乎加反
唐部	黄	乎光反	乎光反	呼光反	呼光反	呼光反	呼光反	呼光反
登部	恒	乎登反	乎登反	呼登反	呼登反	呼登反	呼登反	呼登反
登部	弘	乎肱反	乎肱反	呼肱反	呼肱反	呼肱反	乎肱反	乎肱反
咸部	咸	乎毚反	乎毚反	呼毚反	呼毚反	呼毚反	呼毚反	呼毚反
董部	澒	呼孔反	呼孔反	呼孔反	呼孔反	呼孔反	呼孔反	呼孔反
海部	亥	乎改反	乎改反	呼改反	呼改反	呼改反	呼改反	呼改反
很部	很	乎狠反	乎狠反	呼狠反	呼狠反	呼狠反	呼狠反	呼狠反
产部	限	乎简反	乎简反	呼简反	呼简反	呼简反	呼简反	呼简反
铣部	哯	乎殄反	乎殄反	呼殄反	呼殄反	呼殄反	呼殄反	呼殄反
马部	下	乎雅反	乎雅反	呼雅反	呼雅反	呼雅反	呼雅反	呼雅反
马部	瓬	乎瓦反	乎瓦反	呼瓦反	呼瓦反	呼瓦反	呼瓦反	呼瓦反
迥部	迥	乎炯反	乎炯反	呼炯反	呼炯反	呼炯反	呼炯反	呼炯反
厚部	厚	乎口反	乎口反	呼口反	呼口反	呼口反	呼口反	呼口反
暮部	护	乎误反	乎误反	呼误反	呼误反	呼误反	呼误反	乎误反
霁部	系	乎计反	乎计反	呼计反	呼计反	呼计反	呼计反	呼继反
霁部	慧	乎桂反	乎桂反	呼桂反	呼桂反	呼桂反	呼桂反	呼桂反
泰部	害	乎匄反	乎匄反	呼匄反	呼匄反	呼匄反	呼匄反	呼匄反
卦部	画	乎卦反	乎卦反	呼卦反	呼卦反	呼卦反	呼卦反	呼卦反
慁部	慁	乎困反	乎困反	呼困反	呼困反	呼困反	呼困反	呼困反
恨部	恨	乎艮反	乎艮反	呼艮反	呼艮反	呼艮反	呼艮反	呼艮反
换部	换	乎贯反	乎贯反	呼贯反	呼贯反	呼贯反	呼贯反	呼贯反
谏部	患	乎惯反	乎惯反	呼惯反	呼惯反	呼惯反	呼惯反	呼惯反
效部	效	乎教反	乎教反	呼教反	呼教反	呼教反	呼教反	呼教反
号部	号	乎到反	乎到反	呼到反	呼到反	呼到反	呼到反	呼到反
个部	贺	呼个反	呼个反	呼个反	呼个反	呼个反	呼个反	呼个反
过部	楇	乎卧反	乎卧反	呼卧反	呼卧反	呼卧反	呼卧反	呼卧反
祃部	暇	乎驾反	乎驾反	呼驾反	呼驾反	呼驾反	呼驾反	呼驾反
祃部	樺	乎化反	乎化反	呼化反	呼化反	呼化反	呼化反	呼化反
径部	脛	乎定反	乎定反	呼定反	呼定反	呼定反	呼定反	呼定反

续表

韵部	首字	元刊本	日藏本	李显本	抄本	四库本	函海本	汇函本
候部	候	乎遘反	乎遘反	呼遘反	呼遘反	呼遘反	呼遘反	呼遘反
沃部	鹄	乎沃反	乎沃反	呼沃反	呼沃反	呼沃反	呼沃反	呼沃反
曷部	曷	乎葛反	乎葛反	呼葛反	呼葛反	呼葛反	呼葛反	呼葛反
黠部	黠	乎八反	乎八反	呼八反	呼八反	呼八反	呼八反	呼八反
辖部	辖	□鶷反	乎鶷反	呼鶷反	呼鶷反	呼鶷反	乎鶷反	乎鶷反
屑部	穴	乎决反	乎决反	呼决反	呼决反	呼决反	呼决反	呼决反
屑部	颉	乎结反	乎结反	呼结反	呼结反	呼结反	呼结反	呼结反
铎部	获	乎郭反	乎郭反	呼郭反	呼郭反	呼郭反	呼郭反	呼郭反
陌部	垎	乎格反	乎格反	呼格反	呼格反	呼格反	呼格反	呼格反
麦部	获	乎麦反	乎麦反	呼麦反	呼麦反	呼麦反	呼麦反	呼麦反
锡部	檄	乎狄反	乎狄反	呼狄反	呼狄反	呼狄反	呼狄反	呼狄反
德部	惑	乎国反	乎国反	呼国反	呼国反	呼国反	呼国反	呼国反
盍部	盍	乎腊反	乎腊反	呼腊反	呼腊反	呼腊反	呼腊反	呼腊反
帖部	協	乎颊反	乎颊反	呼颊反	呼颊反	呼颊反	呼颊反	呼颊反
狎部	狎	乎甲反	乎甲反	呼甲反	呼甲反	呼甲反	呼甲反	呼甲反

上表说明:1. 豪:四库本注“吁刀反”,“吁”当为“呼”之误;2. 暇:明刻本此处有水渍印,上字只能看清“乎”,从“乎”所处位置判断,原文应为“呼”;3. 辖:元刊本缺反切上字。

上表所列46字例,元刊本及日藏本只有“颁”“贺”二字以晓母字“呼”为反切上字,其余44例均以匣母字“乎”为上字;李显本、抄本和四库本46例均以“呼”为上字;函海本42例以“呼”为上字,“豪”“暇”“弘”“辖”4例以“乎”为上字;小学汇函本41例以“呼”为上字,“豪”“暇”“弘”“辖”“护”以“乎”为上字。材料显示以“呼”改“乎”始自李显本,但是否就是李显改动了这些字的注音,还需要论证。

将“乎”改为“呼”后,李显本中有的韵部匣母字和晓母字注音完全相同,有的虽然切语不同,但实际读音相同:

1. 匣母字和晓母字注音完全相同

唐部 黄,呼光反;荒,呼光反
海部 亥,呼改反;海,呼改反
换部 换,呼贯反;奂,呼贯反
号部 号,呼到反;耗,呼到反
屑部 穴,呼决反;血,呼决反
陌部 垎,呼格反;赫,呼格反
狎部 狎,呼甲反;呷,呼甲反
登部 弘,呼肱反;薨,呼肱反
卦部 画,呼卦反;调,呼卦反
效部 效,呼教反;孝,呼教反
过部 檛,呼卧反;货,呼卧反
铎部 穫,呼郭反;藿,呼郭反
麦部 獲,呼麦反;划,呼麦反

2. 注音虽然不同，但实际读音相同

豪部 豪，呼刀反；蒿，呼毛反　　麻部 蝦，呼加反；呀，许加反
铣部 哯，呼殄反；显，呼典反　　马部 下，呼雅反；閜，火下反
厚部 厚，呼口反；吼，呼后反　　暮部 护，呼误反；謼，荒故反
霁部 慧，呼桂反；嘒，呼惠反　　泰部 害，呼匄反；饫，呼艾反
祃部 暇，呼驾反；唬，呼讶反　　祃部 樺，呼化反；化，呼霸反
候部 候，呼遘反；诟，呼寇反　　沃部 鹄，呼沃反；熇，火沃反
辖部 辖，呼黠反；黠，赫辖反　　锡部 檄，呼狄反；阋，许激反
帖部 愶，呼颊反；姎，呼帖反

这种情况不仅说明刻书失于校检，也说明改动者缺少音韵常识。李显，字崇铜，号台南，《明史》无传，据清抄本《乐成李氏宗谱》记载，李显生于明成化十五年(1479)，卒于嘉靖二十三年(1544)，浙江乐清县乐成银溪人。李显为官清廉务实，颇有政绩，《宗谱》称"嘉靖十八年，迁升云南布政司右布政使，晋阶通奉大夫(从二品)。不久召拜为巡抚，巡视汀州、赣州，总制四省。"《重刻篆韵序》落款为"钦差巡抚南赣汀漳等处提督军务都察院右副都御使乐清台南李显"，可见《篆韵谱》为其晚年所刻，他翻刻《篆韵谱》目的是为了习篆文。其序又云"惜乎旧版残缺，点画模糊，有不止于鲁鱼亥豕之误者"，"予于公余之暇，辄加翻阅而手正之，兹克终编，俾锓诸梓"。由此可确知李显对原本通篇有"手正"之处。《乐成李氏宗谱》云"李显才识超众，但因专力政事，所著文章传世不多"，《宗谱》所录仅《高氏墓碑文》《湖南蔡公墓表》等 4 篇及诗 4 首，可知李显不可能有很高的音韵素养。所以我们认为，五卷本中除"頙""贺"之外的 40 多例匣母字的反切上字，应该是李显翻刻时将"乎"改成了"呼"。李显改"乎"为"呼"，可能出于以下原因：1. "乎"、"呼"读音相同，且在明代"呼"较"乎"更常用，我们推测估计这是李显改"乎"为"呼"的主要原因。"乎"虽然在《王三》《广韵》只注户吴反(切)一读，但宋之前已有清声母读音，故《集韵》"乎"有"洪孤切"、"荒胡切"浊、清二读。2. 匣母字已经清化，不知其原为浊音。据罗常培先生研究，匣母字的清化可追溯至晚唐五代[①]，在北宋邵雍《皇极经世・声音唱和图》中进一步清化[②]，至元代《中原音韵》全浊声母已全部清化，故李显不知原版以"乎"为反切上字的 40 多例字为浊声母字。

据王胜昌(1963)研究[③]，《篆韵谱》函海本以李显本为底本，小学汇函本又以函海本为底本，故明清所刻五卷本《篆韵谱》的以"呼"代"乎"均源自李显本，而抄本与李显本在此问题上完全一致。

(二) 错简

李显本中有三处错简：1. 寒部"籣瀾漣灡阑"五字，当在"乾兰谰调"四字之后，2. 豪部"高皋菓羔膏"五字，当在"獆謕号號邪"五字之后。此二处皆讹前一行。3. 麻部"娲哗譇觰掌"五字当在"秅庛夸侉夸家加茄葭"九字之前，讹后一行。四库本以李

① 罗常培：《唐五代西北方音》，北京：科学出版社，1961 年，第 91 页。
② 周祖谟：《宋代汴洛语音考》，载《问学集》，北京：中华书局，2004 年，第 592 页。
③ 王胜昌：《说文篆韵谱之源流及其音系之研究》，台北：台湾师范大学国文研究所硕士论文，1963 年。

显本为底本,《四库总目提要》已指出李显本此三处错列,四库本中错简已订正。抄本错列处如李显本,故罗振玉跋云:"四库总目所载各部错列之字与此本并同。"下面将各本是否有此三处错简表列如下:

	元刊本	日藏本	李显本	抄本	四库本	函海本	汇函本
寒部错简	无	无	有	有	无	无	无
豪部错简	无	无	有	有	无	无	无
麻部错简	无	无	有	有	无	无	无

在改字与错简两个方面,抄本都与李显本完全一致,所以我们认为,抄本是以李显本为底本所抄。

二、抄写年代考

关于抄本的年代,罗振玉跋称"此旧抄本当是国初所传写",《中国古籍善本书目》称其为"清初抄本"应本于此;罗继祖后记(按:据王守昆《毛泽东主席关注罗振玉藏书》(《博览群书》2005年第十二期),1945年日本投降后,苏联红军进驻旅顺、大连,强行征用罗氏住宅和藏书楼,罗家藏书和文物遭到破坏、哄抢,后在中共的保护和安排下,从1946至1948年,罗继祖先后在旅顺、大连清点、整理自家藏书,后记当是在此过程中所作)称"丁亥(1947)嘉平七日。孙文玉良(按:孙为罗振玉之学生)见过此书,绛云之烬余也,即以奉赠"。

绛云楼为明末清初钱谦益的藏书楼,藏书之富,名冠东南,后来失火,所藏图书毁灭殆尽。抄本是否为"绛云之烬余",可以从以下方面考察:1. 藏书之印。罗振玉跋称"卷首有何元锡印及虞东吴氏珍藏(应为"赏")、师孔堂图书诸印",何元锡即乾、嘉间藏书家何梦华(1766—1829),"虞东吴氏"可能为海宁新仓吴骞后裔,这些印章揭示了抄本在罗振玉之前的收藏情况,今诸印犹在,未见绛云楼或钱谦益、柳如是之印。2. 书目所载。我们查阅了林夕主编《中国著名藏书家书目汇刊·明清卷》所收两种《绛云楼书目》及《绛云楼书目补遗》,抄本不见著录;绛云楼失火后,钱谦益所遗书籍,大多为明末赵琦美脉望馆所藏旧本,后尽数赠给同族曾孙钱曾。我们又查阅了赵、钱二人的藏书目录,其中《也是园藏书目·字书》登录有"说文韵谱 五卷",《钱遵王述古堂藏书目录·六书》有"徐锴篆韵五卷一本宋本影抄",《述古堂藏书目四卷·六书》有"徐锴篆韵五卷五本宋本影抄",所载与抄本均不合。故无法证实抄本为"绛云之烬余"。

遍检全书,亦未发现抄手相关信息。关于抄本年代,我们只能作如下推测:我们曾考证抄本以李显本为底本,故其上限不可能早于李显刻书的十六世纪中期;抄本曾为何梦华所藏,故下限不可能晚于何氏的卒年。

(作者单位:华南师范大学文学院)

鲍参军诗注补正（三）

朱晓海

卷　三

《侍宴覆舟山》之一

游轩越丹居，晖烛集凉殿

钱氏：《乐府》（卷四四《清商曲辞一·吴声歌曲一》）《子夜[四时歌]（·夏歌）》（之十六）："窈窕瑶台女，冶游戏凉殿。"

海按：《文选》卷二十《诗甲·公燕》谢灵运《九日从宋公戏马台集送孔令》善《注》引傅玄《西都赋》曰"彤彤朱宫"、《河清颂》"朱宫潜耀，紫阁阴鲜"，指装潢考究之皇宫。《后汉书》卷四十上《班彪传附子固传·西都赋》"焕若列星，紫宫是环，清凉、宣温……不可殚论"，章怀《注》引《三辅黄图》："未央宫有清凉殿；宣室殿中温室殿。"《晋书》卷一三十《赫连勃勃载记·统万城功德铭》："温宫胶葛，凉殿峥嵘。"

追焱起流宴

钱氏：《说文》（十篇下）："焱，火华也。"

海按：段《注》已指出："古书'焱'与'猋'二字多互讹"，此处断乎为"猋"，飙也，如是方能与出句之"凌高"互文足义：因速度之快若追风，故车队恍似凌空御气而驰。"猋"误作"焱"；"猋"、"飙"相假例证详参《会典》《宵部第十八·猋字声系》。从斿、从流相假例证详参《会典》《幽部第十七·斿字声系》。《学刘公幹体》之四"回风荡流雾"，流雾即游雾。宴，乐也，游宴，游乐也。《三国志》卷十三《王朗传·谏明帝营修宫室疏》："华林、天渊足用展游宴。"《类聚》卷二九《人部十三·别上》所录何劭《洛水祖王公应诏》："游宴绸缪，情恋所亲。"《金楼子》[1]卷四《立言上》："予不喜游宴淹留，每宴辄早罢。"

明辉烁神都，丽气冠华甸

钱氏：《书》（卷六《禹贡》）："五百里甸服。"

海按：伪孔《传》："规方千里之内谓之甸服。"意谓以王城为中心，四方各距王城五百里，以致由东至西、由南至北各千里，然非此处用法。《左传》卷三四《襄公二一年》："罪重于郊甸。"杜《注》："郭外曰郊；郊外曰甸。"《周礼》卷四《天官·甸师》："共野果蓏

---

① 萧绎：《金楼子》，台北：世界书局，1967年。

之荐。”郑《注》:“甸在远郊之外。”是以郊、甸经常连言,如《文选》卷二《赋甲·京都上》张衡《西京赋》“郊甸之内,乡邑殷赈”、卷二六《诗丁·行旅上》潘岳《在怀县作》之二“登城望郊甸”。谢朓《夏始和刘孱陵》“春色卷遥甸,炎光丽近邑”,最能显示“甸”乃远郊之意,不限于以王城为中心者,故《上浔阳还都道中》“登垆眺淮甸”、江淹《从建平王游纪南城》“江甸知礼富”。辉,光也;气,风也。烁即铄,二字相假例证详参《会典》《宵部第十八·乐字声系》,《方言》卷二郭《注》:“言光明也。”《代白纻曲》之二:“朝日灼烁发园华。”《古文苑》卷四《诗》李陵名下《录别诗》之二:“烁烁三星列。”《毛诗》卷十九之四《周颂·闵予小子之什·酌》“于铄王师”,毛《传》:“铄,美。”此联乃互文足义,言覆舟山的风光在美丽(华)的远郊(甸)中乃居“冠”者,替“神都”镀上一层最亮眼的金箔。

《侍宴覆舟山》之二

爱景丽皇州

海按:“爱”当改读为“暧”。萧统《示徐州弟》:“暧暧景晚。”《英华》卷一七〇《诗二十·应制三》虞世南《和江都应诏》:“严飙肃秋薄,爱景落江湖。”《楚辞》卷一《离骚》:“时暧暧其将罢兮。”王《注》:“暧暧,昏昧貌。”《文选》卷五七《诔下》谢庄《宋孝武宣贵妃诔》“金缸暧兮玉座寒”,善《注》:“暧,不明也。”暧景,夕照也,言傍晚落晖洒在整个建康城上,使其若敷上一片金粉。

羽盖伫宣游

钱氏:《楚辞》(卷十五)《九怀·(通路)》:“宣游兮列宿,顺极兮彷徨。”

黄氏:宣,《说文》(七篇下)曰:“天子宣室也,从宀亘声。”(《说文系传》[①]卷二六)徐铉曰:“宣从回,风回转,所以宣阴阳也。”游、斿古通,(《史记》卷一一七《司马相如传》)司马相如《上林赋》“前皮轩,后道游”,《注》(《集解》引郭璞曰):“游谓斿车也。”《周礼》(卷二七)《春官·典路》:“斿车载旌。”“宣游”谓天子之斿车,故上言“羽盖”也。

海按:王《注》:“遍历六合视众星也。”《补注》:“宣,遍也。”《文选》卷二二《诗乙·游览》颜延之《车驾幸京口侍游蒜山作》:“宣游弘下济,穷远凝圣情。”谢朓《杜若赋》:“凭瑶圃而宣游,临水木而延伫。”出句言车驾之奔走,故言“戒驰路”,此对句则言驻马下车后,四处游览,故言“羽盖伫”。

惭无胜化质,谬从云雨游

钱氏:(《文选》卷二十《诗甲·公燕》)应玚(《侍五官中郎将)建章台集》诗:“欲因云雨会,濯翼陵高梯。”

海按:《周易》卷一《乾·文言》:“云从龙。”《淮南子》卷十七《说林》:“人不见龙之飞举而能高者,风雨奉之。”是“云雨”乃譬喻此度侍宴之群臣,鲍氏代柳元景自谦,以我资质如此不堪教化者,居然亦得与身其间,故曰“谬从云雨游”。

---

① 徐锴:《说文系传》,台北:华文书局股份有限公司,1971年。

《从拜陵登京岘》

黄氏:本传:照迁秣陵令,文帝以为中书舍人,故收句云:“深德竟何报,徒令田陌空。”

海按:此乃从《南史》[1]卷十三《长沙景王道怜传所附鲍照传》将“世祖”误为“太祖”所致,《宋书》可证。照出为秣陵令,亦“孝武初”之事,虞炎《序》可证。《宋书》卷三十《礼志二》:“自元嘉以来,每岁正月,舆驾必谒初宁陵,复汉仪也。世祖、太宗亦每岁拜初宁、长宁陵。”然拜陵非止天子,诸王、百官亦可,桓谦奏曰:“百僚拜陵起于中兴……寻武皇帝诏,乃不使人主、诸王拜陵,岂唯百僚。”然后又弛禁,故“宋明帝又断群臣出拜谒陵”。

孟冬十月交

钱氏:《诗》(卷十二之二《小雅·节南山之什·十月之交》):“十月之交。”

海按:《宋书》卷二一《乐志三》曹操《碣石》:“孟冬十月,北风裵回。”

衰贱谢远愿

海按:“远愿”即“远志”,远大之志向。《文选》卷二三《诗丙·赠答一》王粲《赠士孙文始》:“白驹远志,古人所箴。”《玉台》卷三陆机《为周夫人赠车骑》:“男儿多远志,岂知妾念君。”

《蒜山被始兴王命作》

钱氏:刘桢《京口记》曰:“蒜山无峰岭,北临江。”

张云璈:(卷十)胡中丞云:“‘桢’当作‘损’。隋(《经籍)志(二·史·地理记)》:‘《京口记》二卷,(自注:)宋太常卿刘损撰’,即此。”

海按:据《三国志》卷四六《孙策传》,建安元年(196),高邮至扬州已入孙吴势力范围;据《文选》卷三十《诗庚·杂拟上》谢灵运《拟邺中集·刘桢》:“贫居晏里闬,少小长东平,河、兖当冲要,沦飘薄许京。”[2]刘氏盖无可能尝游京口。“桢”盖“损”形近之讹。

玄武藏木阴

钱氏:(《文选》卷十五《赋辛·志中》)张衡《思玄赋》:“玄武缩于壳中兮。”(善)《注》:“龟与蛇交曰玄武。”

海按:江淹《杂体诗·鲍参军·戎行》:“鵰鶚不能飞,玄武伏川梁。”伏川梁即伏水中。阴、阳本指背日、向日,《老子》第四二章:“万物负阴而抱阳。”按五行间架,木配春,木春之阴即木春之背;水也,是以此句犹言玄武藏于水。

升峤眺日轨

钱氏:《说文》(十四篇上):“轨,车辕端持衡者。”振伦按:日轨疑似即日御、日轮之意。

海按:《论语》卷二《为政》:“大车无輗,小车无軏,其何以行之哉。”《集解》引包咸

---

① 李延寿:《南史》,台北:艺文印书馆,1972年。

② 详参俞绍初:《建安七子集》附录四《建安七子年谱》,台北:文史哲出版社,1990年。

曰:“轨者,辕端上曲钩衡。”此为部分代全体,陆云《九愍·修身》:“瞻前轨而我先,顾后乘而驾迟。”“轨”与“乘”相对,是以日轨即日车。《类聚》卷一《天部上·日》所录李尢《九曲歌》:“年岁晚暮时已斜,安得壮士翻日车。”《文选》卷三十《诗己·杂诗下》谢灵运《石门新营所住四面高山回溪石濑修竹茂林》:“庶持乘日车,得以慰营魄。”

鹿苑岂淹睇,兔园不足留

钱氏:《三辅黄图》[①](卷六《陵墓》):“惠帝安陵去长陵十里……有果园、鹿苑。”《西京杂记》(卷二《梁孝王宫囿》):“梁孝王好营宫室苑囿之乐……筑兔园也”。

海按:《左传》卷二五《成公二年》:“无令舆师淹于君地。”杜《注》:“淹,久也。”卷二三《宣公十二年》:“二三子无淹久。”杜《注》:“淹,留也。”《说文》四篇上:“睇,小衺视也。”此谓蒜山此自然形胜之地岂人为之帝王苑囿可比?“睇”字极佳,因随上司登览,不容拖延落后,是以鹿苑之流果新奇佳美,侍从人员等于行进途中,势必不停地偷偷斜视。

王德爱文雅,飞翰洒鸣球

闻人氏:《书》(卷五《益稷【皋陶谟】》):“戛击鸣球。”

海按:伪孔《传》:“球,玉磬。”鸣球犹鸣玉,《文选》卷十七《赋壬·论文》陆机《文赋》:“惧蒙尘于扣缶,顾取笑乎鸣玉。”以音乐喻文学造诣。《河清颂》:“盛德形容,藻被歌颂。察之上代,则奚斯、吉甫之徒鸣玉銮于前。”以鸾铃喻文学作品之高明,与此句同属一类。

《登庐山》

悬装乱水区,薄旅次山楹

闻人氏:《晋书》(卷六九《戴若思传》):“陆机赴洛,船装甚盛。”(《文选》卷五《赋丙·京都下》左思)《吴都赋》:“开轩幌,镜水区。”《周易》(卷六)《旅卦》(孔)《疏》:“旅者,客寄之名。”(《楚辞》卷十四)庄忌《哀时命》:“凿山楹而为室兮。”《卓氏藻林》[②](卷五《宫室类·楚辞》):“山楹,山房也。”

海按:“悬”,古但作“县”。《说文》九篇下:“县,系也。”《荀子》卷十二《正论》:“圣王没,有埶籍者罢不足以县天下。”杨《注》:“县,系也,音悬。”是以《庄子》卷三上《大宗师》《释文》所引向《注》,以“无所系也”训“县解”。《尚书》卷六《禹贡》:“乱于河。”伪孔《传》:“正绝流曰乱。”孔《疏》引孙炎曰:“横渡也。”装,行装也,《汉书》卷三九《曹参传》:“萧何薨,参闻之,告舍人趣治行。”颜《注》:“治行,谓修治行装也。”卷九五《南粤传》:“王、王太后饬治行装重资,为入朝具。”《吴都赋》刘《注》:“水区,河中也。”非此处之用法。《宋书》卷六七《谢灵运传·山居赋》:“缅邈水区。”方得之。出句谓将行囊扎束好,横渡有水的地区。《吕览》卷十五《报更》:“虽得则薄矣。”高《注》:“薄,轻少也。”《淮南子》卷二一《要略》:“悉索薄赋。”高《注》:“薄,少也。”旅之字形本指军事队伍。“薄旅”指此行人员甚少,相对于此者乃《从过旧宫》之“云旅”。是以此联类乎轻装简

① 河清谷:《三辅黄图校释》,北京:中华书局,2005年。
② 卓明卿:《卓氏藻林》,《四库全书存目丛书》,第214册。

从、涉水跋山之谓。

宠岌高昔貌，纷乱袭前名

闻人氏：(《史记》卷一一七《司马相如传》)《上林赋》：“崇山宠岌。”

黄氏：(《类聚》卷七《山部上·庐山》所录)宋支昙谛《庐山赋》曰：“昔哉壮丽，峻极氤氲。”又：“咸豫闻其清尘，妙无得之称名也。”“昔貌”“前名”疑出此。

增补：“乱”，宋本作“纯”。

海按：宋本是。纷纯犹纷纶，《史记》卷一一七《司马相如传·封禅文》：“纷纶葳蕤。”《后汉书》卷四十下《班彪传附子固传·东都赋》：“岂特方轨并迹，纷纶后辟。”“纷纶”与出句之“宠岌”分别为真部、冬部之叠韵词，故相对仗。《汉书》卷五七《司马相如传》《集解》引郭璞曰：“高峻貌。”或作“嵱岌”，如卷八七上《扬雄传·甘泉赋》：“陵高衍之嵱岌。”或作“陇岌”，《楚辞》卷十二《招隐士》：“山气宠岌兮。”王《注》：“岑崟嵾嵯云滃郁也。”六臣本《文选》卷三三《骚下·招隐士》“宠”作“陇”。此联指：此度来游，众多峰岭名称依旧，但似因山岚蒸腾，庐山较以往印象中愈形高耸嵯峨。

深崖伏化迹，穹岫闷长灵

闻人氏：(《宋书》卷六七《谢灵运传》)谢灵运(《山居》赋)：“贱物重己，弃世希灵，骇彼促年，爱是长生。”

黄氏：(《类聚》卷七八《灵异部上·仙道》所录)晋湛方生《庐山神仙诗》：“室宅五岳，宾友松、乔。”《庐山记》[①]卷四《古人留题篇》慧远《庐山诗》：“幽岫栖神迹。”所谓“化迹”“长灵”也。

海按：《说文》七篇下：“穹，穷也。”引申为高之意，与出句之“深”相对。同型之对仗见诸《登翻车岘》：“高山绝云霓，深谷断无光。”江淹《草木颂·黄连》：“长灵久视，骖龙行天。”首句取自《老子》第五九章：“长生久视。”“灵”当改读为“命”，两字相假例证详参《会典》《青部第三·霝字声系》、《真部第四·令字声系》。长命即长生，亦即下文之“羽人”。

《登庐山望石门》

访世失隐沦，从山异灵士

闻人氏：(《文选》卷十一《赋己·游览》)孙绰《游天台山赋·序》：“灵仙之所窟宅。”

方东树：“灵士”用(《文选》卷二一《诗乙·咏史》颜延之《五君咏·嵇中散》善《注》所引顾凯之)《嵇康赞》(：“鲍靓，通灵士也。”)

海按：“灵士”犹言“灵人”，陶潜集卷四《读〈山海经〉》之六：“灵人侍丹池，朝朝为日浴。”《云笈七签》[②]卷九七《赞颂部·歌诗》杨羲《紫微王夫人诗》之九：“灵人隐玄峰，真人【神】韬云来【采】。”江淹《山中楚辞》之二：“予将礼于太一……要灵人兮中洲。”灵人，神人、仙人也。

---

① 陈舜俞：《庐山记》，《四部分类丛书集成续编·殷礼在斯堂丛书》，台北：艺文印书馆，1970年。

② 蒋力生等校注：《云笈七签》，北京：华夏出版社，1996年。

巑岏象熊耳

闻人氏:《韵会》(卷五《平声上·十四干》):"巑岏,山锐貌。"

海按:《楚辞》卷十六《九叹·忧苦》:"登巑岏以长企兮,望南郢而窥之。"王《注》:"巑岏,锐山也。"《文选》卷三十《诗己·杂诗下》谢朓《和王著作八公山》:"兹岭复巑岏。"善《注》:"《字林》曰:'巑岏,锐山也'。"《广弘明集》卷二四《僧行篇》刘峻《东阳金华山栖志》:"巑岏嶮巇,上亏日月。"此乃寒部叠韵词。

鸡鸣清涧中,猿啸白云中,瑶波逐穴开,霞石触风起

海按:风,今多误作"峰",乃音近致讹。于上古,风乃侵部;峰乃东部,晋、宋时,风已转隶东部,与峰同韵。后一联乃"穴逐瑶波开,风触霞石起"的倒装句法。霞石即瑕石,《文选》卷十二《赋己·江海》郭璞《江赋》:"瑕石诡晖。"善《注》:"《说文》(一篇上):'瑕,玉之小赤色者也'。"是以得与"瑶"对仗。《从庾中郎游园山石室》称美整片山壁,故曰:"瑕壁丽锦质。"《公羊传》卷十二《僖公三一年》:"触石而出,肤寸而合,不崇朝而遍雨天下者,唯泰山尔。"《类聚》卷一《天部上·云》所录《尚书大传》,则以为"五岳"皆然,实即大山皆然。《类聚》卷二《天部下·雨》所录阴铿《闲居对雨》之二:"触石朝云起。"卷三七《人部二一·隐逸下》所录萧绎《隐居先生陶弘景碑》:"触石起云。"以致"触石"可作云之代词,如《初学记》卷五《地理上·泰山第三》所录谢灵运《泰山吟》:"触石辄迁绵。"此乃呼应上联对句:何以会从"白云里"传来"猿啸"。《飞白书势铭》:"沾此瑶波,染彼松烟",又可曰玉波,《英华》卷一五六《天部六·风》王台卿《咏风》:"暂拂兰池上,潋淡玉波生",瑶波、玉波皆水波之美称,乃言水力之强,冲击两岸山壁,形成大小窟窿:"穴"。同样是呼应上联出句:山"涧"中何以会有"鸡鸣"。

《从登香炉峰》

徒收杞梓饶,曾非羽人宅

闻人氏:《左传》(卷三七《襄公二六年》):"晋卿不如楚,其大夫则贤,皆卿才也,如杞梓、皮革自楚往也。虽楚有材,晋实用之。"《山海经》有羽人之国。

黄氏:杞梓欲人才之盛,谓歌颂义庆比鲁侯之保有凫绎,终未若兹山为羽人之宅、罗景沾光可记也。(《类聚》卷六七《衣冠部·衣冠》所录)郭璞诗:"杞梓生南荆,奇才应世出。"

海按:《国语》卷十七《楚语上·蔡声子论楚材晋用》:"其大夫皆卿材也。若杞梓、皮革焉,楚实遗之……不能用也。"韦《注》:"杞梓,良材也。"《文选》卷四七《赞》袁宏《三国名臣序赞》:"赫赫三雄,并回干轴,竞收杞梓,争采松竹。"江淹《杂体诗·卢中郎·感交》:"自顾非杞梓,勉力在无逸。"首联"辞宗盛荆梦,登歌美凫绎"乃并列者,焉有楚人颂美他国君主之理?此联乃言荆、徐等地方内文、武之才固盛,然非方外仙家乐居之所。《山海经》卷六《海外南经》:"羽民国在其东南,其为人长头,身生羽。"闻人氏乃据《楚辞》卷五《远游》"仍羽人于丹丘兮"王《注》转引。

罗景蔼云扃,沾光扈龙策

闻人氏:《广雅》(卷一上《释诂》):"罗,列也。"按:景,日景也。云扃犹言扉也。

《韵会》(卷十二《上声·七户》):“扈,尾也,后从曰扈。”

海按:“罗”当改读为“离”,亦即丽,附丽也。三字相假例证详参《会典》《歌部第十五·离字声系》。《文选》卷十二《赋己·江海》木华《海赋》善《注》所引苏武名下《答李陵书》:“虽乘云附景,不足以比速。”《墓志汇编》北魏《魏故襄威将军大宗正丞元君墓志铭》:“连霄附景之华,固以图彼丹青,被兹钟万者矣。”《英华》卷六六七《书一·宰相上》王勃《上刘右相书》:“附景抟风,舍薹衣而见朱阙。”“附景”与“沾光”正相对仗。《说文》十二篇上:“扃,外闭之关也”,“关,以木横持门户也。”《庄子》卷四中《胠箧》:“将为……盗而为守备,则必……固扃鐍。”《释文》:“扃……崔、李云:‘关也’。”《周易》卷一《乾·文言》:“云从龙。”龙喻天子,则“云扃”喻随驾出行之侍从禁卫人员。“蔼”乃“蔼蔼”之省。此句指自己沾光,有幸得参与众多侍从禁卫人员之行列。

青冥摇烟树,穹跨负天石

闻人氏:《汉书》(卷二七下之上《五行志·思羞·月晦》颜)《注》:“冥,暗也。”……言摇烟之树葱然者因望穷而晦。

海按:《楚辞》卷四《九章·悲回风》:“上高岩之峭岸兮,处雌蜺之标颠,据青冥而摅虹兮,遂倏忽而扪天。”卷十七《九思·悼乱》:“玄鹤兮高飞,曾游乎青冥。”王《注》:“青冥,太清。”《文选》卷四六《序下》任昉《〈王文宪集〉序》善《注》:“《钟会集》言程盛曰:‘丹霄之凤,青冥之龙’。”对照《楚辞》卷十六《九叹·远逝》:“譬若王侨之乘云兮,载赤霄而凌太清。”王《注》盖是。《老子》第三九章:“天得一以清。”太清,天之甚高处。此句乃形容山峰峻极于天,以致峰顶摇曳的众树下方处在一片烟雾弥漫中,好似天界中的仙木。《说文》七篇下“穹,穷也”“穷,极也”,《文选》卷十六《赋辛·哀伤》司马相如《长门赋》:“郁并起而穹崇。”善《注》:“穹,崇高貌。”持《登庐山》“深崖伏化迹,穹岫闷长灵”,与《登翻车岘》“高山绝云霓,深谷断无光”对照,足见“穹”确为极高之谓。《楚辞》卷三《天问》“八柱何当”,王《注》“言天有八山为柱”;《淮南子》卷四《坠形》:“天、地之间,九州岛八极【柱】。”由于山必呈锥形,故形容香炉峰如巨人两腿横“跨”,以背负苍天。此乃夸饰香炉峰犹负天之柱。

高世伏音华

海按:音,声也。《文选》卷三六《令》任昉《宣德皇后令》:“客游梁朝,则声华藉甚。”《类聚》卷三一《隐逸下》所录刘孝标《与宋玉山元思书》:“金石可碎,声华无寂。”《弘明集》卷八玄光《辩惑论》:“真宗难晓,声华易惑。”无论声或华,均与实相对,此句中之声华指方内虚名。

《从庾中郎游园山石室》

至哉炼玉人,处此长自毕

海按:《楚辞》卷八《九辩》:“直恂□而自苦。”王《注》:“守死忠信以自毕也。”阮籍《答伏义书》[①]:“守臊秽以自毕。”《玉台》卷七萧衍《织妇》:“君情倘未忘,妾心常自毕。”《魏书》卷九二《列女列传·魏溥妻房氏》:“出事君子,义在自毕。”《北史》卷五三

① 阮籍:《阮步兵集》,《历代卅四家文集》,郑州:中州古籍出版社,1997年,卷三《书》。

《綦连猛传》:“竟如相者言,卒以荣宠自毕。”《文选》卷十九《赋癸·情》宋玉名下《高唐赋》“言辞已毕”,善《注》:“毕,竟也。”自毕,终身也。于死者而言,则为永久,如《伤逝赋》:“闭金扃于下泉,永山河以自毕。”此联乃赞佩修炼仙道者能终生潜心处此山中。

《登云阳九里埭》

空录齐后瑟

闻人氏:《韩非子》(卷十二《外储说左下》):“齐宣王问康倩曰:‘儒者鼓瑟乎?’……”

海按:“康”当作“匡”。

《自砺山东望震泽》

烂漫潭、洞波,合沓崿、嶂云

钱氏:(《文选》卷十一《赋己·宫殿》)王延寿《鲁灵光殿赋》:“流离烂漫……”(卷二《赋甲·京都上》)张衡《西京赋》(善)《注》:“(《文字集略》曰):崿,崖也。”

海按:“烂漫”乃寒部叠韵词,是以《送从弟道秀别》“浸淫旦朝广,澜漫宿云滋”,将之与侵部叠韵词“浸淫”对仗。此词之意本为负面,后引申出正面意,同见于《史记》卷一一七《司马相如传·子虚赋》。其上文“牢落陆离,烂曼远迁”,此指其分散、逐渐零落貌,但亦因分散,引申出遍布、众多等意,其下文“所以娱耳目而乐心意者丽靡烂漫于前”即此种用法。他如《古文苑》卷二《宋玉赋六首·笛赋》:“般衍澜漫,终不老兮。”《文选》卷十八《赋壬·音乐下》马融《长笛赋》:“纷葩烂漫,诚可喜也。”《梁书》卷十三《沈约传·郊居赋》:“布濩南池之阳,烂漫北楼之后。”《墓志汇编》北魏《魏兖州故长史穆君墓志铭》:“奕叶扶疏,分柯澜漫。”亦然。至于《文选》卷三五《七下》张协《七命》“澜漫狼籍……薮为毛林;隰为丹薄”、《魏书》卷十九下《景穆十三王列传·南安王桢附孙熙传》“细草不除,将为烂漫”,虽是此词引申后之用法,但仍保持原先负面语意。《尔雅》卷七《释丘》“上正,章丘”,郭《注》:“顶平。”后世写作“嶂”。崿、嶂为二,犹潭、洞匪一。“烂漫”言水之四散、充沛;“合沓”言云之聚拢、重叠。谢朓《咏菟丝》:“烂漫已万条,连绵复一色”,即此种表述法:前言散;后言合。

涨岛远不测,冈涧近难分

钱氏:《说文》(九篇下):“海中往往有山可依止曰岛。”

海按:《文选》卷十二《赋己·江海》郭璞《江赋》“跻江津而起涨”,善《注》:“涨,水大之貌。”于此处,“涨”乃涨海之省称,此所以得与“冈”相对。涨岛,涨海中之岛。《南齐书》卷十一《州郡志上·交州》:“镇交趾,在海涨岛中。”《芜城赋》“南驰苍梧、涨海”,善《注》引谢承《后汉书》:“陈茂常渡涨海。”

结言非尽意,有念岂敷文

钱氏:“结言”见《幽兰》〔之三“结佩徒分明”,钱氏《注》引《楚辞》(卷一)《离骚》“解佩纕以结言兮,吾令蹇修以为理”〕。《晋春秋》:“谢安优游山水,以敷文析理自娱。”

海按:《离骚》之“结言”乃订情、结婚约之谓,与此处之“结言”风马牛不相及。结言即属文,犹“意”之于“念”,故对句改用“敷文”。《文选》卷二五《诗丁·赠答三》卢谌

《赠刘琨书》:"《易》曰:'书不尽言,言不尽意',然则书非尽言之器,言非尽意之具。"此联乃言:今虽作诗寄怀,然内心之意岂文字所能道尽?意在言之表,真欲令人知我心,亦不会假此举矣。"谢安"云云见诸《世说新语》[①]中卷《赏誉》条101刘《注》所引《续晋阳秋》。《晋阳秋》东晋孙盛撰;《续晋阳秋》刘宋檀道鸾撰。"春秋"作"阳秋",乃因东晋孝武帝尊本生祖母会稽太妃郑阿春为简文太后,故讳之。对照《与荀中书别》"敷文勉征念,发藻慰愁容",可知:敷文即撰文。雅言之,则或作"摛藻",如《汉书》卷一百下《叙传·答宾戏》"摛藻如春华";或作"奋藻",《文选》卷十五《赋辛·志中》张衡《归田赋》:"挥翰墨以奋藻。"

《三日游南苑》

钱氏:《南朝宫苑记》曰:"南苑在台城南凤台山。"

海按:《景定建康志》[②]卷二二《城阙志三·亭轩》:"水亭有二:一在台城寺,即今法宝寺;一在齐南苑中,是陆机故宅,乃王处士水亭也,今凤台山南、傍秦淮是其处。"《宋书》卷八《明帝纪·泰豫三年》:"以南苑借张永,云:且给三百年,期讫更启。"卷五三《张茂度传附子永传》:"永众于此溃散,永亦弃车奔走,还先所住南苑。"则前此孝武帝时,该处乃皇家园囿。

采蘋及华月,追节逐芳云

海按:《和王护军秋夕》"节徙芳岁残"、《绍古》之四"芳岁犹自可"、《咏双燕》之一"沈吟芳岁晚",芳岁即芳年,《代白纻曲》之二"千金顾笑买芳年",芳、华意通,《初学记》卷三《岁时部·春一》所录萧绎《纂要》:"节曰华节、芳节、良节、嘉节。"一年四节,一节三月,"华月"乃自此变化而来,《文选》卷三一《诗庚·杂拟下》刘铄《拟行行重行行》:"芳年有华月,佳人无还期"、唐瑾《华岳颂·序》[③]:"至如芳年华月。"此联乃交错对,"及华月"与"追节"意义一致,趁着美好之季节月份,"采蘋""逐芳云"。

腾蒨溢林疏

增补:宋本"腾"作"胜"。

海按:宋本作"胜",乃"腾"形近之讹。《文心雕龙》卷六《通变》:"夫青生于蓝,绛生于蒨,虽踰本色,不能复化。"蒨[④],茜也,腾蒨,飞红,即飞花也。疏,孔隙之处。言飞花甚伙,自林间孔隙处漫溢出。《蒜山被始兴王命作》"高薄符【浮】好蒨",即高处杂树遍生美丽之红花。

清潭圆翠会

海按:《绍古》之七:"荷生渌泉中,碧叶齐如规。"规,画圆之工具。圆翠,以颜色与形状代言荷叶也。叶叶相连,故曰"会"。

---

① 杨勇:《世说新语校笺(修订本)》,台北:正文书局有限公司,2000年。

② 周应合:《景定建康志》,《景印文渊阁四库全书》,第489册。

③ 严可均:《全上古三代秦汉六朝文·全后周文》,台北:世界书局,1982年,卷六。

④ 逯钦立:《先秦汉魏晋南北朝诗》,台北:木铎出版社,1988年。《宋诗》卷八,自注曰:"《岁时杂咏》作'芳'。"蒲积中:《岁时杂咏》,《景印文渊阁四库全书》,第1348册,卷十六《上巳》,并无异文。且作"芳",意虽可通,然与上句"逐芳云"之"芳"犯重出。

花薄缘绮纹

钱氏:“薄”见《蒜山被始兴王命作》〔:“高薄符好蒨。”钱氏《注》引《楚辞》(卷四《九章·涉江》王)《注》:“草木交错曰薄。”〕

增补:宋本“花”作“化”。

海按:宋本作“化”,乃“花”之坏讹。“花”乃“华”之俗字,见《说文》六篇下段《注》。《文选》卷二八《诗戊·乐府下》陆机《君子有所思行》“清川带华薄”、江淹《杂体诗·曹植·赠友》“清池映华薄”、《类聚》卷四《岁时中·三月三日》所录谢惠连《三月三日曲水集》“芳飙起华薄”。华薄,花丛也。“缘绮纹”,流觞之水两岸尽为花丛,如衣服之沿其边而饰之者。

折荣恡组芬

海按:《尔雅》卷八《释草》:“纶,似纶;组,似组,东海有之。”郭《注》:“海中草生,彩理有象之者,因以名云。”《文选》卷十二《赋己·江海》郭璞《江赋》“青纶竞纠,缛组争映”、《类聚》卷二九《人部十三·别上》所录刘孝绰《侍宴饯庾于陵应诏》“芳卉疑纶组,嘉树以【似】雕饰”,组芬犹言香草;吝组芬,惜香草。

《赠故人马子乔》之一

踯躅城上羊,攀隅食玄草

钱氏:崔豹《古今注》(卷下《草木》):“羊踯躅花,(花黄,羊食之则死,)羊见之,则踯躅分散,故名羊踯躅。”

海按:《荀子》卷十三《礼论》:“大鸟兽则先亡其群匹,越月踰时,则必反沿过故乡……踯躅焉、踟蹰焉,然后能去之。”《类聚》卷九一《鸟部上·鹦鹉》所录王粲《鹦鹉赋》:“步笼阿以踯躅。”卷二《天部下·雨》所录曹植《愁霖赋》:“马踯躅以悲鸣。”《英华》卷二六六《诗一六十·送行一》吴均《送柳吴兴竹亭集》:“踯躅牛羊下,晦昧崦嵫色。”均与周遭草木有何避忌者无涉。此处纯言众羊因觅食,于险峻之城上左右徘徊揣度,以便登城隅,得草果腹。

俱共日月辉,昏明独何早

海按:《山行见孤桐》:“昏明积苦思,昼夜叫哀禽。”《文选》卷三七《表上》刘琨《劝进表》:“昏明迭用,否泰相济。”善《注》:“昏明谓昼夜也。”“何”乃“一何”之省略。《宋书》卷二一《乐志三》曹丕《短歌行》“嗟我白发,生一何早”、《乐府》卷三七《相和歌辞十二·瑟调曲二》谢灵运《折杨柳行》“严驾一何早”,一何,何其、何等。昼夜之形成由于日月运行,运行之速度于万物应一致,所谓“共”,乃就人、羊而言,为何“独”独于我似乎特别“早”,转瞬已至日暮而“夕风”起? 试观城上之羊尚在觅食。

《赠故人马子乔》之五

宿心谁不欺,明白古所难

海按:《后汉书》卷十上《皇后本纪·和熹邓皇后纪·遗诏》:“上欲不欺天愧先帝;下不违人负宿心。”《公羊传》卷七《庄公十三年》:“要盟可犯,而(齐)桓公不欺;

曹子可雠，而桓公不怨，桓公之信着乎天下。”《说苑》[①]卷十六《谈丛》：“义士不欺心。”“不欺”“宿心”即《拟古》之八“勿轻【惭】素诚”。此联意谓：谁能不受时、空、人事变异，保持以往之情谊，而不负心？然人心叵测，要别人信得过这番诚笃，自古以来亦非易事。

永念平生意，穷光不忍还

海按：穷，尽也、终也，穷光，终朝。《代贫贱苦愁行》：“愁苦穷日夕。”或径言“穷日”，如《文选》卷五二《论二》韦昭《博奕论》：“穷日尽明。”或曰“尽日”，如《文选》卷二七《诗戊·军戎》王粲《从军》之一：“尽日处大朝，日暮薄言归。”此联乃言：追忆起自年轻时以来二人之情谊，于此送别之际，虽已届日暮，犹不忍折返居所。

《赠故人马子乔》之六

雌沈吴江里，雄飞入楚城

海按：《吴越春秋》[②]《阖闾内传第四》：“湛卢之剑恶阖闾之无道也，乃去而出，水行如楚。楚昭王卧而寤，得吴王阖闾之剑于床。”阮籍《咏怀》之二八：“夜飞过吴洲。”《文选》卷三五《七下》张协《七命》：“或驰名倾秦，或夜飞去吴。”皆用此典。《秋日示休上人》“东西望楚城”、江淹《从建平王游纪南城》“江甸知礼富，汉渚闻教清。君王澹以思，树羽望楚城”、《太平广记》[③]卷四九九《杂录七·郭使君》“江陵有郭七郎者……乃楚城富民之首”，楚城指江陵。

神物中不隔，千祀傥还并

钱氏：《晋书》(卷三七)《张华传》：“斗牛之间常有紫气，豫章人雷焕缪达纬象，以为宝剑之精上彻于天。华即补焕为丰城令。焕到县，掘狱屋基，入地四丈余，得一石函，中有双剑，并刻题，一曰龙泉；一曰太阿。送一剑与华，一剑自佩。华报焕书曰：‘详观剑文，乃干将也，莫邪何复不至？虽然，天生神物，终当合耳。’华诛，失剑所在。焕卒，子华为州从事，持剑行经延平津，剑忽于腰间跃出，堕水。使人没水取之，不见剑，但见两龙各长数丈，蟠萦有文章。没者惧而反，于是失剑。”

海按：中，《玉台》卷四、《类聚》卷六时《军器部·剑》、《御览》卷三四四《兵部七五·剑》引此，均作“终”。中、终可相假借，例证详参《会典》《东部第一·中字声系》。然下文既云“傥”，乃或然未定语态，如《园中秋散》“傥结弦上情，岂孤林下弹”，则“中”仍当如字读。“不”方应改读为“否”，如《松柏篇》“父兮知来不”之“不”，二字通假例证详参《会典》《之部第十一·不字声系》。《文选》卷十七《赋壬·音乐》傅毅《舞赋》“启泰真之否隔”，善《注》：“否隔，不通也。”卷三七《表上》曹植《求通亲亲表》“今之否隔，友于同忧”，善《注》引《广雅》(卷一下《释诂》)：“否，隔也。”

① 赵善贻：《说苑疏证》，上海：华东师范大学出版社，1985年。

② 徐元佑音注：《吴越春秋》，台北：世界书局，1980年。

③ 张国风：《太平广记会校》，北京：北京燕山出版社，2011年。

《答客》

我以荜门士,负学谢前基

海按:荜即筚。《礼记》卷五九《儒行》"筚门圭窬",郑《注》:"筚门,荆竹织门也。"《左传》卷三一《襄公十年》"筚门闺窦之人而皆陵其上",杜《注》:"筚门,柴门。"《论衡》卷二《吉验》"继体守文,因据前基",前基,先王之基础;《晋书》卷五四《陆机传·制曰》"自以智足安时,才堪佐命,庶保名位,无忝前基",前基,祖、考建立之家庭声誉,均本诸《尚书》卷十三《大诰》:"若考作室,既厎法,厥子乃弗肯堂,矧肯构……厥考翼[①]其肯曰:予有后,弗弃基。"此处因属论学,故指士林之前修、前哲。《类聚》卷五六《杂文部二·诗》所录王融《和竟陵王郡县名诗》"端溪惭昔彦,测水谢前修"、卷三八《礼部上·学校》所录任昉《求为刘瓛立馆启》"瓛之器学无谢前修"、《英华》卷七四二《论四·文》裴子野《雕虫论》"高才逸韵颇谢前哲"。"前基"与末句之"后贤"相对照。此句乃言有负所学、对不起前修。

专求遂性乐,不计缉名期

海按:《墓志汇编》北魏《魏故银青光禄大夫于君墓志铭》"未仕播声,升朝缉誉"、东魏《魏故南阳郡君赵夫人墓志铭》"清晖早映,缉誉幽房",誉、名同义。缉即辑,改读为集,相假例证详参《会典》《缉部第十六·咠字声系》、《集部声系》。期,期望也。对句乃谓置他人对其培育名声之期望于不顾。

深忧寡情谬

海按:《文选》卷十七《赋壬·论文》陆机《文赋》"言寡情而鲜爱"、《文心雕龙》卷七《情采》"繁采寡情",此处之意则略殊,乃嵇康集卷四所附向秀《难养生论》"寡情欲,抑富贵"之谓。既然"爱赏好偏越,放纵少矜持",不缉名誉,故予人寡情欲之印象,作者时或不免自我质疑此种生活态度是否不当。

《和王丞》

衔协旷古愿

闻人氏:衔,含也;协,合也。

海按:江淹《刘仆射东山集》"绅裳视绝云,衔意方此时"、《当春四韵同□左丞》"我有幽兰念,衔意瞩里斜"、《类聚》卷七九《灵异部下·神》所录王僧孺《湘夫人》"日暮思公子,衔意嘿无辞"。"衔……愿"即"衔意"。

夜听黄石波,朝望宿岩烟

闻人氏:涧流横过石上,故曰"横石波"。

增补:宋本"黄"作"横"。

海按:与之对仗者既为"宿",乃动词,则与之对仗者当作"横"。《楚辞》卷二《九歌·河伯》:"冲风起兮横波。"《石帆铭》:"息石横波。""息""横"均为动词,正如此联"宿"之于"横",一止一动。《乐府》卷三二《相和歌辞七·平调曲三》颜延之《从军行》:

① 详参王引之:《经义述闻》,台北:广文书局股份有限公司,1963年,卷三《尚书上·厥考翼》。

“横海咸飞骊,绝漠皆控弦。”海有波涛,详言之,则如《拟青青陵上柏》“涓涓乱江泉,绵绵横海波”,“横石波”与“横海波”构词法近似,指河中有嶙峋之石,河水前进时,必须横越过这些阻碍,夜中万籁俱寂,故冲击石头之水波声格外清晰。

《日落望江赠荀丞》

惟见独飞鸟,千里一扬音,推其感物情,则知游子心

海按:《史记》卷一二六《滑稽列传·淳于髡传》“王曰:‘此鸟不飞则已,一飞冲天;不鸣则已,一鸣惊人’。”《舞鹤赋》“指蓬、壶而翻翰,望昆阆而扬音”,即脱胎于此。“独飞鸟”喻荀某,高飞“千里”,“扬音”惊人,故下文以“君居帝京内,高会日挥金”状其得意。“其”指该鸟这种脱颖而出之情况;“物”指无从振翅高飞之余鸟。以余鸟因之所“感”“情”怀类“推”,则知我、此身困异乡之“游子”心境如何。断章取义,作者期盼者乃如《代陈思王京洛篇》之描绘:“唯见双黄鹄,千里一相从。”然现实则如《拟阮公夜中不能寐》所云:“鸣鹤时一闻,千里绝无俦。”

《吴兴黄浦亭庾中郎别》

旅雁方南过,浮客未西归

闻人氏:(《文选》卷二五《诗丁·赠答三》)谢惠连(《西陵遇风献康乐》)诗:“眷眷浮客心。”

海按:善《注》:孔安国《尚书》(卷九《盘庚中》“鲜以不浮于天时”)《传》曰:“浮,行也。”“浮”既与“旅”对仗,则浮客犹言旅客。《登大雷岸与妹书》“旅客辛贫,波路壮阔”、《宋书》卷八二《周朗传》“江东旅客尽令西归”、何逊《赠诸游旧》“望乡空引领,极目泪沾衣,旅客长憔悴,春物自芳菲”。所以用“浮”,一则假萍逐水而徙,以喻离故乡根本者之状态;再则二篇诗中之主人公所行皆水路,以“浮”代“旅”,愈形贴切。早先多用“游客”,如《古文苑》卷八《诗》苏武名下《答诗》之一“连翩游客子,于冬服凉衣,去家千里余,一身常渴饥”、《文选》卷二九《诗己·杂诗上》曹植《杂诗》之二“类此游客子,捐躯远从戎”、卷二八《诗戊·乐府下》陆机《悲哉行》“游客芳春林,春芳伤客心”。

昧心附远翰,炯言藏佩韦

闻人氏:《集韵》[①](卷七《去声上·遇第十》):“附[……]托也。”按:翰,毛羽也,远翰谓远行者。

海按:《论衡》卷一《累害》:“昧心冥冥之知使之然也。”昧心,愚心也,《汉书》卷六四下《王褒传·圣主得贤臣颂》“敢不略陈愚[心]而抒情素”、《后汉书》卷六十下《蔡邕传》章怀《注》引《邕别传》“但怀愚心有所不竟”。为求与对句之“炯”相对,故以“昧”代“愚”。《文选》卷二六《诗丁·赠答四》颜延之《赠王太常》:“属美谢繁翰,遥怀具短札。”“远翰”之“翰”即此处“繁翰”之“翰”。若以颜诗表述之,即表达“遥怀”的“短札”。此联意谓:将自己一片愚忱寓于寄送千里外之文字中;对方临别高明之赠言则谨记于

---

① 丁度等:《集韵》,台北:台湾中华书局,1966年。

怀,如平素穿着配带之对象,以便随时自我惕励。

《与伍侍郎别》

饮龁具攒聚,翘陆欻惊迸

钱氏:《庄子》(卷四中《马蹄》):"龁草饮水,翘足而陆,此马之真性也。"(《文选》卷二五《诗丁·赠答三》谢灵运《登临海峤出发强中作与从弟惠连见羊何共和之》"凄凄久念攒",善《注》引)《仓颉篇》:"攒,聚也。"(《文选》卷二《赋甲·京都上》张衡)《西京赋》("欻从背起",薛)《注》:"欻者【之】言忽也。"(徐氏)《说文》(二篇下):"迸,走散【散走】也。"

海按:成《疏》:"龁,啮也……翘,举也。"《释文》引司马彪云:"陆,跳也。""具"读如《代苦热行》"渡泸宁具腓"之"具",俱也。"攒聚"乃同义复词,益以"具",实为赘语。此联藉同饮共食,以表双方基于同类相求的本能,生活在一起,后因外界突发之惊惶因素,而举足奔散。此举自然破坏我等"慕类"之天"性",相对亦格外有"感"于对方总是愿意分享之盛"情",如鹿得苹,必呦呦然呼朋引类。情、性义通,所以必倒置,因此篇乃押庚部去声韵,"情"乃平声韵。

《送别王宣城》

江郊蔼微明

闻人氏:《玉篇》(卷十三《艹部》):"蔼,树繁密【茂】貌。"

海按:蔼或作霭,《文选》卷十三《赋庚·物色》谢惠连《雪赋》"连氛累霭,揜日韬霞",善《注》:"《文字集略》:'霭,云貌',又曰:'霿,亦霭字'。"六朝人径用作名词:云。《登大雷岸与妹书》"左右青霭,表里紫霄",青蔼,青云也。江淹《杂体诗·颜特进·侍宴》"山云备庆蔼",善《注》:"《尚书大传》曰:'百工相和而歌卿云',郑玄曰:'卿当为庆',魏文帝《东阁诗》:'高山吐庆云'。"庆蔼,庆云也。云本身蕴含繁多之意,故《毛诗》卷十八之四《大雅·荡之什·韩奕》"诸娣从之,祁祁如云"、卷四之四《郑·出其东门》"有女如云",毛《传》皆以"众多也"训之。是以蔼蔼意谓众盛也。卷十七之四《大雅·生民之什·卷阿》"蔼蔼王多吉士",毛《传》:"蔼蔼犹济济也。"卷十六之三《大雅·文王之什·旱麓》毛《传》:"济济,众多也。"《楚辞》卷十六《九叹·逢纷》:"谗夫蔼蔼而漫着兮。"王《注》:"蔼蔼,盛多貌也。"《采桑》"蔼蔼雾满阁",所用即此义。云或众多之云必然隐天蔽日,故蔼或蔼蔼又引申出遮蔽、幽暗之意。如《文选》卷二六《诗丁·赠答四》颜延之《直东宫答郑尚书》"流云蔼青阙,皓月鉴丹宫"、卷十六《赋辛·哀伤》司马相如《长门赋》"望中庭之蔼蔼兮",善《注》:"蔼蔼,月光微暗之貌。"古人启程、亲友送别必于夜半至日出之间,《还都道中》即曰"鸣鸡戒征路",《上浔阳还都道中》亦云"侵星赴早路",故此时夜色仍笼罩大地,然天际已露曙光,故曰"蔼微明",即古典中之"昧爽"。

树道慕高华，属路伫深馨

闻人氏：贾谊《新书》[①](卷九《修政语上》)："积道者以信；树道者以人。"按："高华"即指黄霸、汲黯也；属路，属于宣城路之人也。

海按：《左传》卷八《庄公八年》"《夏书》曰：'皋陶迈种德'"，孔《疏》以"种树功德"训读之，卷四八《昭公十九年》"吾闻：抚民者节用于内，而树德于外，民乐其性"、《尚书》卷十一《(伪)泰誓下》"树德务滋"，"树道"即"树德"之变造。《史记》卷二八《封禅书》"使者存问供给相属于道"、卷三十《平准书》"遣使冠盖相属于道"，简言之，即"属道"。道、路一意，《魏书》卷七上《孝文帝纪》"送故迎新相属于路"、卷三四《卢鲁元传》"传驿相属于路"。因出句已用"道"，为免重出，故此处乃用"路"。《左传》卷十二《僖公五年》"黍稷非馨，明德惟馨"、《文选》卷二四《诗丙·赠答二》潘尼《赠河阳》"既立宰三河，流声馥秋兰"、卷三十《诗己·杂诗上》沈约《和谢宣城》"昔贤侔时雨，今守馥兰荪"。此一联乃鲍照勉励王氏当仰慕昔贤，流惠于民，以致德馨美名始终停伫于宣城郡，讴颂之声不绝于巷道，即《行京口至竹里》"君子树令名"之意。

《送从弟道秀别》

参差生密念，踯躅行思悲

黄氏：《楚辞》(卷二)《九歌(·湘君)》"吹参差兮谁思"，王逸《注》："参差，洞箫也。"下故云"别所思"。

增补：宋本"悲"作"疑"。

海按：《蒜山被始兴王命作》"参差出寒吹，飕戾江上讴"、《观漏赋》"弄参差以歌越"之外，《代白纻舞歌辞》之二"三星参差露沾湿"、《登庐山望石门》"回亘非一形，参差悉相似"、《从登香炉峰》"萧瑟生哀听，参差远惊觌"、《蜀四贤咏》"首路或参差，投驾均远托"、《园葵赋》"上参差而覆畴"、《舞鹤赋》"众变繁姿，参差洊密"、《登大雷岸与妹书》"积山万状……参差代雄"，"参差"均不作作"洞箫"解。密，多也。密念即《秋夜》之一"愿君剪众念"、《文选》卷二四《诗丙·赠答二》曹植《赠王粲》"谁令君多念，自使怀百忧"、卷二六《诗丁·行旅上》谢灵运《入彭蠡湖口》"千念集日夜，万感盈朝昏"之"众念""多念""千念"，指因送从弟远行，心中先后兴起各种情绪。"悲"乃脂部韵，此首其余韵脚皆之部韵；《冬日》适相反，八个韵脚中"次""弃""利""媚""穉""至"皆脂部韵，却与之部韵"异"相谐。事实，自上古，之、脂两部即有通韵现象。如脂部之"尔"经常即之部之"耳"。浅人不顾文意，故将"悲"妄改为同属之部之"疑"。

浸淫旦潮广，澜漫宿云滋

海按：宿，当改读为夙，两字相假例证详参《会典》《幽部第十七下·夙字声系》。夙云，朝云也，是以得与"旦潮"对仗。犹"浸淫""澜漫"同为叠韵词之相对。《文选》卷八《赋丁·畋猎中》司马相如《上林赋》"侵淫促节"，善《注》："侵淫，渐进之貌。"卷十三《赋庚·物色》宋玉名下《风赋》"起于青苹之间，侵淫溪谷，盛怒鱼土囊之口"、卷卷三四《七上》枚乘《七发》"阳气见于眉宇之间，浸淫而上，几满大宅"，最能表现此词之意。

---

① 阎振益、锺夏：《新书校注》，北京：中华书局，2000 年。

"浸淫"形容早"潮"渐"广";"澜漫"形容朝"云"渐"滋",但此二叠韵词皆表示逐渐散布、扩张之意。

《与傅都曹别》

邂逅两相亲,缘念共无已

黄氏:《维摩经》曰:"如影从身,业缘生见。"僧肇(《注维摩诘经》[①]卷二《方便品》)曰"是身如影,从业缘见","身亦然耳,众缘所成,缘合则起,缘散则离"(昙无谶译)。《金光明经》[②](卷四《流水长者子品》):"所谓无明缘行,行缘识,识缘名名缘色,名色缘六入,六入缘触,触缘受,受缘爱,爱缘取,取缘有,有缘生,生缘老病死忧悲苦恼。"(鸠摩罗什译)《维摩诘所说经》[③](卷一《弟子品》)曰:"诸法不相待,乃至一念不住。"(释传灯)《维摩经无我疏》[④](卷五)曰:"一念有六十刹那,一刹那有六十生灭,是则生住异灭,刹那刹那,不得停住。"本诗所谓"缘念共无已"也。

闻人氏:《玉篇》(卷二七《纟部》):"缘,因也。"

海按:黄氏前半盖转引自《文选》卷五九《碑文下》王中《头陁寺碑文》"以为宅生者缘业,空则缘废"善《注》。念,想也,因此而设想二人将可一直共处。《代悲哉行》:"羁人感淑节,缘感欲回辙。""缘念"与"缘……欲"乃同一构词法。

追忆栖宿时,声容满心耳

海按:"声"相应于"耳";"容"相应于"心"。似脱胎自《文选》卷二三《诗丙·哀伤》潘岳《悼亡》之二:"寝兴目存形,遗音犹在耳。"

《和傅大农与僚故别》

绝节无缓响,伤雁有哀音

钱氏:"绝节"见《堂上歌行》(:"高唱相追和。"注:(《文选》卷五五《连珠》)陆机《演连珠》(之二三):"绝节高唱,非凡耳所悲。")

海按:《文选》卷二八《诗戊·乐府下》陆机《猛虎行》:"急弦无懦响。"

非同年岁意,谁共别离心

黄氏:《汉敦煌长史武班碑》云:"金乡长河闲高阳史恢等追惟昔日,同岁郎署。"同年岁为同僚也。

海按:《世说》上卷《言语》条84刘《注》所引孙绰《遂初赋·叙》:"孰与坐华幕、击钟鼓者,同年而语其乐哉?"年、岁意同,犹别、离无异,均为同义复词。"同""共"相通,如同"意""心"直词面换动耳,是以"同年岁"即"共年岁"。其意乃谓若非两下曾有共处一段时候之感情,即下文之"孰谓游居浅",否则,双方焉会于此别离之际俱伤怀。

---

① 《大正原版大藏经》第38册,台北:新文丰出版股份有限公司,1983年。

② 《大正原版大藏经》,第16册。

③ 《大正原版大藏经》,第14册。

④ 《卍续藏经》第19册,台北:新文丰出版股份有限公司,1911年。

冠屣预人林

海按:《侍郎报满辞合疏》"得从下走,叨迹人行"、《拜侍郎上疏》"生丁昌运,自比人曹"、《从过旧宫》"微臣逢世庆,征赋备人徒"、《颜氏家训》卷一《后娶》"河北鄙于侧出,不预人流","人林"即"人曹""人徒"等。此乃极谦之词,比况自身如沐猴而冠、纳履于足,侧身人之行列。实即《汉书》卷六二《司马迁传·报任少卿书》所云:"列于君子之林矣。"

辰物尽明茂

海按:《类聚》卷八八《木部上·桐》所录王融《应竟陵王教梧桐赋》"同岁草以委暮,共辰物而滋荣"、《乐府》卷三七《相和歌辞十二·瑟调曲二》沈约《却东西门行》"辰物久侵晏【寻】,征思坐论【沦】越"。"辰"论时间;"物"论环境,辰物尽明茂,意谓当时周边之景物尽佳,即良辰、美景也,然而被送别之"尊盛"者:傅某因心情低落,"独幽沈"不欢。

坠欢岂更接,明爱邈难寻

黄氏:(《文选》卷四一《书上》)司马迁《报任少卿书》:"未尝衔杯(杯)酒、接殷勤(殷懃)之余欢(欢)。"

海按:《淮南子》卷十七《说林》"长而愈明",高《注》:"明犹盛也。"此句之"明"即上上联"明茂"之"明","明茂",盛茂,茂盛也。《代陈思王京洛篇》:"盛爱逐衰蓬。""欢"、"爱"同义。此联盖以日之当空与西沈,以喻双方感情之变化。《通世子自解表》:"坠辰永往,遗思在新。"坠辰,已过去的时光;坠欢,以往之欢爱。此一联实为合掌对,出句论遗落于过往之欢愉岂会复燃再续;对句言过往之盛情恐将远去,以致无迹可寻。

《与荀中书别》

思君吟涉洧,抚己谣渡江

钱氏:《诗》(卷四之三《郑·褰裳》):"子惠思我,褰裳涉洧。"《家语》(卷二《致思》):"楚王渡江,得萍实,大如斗,赤如日,剖而食之,甜如蜜。"

海按:《楚辞》卷九《招魂》:"陈钟按鼓造新歌些,《涉江》、《采菱》发《扬荷》些。"王《注》:"皆楚歌名。"《类聚》卷七八《灵异部上·仙道》所录张华《游仙》:"湘妃咏《涉江》,汉女奏《阳阿》。"卷八二《草部下·芙蕖》所录朱超《咏同心芙蓉》:"徒歌《涉江》曲,谁见缉为裳。""渡江"实为"涉江",唯因出句既要直接用经典中之成词"涉洧",为避重出,乃易为"渡"。

《从过旧宫》

灵命蕴川渎,帝宝仗蓠图

钱氏:(《文选》卷二《赋甲·京都上》)张衡《西京赋》:"荡川渎,簸林薄。"(卷一《赋甲·京都上》)班固《东都赋(·白雉诗)》:"启灵蓠兮披瑞图。"

增补:宋本"仗"作"伏"。

海按:灵命,天命也,言天命早已蕴含水德将兴之运。《周易》卷八《系辞下》"圣人之大宝曰位",帝宝,帝位也。《河清颂》"君图帝宝粲烂瑰英"、《类聚》卷十四《帝王部四·齐明帝》所录沈约《贺齐明帝登祚启》"窃惟皇源浚远,帝宝连晖"。既与"蕴"对仗,当从宋本作"伏"。《国语》卷八《晋语二·献公问卜偃论攻虢何月》"龙尾伏辰",韦《解》"伏,隐也",卷十四《晋语八》"物莫伏于蛊",韦《解》"伏,藏也"。据《宋书》卷二《武帝纪中·元熙二年》,东晋恭帝《禅位诏》中云"图谶之文既明"、《让位玺书》又曰"图谶祯瑞皎然斯在",此即"篙图"之谓,指刘裕即帝位之事早以隐晦的方式见诸图谶等预告中。

虎变由石纽,龙翔自鼎湖

钱氏:《易》(卷五《革·九五》):"大人虎变。"《蜀志》(卷三八)《秦宓传》:"禹生石纽,今之汶山郡是也。"《史记》(卷二八)《封禅书》:"黄帝采首山铜,铸鼎于荆山下。鼎既成,有龙垂胡髯,下迎黄帝。黄帝上骑,群臣、后宫从上者七十余人,龙乃上去。余小臣不得上,乃悉持龙髯,龙髯拔堕……后世因名其处曰鼎湖。"

海按:裴《注》引《帝王世纪》:"鲧纳有莘氏之女曰志,是为修己。上山,行见流星贯昴,梦接意感,又吞神珠,臆圮胸坼,而生禹于石纽。"《楚辞》卷三《天问》:"何勤子屠母,而死分竟地。"王《注》:"言禹副剥母背而生,其母之身分散竟地。"《宋书》卷四一《后妃列传·孝穆赵皇后传》:"生高祖,其日后以产疾,殂于丹徒官舍。"故鲍氏以此典况之。义熙十四年(418)十二月,安帝崩,如黄帝登遐仙去,刘裕龙飞九五之势已成,故元熙二年(420)六月即帝位。

余祥见云物,遗像存陶渔

钱氏:《左传》(卷十二《僖公五年》):"凡分至启闭,必书云物。"《史记》(卷一)《五帝纪》:"舜耕历山,渔雷泽,陶河滨。"

海按:《左传》所言"云物",重在灾变,与此处所欲表示之吉"祥"预兆不契,不若《周礼》卷二六《春官·保章氏》"以五云之物辨吉凶",较中性。"像"既与"祥"对仗,则当改独为"象",二字通假例证详参《会典》《阳部第九(下)·象字声系》。非指其画像,乃其征候。《周易》卷七《系辞上》"见乃谓之象",韩《注》:"兆见曰象。"因这些"祥""象"乃刘裕未发达前已现之端倪,某些尚留存至今,故曰"余""遗"。《南史》卷一《宋本纪·武帝纪》:"微时躬耕于丹徒,及受命,耨耜之具颇有存者,皆命藏之,以留于后。及文帝幸旧宫,见而问焉,左右以实对……床头有土障,壁上挂葛灯笼、麻绳拂。"

仁声日月懋

海按:"懋"当改读为"茂",二字相假例证详参《会典》《幽部第十七(下)·矛字声系》。《毛诗》卷十之一《小雅·南有嘉鱼之什·南山有台》"德音是茂",郑《笺》:"茂,盛也。"赞美刘宋武帝仁厚的名声如日月般永不衰退。

空费行苇德,采束谢生刍

钱氏:《后汉书》(卷五三)《徐穉传》:"郭林宗有母忧,穉往吊之,置生刍一束于庐前而去。众怪不知,林宗曰:'此必南州高士徐孺子也'。"

海按:《毛诗》卷十一之一《小雅·鸿雁之什·白驹》:"皎皎白驹,在彼空谷,生刍一束,其人如玉。"孔《疏》:"主人礼饩待汝虽薄,止有其生刍一束耳,当得其人如玉者而就之,不可以贪饩而弃贤也。"《类聚》卷三一《人部十五·赠答》所录挚虞《答杜育》"其人如玉,美彼生刍"、《广弘明集》卷三十上《统归篇》江总《入摄山栖霞寺》"比德喻生刍”。此句乃自谦非比德“如玉”之人,宋皇室扬仄陋,视己如《白驹》一诗中所言采一束生刍之贤者,敬谢不敢当。

《从临海王上荆初发新渚》

梁圭分楚牧

钱氏:《史记》(卷五八)《梁孝王世家》:“梁孝王武者,孝文皇帝子也,而与孝景帝同母,母,窦太后也。”又,褚先生曰:“成王与小弱弟立树下,取一桐叶以与之,曰:‘吾用封汝。’周公闻之,进见曰:‘天王封弟,甚善。’成王曰:‘吾直戏耳。’周公曰:‘人主无过举,不当有戏言。言之,必行之。’于是乃封小弟以应县。”

海按:不取司马迁正文:《史记》卷三九《晋世家》,而采褚氏补文,一不当。补文无“削桐叶为珪”,与此句毫无关涉,二不当。该故事乃兄封弟,与孝武帝以父封子不相应,三不当。“梁圭”乃言自历阳王徙封临海王之刘子顼身为宋之亲藩,犹同自代王徙封梁王之刘武为汉之亲藩。封爵必以圭为符信,《周礼》卷二十《天官·典瑞》:“公执桓圭;侯执信圭;伯执躬圭。”“子执谷璧;男执蒲璧”,故《代放歌行》以“珪爵”连言。

戾戾旦风遒

海按:戾可改读为厉,厉可改读为烈,例证详参《会典》《泰部十四·列》、《齐部十三·戾》。江淹《杂体诗·张黄门·苦雨》“戾戾飔风举”、《效阮公十五首》之一“戾戾曙风急”。《文选》卷二九《诗己·杂诗上》曹丕《杂诗》之一“烈烈北风凉”、卷二八《诗戊·杂歌》刘琨《扶风歌》“烈烈悲风起”。

《还都道中》之一

物哀心交横,声切思纷纭

海按:《舞鹤赋》“轻迹零乱,浮影交横”、《瓜步山楬文》“超然远念,意类交横”。交横,交错纵横,即“纷纭”之意。

《还都道中》之二

夜分霜下凄,悲端出遥路

闻人氏:《后汉书》(卷一下)《光武纪 ·中元二年 》:“夜分乃寐。”(《文选》卷二五《诗丁·赠答三》)谢灵运(《登临海峤与从弟惠连》)诗:“况乃协悲端。”

海按:善《注》:“悲端,谓秋也。”于此处不协。此处用法乃撷自《左传》卷十八《文公元年》:“履端于始,举正于中,归余于终。”悲端,悲之始也,《怀远人》即云:“哀、乐各有端,离、会起无因。”夜分,夜之中也。《梁书》卷二七《明山宾传·萧统〈与殷芸令〉》:“不谓长往,眇成畴日,追忆谈绪,皆为悲端。”《类聚》卷三四《人部十八·哀伤》所录任昉《与沈约书》:“永念生平,忽焉畴曩,追寻笑绪,皆成悲端。”《吕览》卷六《音初》“流辟诽越慆滥之音出”,高《注》:“出,生也。”此句乃言因思归心切,而路途遥远,是以悲哀之情绪因此油然而生。与《代东门行》因旅居于外地,“弥起长恨端”基本一致,仅有情绪内容之异。端、绪一意,《乐府》卷三十《相和歌辞五·平调曲一》谢灵运《长歌行》:“览物起悲绪,顾已识忧端”,故“悲端”即《登云阳九里埭》:“既成云雨人,悲绪终不一”

之“悲绪”。

《上浔阳还都道中》

客行惜日月,崩波不可留

李善:(《文选》卷十二《赋已·江海》郭璞)《江赋》:“骇澌(崩)浪而相礧。”言客行既惜日月,兼崩波之上不可少留。

吕向:崩波犹奔波也。

张云璈:(卷十一)奔波谓客行之劳也,注似未的。黄士珣云……借喻日月,言日月之去如波之崩,不可留挽。上文“昨夜”“今旦”,下文“侵星”“毕景”“夕云”“晓波”,日复一日,正极形其日月之速如崩波,故可惜耳。二语一气相生。

海按:《法书要录》卷一卫夫人《笔镇图》“崩浪雷奔”、陶潜集卷三《庚子岁五月中从都还阻风于规林》之二“崩浪聒天响”,亦可作崩涛,《石帆铭》:“崩涛山逐,郁浪雷沈。”《文选》卷十二《赋已·江海》木华《海赋》将之形容为“崩云屑雨”,善《注》:“言波浪飞洒,似云之崩,如雨之屑。”归心急切乃内在因素;江浪汹涌乃外在因素,二者共同促成“逐前涛”“赴早路”。《代棹歌行》“惊波不流连,舟人不踌纻”,即此联之意。文士不论如何好生涩新变,总有其用词惯性。鲍氏论及时光飞逝,或径用“驰”,如《代别鹤操》“缅然日月驰”、《发后渚》“华志分驰年”;或以“驰”为现在分词,加一比况之名词,如《代蒿里行》“驰波催永夜”、《从拜陵登京岘》“驰光不再中”、《答客》“浮生急驰电”、《望孤山石》“驰波往不穷”。而此句之外,其余四处之“崩”:《松柏篇》“肝心尽崩抽”、《从庾中郎游园山石室》“崩危坐惊栗”、《拟古》之四“宫阙久崩填”、《山行见孤桐》“上倚崩岸势”,皆形容具体事情,无一与时间相关。吕向训为“奔(腾)波(涛)”,固然已不切,因“崩”非论水流之速度,乃是形容波涛起伏及撞击后之惊人景象,张氏将之误解为“客行之劳”,复以为比况时光川流,乃梦中说梦。

鳞鳞夕云起,猎猎晚风遒

吕延济:鳞鳞,云貌;猎猎,风声。

海按:江淹《应刘豫章别》“猎猎风剪树,飒飒露伤莲”、《类聚》卷二七《人部十一·行旅》所录吴均《忆费昶》“皎皎日将上,猎猎起微风”。声(风声)、色(云貌)对仗乃六朝惯例。

绝目望平原

吕向:绝,极也。

钱氏:绝犹尽也。

海按:《汉书》卷八七《扬雄传·羽猎赋》“东瞰尽目,西畅无厓”,颜《注》:“目尽,极望无厓也,言广远也。”《文选》卷十一《赋已·游览》王粲《登楼赋》“平原远而极目兮,蔽荆山之高岑”、《类聚》卷二八《人部十二·游览》所录萧纲《应令》“平原忽兮远极目”,“绝目”乃“极目”之变造。亦可曰穷目,《代阳春登荆山行》“穷目尽帝州”、《类聚》卷三十《人部十四·别下》所录苏武名下《报李陵书》“穷目极望,不见所识;倾耳远通,不闻人声”。

倏悲坐还合,俄思甚兼秋

李善:兼犹三也。《毛诗》(卷《王·采葛》):"一日不见,如三秋兮。"

李周翰:倏忽俄顷之际,悲思已合于心,若经三秋。

增补:各本皆作"倏忽",黄《注》引作"倏悲",无版本可据。

海按:无论宋明州六臣本、南宋五臣本、明茶陵六臣本、胡刻善《注》本《文选》俱作"倏悲"。"悲""思"对仗,方工稳。《芜城赋》"惊沙坐飞",善《注》:"无故而飞曰坐飞。"《文选》卷二八《诗戊·乐府下》陆机《长歌行》"体泽坐自捐",善《注》:"无故自捐曰坐也。"卷二九《诗己·杂诗上》张华《杂诗》"兰膏坐自凝",善《注》:"无故自凝曰坐。"张协《杂诗》之六"百籁坐自吟",善《注》:"无故自吟曰坐也。"《代白头吟》"何惭宿昔意,猜恨坐相仍"、《文选》卷二七《诗戊·行旅下》颜延之《还至梁城作》"忧念坐自殷",与此处之"坐"皆此义。李周翰将此联视为互文足义,是也。"坐还合"说明"倏""俄",论速度;"甚兼秋"说明"悲""思",论程度。意谓原本已消散之悲思莫名地突然聚合于心头,其程度较诸分离甚久所引生之悲思尤甚。

《还都至三山望石头城》

关扃绕天邑,襟带抱尊华

闻人氏:《晋书》(卷六五《王导传·史臣曰》)"王敦内侮,凭天邑而狼顾"……《还都口号》"分壤蕃帝华,列正蔼皇宫",诗意以皇都为帝华,此云尊华,犹帝华也。

黄氏:《尚书》(卷十六)《多士》:"肆予敢求尔于天邑商。"《说文【广雅】》(卷四下《释诂》):"尊,高称也。"《尔雅》(卷七《释丘》):"绝高曰【为之】京。"尊华犹京华也。

海按:《文选》卷四八《符命》班固《答宾戏》"革灭天邑",蔡邕《注》:"天邑,天子邑也。"《文馆词林》卷一五七《诗一七·赠答六》曹摅《答赵景猷》"济济京华,儁乂并凑"、《文选》卷二一《诗乙·游仙》郭璞《游仙诗》之一"京华游侠窟,山林隐遯栖"、卷三十《诗己·杂诗上》谢灵运《斋中读书》"昔余游京华,未尝废丘壑",京城繁华,故曰京华;乃皇帝所居,故曰帝华;皇帝至尊,故又可曰尊华。

偕萃犹如兹,弘易将谓何

闻人氏:《说文》(八篇下)"偕 ……一曰 俱也";《周礼》(卷二七《春官·车仆》郑)《注》"萃犹副也";《周易》(卷一《坤·文言》)"含弘广大",何晏《论语》(卷三《八佾》引包咸)《注》:"易,和易也。"按:明远为临海王参军,从荆州还,当时必有为之副者,故曰偕萃。叹景促,倦路多,以偕萃而犹如此,将含弘和易之谓何矣!

钱氏:疑"弘易"或"孔易"之误。

黄氏:萃为车仆也……舍舟而路,可谓路多矣!车仆犹倦……则王道荡荡,王道平平之谓何也。弘易犹荡平也,叹长路之险仄,喻所遭之艰困也。

海按:"如兹"之内容乃上联所云"弥前叹景促,逾近倦路多",分别从时间(景)、空间(路),形容返京之心切,以致产生主观错觉:愈赶路,天上的日御似乎故意作梗,奔驰得更加快,让赶路者不久即必须中辍;地祇好像也在刁难,将距京里程拉长,导致愈接近目的地,反而似乎觉得目的地愈发往后退,令赶路者疲于纵辔。此一联则为比较式。对比两极乃"偕萃"与"弘易"。前者既为人,后者亦必然,与道路险仄或平顺无关,否则,即失类矣。钱氏所疑盖是。《毛诗》卷十七之四《大雅·生民之什·板》"牖民孔易",孔《疏》:"'牖'与'诱'古字通用,故(毛《传》)以为导也。"此处乃藏词格,书"孔易",意则在"牖民"。教化诱导人民乃中央有司、封疆大吏之责。是以此联以今语译之,即扈从、僚佐尚有如是之感,则此行领导者(府主)之心境将会如何,岂非更难耐?

《还都口号》

海按:"号"当读阳平。口号,口占也[①],不以笔墨起草,当场径以口述腹稿。《汉书》卷九二《游侠列传·陈遵传》"遵冯几,口占书吏……书数百封,亲疏各有意",颜《注》:"占,隐度也,口隐度其辞以授吏也。"《三国志》卷二五《高堂隆传》:"隆疾笃,口占上书。"卷五四《吕蒙传》:"蒙少不修书传,每陈大事,常口占为笺疏。"《类聚》卷二八《人部十二·游览》有萧纲《仰和卫尉新渝侯巡城口号》、庾肩吾《和卫尉新渝侯巡城口号》,《英华》卷二四十《诗九十·讲合一》有王筠《和卫尉新喻【渝】侯巡城口号》,以"口号"命篇,均较此篇为晚。

列正蔼皇宫

钱氏:《史记》(卷六十)《三王世家·褚先生补》《索隐》:"宗正,官名也,必以宗室有德者为之。"

黄氏:《周礼》(卷三)《天官·宫正》:"宫正掌王宫之戒令。"

海按:"正"当改读为"政",两字相假例证详参《会典》《宵部第三·正字声系》,乃官长之谓[②]。列正,百官也。"蔼"乃"蔼蔼"之省略,《文选》卷六《赋丙·京都下》左思《魏都赋》:"禁台省中……蔼蔼列侍。"《文心雕龙》卷五《议对》:"蔼蔼多士,发言盈庭。"

维舟歇金景

增补:谓随落日而停舟。金景,西日也。《春秋繁露》(卷十三)《五行相生》:"西方者金。"

海按:依照五行间架,金行,方位配西;时序配秋。句中既言"歇",而下文又言"践开冬",则可知:金景非谓秋阳,乃指西景,日将西沈之际。《宋书》卷四三《傅亮传》:"初,奉迎大驾,道路赋诗,其一篇有悔惧之词,曰……东隅诚已谢,西景逝不留。"《广弘明集》卷二三《法义篇》释慧琳《武丘法纲法师诔·序》:"东澜弗复,西景莫收。"景,日光也,故西景犹西光。谢朓《海陵王墓志铭》:"西光已谢,东旭又良。"《初学记》卷十四《礼部下·葬第九》所录虞骞《游潮山悲古冢》:"西光长槚落,促尔膝前尊。"因日已西斜,故停止行程,将舟船系于岸边木桩,以便休息。

---

① 详参赵吉士:《寄园寄所寄》,《四库全书存目丛书》,第155册,卷七《獭祭·人事》所引李其蔚:《怀秋集》。

② 详参《经义述闻》,卷三《尚书上·凡厥正人》。

归吹践开冬

海按:《礼记》卷三一《明堂位》“周公践天子之位”,郑《注》:“践犹履也。”《文选》卷二二《诗乙·游览》颜延之《应诏观北湖田收》“开冬眷徂物”,善《注》:“开冬犹开春、开秋。《楚辞》(卷四《九章·思美人》):‘开春发岁。’”古以律管与十二季相配,是以由归途中管吹之声可推知此时已步入冬季之序幕。

旌鼓贯玄涂,羽鷁被长江

海按:从上文“维舟”“结棹”,可知:此度进京乃循水路。按照五行间架,水搭配之色为玄,玄涂,水路也。“旌鼓贯玄涂”与《赠故人马子乔》之三“悲凉贯年节”之“贯”均谓自始至尾,直一就空间论;一就时间论。“贯玄涂”与“被长江”乃一义,言江面尽是王之船队,故旌旗之容、鼓吹之声自上游贯穿至下游。《从临海王上荆初发新渚》:“云舻掩江汜,千里被连旌”与此同义。

勉哉河、济客,勤尔尺波功

钱氏:(《文选》卷二八《诗戊·乐府下》)陆机《长歌行》:“寸阴无停晷,尺波岂徒旋。”

黄氏:照,东海人,故曰“河、济客”,尔,自谓也。

海按:《庄子》卷九上《外物》:“(鲋鱼)对曰‘我,东海之波臣也。’”《文选》卷四十《笺》谢朓《拜中书记室辞隋王笺》“不悟沧溟未运,波臣自荡;渤澥方春,旅翮先谢”,善《注》:“沧溟、渤澥皆以喻王;波臣、旅翮皆自谓也。”诸侯祭境内山川,此处则以河、济等四渎喻之,百川所归之大海喻天子。照为王之幕僚,故曰“客”,乃陪臣,“河、济客”与其故里无关。《汉书》卷五四《李广传》“然终无尺寸功以得封邑者,何也”、谢朓集卷四所附萧衍《直石头》“尺寸功为施,河山赏已谅”,尺波功犹言涓滴之功。

《行京口至竹里》

君子树令名,细人効命力,不见长河水,清、浊俱不息

黄氏:《礼记》(卷六《檀弓上》):“君子之爱人也以德;细人之爱人也以姑息。”《说文》(二篇上):“命,使也。”命力,为人役而致力也。

海按:《学刘公幹体》之五“北园有细草”,细,小也,则细人,小人也。君子、小人俱有两义,原本乃就先天血统、身份论;自孔子伊始,侧重以后天德行区分。《檀弓上》所云属后者,非此处用法。《韩非子》卷四《说难》“与之论大人,则以为闲己矣;与之论小人,则以为卖重”、卷七《喻老》“宋之鄙人得璞玉,而献之子罕,子罕不受,鄙人曰:‘此宝也,宜为君子器,不宜为细人用’”,“细人”既系“小人”,则“小人”亦即“鄙”野微贱之“人”,与之相对者乃“大人”“君子”。是以可知:于此联,“君子”指在上位之府主等;“小人”指我等属下。《后汉纪》卷二二《桓帝纪·延熹九年》:“朱寓尝为司隶……奏(单)安、(徐)盛曰:‘……不能思展命力,以答天地……’。”又可作“力命”,《三国志》卷五一《宗室列传》“但当输效力命,以报所天”、《晋书》卷八一《桓伊传》“犹欲输效力命,仰抱皇恩”。“效命力”乃“效命”“效力”之并合语。江河纳百物,有鱼虾,有瓦砾,正如官僚系统有清(君子)、浊(细人)之别[1],如《通典》卷十四《选举二·历代制中》所云:“官有清、浊,以为升降,从浊得清,则胜于迁”,然而不论清、浊,都忙个不停。

《发后渚》

凉埃晦平皋

海按:《说文》十三篇下:“埃,尘也。”而“沙尘”习惯连言,如《宋书》卷二二《乐志四》韦昭《吴鼓吹曲·秋风》“秋风扬沙尘”、《晋书》卷九四《隐逸列传·夏统传》“沙尘烟起”、《文选》卷三十《诗庚·杂拟上》谢灵运《拟魏太子邺中集·阮瑀》“河洲多沙尘”,故“凉埃”即“凉沙”。《舞鹤赋》:“穷阴杀节,急景凋年,凉沙振野,箕风动天。”《绍古》之三:“瑟瑟凉海风,竦竦寒山末。”凉、寒义通,故“凉沙”实即“寒沙”。《文选》卷三一《诗庚·杂拟下》范云《效古》:“寒沙四面平,飞雪千里惊。”《还都口号》:“萧瑟凉海空。”凉海即寒海,《玉台》卷七萧衍《代苏属国妇》:“或听西北雁,似从寒海湄。”

飞潮隐修樾

闻人氏:《玉篇》(卷十二《木部》):“楚谓两木交阴之下曰樾。”

海按:《集韵》卷九《入声上·月第十》:“樾,《字林》:‘树阴也’。”引伸之,有荫之树亦谓之樾。《梁书》卷十三《沈约传·郊居赋》:“既取阴于庭樾,又因篱于芳杜。”“樾”必为名词:木本植物,方得与杜若此草本植物相对,何况该句上文已言“阴”,再将“樾”训为树阴,则复沓矣。《新唐书》[2]卷八三《太平公主传》:“自兴安门设燎相属,道樾为枯。”卷一五九《吴凑传》:“街樾稀残,有司莳樾其空。”两旁有樾之“街”“道”即林荫之路。浪潮高扬,遮蔽视线,因而连陆地上修长之乔木亦不得见。

孤光独徘徊

海按:盖脱胎自《文选》卷二三《诗丙·哀伤》曹植《七哀》:“流光正徘徊。”卷三十《诗己·杂诗下》沈约《咏湖中雁》:“群浮动轻浪,单泛逐孤光。”《类聚》卷二七《人部十一·行旅》所录王僧孺《中川长望》:“危帆渡中悬,孤光岩下昃。”孤,形容其微弱,孤光,落日余晖也。

华志分驰年

张铣:言豪华之志分散于驰逐之年。

海按:《观漏赋》“佩流叹于驰年,缨华思于奔月”,“华思”犹“华志”。“驰年”乃取自《宋书》卷二一《乐志三》曹丕《善哉行》“今我不乐,岁月其驰”,《类聚》卷三十《人部十四·怨》所录吴均《行路难》之三“何言岁月忽若驰”、卷三二《人部十六·闺情》所录萧纲《倡楼怨节》“年驰节流易尽”亦然。此句言原本美好之志向已随飞逝之岁月而尽散。

推琴三起叹,声为君断绝

黄氏:“君”字自指也……读《庄子》(卷一下《齐物论》):“百骸九窍六藏赅而存焉,

---

[1] 详参周一良:《南齐书丘灵鞠传试释兼论南朝文武官位及清浊》,《魏晋南北朝史论集》,北京:北京大学出版社,1997年;吴慧莲:《六朝时期的选任制度》,台北:台湾大学历史研究所博士论文,1990年,第五章,第二节。

[2] 宋祁、欧阳修:《新唐书》,台北:艺文印书馆,1972年。

吾谁与[为]亲[……]其有真君焉。"是"吾"与"真君"皆自谓也。《维摩经》:"德守菩萨曰:'我我所为二,因有我故,便有我所;若无有我,则无有我所。'"是我之外有我所,亦《庄子》所谓"吾"与"真君"也。通观此理,则"君"字可作自指之词。谢宣城《将游湘水句溪诗》"鱼鸟余方玩,缨绥君自縻",谓"君"字亦自指,可也。

《淮南子》(卷六)《览冥训》:"夫有改调一弦,其于五音无所比,鼓之,而二十五弦皆应,此未始异于声,而音之君已形矣",高诱《注》:"一弦,宫音也,音之君也"。此诗"声为君断绝"谓宫音绝也。《补注》当改正。

海按:《文选》卷二六《诗丁·行旅上》潘尼《迎大驾》"道逢深识士,举手对我揖……且少停君驾,徐待干戈戢",善《注》:"既假为彼人之辞,故自谓为君也。"《答客》从客人角度狐疑,故曰"问君何所思",及主人答,则曰"方为子陈之:我本筚门士……"此篇自始即假借他人自叙临冬尚须离乡背井之苦,至末联,作者方以听众身份(第一人称)表达其感受,故称所假之他人为"君"也。《学刘公幹体》之五"北园有细草,当昼正含霜……抽琴为尔歌,弦断不成章"、江淹《望荆山》"奉义至江汉,始知楚塞长……悲风挠重林,云霞肃川涨,岁晏君如何,零泪染衣裳……一闻《苦寒》奏,再使《艳歌》伤",表述方式亦然。

《岐阳守风》

海按:刘孝绰[①]有《栎口守风》,并附载何逊《和刘咨议守风》、《类聚》卷九《水部下·池》王褒《玄圃浚池》"对楼还泊岸,迎波暂守风"、《御览》卷八六五《饮食部二三·盐》所录《笑林》"姚彪至武昌,遇风,与沈浙江渚守风",均指守候适于行船之风势。

差池玉绳低,掩蔼瑶井没

钱氏:(蔼,)一作"映"……(《史记》卷二七《天官书》《索隐》所引)《元命苞(包)》:"东井八星主水衡。"

闻人氏:杜预《左传》(卷三五《襄公二二年》)《注》:"差池,不齐一"……(《文选》卷五六《诔上》)曹植诗【《王仲宣诔》】:"芳风晻蔼。"

黄氏:《汉书》(卷二八下)《天文【地理】志》:"秦地于天官东井、舆鬼之分野。"岐阳,秦地,故用瑶井。

海按:"掩蔼"乃影母双声词,是以方得与同为双声词:初母之"差池"对仗,如同《绍古》之七以先部叠韵词"娟娟"与"晻霭"对仗。既为双声词,则不重寄寓字形之变化,或作"晻蔼",如《楚辞》卷一《离骚》"扬云霓之晻蔼兮,鸣玉鸾之啾啾",王《注》:"翳郁,荫貌。"洪氏《补注》:"暗也。"或作"庵蔼",如左思《蜀都赋》"丰蔚所盛,茂八区而庵蔼";或作"窈蔼",如《文选》卷三一《诗庚·杂拟下》江淹《杂体诗·王征君·养疾》"窈蔼潇湘空",善《注》:"窈蔼,深远之貌。"或作"闇蔼",如《文选》卷十九《赋癸·情》宋玉名下《高唐赋》"随波闇蔼";或作"暗蔼",如卷七《赋丁·郊祀》扬雄《甘泉赋》"傧暗蔼兮降清坛,瑞穰穰兮委如山",善《注》:"暗蔼,众盛貌也。"作"掩映"亦可,因"映"仍系

---

① 刘孝绰:《刘秘书集》,《历代卅四家文集》,卷一。

影母字。《与谢尚书庄三连句》:"掩映晨物彩,连绵夕羽兴。"

"瑶井"即"玉井",避免与出句"玉绳"犯重,方改用同义"瑶"。李白集[①]卷一《古赋·明堂赋》"目瑶井之荧荧,拖玉绳之离离",亦然。《后汉书》卷三十下《郎顗传·对尚书便宜七事》"有白气从西方天苑趋左足,入玉井,数日乃灭",章怀《注》:"参星下四小星为玉井。"《晋书》卷十一《天文志上·星官在二十八宿之外者》"玉井四星在参左足下"、《魏书》卷九一《术艺列传·张渊·观象赋》自注亦如是云。东井即南方八宿中之井宿,《文选》卷二八《诗戊·挽歌》陆机《挽歌》之二"卧观天井悬",善《注》引《天官星占》曰:"东井一名天井。"下有十九星座;玉井则为西方八宿参宿下六星座之一,此所以郎顗言妖氛"从西方""入玉井"。

蓬思乱光发

闻人氏:《庄子》(卷一上《逍遥游》):"夫子犹有蓬之心也夫。"本集《芙蓉赋》:"笑夏女之光发。"

钱氏:末句兼用"首如飞蓬"意。

海按:《文选》卷九《赋戊·畋猎下》扬雄《长杨赋·序》"头蓬不暇梳",善《注》:"头蓬,发乱如蓬也。"《拟行路难》之八"发蓬乱"、之十二"蓬首乱鬓",足见:蓬、乱同义,故既可成为同义复词,二词又可为内对。《左传》卷五二《昭公二八年》"昔有仍氏生女黰黑而甚美,光可以鉴,名曰玄妻……生伯封,实有豕心,贪惏无餍……有穷氏后羿灭之"、《史记》卷二《夏本纪》《正义》引《帝王世纪》"初,羿之杀帝相也,妃有仍氏女曰后缗归有仍,生少康",可见:玄妻乃有夏政权之盟邦有仍氏之女,故可曰夏女。此句乃言内在(心思)纷乱,导致外在(光发)亦不修边幅。

《发长松遇雪》

土牛既送寒,冥陆方浹驰

钱氏:《礼记》(卷十七《月令》):"季冬之月……出土牛,以送寒气。"《左传》(卷四二《昭公四年》):"日在北陆而藏冰。"

黄氏:宋本作"奠陵"。节按:《楚辞》(卷十)《大招》云"冥凌浹行",王逸《注》:"冥,玄冥,北方之神也。凌犹驰也。浹,徧也。"诗言"冥凌浹驰",犹《大招》言"冥凌浹行"也。

增补:宋本"土牛"作"出牛"。

海按:郑《注》:"出犹作也,作土牛者,丑为牛……送犹毕也。"杜《注》:"谓夏十二月,日在虚、危。"孔《疏》:"十二月,日在玄枵之次,小寒节、大寒中。《汉书》(卷二一下)《律历志(·岁术)》载刘歆《三统历》云:玄枵之初,日在婺女八度,为小寒节;在危初度,为大寒中;终于危十五度。是夏之十二月在虚、危也。"冥,幽暗也。五行间架,水行空间为北;时间为冬;色为黑,故冥陆即北陆。此联之主词均隐去,出句是作土牛送寒之世人;对句是于天上北陆奔驰之日,是以从天、人相应而言,此联堪称合掌对,均指时序乃夏历十二月。《荀子》卷二一《解蔽》"不足以浹万物之变",杨《注》:"浹,周

① 王琦:《李太白集注》,上海:上海古籍出版社,1992年。

也。”卷十三《礼论》“方皇周挟”，杨《注》：“挟读为浃，帀也。”《国语》卷二一《越语下》“浃日而令大夫朝之”，韦《解》：“从甲至甲为浃，浃，帀也。”夏历十二月(丑月)过去，即返回正月(寅月)；以节、气而言，则是立春、惊蛰[①]矣，一元复始，即《冬日》“白日欲还次”之意，故曰“浃驰”。如今正在“寒气”将“毕”之过程中，故曰“方”。苟依黄氏之说，对句乃“(玄)冥驰，正遍驰”，全然不辞矣。又，“土”乃形容词，宋本之“出”乃动词，与“冥”此形容词失对。古本非善本，于此昭昭可见。

振风摇地局

海按：《文选》卷二四《诗丙·赠答二》陆机《赠尚书郎顾彦先》之二“振风薄绮疏”，善《注》：“郑玄《礼记》(卷十四《月令·孟春》“蛰虫始振”)：‘振，动也’。”与此处之“振”均当改读作“震”。二字通假例证详参《会典》《文部第五·辰字声系》。《喜雨》“震风沈羽乡”、《文选》卷五五《连珠》陆机《演连珠》之三九“震风洞发，则夏屋有时而倾”。《说文》二篇上：“局……博所以行棋象形。”《文选》卷五二《论二》韦昭《博奕论》善《注》引邯郸淳《艺经》“棋局纵横各十七道，合二百八十九道”，可知：棋局必正方。古素以天圆地方，是以鲍氏曰“地局”。此句乃言：飓风撼动原本如棋局般安稳之方正大地。

昆明岂不惨，黍谷宁可吹

钱氏：《高僧传》[②](卷一《译经上·汉雒阳白马寺竺法兰》)：“昔汉武穿昆明池底，得黑灰，以问东方朔，朔曰：‘不知，可问西域梵人。’后竺法兰既至，众人追以问之，兰云：‘世界终尽，劫灰洞烧，此灰是也。’”

黄氏：(《御览》卷十二《天部十二·雪》所录)《拾遗记》：“周灵王起昆明之台，召诸方士，有二人乘飞游之辇上席，酣醉，时【天】赤旱，地裂木燃，其一人唱，能为以歌召霜雪，王乃请焉，于是引气一喷【吸】，则云起雪飞，坐者皆凛然。”案：本节收句“黍谷宁可吹”，则是喜雪之下，其为旱后得雪，所谓“昆明惨”者，及地裂木燃也。

海按：上联言“冻马骨”“伤役疫”，则非喜雪，乃苦寒之谓。昆明本极南之地，与代表极北之地：燕之黍谷相对，意谓：雪势之大、寒气之强，虽昆明亦惨，遑言在燕地之黍谷？纵有邹衍再世，亦无从吹律，令天气变温。“昆明”与池、台俱无关。

《咏史》

京城十二衢

钱氏：(《后汉书》卷四十上《班彪传附子固传·西都赋》曰：“立十二之通门。”

海按：《文选》卷二《赋甲·京都上》张衡《西京赋》“旁开三门，参涂夷庭，方轨十二，街衢相经”，薛《注》：“一面三门，门三道，故云参涂。涂容四轨，故方十二轨，轨，车辙也。”《代结客少年场行》言“九衢”，乃就一边三门之道路数量言；此处之“十二衢”乃就一边一门车辆可行走若干线道之总数而言。一门凡十二线道，三门则三十六线道。

---

① 西汉武帝太初之后，始将启(惊)蛰、雨水互调，以前者为二月节；后者为正月中气。详参《左传》，卷六《桓公五年》孔《疏》。

② 汤用彤校注：《高僧传》，北京：中华书局，1996年。

君平独寂寞,身、世两相弃

钱氏:《庄子》(卷七上《达生》)曰:“夫欲勉【免】为形者,莫如弃世,弃世,则无(无)累矣。”

吴淇:举世繁华如此,那得不弃君平?举世繁华如此,君平那得不弃世?诗用“两相”字者,有激之言。毕竟世先弃君平,君平使弃世耳。

海按:陶潜集卷五《归去来辞》:“世与我而相违,复驾言兮焉求。”《文选》卷四五《辞》所载,“违”作“遗”。

《蜀四贤咏》

海按:据《三国志》卷三八《秦宓传》,乃以严遵、李弘、司马相如、扬雄为蜀四贤。鲍氏退李弘,而进王褒。《北史》卷四二《常爽传附孙景传》:“淹滞门下,积岁不至显官,以蜀司马相如、王褒、严君平、扬雄等四贤皆有高才,而无重位,乃托意以赞之。”异地合辙。

舂山玉抵鹊

闻人氏:《盐铁论》[①](卷七《崇礼》):“昆山之下【旁】,以玉璞抵[乌]鹊。”

黄氏:宋本作“春山”。节按:(《御览》卷三八《地部三·钟山》)所引《论衡》云:“钟山之上,以玉抵鹊”。《穆天子传》作“舂山”,郭璞《注》云:“《山海经》‘舂’字作‘锺’,音同耳。”

海按:“春”乃“舂”形近之讹。今本《论衡》卷二七《定贤》云:“昆山之下,以玉为石”。又,郭氏之文见《山海经》卷二《西山经》《注》:“《穆天子传》云钟山,作‘舂’字,音同耳”。舂、锺韵母均为东部;声母一为书,一为章,乃同系者,确实音近。《穆天子传》卷二:“天子北升于舂山之上,以望四野,曰:舂山是唯天下之高山也”,卷四:“南至于舂山珠泽、昆仑之丘”。《广弘明集》卷三十上《统归篇》王融《法乐辞》之九《歌贤众》“春【舂】山玉所府,檀林芳所栖”、卷二七下《净住子静行法门·大忍恶对门二十二·颂》“春【舂】山之下玉抵禽,汉水之阳璧千金”、《乐府》卷四一《相和歌辞十六·楚调曲上》张正见《白头吟》“弹珠金市侧,抵玉舂山东”。

陵令无人事,毫墨时洒落

海按:《抱朴子》外篇[②]卷四六《正郭》“入不能挥毫属笔”、《御览》卷一九四《居处部二二·馆驿》所录高允《塞上公亭诗·序》“挥毫以寄言”,挥“毫”“洒”“墨”,“落”于何处?《南齐书》卷五二《文学列传·史臣曰》“放言落纸”、《梁书》卷三八《朱异传》“属辞落纸……不暂停笔”、《类聚》卷五五《杂文部一·谈讲》所录江总《皇太子讲学碑》“含毫落纸”。

《玄》经不期赏,虫篆忧散乐

方氏:读《礼记》(卷三《曲礼上》)“斋(齐)者不乐”,(郑)《注》:“[为哀]乐,则[失正,]

---

① 王利器:《盐铁论校注》,天津:天津古籍出版社,1983年。

② 杨明照:《抱朴子外篇校释》,北京:中华书局,1997年。

散[其思也]。"乃知此言子云覃思《太玄》,恐虫篆散其志虑,故不为也。

海按:《汉书》卷八七下《扬雄传·解嘲》"散以礼、乐,风以诗、书",颜《注》:"风,化也。"《文选》卷三五《七下》曹植《七启》"散乐移风,国富民康"、《晋书》卷五二《华谭传·举秀才对策之三》"使为诸侯,于散乐休风,未为不泰也"。散乐,音乐普遍流传,因而于无形中移风易俗也。子云不期世俗赏识其《太玄》,所忧唯在其雕虫瑑刻之赋影响世俗。

(作者单位:台湾"清华大学"中国文学系)

《宋大诏令集》校理刍议

刘　磊

绪　言

《宋大诏令集》一书的史料、文献价值早经学界公认。胡玉缙先生在《四库未收书目提要续编·史部·诏令奏议类》《宋大诏令集》提要(后称"胡氏《提要》")中,评价说:"然北宋典制,所存实多,非特为制诰之渊海。其足据以参校《宋史》者不胜枚举,可与《唐大诏令集》并存矣。"中华书局点校本《宋大诏令集》(后称"点校本")《校点说明》(后文单称《校点说明》,盖指此。)也说:"这本书对于研究北宋史事和订正补充的漏误,有很大参考价值。"并在举出了相应的例子后说:"诸如此类,俯拾皆是,不胜枚举。"[①]王智勇先生在《〈宋大诏令集〉的价值及整理》(后称"王文")一文中说:"《宋大诏令集》无疑是现存宋元以前诏令中最重要的一部诏令汇编,其价值在许多方面超过了宋人所编之《两汉诏令》和《唐大诏令集》。"[②]特别是本书作为宋史研究的重要原始资料之一,很多诏令赖此而独存,即使是那些亦为宋代其他史籍所保存者,较之本书,其原始性、完整性亦往往而难及。《宋大诏令集》所存诏令提供了异文,所系时间往往提供了异说,则其有资于考证者甚夥。前揭王文对《宋大诏令集》的价值作了比较全面的论述,笔者则不复赘言。

在回顾《宋大诏令集》的研究情况之前,先引入一组概念,即文献研究的"体"与"用"。笼统地说"文献研究"实际上包含了文献的"体"、"用"两方面的研究。"体"是指以考证该文献的文献面貌为目的的研究;"用"指以该文献的材料为出发点,而以其他研究为目的的研究。这两个概念之所以为一组在于它们的始点都是同样的文献,而终点却不同。"体"的研究程度制约"用"。从理论上这样划分较为容易理解,但在实际处理上需要注意一些特殊情况。比如,以甲文献为材料讨论乙文献的研究,即是甲"用"的研究。但当我们换一个角度看未尝不是以乙文献的材料在进行甲"体"的研究。事实上在宋以降的文献研究中,时常会遇到这种情况。比如以《宋大诏令集》的材料校勘《续资治通鉴长编》,反过来看就是以《续资治通鉴长编》的相关材料在研究《宋大诏令集》[③]。明确了这组概念,便于下文继续探讨《宋大诏令集》的研究状况,容

---

① 司义祖点校《宋大诏令集》《校点说明》,中华书局,1962年,第1页。

② 王智勇《〈宋大诏令集〉的价值及整理》,《四川大学学报(哲学社会科学版)》2000年第4期,第80页。

③ 必须说明:二者的相关材料从史源学角度说必须是不同源的才绝对存在这种"体""用"交互关系。也就是说甲、乙两材料具有不可比性时,交互关系是绝对的;如果确定同源(即可比)时,甲的优等材料具有绝对性,即出现只能以甲校勘乙这种情况时,"体""用"是不能交互的。

易看出现阶段研究中存在的问题，对理清研究思路有所裨益；同时也有利于笔者说明本文的研究主旨及划定研究范围。

由于各种原因，目前学术界对于《宋大诏令集》的研究尚处于初级阶段。主要表现在：研究成果零散、分散；相关文章数量较少，总体研究水平不高。这里先把笔者搜集到的相关研究成果做一分类评述。

第一，目前各种史料学、文献学著作，在对《宋大诏令集》的文献面貌进行描述时，基本材料不出乎《校点说明》的范围。我们必须承认，《校点说明》中的材料和观点是关于《宋大诏令集》的文献研究中最为关键的部分。但是同时我们也可以看出，从一九六二年刊布点校本以来，在本书的文献学研究（体的研究中非常关键的部分）上并没有实质的进展，诸问题也没有得到深化。

第二，目前对《宋大诏令集》的文献价值进行整体评价的文章，只有顾吉辰先生《关于〈宋大诏令集〉》[①]（后称“顾文”）及王文两篇。王文正文分为三个部分，分别论述本书的史料价值、文献价值和整理三个问题。可清楚地看到，第一、二部分，特别是第一部分，是王文重点所在。由于上述第一点原因造成了这种情况：王文只能着力对《宋大诏令集》“用”的方面（即王文第一、二部分）加以论述；在“体”的方面（即王文第三部分）基本就属于上述第一点中描述的状况[②]。顾文亦分三部分：《宋大诏令集》的特点、史料文献价值、版本问题。严格地说顾文只有第三部分属于体的研究；第一部分只有最末一段可以看作对于《宋大诏令集》编辑思想的讨论，但篇幅太小，实际上也没能进入问题的核心，该节其余部分看似在讨论《宋大诏令集》的特点，实质上是对相关宋史问题的论述；第二部分论述史料价值，表面上似乎是《宋大诏令集》取材研究，实际上完全是推论性质，不具有可操作性，只是一种取材范围研究。第三部分作为“体”的研究与第一点所述状况相比，多出《宋史·李大性传》[③]及《宋元学案补遗》附《李大性传》，目的是为李大异刊刻《宋大诏令集》提供旁证，实质性材料仍不出《校点说明》范围；最后讨论刻本不传的原因是此前尚未有人涉及的。

第三，本书的整理和校勘工作在点校本刊布以后几乎没有进展。王文是唯一一篇整体讨论《宋大诏令集》整理问题的论文，但如前所述王文重点并不在此，事实上也并没有对如何整理本书提出建设性意见。在《中国史学名著评介》（第二卷）[④]论述《东都事略》史料价值的相关章节中，对《东都事略》所收诏令，特别是涉及可以校补《宋大诏令集》的相关部分值得注意。另外，彭向前、王智勇二先生的两篇文章对本书部分诏书做了史料学方面的研究（主要是考证诏书系年问题）[⑤]；胡冰玉先生撰文讨

---

① 顾吉辰《关于〈宋大诏令集〉》，《史学史研究》1990 年第 3 期，第 53—58 页。

② 王文第三部分讨论本书整理问题时，大部分笔墨用在论述辑佚问题上。这倒是超出《校点说明》范围之外的，然而笔者认为在本书“体”的研究方面，辑补（非“辑佚”）不是主要工作，说详后。

③ 《宋史》卷三九五。

④ 《中国史学名著评介》（第二卷），山东教育出版社 1990 年。

⑤ 彭向前《〈宋大诏令集〉西夏目诏令系年考》，《宁夏社会科学》2006 年第 2 期，第 109—112 页；王智勇《中华本〈宋大诏令集〉系年辨误》，《宋代文化研究》第二辑，四川大学出版社 1992 年。

论本书涉及西夏的相关诏令[①]。严格地说应属于“用”研究的范畴,但对于本书整理问题的讨论有所裨益,故特表出。讨论校勘问题的专文只有龚延明先生的一篇文章[②],讨论了本书卷一六四“官制”五《增置贴职御笔》的阙文校补;另外,王文零星涉及到校勘问题。值得一提的是龚延明先生《〈宋大诏令集〉阙卷辑补点校(四篇)》[③](后称“龚文”),在辑补阙文时所提供的四卷分量诏书的校勘,是目前所见分量最大的校点实践性作品,促进了笔者对此问题的思考[④]。

上文简要地回顾了《宋大诏令集》中华本刊布以来的研究历史,实际上也基本可以看作为《宋大诏令集》的研究历史。这一点也显示出学界对此问题的研究起步很晚,王树民先生在评述本书时说:“(本书)1962年中华书局……校订断句排印,从此开始为人们所见。”[⑤]实际上学界真正得以利用此书进行各项研究,正是在1962年中华书局刊布此书之后[⑥]。造成研究难以深入的原因比较复杂,后文有论。

在评述上述各家成果时,对“用”的方面着墨不多,这并不是说这个问题不重要。但如上所述,“体”的研究是核心问题,如果不讨论清楚,则在谈到“用”时首先就必须要面对怎么“用”,本书相关材料在使用过程中的原则是什么等一系列问题。后文还会详析此问题。

下面介绍一下本文的研究范围、目标与基本结构。本文所要考查的主要是《宋大诏令集》“体”方面的相关问题,主要讨论这样几个问题:一、本书的文献面貌,即编撰、流传及历代相关著录研究;二、本书的史料问题,主要是史料来源问题的讨论;三、校勘和辑补问题。这几个问题的讨论,目的是为了对日后进一步整理本书打下一定的基础。超出这个范围的问题暂不涉及。限于篇幅及本文性质,详尽地提出校勘细节是不可能的,因此例证是经选择的,以足以说明问题为准。正文的三节基本就是按照以上三个问题排序。

---

① 胡冰玉《〈西夏文缀〉〈西夏文存〉〈宋大诏令集〉论略》,《固原师专学报(社会科学版)》,第25卷第4期,2004年7月。

② 龚延明《〈宋大诏令集〉一条记载补缺》,《中国史研究》,1984年第2期,中国社会科学出版社。

③ 龚延明《〈宋大诏令集〉阙卷辑补点校(四篇)》,同人《中国古代职官科举研究》,中华书局,2006年,第615—691页。这四篇文章的原载刊物分别是:《文献》2004年第2期(卷一七〇《制科》中);《漆侠先生纪念文集》,河北大学出版社2002年9月(卷一七一《制科》下);《文献》1997年第2期(总第72期)(卷一七二《科举》一);《文献》1997年第3期(卷一七三《科举》二)。这里必须一提的是,《中国古代职官科举研究》这部论文集后出,应该代表龚先生的最新意见,然而笔者发现就这四篇文章来说,论文集收录者编校错误颇多。其较著者如下:“卷一七〇《制科》中”论文集标题(第616页)误作“《制科》上”;“卷一七二《科举》一”与“卷一七三《科举》二”标题(第646、669页)分别误作“《科举》上”、“《科举》下”。《宋大诏令集》政事门制科类共三卷,科举门凡四卷,论文集的标题无疑会造成两类已全为辑补的错觉。另外,卷一七〇、一七一两卷辑补的第一部分是抄录《宋大诏令集》此二卷的存目,但论文集标题一律将“《宋大诏令集》”误作“《宋会要辑稿》”(第616、628页),这似乎就令人觉得颇为马虎了。

④ 笔者初涉《宋大诏令》问题时即由辑补入手,很多问题的展开都是借此为基础。然而在进行了相关研究之后,笔者对所谓“辑补”产生了新的认识(详后)。故在评述前人研究时并不单独列出辑补一项,而且把龚文作为校勘实践来处理。

⑤ 王树民《史部要籍解题》,中华书局,1981年。

⑥ 邓广铭先生当年在研究《宋史·职官制》时,都没能参考本书,其难得可见一斑。

一

宋人著录中,可考的最早著录《宋大诏令集》的是赵希弁的《郡斋读书附志》和陈振孙的《直斋书录解题》。

《郡斋读书附志·子部·类书类》:

> 《皇朝大诏令》二百四十卷。右宋宣献公家所编纂也。皆中兴以前之典故。嘉定三年,李大异刻于建宁。

《直斋书录解题》卷五"诏令类":

> 《本朝大诏令》二百四十卷。宝谟阁直学士,豫章李大异伯珍刻于建宁,云绍兴间宋宣献家子孙所编纂也,而不著其名。始自国初,迄于宣、政,分门别类,凡目至为详也。

两种著录都涉及了本书编纂、刊刻的情况,主要内容大致相同。由此可知《宋大诏令集》共二百四十卷,原题名无"集"字,宋人已不能确指其撰人。而嘉定三年李氏刻于建宁的本子当是最早的(恐亦是唯一的)刻本,约与其编成时间相距六十余年。

此外,亦见于王应麟《玉海》卷六四"艺文·诏令·诏策"著录,只未及刊刻情况:

> 《本朝大诏令》,二百四十卷。建隆至宣和。此集绍兴中出于宋绶之家。

《遂初堂书目》亦著录有《本朝大诏令》。

此刻本在元代是否流传已不可考知。案马端临《文献通考·经籍考·史二十一·起居注》著录"《本朝大诏令》二百四十卷",《宋史·艺文志二·史类·故事类》著录"《宋朝大诏令》二百四十卷",注云:"绍兴中,出于宋绶家。"①盖马氏所录袭自直斋,观其条下解题语明标"陈氏曰"而移录《直斋书录解题》一字不易可知。故知马氏恐非实见其书而据以著录。《宋史·艺文志》乃删并宋《国史·艺文志》而成,史有明文。然元代黄溍《日损斋笔记》论《湘山野录》所记李继迁事,云:"其子德明既立,奉表纳款,乃以景德三年封西平王。《大诏令》及今新修《宋史》所载并同。而《野录》无一与之合。继迁建节之制见于《实录》及《大诏令》者本云……"②则黄氏必实见其书。而宋濂为其门人,序其书于至正甲午正月望日,则知元代士庶之家固有此书。

明代相关记载有:《文渊阁书目》卷四"《宋诏令》,一部二十四册,阙";《秘阁书目·经济》"《宋诏令》,二十四";《世善堂藏书目录》卷上"史部诏令类""《宋大诏令》,二百四十卷";《菉竹堂书目》卷二"经济"类"《宋诏令》,二十四册"③。这几家著录中,《菉竹堂书目》(粤雅堂丛书本)乃伪本,实即节抄《文渊阁书目》为之。《文渊阁书目》及《秘阁书目》的著录,说明明代内府藏有此书,但已残缺不全。《世善堂藏书目录》是

---

① 《宋史·艺文志八·集类·总集类》重出,且误题编者为"宋绶"。

② 亦见黄溍《文献集》卷七下。

③ 另外,还有《脉望馆书目》"黄字号"下的著录情况值得注意,在著录了"《皇明诏令》,十一本"之后,又著录了"《国朝大诏令》,三本",紧接此后的是"《朝野杂记》,十本。"疑此所谓《国朝大诏令》或即是《宋大诏令集》。

私人藏书目录,是据实际藏书情况编撰,然而所涵信息太简,不能据以确定《宋大诏令集》有无全本存世。

清修《四库全书》未收《宋大诏令集》,故知其时内府未有藏本。流传至今的皆为传钞本,凡四种:瞿镛铁琴铜剑楼藏本(乃张金吾爱日精庐旧藏)、陆心源皕宋楼藏本[①]、李盛铎述古堂藏读经庐抄本[②]和中国科学院图书馆藏梦珠楼钞本[③]。这四种钞本都止存一百九十六卷,阙佚四十四卷。所阙内容全同,为"宰相类"卷七一至九三,"武臣类"卷一六〇至一一五。"政事类"卷一六七至一七七。瞿本、读经庐本都另有目录上、下两卷[④],而目录上卷(即卷一至一一五的目录)全佚;下卷(即一一六至二四〇的目录)尚存。关于这四种传钞本的其他情况,《校点说明》已经说得比较清楚,这里就不重复了。唯一一点让人费解的是,《校点说明》提到梦珠楼钞本"目录全而不分卷",然不知何以校点本未据以补足上卷目录[⑤]。民国以后各家著录的范围就不出此四本之外了。

到1962年,中华书局出版了以瞿本、读经庐本互校的校点排印本,是目前最为通行且最佳的本子;台湾鼎文书局据中华本翻印,编入《国学名著珍本汇刊·史料汇刊之一》。在上海古籍出版社出版的《续修四库全书》中,以瞿本为底本影印收录了本书。

回顾了《宋大诏令集》历代流传及著录的情况之后,有这样一个问题值得提出:明代内府既藏有本书残本,那么在编修《永乐大典》(后称《大典》)时,是否收录了此书?[⑥]

这个问题对于今后进一步校勘本书颇为重要,故试为解析。据笔者的初步判断,《大典》应该没有收录本书。理由有二:甲、根据《永乐大典目录》(后称《大典目录》),《十三啸》"诏"字卷一六九二一到一六九六〇所收录的是诏令,而《大典》这些部分现在已佚。考《宋会要辑稿·礼》五四题为《改元诏》,所标《大典》卷数有"又卷一六九二四",据《大典目录》知此卷正是"诏"字"大诏令·改元"。《宋会要辑稿》的"改元诏"与《宋大诏令集·改元门》所载诏书基本重复,也就是说并不存在互补收入《大典》的可能。《大典》"诏"字下当以收录《宋大诏令集》为最方便,何以舍而收录宋历朝会要中的文字。故合理的推测只能是《大典》没有收录《宋大诏令集》的文字。乙、清修《四库

---

① 这个本子理论上应该流入日本静嘉堂无疑,各家亦无异辞。检《静嘉堂文库汉籍分类目录》"诏令·奏议类"(静嘉堂文库,1930年〈昭和五年〉版,第257页。)著录:"《宋大诏令集》,二四〇卷,编者未详,写(本)"。然严绍璗先生《日藏汉籍善本书录》中未见著录,颇不可解。案胡氏《提要》云:"考之张金吾《爱日精庐藏书志》及陆心源《皕宋楼藏书志》,所阙皆同,海内殆无完本。"则知皕宋楼本所阙内容相同。

② 祝尚书在《宋人总集叙录》《宋大诏令集》条下叙述各钞本间的关系时,颇为混乱。他认为:爱日精庐藏本后为陆心源皕宋楼所藏,流入日本静嘉堂;傅增湘《藏园群书经眼录》所著录的"读经庐抄本"下落不明;北大所藏李盛铎本只残存四十卷。这些结论的得出,恐怕是欠妥的。《校点说明》对这三种本子的关系和基本情况交待得极为清晰,当是确论。

③ 查《中国科学院图书馆藏中文古籍善本书目》(科学出版社,1994年),未著录此本。

④ 皕宋楼本有无目录尚不详。

⑤ 据《校点说明》目录上卷是根据正文篇目补编的,因此正文所缺的卷七一至九三及卷一六〇至一一五的相关目录就无从补录了。

⑥ 当然,在编修《永乐大典》时内府所藏是否即已残缺不得而知。

全书》未收《宋大诏令集》,而《四库全书》之修首倡者安徽学政朱筠的初衷,是由《大典》中辑佚书。《宋大诏令集》煌煌二百四十卷,如存于《大典》恐馆臣不当疏漏如是。此可以为旁证。

《宋大诏令集》自宋人始即不能确指其编者,今人或以为成于众手[①],或欲证确为宋绶后人,然皆无确证。史料放佚,欲考无由。本书前后无序例跋语,赵希弁、陈振孙皆云李大异所刻,然李氏亦无片言只字附于今本。故而,今日对于本书的编纂方法和过程,编辑主旨及体例诸问题无法得到确切地了解,对整理工作带来极大的困难。

二

《校点说明》推测《宋大诏令集》可能取材于北宋各朝颁行的各种诏令汇编、时政记、实录及私人编集的诏令集和官私编纂的典制书籍[②]。从理论上说,本书的编者不太可能跳过上述材料,而直接从原始的档案着手工作。且由于《宋大诏令集》的编成时间当在绍兴中,南渡以后基本也不具备让编者这样做的条件。因此,本书应该是通过搜集多种官私典籍中的诏令材料,编辑而成的[③]。

宋代文治极盛,无论官私都十分留意于文献的保存,而史馆尤为重视资料的保存,收藏丰富、系统,且加以修缮和刊布。通过宋人撰录的书目,如《郡斋读书志》《读书附志》《直斋书录解题》《玉海·艺文部》等,我们可以看到官私修纂的政书、典制书籍在南宋广泛流传,当时人获得史料的途径非常多。因此,南宋人对本书似乎并不太重视。陈振孙在评价《宋大诏令集》时,只说"分门别类,凡目至为详也",不过是对其分类详明、便于检索表示赞许,而对其材料并不感到特殊。而周必大在《续中兴制草序》中,开篇有这样一段话:"嘉祐中,欧阳修建言:学士所作文书皆系朝廷大事,示于后世则为王者之谟训,藏之有司乃是本朝之故实。而景祐以后渐成(当是"或"之误)散失,于是以门类、年次编为卷帙,号《学士院草录》。中经兵火,文人故家仅传所谓《玉堂集》及《大诏令》者,其全书不可得而见矣。"[④]言语之间可见对本书不甚重视。当时人谈到本书史料,以为宝贵的,笔者只检得史绳祖《学斋占毕》卷三"夷齐泰伯封谥""改室人为安人"两条,他以为两事"见于《国朝大诏令》中……而诸史往往不载"。

另一方面,在宋以后,宋代各种官私材料逐渐逸失,或宝于中秘,难于一见。通过

① 祝尚书在《宋人总集叙录》中持此说,认为是宋绶子孙所编,但非仅一人。

② 顾吉辰认为本书必定取材于时政记、日历、起居注、实录、会要、各家别集、传状碑志等等(《关于〈宋大诏令集〉》)。笔者认为这一说法与《校点说明》是有差别的,它有逻辑问题:可能的来源比实际来源范围要大许多,后者的每个子项包含在前者的范围内,而前者的子项会超出后者的范围。因此,二者不具有子项目互相对应的能力,只能以整体为单位进行判断。同时,如果混淆二者还会造成泛化问题的不良后果。本书所载的诏令是特殊的,而并不能把宋代史料中的所有同一史实的诏书都同等看待。有关本书的论述中,很大一部分都有这样的问题。即记录与本书史实相同的其他宋代史料中的诏令,往往毫不甄别的被拿来用作校勘。

③ 《校点说明》表示过《宋大诏令集》并非第一手史料的意见。第1页中有这样的表达:"(北宋各朝颁行的各种诏令汇编、时政记、实录及私人编集的诏令集和官私编纂的典制书籍)也该算是第一手的数据,《宋大诏令集》可能就是从上举这些书里取材的。"

④ 周必大《文忠集》卷二十。

上文对《宋大诏令集》流传情况的叙述,我们可以知道,以后即使是《宋大诏令集》也难得见。宋以后的有关材料,笔者只检得元代黄溍曾利用本书数据进行考证(见上文)的一例,且黄氏把本书与《实录》《宋史》并列,可见颇为重视。

这两方面造成了这样一种局面:宋人引用诏令时未必需要《宋大诏令集》,宋以后人又难于引用《宋大诏令集》。这就导致了在典籍中很少有明确表明引自本书的材料。在南宋诸典籍中,笔者止检得《山堂先生群书考索·后集》(后称《山堂后集》)(凡十四则)、《宋宰辅编年录》(凡四则)、《景定建康志》卷二(凡二十五则)中,有明确标明引自《大诏令》的诏书[①]。

《宋大诏令集》所收录诏令以完整性著称,而其他史料中所存者往往经过删削,并不完整。在研究本书中所使用的其他宋人典籍,如《续资治通鉴长编》《宋会要辑稿》《山堂后集》与《宋大诏令集》都不是严格意义上的第一手数据,数据的不同来源造成文本的不同。由于本书所收全为诏令,故而史料的源头必定追溯到宋代官方编修。考察宋代(主要是北宋)修史的机构和相关程序,就诏令而言,最源头的编修性史料是起居注、时政记以及中央有关部门所保存的宣敕和诏书[②]。历朝实录、会要、国史等又在这些源头性材料的基础上编修。而《续资治通鉴长编》《宋会要辑稿》《山堂后集》与《宋大诏令集》在这个体系中的地位又不尽相同,有时必须细致到"条"为单位,才能作出判断。当然,还有很多时候根本无法判断。

处在不同层级上的史料,往往差别极大,不加甄别地用这样的史料进行互校是错误的。我们试举一例来说明。

(甲)《宋大诏令集》卷一"帝统一·即位"(第1页)《大祖即位赦天下制》(原注:建隆元年正月乙巳):

门下:五运推移,上帝于焉睠命;三灵改卜,王者所以膺图。朕起自侧微,备尝艰险。当周邦草昧,从二帝以徂征;洎虞舜陟方,翊嗣君而纂位。但罄一心而事上,敢期百姓之与能?属以北敌侵疆,边民罹苦。朕长驱禁旅,往殄烽尘。旗鼓才出于国门,将校共推于天命。迫回京阙,欣戴眇躬。幼主以历数有归,寻行禅让。兆庶不可以无主,万机不可以旷时。勉徇群心,已登大宝。昔汤武革命,发大号以顺人;汉唐开基,因始封而建国。宜国号大宋。改周显德七年为建隆元年。乘时抚运,既协于讴谣;及物推恩,宜周于华夏,可大赦天下云云。于戏!革故鼎新,皇祚初膺于景命;变家为国,鸿恩宜被于寰区。更赖将相王公同心协力,共裨寡昧,以致升平。凡百军民,深体朕意!

(乙)《宋会要辑稿·礼》五四之一:

太祖建隆元年正月五日诏曰:五运推移,上帝于焉眷命;三灵改卜,王者所以膺图。朕早练龙韬,常提虎旅。当周邦末造,从二帝以征行;洎乔岳缠哀,翊嗣君

---

① 这里判断他们所说的《大诏令》即是《宋大诏令集》,有两个理由:一、见于著录的宋人所编诏令汇编,除《宋大诏令集》外未见再有以"大诏令"为名者;二、如前文所考,清以前著录《宋大诏令集》者皆作"大诏令",而无"集"字。

② 曾巩《英宗实录院申请札子》,《曾巩集》卷三二。

而篡位，罄一心而事帝，谅四海以皆闻。一昨北虏侵疆，边民受弊。朕长驱禁旅，克日平戎。六师才发于近郊，万众喧哗而莫遏。拥回京阙，推戴眇躬。幼主以历数有归，寻行禅让。兆庶不可以无主，万几不可以暂停。勉徇群心，已登大宝。宜改显德七年为建隆元年改国号为大宋。

磊案：首先，（甲）所收者，自“勉徇群心，已登大宝”句以下，（乙）几乎完全没有。其次，仔细对比两者，其诏文结构大体相同，个别字词的细微不同尚不足以说明问题。但是，如（甲）的“朕起自侧微，备尝艰险”，在（乙）中成了“朕早练龙韬，常提虎旅”；（甲）的“洎虞舜陟方”，（乙）是“洎乔岳缠哀”；（甲）的“但罄一心而事上，敢期百姓之与能”，（乙）中作“罄一心而事帝，谅四海以皆闻”，等等整句不同，且诏文用骈体，而上下两句一并被调整整齐，这就只能解释为刻意改动。两者谁更原始尚无法判断，但可以断定，当时史官对所编收的诏书有所改动的①。这种情况是普遍存在于《宋大诏令集》《宋会要辑稿》所收的所有两见的改元诏中的。

但是，如果不利用其他相关史料，似乎就只能考虑这样几类材料了：远在日本目前无法利用的皕宋楼本；前述共四十三则直接引用本书的史料。前者目前暂无可能，后者只占全书三千八百余则诏令的百分之一点一，显然都没有可行性。

如果研究一下诏书的基本结构，可以发现各类诏书的格式各有特色，但如果进行抽象的概括，可以看出：从结构上说，一般有两个部分组成（有时是一或三个）：从性质上说，可以归纳成虚、实两个部分：实的部分是指诏令实际针对的问题；虚的部分，有时是援引前代例证，有时是纯粹文学性的引用经典，有时则是为了增强气势、表现其庄严与至高无上的权威，有时是纯粹格式的需要。

一般史籍在采用一份诏令时，对这两部分的态度是不同的。实的部分必须出现，虚的部分有时会不出现。实的部分作为史料的根本，也许会被删略，但主题内容一定会被保存；而虚的部分往往会被删削，甚至于完全删落。

因此，在考虑关于同一史实的几种诏令是否可以互校，即作为基本同一层级的材料对待时，重点在于考查它们是否被重新编排、改写过，而非是否被删节过。再举两组例证以明之：

第一组：

（甲）《宋会要辑稿·选举》三之二：

（乾德）六年三月十日诏曰：取士之道，贵实为先。今岁辟礼闱，明悬科级。贤良之选务在得人，世禄之家尤宜笃学。如闻搢绅之内朋比相容，论才苟爽于无私，擢第即成于滥进。自今应诸色举人内有父兄骨肉食禄者，委礼部贡院于奏名之时并别具开析，当议更与覆试。贵于公道无所屈焉。（《宋会要辑稿·选举》四之三〇亦载此诏，乃自“自今”至末，与此全同，所系年月亦同。）

（乙）《续资治通鉴长编》卷九，开宝元年三月庚寅：

① 这里以改元诏为例，可以把改动者认定为当时的史官。这类诏书的整句更动不可能出于私人。笔者对比了《宋大诏令集》和《宋会要辑稿》所收的所有两见的改元诏，撇开其完整程度不论，从文理、遣词上看，还是《宋大诏令集》所收的改元诏更原始一些。

因下诏曰:造士之选,匪树私恩;世禄之家,宜敦素业。如闻党与,颇容窃吹。文衡公器,岂宜斯滥!自今举人凡关食禄之家,委礼部具析以闻,当令覆试。(《太平治迹统类》卷二八文具略同,而"颇容窃吹"作"颇若切吹","岂宜斯滥"作"岂有私滥",无"委礼部"三字。)

磊案:(乙)较(甲)为简,然如(乙)之"造士之选,匪树私恩"、"宜敦素业"及"如闻党与,颇容窃吹。文衡公器,岂宜斯滥"等句,显然对应(甲)文的"取士之道,贵实为先""尤宜笃学""如闻搢绅之内朋比相容,论才苟爽于无私,擢第即成于滥进"诸句。另外,《宋史·选举志一》(卷一五五)亦记此事,除年月不同外①,所录诏文节略作"食禄之家有登第者,礼部具姓名以闻,令覆试之"②。如果遇到这种改写的情况,就不宜把二者放在同一层级处理。

第二组:

(甲)《宋宰辅编年录》卷三,天禧三年六月甲午,王钦若罢:

制曰:承弼之臣,寄任尤重。所以运动枢机,感会于天人。镇静邦家,亲附于黎献。苟或显膺柄用,浸歴岁时。宜有均劳,式昭同德。具官王钦若才术精敏,机虑研深。擢秀儒科,飞名俊域。蚤由谨简,历践荣途。顾待非常,宠灵殊特。枢庭任职,常参帷幄之谋;台席代工,遂委燮谐之寄。载司钧轴,能率典彝。言念勤庸,俾谐优逸。命傅储禁,聿隆表仪。勿忘嘉猷,往践厥位。

(乙)《宋大诏令集》卷六十六"宰相十六·罢免二"《王钦若罢相除太子太保归班制》(原注:天禧三年六月甲午):

门下:承弼之臣,寄任尤重。所以运动枢机,感会于天人。镇静邦家,亲附于黎献。苟或显膺柄用,浸历岁时。宜有均劳,式昭同德。开府仪同三司、行尚书左仆射、兼中书侍郎、同中书门下平章事、充景灵宫使、上柱国、太原郡开国公王钦若,才术精敏,机虑研深。擢秀儒科,飞名俊域。早由慎柬,历践荣途。顾待非常,宠灵殊等。枢庭任职,常参帷幄之谋;台席代工,遂委燮谐之寄。载司衡轴,能率典彝。言念勤庸,俾谐优逸。命傅储禁,聿隆表仪。无忘壮猷,往践厥位。可太子太保归班。

对比两处所载,最大的不同有二:王钦若的官衔是否列全;末句"可太子太保归班"的有无。实际上这两点都恰是虚的部分,(甲)重在理董宰辅沉浮之史,具列官衔徒费笔墨;此诏(乙)虽题为《王钦若罢相除太子太保归班制》,实质上重在"罢",而非除虚衔"太子太保"。是以(甲)删去末一句。对比两者的其余内容,则结构句调皆基本相同,所以两者的互校是有价值的。如(乙)中"早由慎柬"一句,此诏乃天禧三年所颁,必不当有"慎"字,"柬"亦当是"简"之坏字。当据(甲)改正。从这组对比也可以直观地感觉到,《宋大诏令集》所收诏令的完整性确实较现存其他典

① 《宋史·选举志一》载此诏在前的三年,中华书局校点本校记曰:"疑'三'为'六'之误。"

② 考知《宋大诏令集》阙卷一七二"政事·科举一"的第四诏即是此诏,题作《举人父兄骨肉食禄者覆试诏》。

籍为优。

这里，附带谈几个关于全书体例和特点的问题。

《宋大诏令集》所收诏令的完整性、原始性是人们常常提及的一大特色，从整体而论可以这样说。但并不能一概而论，举例来说：《宋大诏令集》卷六十六“宰相十六·罢免二”下收录了王钦若、寇准、丁谓、李迪等人的罢相诏书，基本都是具列官衔的。关于丁谓有前后两诏：《丁谓罢相受户部尚书归班制》（天禧四年十一月）及《丁谓罢相谪太子太保分司西京敕》（乾兴元年）。前一诏具列丁谓官衔，后者只云“具官丁谓”。而这些诏书收于《宋宰辅编年录》者一律书“具官某某”。

又，卷一一九“南郊二”《太平兴国九年南郊改雍熙元年赦天下制》，此诏存于今残本《太宗实录》卷三一太平兴国九年十一月丁卯下。两相对照，差异极大，史源上有差异。存于《太宗实录》者较近原貌，《宋大诏令集》存者文句经改写调整，所存者似重乎文辞。全部三百余字基本表述的是对于天的虔诚、对古圣贤的向往，在“可大赦天下，改太平兴国九年为雍熙元年”一句下以“云云”二字删落了相关内容。考之《太宗实录》“云云”所刊落者，是对各地罪犯的赦免规定，对各类有关税赋降以除放之恩，以及对文武官员赠官的具体规定等等约六百字的内容，而《宋大诏令集》的内容在《太宗实录》中只有不到一百字。由此可见，《宋大诏令集》的原始性与完整性是相对的，不宜一概而论。

《宋大诏令集》每类以时间编次诏书是它的又一特色，然亦有例外。如：

目录卷一七二至一七五四卷分别是“政事·科举”一、二、三、四，即《宋大诏令集》科举类的全部诏书，分为四卷；制科类凡二十九通诏书分为三卷，即卷一六九“政事二二·制科上”、卷一七〇“政事二三·制科中”、卷一七一“政事二四·制科下”。制科类的编排原则与其余各类无异，遵循时间原则。而科举类卷一七二、一七三两卷所收诏书显然也是依循着时间原则编排的[①]。这时应该注意到，卷一七三所收倒数第二诏，即科举类第五十四诏《贡院取士额外增一百人御笔》的颁布时间是徽宗大观三年正月二十日（1108）。前文已说过《宋大诏令集》的诏书收录下限当是徽宗宣和年间。即使把下限放在宣和的最后一年——宣和七年（1125），而科举类的第一通诏书《条奏书判拔萃诏》乃太祖建隆三年（962）八月乙未（二十三日）所颁。这意味着本门所收诏书总时间跨度为一百六十三年，属于前一百四十六年中颁布的诏书共五十四通，而属于最后十七年的却有三十六通。这个比例显然值得怀疑。再对比“制科”“科举”两类目录，可以发现“制科门”混编了策问与有关政令；“科举门”前两卷为有关政令，而后两卷全部是策问考题。因此，科举类的编排实际是采用了一种变例，即一类中分作两个部分，在每个部分中依循全书原则编排诏书。采用变例的原因应该有二：一、在科举类中以试题与非试题为标准对诏书进行分类，比较方便，编排后眉目比较清晰。对于其他门类来说，即使分量比较多也难于找到一种类似的简单易行的标准；二、科举类包含的诏书比较多，对于分量只有科举类三分之一弱的制科类就没有必要采用这

① 参看龚延明《〈宋大诏令集〉阙卷辑补点校（四篇）》，同人《中国古代职官科举研究》，中华书局，2006年，第615—691页。

样的方法。

在卷一一九"典礼四·南郊二"及"政事门·伪国类上、中、下"三卷(卷二二五至二二七)也存在类似情况。卷一一九"典礼四·南郊二"中共十五通诏书,应分成两部分看,前八通与上一卷"南郊一"为一组,是建隆四年至宣和四年,都是关于祀于南郊的诏书[①];后七通与后两卷半,即"南郊三、四、五"为一组,都是南郊赦天下制。[②] 而"伪国类"三卷中所收诏令实皆以国别,自为起讫。

以上诸门类较特殊,故特表出。从这里也可以看出,编者是十分细致的。虽然无由知其具体凡例,当研读本书时仍可感到编辑得有条不紊。

还有关于《宋大诏令集》性质的一个问题,即其编纂者是否希望把它编成一部总集。从总体上说,对于关乎北宋政治、社会、经济、文化诸方面问题的诏书,编者恐怕是希望网罗无遗的,可以考察到的很多没有收入本书的诏令,应当是编者没有条件收录,而非不愿收录。但是,可以观察到大量存于宋人别集的贺契丹国主生日、贺正旦的诏书没有收录在本书中;皇亲的大量加食邑、赠官类诏书也没有收录[③]。笔者认为可能是由于内容程序化、缺乏实质内容而弃去不录[④]。另外,陆德舆在《宋宰辅编年录序》中说:"《本朝大诏令》登载相麻不及执政之制。"确实在《宋大诏令集》中未见有关执政(即副相)的诏令。原因尚难推论,但是值得注意本书佚卷七一至九三,正在"宰相门"后,"将帅门"前。胡氏《提要》以为此所佚卷七一至九三为仍为"宰相门"。或者陆德舆时此诸卷已佚,而所载正是执政之制欤?

三

最后,简单地讨论校勘整理的相关问题。

中华本以瞿本、读经庐本互校,详录校记而慎于改动。这样谨慎的态度对待《宋大诏令集》是正确的,而且通过这样的整理,等于提供给读者两个珍贵的版本。这在当年此书初现于世时,是非常可取的。今天进一步校理此书,事实上大量工作是通过与各种史料比勘,而写出更加详尽的校记。真正可以勘改的地方是不多的。

中华本仍有一些显见的错误未予更正。如:

(1) 卷一七五"政事二十八·科举四"目录,第二诏题作《制奏名策问》,"制"显是"特"之误。

(2) 卷一七七"政事三十·按察"目录,有《令奉上宝册使玉旦所过察风俗诏》,观诏名不知何意。案目录,此诏上一诏为《令庆成使向敏中经田访里闾疾苦官吏否臧诏》,考《续资治通鉴长编》卷七八,大中祥符九年(1016)五月"丁巳,命中书侍郎、兼刑部尚书、平章事向敏中为兖州景灵宫、太极观庆成使,所至仍察吏治民隐,听以便宜从事。"则知向敏中之诏即此日所下。而《续资治通鉴长编》卷八九,天僖元年(1017)正

① 政和三年与宣和元年都是冬至日祀天圆坛。

② 政和六年、宣和元年、四年冬祀赦天下制。

③ 《苏魏文公集》《苏轼文集》中就有大量这样的诏书。

④ 关于前者多少还有一些民族感情掺杂其中。

月“丙寅，命宰相王旦为兖州太极观奉上册宝使，尚书右丞赵安仁副之。”（《宋史·本纪八·真宗三》略同）同卷，天僖元年二月“乙未，太极观奉上册宝使王旦言：‘缘路州县，调夫治道。臣以方春农事初起，悉已罢遣。’”则王旦事与向氏事性质相同，命使日亦当有诏，盖即是此处者。故“玉”必为“王”字之误。

关于避讳、避忌的相关问题似乎中华本的校点者也没有足够的注意。试举几例：

（1）卷一“帝统一·即位”《大祖即位赦天下制》中“属以北敌侵疆”一句，《宋会要辑稿》作“一昨北虏侵疆”。“一昨”当是“昨以”之误，而“敌”字应是清钞本避忌所改，当以“虏”字为是。

（2）卷二一三“备御上”《北敌议地界泛使再至咨访韩琦、富弼、文彦博、曾公亮诏》，中华本校记曰：“读（经庐）本‘北敌’作‘敌人’。”案《宋朝诸臣奏议》卷一三七引此诏作“北虏”，当据改。又，此诏文中有“敌情无厌”，案《宋诸臣奏议》所引“敌”作“虏”。亦当据改。又，“而辄构衅端”，案《宋诸臣奏议》所引“构”作“造”。《宋诸臣奏议》固避高宗讳，然《宋大诏令集》岂不避乎？疑此亦清人所改。

利用上文所举四十余则直接引用本书的材料进行校勘，也有一定的收获。这里仅举数例以见一斑：

（1）卷一七八《诫约职田遵守元制诏》“辟污之始，夺农力以□求”，“求”上阙一字，《山堂后集》卷一七“官制门·职田类”（大中祥符九年七月丙寅）引作“多”；又，“敛熟之时，峻公□而奄取”，“公”下阙一字，《山堂后集》引作“文”；又，“无乡原赈济之恩”，“济”《山堂后集》引作“恤”；又，“遇灾沴且省之”，“且”《山堂后集》引作“即”。

（2）同卷《罢职田诏》“敛而均之，孰曰不从”，“从”《山堂后集》卷一七“官制门·职田类”（天圣七年八月丁亥）引作“足”。

（3）同卷《复职田诏》“并缘为奸”，“奸”《山堂后集》卷一七“官制门·职田类”（天圣九年正〈当是“二”之误〉月癸巳）引作“私”，《续资治通鉴长编》卷一一〇天圣九年（1031）二月癸巳载此诏亦作“私”。

在利用其他史料时，首要问题还是要考察它与本书的史料是否处在同一层级上。这在上文已经论述过，也就不再举例了。

最后，关于辑补谈一点看法。在校勘时，由于可以比对本书与其他史料的关系，故尚可以利用其他材料来进行此工作。然而，辑补正是针对本书已佚的材料而言，故而比对工作也就无从谈起。所以笔者个人认为从根本上看，这种情况下的辑佚是行不通的。前文着重分析的史料层级性正说明了这个问题，在没有明确标注引自宋《大诏令》时，只能判断不同史料的基本事实是否一致，而无法判断史料层级关系，故而是否为原书所“佚”就无从论断。如果希望通过考证，把本书的基本收录情况搞清，也就是把各诏令的时代和所系史实调查清楚[①]，那么可以把其他记录相同史实的史料标注在本书每则诏令之后，以便考察研究。如，卷一七二“科举一”

① 这属于“用”的研究。

目录《颁〈考试进士新格〉诏》,通过时间编排顺寻的排列考证[①],可知《宋会要辑稿·职官》一三之九所录真宗景德四年十月,对翰林学士晁迥上考试新格所下诏书为同一史实,可以补注在此条下[②]。采用这种方式,可以兼顾文献考据的严谨和史学考证对于材料的需求。

(作者单位:复旦大学中文系)

① 参看本文第二节的相关讨论。

② 龚延明《〈宋大诏令集〉阙卷辑补点校(四篇)》此条下案曰:"查未获,俟考。"龚文可能没有考虑"科举门"的特殊编纂方式,所以辑补时时间编排上并不完全可靠。

北京大学出版社版《毛诗正义》标点辨误*

董守志

在中国思想史及学术史上,《十三经注疏》有着极为重要的地位,但长期以来却从未有过系统而全面的整理。李学勤主编的《十三经注疏》点校本①(以下简称"点校本")是对《十三经注疏》的第一次系统而全面的整理。点校本以 1979 年中华书局影印清嘉庆二十一年阮元校刻《十三经注疏》为底本,全面吸收了阮元《十三经注疏校勘记》和孙诒让《十三经注疏校记》的成果,博采众说,择善而从,在校勘上超过了前人,并施加现代标点,使《十三经注疏》更易为各方面读者接受。诚如李学勤先生所说:"《十三经注疏》整理标点本的出版,将推动经学史以及整个中国学术史研究在新世纪的进步。"②然而,由于《十三经注疏》规模庞大,内容艰深奥涩,整理的难度极大,不可能毕其功于一役。本文试从标点方面就点校本之一《毛诗正义》中某些可商的内容略加论列,供读者参考。引文后所标注的卷数、页码皆为点校本《毛诗正义》③之卷数、页码。另外,本文主要对《毛诗正义》之孔疏的标点提出商兑,若未注明,所引文字皆为孔疏。

(1)《楚世家》云:"高阳生称,称生卷章,卷章生重黎,为高辛氏之火正,能光融天下,帝喾命曰祝融,为高辛氏火正也。"若然,《楚语》称"颛顼命南正重司天以属神,命火正黎司地以属民",则黎为火正,高阳时也。言高辛者,以重、黎是颛顼命之,历及高辛,仍为此职,故二文不同也。黎实祝融,重为南正,而《楚世家》同,以重、黎为祝融,马迁谬也。(卷七《桧谱》,457)

案,"而《楚世家》同以重黎为祝融"当作一句读,不应顿逗。意为:而《史记·楚世家》却把重、黎都当成祝融。"同以"意为:把他们都当成。孔疏指出,根据《国语·楚语》,黎乃祝融火正,重是南正,名字不同,官职也不同。但司马迁《史记·楚世家》却把名字不同、官职也不同的重和黎都当成了祝融火正,这是错误的。

(2)礼,大祥祭服,朝服缟冠。(卷七《素冠》,462)

"大祥祭服朝服缟冠"当作一句读,不应分断。意为:按照礼仪,大祥祭应该穿朝服,戴缟冠。"大祥祭服"之"服"为穿戴之义。《礼记正义》卷五十七《间传》:"又期而大祥,素缟麻衣。"孔疏:"谓二十五月大祥祭,此日除脱,则首服素冠,以缟纰之。身着

---

* 国家社科基金重大招标项目:汉语史语料库建设研究(10&ZD117);2015 年江苏省普通高校学术学位研究生科研创新计划项目;南京师范大学 2014 年博士学术新人培育项目。

① 此《十三经注疏》点校本由李学勤主编,《十三经注疏》整理委员会整理,北京大学出版社 1999 年版。此书以繁简两种字体印行,本文以简体版为准。

② 李学勤:《十三经注疏(标点本)·序》,北京:北京大学出版社,1999 年。

③ 《十三经注疏·毛诗正义》(标点本),北京:北京大学出版社,1999 年。

朝服而为大祥之祭,祭讫之后,而哀情未除,更反服微凶之服,首着缟冠,以素纰之;身着十五升麻深衣,未有采缘。”①据此,大祥祭应身着朝服首戴缟冠。若依点校本,于“祭服”下断,则读者不明所以。

(3) 毛以为,周公遭管、蔡流言之变,举兵而东伐之。忧此王业之将坏,故陈后稷及居豳地之先公,其风化之所由,缘致此王业之艰难之事。(卷八《七月》,489)

“缘”当属上句读,“由缘”乃六朝隋唐常用词汇,缘故之义。《魏书·鹿悆传》:“仍叙由缘,景儁便记。”《法苑珠林》卷五二:“度惊曰:‘汝那得蓬莱道人书唤我归耶?’乃说由缘,又将钵与之。”

(4) 此八章皆是周公陈先公在豳教民,周备使衣食充足,寒暑及时,民奉上教,知其早晚,各自劝勉,以勤事业。(卷八《七月》,489)

“周备”当属上句读,“先公在豳教民周备”,意为:先公在豳地教育百姓农耕稼穑,礼仪文化很周全完备。本书同卷孔疏云:“先公之教,急于衣食,四章之末,说田猎习戎,卒章之初,说藏冰御暑,非衣食之事而言之者,广述先公礼教具备也。”(页490)又本书同卷孔疏云“周公云:先公教民周备,民奉上命。”(页491)“教民周备”未断,不误。

(5) 颂者,美盛德之形,容成功之事,男女之功俱毕,无复饥寒之忧,置酒称庆,是功成之事,故知“朋酒斯飨,万寿无疆”,是谓豳颂也。(卷八《七月》,496)

“容”当属上句读,“颂者,美盛德之形容”,乃引《毛诗·大序》原文,不应分断。

(6) 四月秀者,葽之草也。五月鸣者,蜩之虫也。八月其禾可获刈也。十月木叶皆陨落也。此四物渐而成终,落则将寒之候。(卷八《七月》,500)

“终”当属下句读,“此四物渐而成,终落则将寒之候”,意为:这四种事物(葽、蜩、禾、木)慢慢长成,等它们都凋零死亡的时候,寒冷的冬天就要来了。本书同页郑笺:“四者皆物成而将寒之候,物成自秀葽始。”孔疏“此四物渐而成”为解释郑笺“四者皆物成”之语。

(7) 四时皆习兵,而独说冬猎者,以取皮在冬,且大阅礼备故也。(卷八《七月》,502)

“且大阅”当属上句读,此句意为:一年四季都练兵,为什么单独描写冬猎,是因为在冬天不但猎取动物的皮毛,且大规模地检阅军队,礼仪很完备的原因。若依点校本,文意不明。

(8) 岁亦莫。止谓十月为莫,是过十月则改岁,乃大寒,故言改岁之后,方始入室。若总言一岁之事,则寒暑一周乃为终岁,寒气未过,是为未终,故上言无衣无褐,不得终岁,谓度寒、至春二者,意小异也。(卷八《七月》,503)

此段标点问题非一,试分别述之:

其一,“岁亦莫止谓十月为莫”当标点为“‘岁亦莫止’,谓十月为莫”。“岁亦莫止”乃引《诗经·小雅·采薇》之文,不应点断,且应加双引号。

其二,“谓度寒至春二者意小异也”当标点为“谓度寒至春,二者意小异也”。这段

① 《十三经注疏》,北京:中华书局,1980年版,第1661页a—b。

话的意思是,“曰为改岁”的“改岁”是指十月份,而上文的“无衣无褐,不得终岁”的“终岁”是指经过冬天一直到春天。“改岁”和“终岁”,两个“岁”所指不同,意义也略有差别。

(9)(郑笺)纳,内也。治于场而内之。囷,仓也。(卷八《七月》,504)

“治于场而内之囷仓也”应作一句读,不应点断。意为:在场上处理晾晒好的粮食,然后收纳进粮仓。此为郑玄释经“十月纳禾稼,黍稷重穋,禾麻菽麦”之文,经文中未有“囷”字,郑玄无由独释此字。本书同卷孔疏:“十月之中,纳禾稼之所收获者,黍稷重穋、禾麻菽麦之等,纳之于囷仓之中。”(页505)本书同卷孔疏:“但既言治于场,遂内于仓。”(页506)又“既纳囷仓,已是聚矣”(页506)。皆为解释郑笺之言,未断,不误。

(10)《月令》“孟冬,天子乃祈来年于天宗,大割牲,祀于公社及门闾,腊先祖五祀。”注云:“此《周礼》所谓蜡也。天宗,谓日月星辰。大割,大杀群牲割之。腊,谓以田猎所得禽,祭五祀:门、户、中霤、灶、行。或言祈年,或言大割牲,或言腊,互文。”(卷八《七月》,506)

案,“祭”当属上句读,后之逗号改为句号。此处所引见于《礼记正义》卷十七《月令》:“天子乃祈来年于天宗,大割祠于公社及门闾,腊先祖五祀。”郑注:“此《周礼》所谓蜡祭也。天宗,谓日月星辰也。大割,大杀群牲割之也。腊,谓以田猎所得禽祭也。五祀:门、户、中霤、灶、行也。或言祈年,或言大割,或言腊,互文。”孔疏云:“云‘腊谓田猎所得禽祭’者,以欲腊祭之时,暂出田猎以取禽,非仲冬大阅之猎也。《左传》云:‘唯君用鲜。’则天子诸侯,祭用鲜兽。皇氏云‘仲秋猎得禽兽,以为干豆,至腊用之’,其义非也。云‘五祀:门、户、中霤、灶、行’者,《月令》殷礼言之,若周则七祀。”①显然,当以“谓以田猎所得禽祭”为句。北大版点校本《礼记正义》卷十七《月令》下郑注之标点以“谓以田猎所得禽祭”为句(页550),不误。

(11)笺又引其“出之”以下者,解此藏冰之意,言为此颁冰,故藏之也。(卷八《七月》,509)

“其”后之双引号当移至其前,此处所引见本书同卷郑笺:“其出之也,朝之禄位,宾、食、丧、祭,于是乎用之。”(页507)

(12)《月令》“仲春,天子乃献羔开冰,先荐寝庙”,《月令》文也。彼作“鲜羔”,注云:“鲜当为献。”此已破引之证。经献羔之事在二月也。(卷八《七月》,509)

“此已破引之证。经献羔之事在二月也”,不辞,当标点为“此已破引之,证经献羔之事在二月也”。这段话意为:《礼记·月令》原文作“仲春,天子乃鲜羔开冰,先荐寝庙”,但郑笺援引这段话时,直接把“鲜”破读为“献”,就是想说明《诗经·七月》所说的“献羔祭韭”之事发生在仲春,即二月份。

(13)《周礼》凌人之职,“夏,班冰掌事。秋,刷”,《天官·凌人》文。彼注云:“暑气盛,王以冰颁赐,则主为之刷清也。秋凉,冰不用,可以清除其室也。”(卷八《七月》,509)

---

① 《十三经注疏》,第1382页a—b。

"则主为之刷清也"当标点为"则主为之。刷,清也"。此处所引见于《周礼注疏》卷五《天官·凌人》:"夏颁冰,掌事。(郑注:暑气盛,王以冰颁赐,则主为之。《春秋传》曰:"古者日在北陆而藏冰,西陆朝觌而出之。")秋,刷(郑注:刷,清也。郑司农云:"刷除冰室,当更内新冰。"玄谓秋凉,冰不用,可以清除其室。)。"[①]很明显,"主为之"是指凌人掌管夏天为天子颁冰。"刷,清也"是对经文"刷"的解释。"则主为之刷清也"若依点校本连作一句读,则文意不明。北大版点校本《周礼注疏》卷五《天官·凌人》:"夏颁冰,掌事。秋,刷。"下郑注之标点不误(页132—133)。

(14) 案传以启之下云"火出而毕赋",又云"火出于夏为三月",则是三月颁冰。(卷八《七月》,509)

案,"传"当加书名号,"火出于夏为三月"中"火出"下当加逗号。"火出而毕赋"乃《左传·昭公四年》文,"火出,于夏为三月"乃《左传·昭公十七年》文,此处"传"乃指《左传》,另本书同页之"传"多见,皆为《左传》之义,皆应加书名号,以与毛传相区别。"火出于夏为三月"引自《左传·昭公十七年》:"火出,于夏为三月,于商为四月,于周为五月。"意为:火星昏见,在夏历的三月,商历的四月,周历的五月。

(15)《说文》云:"撠,持撠。挶,谓以手爪挶持草也。"(卷八《鸱鸮》,516)

这段话应该标点为"《说文》云:'撠,持。''撠挶',谓以手爪挶持草也"。"谓以手爪挶持草也"乃释毛传"撠挶"之文(本书同页毛传:拮据,撠挶也),非《说文》中文字。今本《说文解字》亦无自"撠"以下文字。

(16)(郑笺)音哓哓然恐惧,告愬之意。(卷八《鸱鸮》,517)

"恐惧"当属下句读。此句意为:声音哓哓然,其中蕴含着恐惧求助的意思。

(17) 陆机《疏》云"伊威,一名委黍,一名鼠妇,在壁根下瓮底土中生,似白鱼者",是也。蠨蛸,长踦,一名长脚。荆州河内人谓之喜母。此虫来着人衣,当有亲客至,有喜也,幽州人谓之亲客,亦如蜘蛛为罗网居之,是也。(卷八《东山》,523)

自"是也蠨蛸"以下皆为陆《疏》中文字,当置之双引号内。此处所引见于《毛诗草木鸟兽虫鱼疏》(丛书集成初编本,下同)卷下《伊威在室》及《蠨蛸在户》条,有自"是也蠨蛸"以下文字。北大点校本《尔雅注疏》卷九《释虫》:"蠨蛸,长踦。"下邢疏引陆《疏》之标点(页290),亦以自"是也蠨蛸"以下文字为陆《疏》中文字,不误。

(18) 笺以为避居则不复,当谓不得复位。(卷八《九罭》,534)

"则不复"当属下句读,"不得复位"乃释"不复"之文。

(19)(郑笺)孙,读当如"公孙于齐"之孙。孙之言孙,遁也。周公摄政,七年致大平,复成王之位,孙遁辟此,成公之大美。(卷八《狼跋》,536)

"孙之言孙遁也"当做一句读。"孙遁辟此成公之大美"亦当作一句读。本书同页郑笺"孙遁辟此",本书同卷孔疏"言周公既致大平,乃逊遁避此成功之大美"(页537),又"古之逊字借孙为之,《春秋》昭二十五年经言'公孙于齐',《春秋》之例,内讳奔谓之逊,言昭公逊遁而去位。此周公亦逊遁去位,故读如彼文。'逊,遁',《释言》文。孙炎曰:'遁,逃去也。'周公摄政七年,逊遁避成功之大美,《尚书·洛诰》有其事"

① 《十三经注疏》,第671页b。

(页537—538)皆,“逊遁”连言,“逊遁避此成功之大美”“逊遁避成功之大美”亦连言。若依点校本,则文意不明。

(20)《天官·屦人》掌王之服屦,为赤舄、黑舄”,注云:“王吉服有九,舄有三等。赤舄为上,冕服之舄。下有白舄、黑舄。”(卷八《狼跋》,537)

“掌王”之前漏一双引号,此处所引见《周礼·天官·屦人》。北大版点校本《周礼注疏》卷八《天官·屦人》标点不误(页215)。

(21)《士冠礼》云:“玄端黑屦,青絇繶纯。爵弁纁屦,黑絇繶纯。纯博寸。”注云:“絇之言拘,以为行戒,状如刀衣,鼻在屦头。繶,缝中紃也。”(卷八《狼跋》,537)

“鼻”当属上句读。絇状似刀衣鼻,而非刀衣。此处所引见《仪礼注疏》卷三《士冠礼》:“屦,夏用葛。玄端黑屦,青絇繶纯,纯博寸。”郑注:“屦者顺裳色,玄端黑屦,以玄裳为正也。絇之言拘也,以为行戒,状如刀衣鼻,在屦头。繶,缝中紃也。纯,缘也。三者皆青。博,广也。”贾疏云:“云‘状如刀衣鼻,在屦头’者,此以汉法言之。今之屦头见有下鼻,似刀衣鼻,故以为况也。”[①]很显然,“衣鼻”当连读。北大版点校本《仪礼注疏》卷三《士冠礼》:“屦,夏用葛。玄端黑屦,青絇繶纯,纯博寸。”下郑注之标点亦以“衣鼻”连读(页52),不误。

(22)《书序》云:“召公为保,周公为师,相成王为左右。召公不悦,《周公》作《君奭》。”是成王留之为大师也。(卷八《狼跋》,538)

“《周公》作《君奭》”之“周公”之书名号当删,此处之“周公”非书名,乃人名。此处所引见《尚书正义》卷十六《君奭·序》:“召公为保,周公为师,相成王为左右。召公不说,周公作《君奭》。”[②]北大点校本《尚书正义》卷十六《君奭·序》中“周公”未加书名号(页438),标点不误。

(23)知大雅自《生民》者,以《生民序》云:“文、武之功,起于后稷,故推以配天焉。”明是文、武,后人见文、武功之所起,故推以配天也。文、武后人,唯周公、成王耳。(卷九《小大雅谱》,542)

“明是文、武,后人见文、武功之所起”中“文、武”后之逗号当删。这段话的意思是,文王和武王的后人看到文王和武王的功德是从后稷那里继承的,所以才把后稷推到和上天相配的地位。本书同页孔疏“文、武后人,唯周公、成王耳”中,“文、武后人”未断,不误。

(24)故《鱼丽序》下王传曰《常棣》之作,在武王既崩,周公诛管、蔡之后,而在文、武治内之篇,何也?夫“刑于寡妻,至于兄弟,以御于家邦”,此文王之行也。闵管、蔡之失道,陈兄弟之恩义,故内之于文、武之正雅,以成燕群臣、燕兄弟、燕朋友之乐歌焉,是与郑同也。(卷九《小大雅谱》,552)

“《常棣》之作”至“之乐歌焉”皆为引王肃注《诗经》之文,依例当加双引号,中之双引号当改为单引号,“之乐歌焉”后之逗号当改为句号。

(25)“既饮食之”,章首二句是也。“实币帛筐篚,以将其厚意”,“承筐是将”是

① 《十三经注疏》,第958页a。
② 《十三经注疏》,第223页a。

也。忠臣嘉宾得尽其心者,序者因言君有恩惠,可以得臣之心,总美燕乐之事,于经无所当也。(卷九《鹿鸣》,555)

“忠臣嘉宾得尽其心”,乃引《鹿鸣·序》之文,依例当加双引号。此处所引见本书同页《鹿鸣·序》:“《鹿鸣》,燕群臣嘉宾也。既饮食之,又实币帛筐篚,以将其厚意,然后忠臣嘉宾得尽其心矣。”

(26) 饮食必酬侑之者,案《公食大夫礼》“宾三饭之”后云:“公受宰夫束帛以侑。”注云:“束帛,十端帛也。侑犹劝也。主国君以为食宾殷勤之意,未至复发币以劝之,欲其深安宾也。”是礼食用币之意也。(卷九《鹿鸣》,555—556)

“未至”当属上句读。“主国君以为食宾殷勤之意,未至复发币以劝之,欲其深安宾也”意为:国君认为宾客们还都不够尽兴,所以再次颁赐礼物来鼓励客人,希望宾客们都开心。北大点校本《仪礼注疏》卷二十五《公食大夫礼》“公受宰夫束帛以侑”下郑注之标点以“未至”属上(页493),不误。若依点校本,则读者不明所以。

(27) 孙炎曰:“荆楚之间谓蒿为菣。”郭璞曰:“今人呼青蒿香中炙啖者为菣。”陆机云:“蒿,青蒿也。荆、豫之间,汝南、汝阴皆云菣也。本或云‘牡菣’者,‘牡’衍字。牡菣乃是蔚,非蒿也。与《蓼莪》传相涉而误耳。”(卷九《鹿鸣》,559)

段末之双引号当移至“本或云”前,“本或云”以下之单引号皆当改为双引号。自“本或云”以下乃孔疏,非陆《疏》中文字,此处所引见于《毛诗草木鸟兽虫鱼疏》卷上《食野之蒿》条,无自“本或云”以下文字。

(作者单位:南京师范大学文学院)

中华书局本《后汉书》点校献疑

王　建

中华书局整理本《后汉书》自 1965 年问世以来，流传广，影响大，是目前公认的最为精善的《后汉书》版本。《后汉书》李贤注（下文简称“李注”）中大量征引古书，涉及不少语言文字、典章制度问题，笔者发现整理本的点校尚存值得商榷之处，今撰成札记十九则，以期对《后汉书》的标点、校勘研究有所匡补。

1.《显宗孝明帝纪》：事毕，升灵台，望元气，吹时律，观物变。

李注：元气，天气也……故《春秋传》曰：“凡分至启闭必书云物，为备故也。”杜预注云：“物谓气色灾变也。”（第 101 页，此为中华书局 1965 年 5 月第 1 版，1973 年 8 月上海第 2 次印刷的点校本《后汉书》页码，以下引用《后汉书》均同此本，仅标明页码）

按：《左传·僖公五年》：“《传》五年，春，王正月，辛亥，朔，日南至。公既视朔，遂登观台以望。而书，礼也。凡分、至、启、闭，必书云物，为备故也。”杜注：“分，春、秋分也。至，冬、夏至也。启，立春、立夏。闭，立秋、立冬。云物，气色灾变也。”《后汉书》卷九十八：“卒事，遂升灵台，以望云物。”李贤注曰：“杜预注《传》曰：‘云物，气色灾变也。素察妖祥，逆为之备。’”故此处李注引《左传》及杜注应标点如下：故《春秋传》曰：“凡分、至、启、闭，必书云物，为备故也。”杜预注：“云物，谓气色灾变也。”

2.《显宗孝明帝纪》：长吏各絜斋祷请，冀蒙嘉澍。

李注：《说文》曰：“时雨所以澍生万物。”《淮南子》曰：“春雨之灌，万物无地不澍，无物不生。”澍音之成反。（第 123 页）

按：此处所引《淮南》之文当标点为“春雨之灌万物，无地不澍，无物不生。”《淮南子·泰族》：“春雨之灌万物也，浑然而流，沛然而施，无地而不澍，无物而不生。”

3.《孝献帝纪》：九月，蚩尤旗见于角、亢。

李注：《天官书》曰：“蚩尤之旗，类彗而后曲，象旗。”荧惑之精也。《吕氏春秋》云：“其色黄上白下，见则王者征伐四方。”角、亢，苍龙之星。（第 371 页）

按：《史记·天官书》：“蚩尤之旗，类彗而后曲，象旗。见则王者征伐四方。”《集解》：“孟康曰：‘荧惑之精也。’晋灼曰：‘《吕氏春秋》曰其色黄上白下。’”[1]其中“见则王者征伐四方”不见于《吕氏春秋》，实出《史记·天官书》，当属下读。“荧惑之精也”和“《吕氏春秋》云‘其色黄上白下’”分别是孟康和晋灼之言。《汉书》卷二十六《天文志六》已将“见则王者征伐四方”句置于“其色黄上白下”句后，这段内容除了后文“角、亢，苍龙之星”的注文外，余皆出直接源自《史记·天官书》。窃以为此处可能是正文阑入注文所致，“见则王者征伐四方”当为正文大字单行。此处应标点作：《天官书》

---

① （汉）司马迁：《史记》，北京：中华书局，2013 年点校修订本，第 1586 页。

曰:“蚩尤之旗,类彗而后曲,象旗。”荧惑之精也。《吕氏春秋》云:“其色黄上白下。”见则王者征伐四方。角、亢,苍龙之星。

4.《孝献帝纪》:三月,有星孛于东方。

李注:杜预注《左传》云“平旦,众星皆没,而孛星乃见”,故不言所在之次。(第389页)

按:《左传·哀公十二年》:“冬,十有一月,有星孛于东方。”杜注:“无传。平旦,众星皆没,而孛乃见,故不言所在之次。”此处李注所引《左传》杜注包含“故不言所在之次”一句,下引号当在“次”字之后。

5.《皇后纪下》:昔晋侯失刑,亦梦大厉被发属地。

李注:《左传》曰:“晋侯梦大厉,被发及地,搏膺而踊曰:‘杀余孙,不义,余得请于帝矣。’”杜预注曰:“厉鬼,赵氏之先祖也。晋侯先杀赵同、赵括,故怒也。”(第449页)

按:引杜预注“厉鬼”当标点为“厉,鬼。”“厉”本有恶鬼义,点校者不明字义而误。《左传·成公十年》:“晋侯梦大厉,被发及地,搏膺而踊曰:‘杀余孙,不义,”杜预注:“厉,鬼也。赵氏之先祖也。”除《左传·成公十年》此例之外,《左传·襄公十七年》:“重丘人闭门而訽之,曰:‘亲逐而君,尔父为厉。’杜预注:“厉,恶鬼。”《左传·襄公二十六年》:“殖绰伐茅氏,杀晋戍三百人。孙蒯追之,弗敢击。文子曰:‘厉之不如。’”杜预注:“厉,恶鬼也。”

6.《冯衍列传》:惟天路之同轨兮,或帝王之异政;尧舜焕其荡荡兮,禹承平而革命。

李注:《白虎通》曰:“德合天者称帝,仁义合者称王。”(第993页)

按:“天”后疑脱一“地”字。《白虎通疏证》卷第一:“德合天地者称帝,仁义合者称王。”[①]《北堂书钞》卷五:“仁义合者称王……德合天地。”[②]《艺文类聚》卷十一:“《白虎通》曰:‘帝王者,号也,号者,功之表也,所以表功明德,号令臣下者也。德合天地者称帝,仁义合者称王,别优劣也。’……《帝王世纪》曰:‘孔子称天子之德,感天地,洞八方,是以化合神者称皇,德合天地者称帝,仁义合者称王。’”[③]

7.《光武十王列传》:东海王臻以近蕃之尊,少袭王爵,膺受多福,未知艰难,而能克己率礼,孝敬自然,事亲尽爱,送终竭哀,降仪从士,寝苫三年。

李注:《左氏传》曰:“晏桓子卒,晏婴粗衰斩,苴绖带,杖,菅屦,食粥,居倚庐,寝苫枕草。其家老曰:‘非大夫之礼也。’”杜预注云:“时士及大夫衰服各有不同。”(第1426页)

按:李注引《左传》之文当标点作“晏桓子卒,晏婴粗衰斩,苴绖、带、杖,菅屦,食粥,居倚庐,寝苫枕草。其家老曰:“非大夫之礼也。”点校者不明先秦礼制而误。

“苴绖、带、杖”乃是“苴绖、苴带、苴杖”之省。苴绖即首绖,指的是服丧时戴在头上的用牝麻织成之物,即上古之“布”,指麻布。中国之麻,雌雄异株,雌麻称“苴”,或称牝麻;雄麻称“枲”,或称牡麻(开花而不结籽)。苴麻结子,外形粗恶,故用于斩衰首

① (清)陈立:《白虎通疏证》,北京:中华书局,1994年,第43页。

② 《续修四库全书》,第1221册,上海:上海古籍出版社,2002年,第85页。

③ (唐)欧阳询撰、汪绍楹校:《艺文类聚》,上海:上海古籍出版社,1982年,第199页。

绖。枲麻开花而不结子，外形较苴麻略细，故用于齐衰以下首绖。所以，“苴”有粗恶之义。《仪礼·丧服》：“斩衰裳，苴绖、杖、绞带。”郑玄注：“凡服在上曰衰，在下曰裳；麻在首、在腰皆曰绖。首绖，象缁布冠之缺顶；要绖，象大带。”贾公彦疏：“苴绖、杖、绞带者，以一苴目此三事，谓苴麻为首绖、要绖；又以苴竹为杖；又以苴麻为绞带。”贾公彦说“苴麻为首绖”“以苴竹为杖”，苴麻即雌麻，外形粗恶，可作绖，苴杖是古代居父丧时孝子所用的用苴麻布缠裹的竹杖，苴带是苴麻所作之绞带，贾疏已申之。《礼记·丧服小记》：“苴杖，竹也；削杖，桐也。”《礼记·问丧》：“或问曰：杖者何也？曰：竹、桐一也。故为父苴杖，苴杖，竹也。为母削杖，削杖，桐也。”

8.《光武十王列传》：大王以骨肉之亲，享食茅土，当施张政令，明其典法，出入进止，宜有期度，舆马台隶，应为科品。

李注：台、隶，贱职也，《左氏传》曰“人有十等，王臣公，公臣卿，卿臣大夫，大夫臣士，士臣皁，皁臣舆，舆臣隶，隶臣僚，僚臣仆，仆臣台”也。（第1432页）

按：所引《左传》人有十等之说，又恐误衍“卿卿臣”三字，若依李注所引，则有十一等，与《左传》不符，此三字疑为衍文。阮元《十三经注疏校勘记》已发之。《左传·昭公七年》：“天有十日，人有十等，下所以事上，上所以共神也。故王臣公，公臣大夫，大夫臣士，士臣皁，皁臣舆，舆臣隶，隶臣僚，僚臣仆，仆臣台。马有圉，牛有牧，以待百事。”

9.《崔骃列传》：选利器于良材，求镆铘于明智。

李注：《吴越春秋》曰：“干将，吴人也，造二剑，一曰干将，二曰莫邪。莫邪者，干将之妻名也。干将作剑，采五山之精，合六金之英，百神临观，遂以成剑。”（第1710页）

按：“采五山之精”，“之”后疑脱一“铁”字，“合六金之英”当作“六合之金英”。《吴越春秋》卷四：“干将者，吴人也，与欧冶子同师，俱能为剑，越前来献三枚，阖闾得而宝之，以故使剑匠作为二枚，一曰干将，二曰莫耶，莫耶，干将之妻也，干将作剑，采五山之铁精，六合之金英，候天伺地，阴阳同光，百神临观，天气下降而金铁之精不销，沦流于是。”[①]《淮南鸿烈集解》卷八：“六合之间，一人之制也。”[②]六合，即上下和东西南北四方，泛指天下或宇宙，正与“五山”相对，作“六金”则不可解。

10.《杜栾刘李刘谢列传》：听民庶之谣吟，问路叟之所忧。

李注：《说苑》曰：“孔子行游中路，闻哭者声，其音甚悲。孔子避车而问之曰：‘夫子非有丧也，何哭之悲？’虞丘子对曰：‘吾有三失：吾少好学，周遍天下，还后吾亲亡，一失也；事君奢骄不遂，是二失也；厚交友而后绝，是三失也。’”（第1847页）

按：《说苑》卷十：“孔子行游，中路闻哭者声，其音甚悲，孔子曰：‘驱之，驱之！前有异人音。’少进，见之，丘吾子也。拥镰带索而哭。孔子辟车而下问曰：‘夫子非有丧也，何哭之悲也？’丘吾子对曰：‘吾有三失。’孔子曰：‘愿闻三失。’丘吾子曰：‘吾少好学问，周遍天下，还后吾亲亡，一失也；事君奢骄，谏不遂，是二失也；厚交友而后绝，三失也。’”[③]

---

① （东汉）赵晔撰、吴庆峰点校：《吴越春秋》，济南：齐鲁书社，2000年，第26页。

② 刘文典撰、冯逸、乔华点校：《淮南鸿烈集解》，北京：中华书局，1989年，第249页。

③ 向宗鲁：《说苑校证》，北京：中华书局，1987年，第260页。

李慈铭《南史札记》:“丘吾即丘吾子,事见《说苑·敬慎篇》。即《韩诗外传》九所载之皋鱼也。《梁书》作‘虞丘’,古‘虞’‘吾’字通用。《周书》及《北史·儒林·樊深传》云:‘尝读书见吾丘子,遂归侍养。’盖皆误倒。”[①]李说可商。《汉书》有《吾丘寿王传》,《汉书·艺文志》载“《吾丘寿王赋》十五篇”,[②]吾丘寿王,《说苑》卷十一作“虞丘寿王”,[③]《水经注》卷十九亦作“虞丘寿王”[④],此即古“虞”“吾”字通用之例,而“虞丘”、“吾丘”显然是姓氏,古人往往有“姓+子”,称作“某某子”之例,如孔子、荀子等,虞丘子、吾丘子亦此类。《列女传》亦见“虞丘子”,可为一证。要之,《后汉书》李贤注引《说苑》作“虞丘子”不误,传世本《说苑》作“丘吾子”盖误倒。《孔子家语·观思》亦作“丘吾子”,恐亦误倒。[⑤]

各本“奢骄”后疑脱一“谏”字。“事君奢骄不遂”扞格难通,当据《说苑》补“谏”字,作“事君奢骄,谏不遂”,谓其谏言之不得遂也。

11.《张衡列传》:于心有猜,则簋飧馔餔犹不屑餐,旌瞀以之。

李注:《列子》曰:“东方有人焉,曰爰旌目,将有适也,而饿于道。狐丘父之盗曰丘,见而下壶飧以餔之。爰旌目三餔而后能视,曰:‘子何为者?’曰:‘我狐父之人丘也。’爰旌目曰:‘谑,汝非盗邪?吾义不食子之食也。’两手据地而欧之,不出,喀喀而死。”(第1902页)

按:“狐丘父”之“丘”字疑因下文“丘”而衍。今本《列子》作“我狐父之人丘也”。杨伯峻《列子集释》:“蒋超伯曰:狐父,乃地名。《荀子·荣辱篇》:‘所谓以狐父之戈钃牛矢也’杨倞注:‘狐父,地名。《史记》:“伍被曰:吴王兵败于狐父。”徐广曰:“梁砀之间也。”’”[⑥]

12.《张衡列传》:献环琨与玙缡兮,申厥好以玄黄。

李注:环、琨,并玉佩也。《白虎通》曰“修道无穷即佩环,能本道德即佩琨”也。(第1931页)

按:今本《白虎通》不见此句。唐宋类书引《白虎通》“本”多作“大”。《初学记》卷二十六:“《白虎通》曰:‘所以必有佩者,表意见所能,故修道无穷即佩环,能大道德即佩琨,能决嫌疑即佩玦,是以见其所佩,即知其能。’”[⑦]《太平御览》卷第六百九十二:“《白虎通》曰:‘所以必有珮者,表意见所能,故修道无穷即珮环,能大道德即珮琨,能决嫌疑即珮玦,是以其所佩,即知其所能。’”[⑧]按以上类书所引,作“大”于义为长。

13.《吴延史卢赵列传》:此谓君政舒缓,故日食晦也。《春秋传》曰“天子避位移时”。

李注:《左氏传》曰:“日过分未至三辰有灾,于是乎君不举,避移时。”杜预注曰:

① (清)李慈铭撰、巩本栋点校:《南史札记》,南京:南京出版社,1992年,第195页。

② 陈国庆:《汉书艺文志注释汇编》,北京:中华书局,1983年,第168页。

③ 《说苑校证》,第270页。

④ (北魏)郦道元注、陈桥驿校证:《水经注校证》,北京:中华书局,2007年,第449页。

⑤ (三国魏)王肃:《孔子家语》,郑州:中州古籍出版社,1991年,第34页。

⑥ 杨伯峻:《列子集释》,北京:中华书局,1979年,第278页。

⑦ (唐)徐坚等:《初学记》,北京:中华书局,1962年,第628页。

⑧ (宋)李昉等:《太平御览》,北京:中华书局,1960年,第3088页。

“避正寝，过日食时也。”(第 2118 页)

按：“日过分未至三辰有灾”应当点断，作“日过分未至，三辰有灾”是。《左传·昭公十七年》：“日过分而未至，三辰有灾，于是乎百官降物，君不举，辟移时，乐奏鼓。”“日过分而未至”，杜注：“过春分而未夏至。”“三辰有灾”，杜注：“三辰，日月星也。日月相侵，又犯是宿，故三辰皆为灾。”

14.《郑孔荀列传》：融乃建议曰：“古者敦庬，善否不别。”

李注：《左传》楚申叔时曰：“人生敦庬。”杜预注：“庬，厚大也。”(第 2267 页)

按：《左传·成公十六年》：“是以神降之福，时无灾害，民生敦厖，和同以听。”杜预注：“敦，厚也。厖，大也。”(《春秋左传正义》卷二十八，第 1917 页)“厖”同“庬”。“庬”有“大”义，古书多有用例，《国语·周语上》：“敦庬纯固于是乎成”，韦昭注：“敦，厚也；庬，大也。”[①]《后汉书·张衡列传》“蒙厖褫以拯人”，李贤注引《尔雅》曰：“厖，大也；褫，福也。”《酷吏列传》李贤注亦引杜预注，作“敦庬，厚大也。”“厚”乃解“敦”之语，疑此李注误入解“庬”之文。

15.《儒林列传》：平帝时，受《施氏易》于沛人戴宾。能弹雅琴，知清角之操。

李注：刘向《别录》曰：“雅琴之意，事皆出龙德《诸琴杂事》中。”《前书·艺文志》曰：“《雅琴》，龙氏名德，赵氏名定。”《韩子》曰：“师旷对晋平公曰：‘昔黄帝合鬼神，驾象车，交龙毕，方并辖，蚩尤居前，风伯进扫，雨师洒道，作为清角。今君德薄，不足以听之。’”(第 2549 页)

按：“昔皇帝合鬼神，驾象车，交龙毕，方并辖”一句标点有误，应标点为“昔皇帝合鬼神，驾象车交龙，毕方并辖”。毕方乃是神鸟之名，相传为黄帝卫车之神鸟，《山海经》《神异经》《淮南子》等古书均有记载。《韩非子·十过》：“昔者黄帝合鬼神于泰山之上，驾象车而六蛟龙，毕方并辖，蚩尤居前，风伯进扫，雨师洒道，虎狼在前，鬼神在后，腾蛇伏地，凤皇覆上，大合鬼神，作为清角。今主君德薄，不足听之，听之将恐有败。”

16.《文苑列传》：昔原大夫赎桑下绝气，传称其仁。

李注：原大夫谓赵衰之子盾，谥曰宣。《吕氏春秋》曰：“赵宣孟将之绛，见骫桑之下有卧饿人，宣孟与脯二朐，拜受之，不敢食，问其故，曰：‘臣有母，持以遗之。’宣孟更赐之脯二束，遂去。”(第 2629 页)

按：“有卧饿人”文义未安，疑当作“有饿人卧”。

《吕氏春秋》卷十五：“昔赵宣孟将上之绛，见骫桑之下，有饿人卧不能起者，宣孟止车，为之下食，蠲而铺之，再咽而后能视。宣孟问之曰：‘女何为而饿若是？’对曰：‘臣宦于绛，归而粮绝，羞行乞而憎自取，故至于此。’宣孟与脯二朐，拜受而弗敢食也，问其故，对曰：‘臣有老母，将以遗之。’宣孟曰：‘斯食之，吾更与女，乃复赐之脯二束与钱百，而遂去之。’”[②]《说苑》卷六：“赵宣孟将上之绛，见翳桑下有卧饿人，不能动，宣孟止车，为之下飱，自含而铺之。饿人再咽而后能视。宣孟问：‘尔何为饥若此？’对

① 徐元诰撰、王树民点校：《国语集解》，北京：中华书局，2002 年，第 16 页。

② 许维遹撰、梁运华整理：《吕氏春秋集释》，北京：中华书局，2009 年，第 374 页。

曰:'臣居于绛,归而粮绝,羞行乞而憎自取,以故至若此。'宣孟与之壶脯二朐,再拜顿首受之,不敢食。问其故,对曰:'向者食之而美,臣有老母,将以贡之。'宣孟曰:'子斯食之,吾更与汝。'乃复为之箪食,以脯二束与钱百,去之绛。"向宗鲁《校证》曰:"案此文当作'有饿人卧不能动','卧'字当在'人'字下,《吕氏》作'有饿人卧不能起者',是其证。"[①]此处李贤注引《吕氏》,自当以《吕氏》为本,作"有饿人卧"为宜。

17.《文苑列传》:右顾彭蠡之隩,南眺巫山之阿。

李注:《说苑》曰:"楚昭王欲之荆台游,司马子綦进谏曰:'荆台之游,左洞庭之波,右彭蠡之水,南望猎山,下临方淮,其地使人遗老而忘死也。王不可游也。'"巫山在夔州巫山县东。(第2641页)

按:"波"疑当作"陂",形近而误。《说苑》卷九:"楚昭王欲之荆台游,司马子綦进谏曰:'荆台之游,左洞庭之陂,右彭蠡之水,南望猎山,下临方淮,其乐使人遗老而忘死,人君游者尽以亡其国,愿大王勿往游焉。'"[②]段玉裁《说文解字注》曰:"湖,大陂也……湖训大陂,即大池也。"[③]"彭蠡"乃鄱阳湖古称,正与洞庭湖左右相对,此"波"宜校为"陂"。

18.《南蛮西南夷列传》:至楚武王时,蛮与罗子共败楚师,杀其将屈瑕。

李注:《左传》"楚屈瑕伐罗及鄢,乱次以济,其水遂无次,且不设备,罗与卢戎两军之,大败之。莫敖缢于荒谷,群帅囚于冶父"也。(第2831页)

按:"其水"当属上。《左传·桓公十三年》:"及鄢,乱次以济。"杜预注:"乱次以济,本或作'乱次以济其水'"。(《春秋左传正义》卷七,第1757页)李贤注引文即杜注所言或本。

19.《西羌传》:渭南有骊戎,伊、洛间有杨拒、泉皋之戎。

李注:杜预注《左传》云:"杨拒,戎邑也。"(第2873页)

按:杨、拒为二戎,泉、皋亦为二戎,故此处《后汉书》文当标点作"伊、洛间有杨、拒、泉、皋之戎",李注所引杜注亦当标点作"杨、拒,戎邑也"。《左传·僖公十一年》:"夏,扬、拒、泉、皋、伊、雒之戎,同伐京师,入王城,焚东门。"杜注:"扬、拒、泉、皋皆戎邑,及诸杂戎居伊水、雒水之间者。今伊阙北有泉亭。""扬",古同"杨"。杨伯峻《春秋左传注》:"杨、拒、泉、皋,四戎邑。"[④]

(作者单位:复旦大学出土文献与古文字研究中心)

---

① 《说苑校证》,第127页。

② 四部丛刊影印平湖葛氏传朴堂藏明钞本作"陂",《太平御览》卷四百五十五、卷四百六十八亦作"陂",向宗鲁《说苑校证》作"波"。今以四部丛刊本为准。

③ (东汉)许慎撰、段玉裁注:《说文解字注》,上海:上海古籍出版社,1981年,第731页。

④ 杨伯峻:《春秋左传注》,北京:中华书局,2009年10月第3版,第一册,第338—339页。

《六书略》音注勘正(续)

余柯君

《六书略》为宋郑樵所著《通志》“二十略”之一，是一部讲解汉字形体构造的开创性著作。由历史学家王树民点校，中华书局 1995 年出版的《通志二十略》，是该书目前唯一的点校本。由于《六书略》讨论的是汉字的古形、古音、古义，整理点校的难度极大。鲁国尧先生在提及此书的校勘时，曾多次强调音韵学知识的重要性①。笔者最近在研读该书时，发现此书在注音方面还存在若干有待解决的校勘问题，前此已撰专文举例说明②。限于篇幅，前文未能悉数列举，现校举余下部分，共计 39 条，以就正于同好。

一、沿袭底本之误

清汪启淑飞鸿堂刻本《通志二十略》(以下简称底本)是传世的《通志略》刊本中的“最佳之本”③，该本对传本的错误“多予纠正”，王树民先生选择该本作底本不是没有道理的。但该本“误改者亦不少”，承误或刊误的也时有所见。通过与元大德三山郡庠刻本(此本为元明递修，印于明弘治年间，以下简称大德本)、元至治二年(1322)刻本(全帙散，六书略五卷足，以下简称至治本)、乾隆十二年(1747)武英殿刻本(以下简称殿本)、四库本等本的对校，我们发现中华书局版《通志二十略·六书略》(以下简称点校本)的一些疏失是沿袭底本的错误造成的。现分类列举如下。

(一) 注音字的讹误

1. 夲，士力切。《说文》：进也。(点校本页 239)

案：切语“士力切”，别本皆作“土刀切”。

士力切，职韵崇母。《广韵》《集韵》职韵崇母皆未见“夲”字。《广韵》豪韵土刀切：“夲，《说文》曰：进趣也，从大，十大者犹兼十人也。”“夲，上同。”《集韵》豪韵他刀切：“夲，《说文》：进趣也，从大，十犹兼十人也。”又《说文·夲部》：“夲，进趣也。从大，从十。大十，犹兼十人也。凡夲之属皆从夲。读若滔。”徐铉音“土刀切”。故可知“士力切”应为“土刀切”形近讹误，此处宜从诸本作“土刀切”。

---

① 周祖谟著，鲁国尧、李子君编选：《〈周祖谟文选〉前言》，北京：北京大学出版社，2010 年，第 13 页。另见杨军：《〈七音略校注〉序》，上海：上海辞书出版社，2003 年，第 3 页。

② 拙文《中华书局版〈六书略〉音注勘正》，待刊。

③ 王树民点校：《〈通志二十略〉前言》，北京：中华书局，1995，第 6 页。

2. 衄,文六切。《说文》:鼻出血也。(点校本页267)

案:切语上字"文",别本皆作"女"。

文六切,屋韵明母。《广韵》《集韵》屋韵莫六切皆未见"衄"字。《广韵》屋韵如六切:"衄,鼻出血,俗作衂。"《集韵》屋韵女六切,"衄衄,《说文》:鼻出血也"又《说文·血部》:"衄,鼻出血也。从血丑声。"徐铉音"女六切"。故可知"文"字应为"女"字形近讹误,此处宜从诸本作"女六切"。

3. 穵,乌入切。穿也。(点校本页272)

案:切语下字"入",别本皆作"八"。

乌入切,缉韵影母。《广韵》缉韵伊入切未见"穵"字,《集韵》缉韵一入切亦未见。《集韵》黠韵乌八切:"穵,穿也。"故可知"入"字应为"八"字形近讹误,此处宜从诸本作"乌八切"。

4. 衿,居吟切。衣系也。又其俺切。(点校本页293)

案:又音切下字"俺",别本皆作"淹"。

其俺切,艳韵群母,又釅韵群母。《广韵》《集韵》之艳韵、釅韵皆未见"衿"字。《集韵》盐韵其淹切:"衿紟,衣系也,或作紟。"又《类篇·衣部》:"衿,居吟切,衣系也。又渠金切,又其淹切,又巨荫切。"可知"俺"字应为"淹"字形近讹误,此宜从诸本作"其淹切"。

5. 嶜,容林切。山高大皃。(点校本页295)

案:四库本同。"林",殿本作"未"。"容",大德本、至治本皆作"咨"。

容林切,侵韵以母。《广韵》侵韵余针切未见"嶜"字,《集韵》侵韵夷针切亦未见。《殿本》之容未切,未韵以母。《广韵》《集韵》未韵以母亦皆未见。《集韵》侵韵咨林切:"嶜,山高大皃。"又《类篇·山部》:"嶜,咨林切,山高皃。"故可知点校本之"容"字应为"咨"字形近讹误,殿本之"未"字应为"林"字形近讹误,此处宜从大德本、至治本作"咨林切"。

6. 黉,胡肓切。斈舍。(点校本页306)

案:殿本同。"肓",大德本、至治本、四库本皆作"盲"。

胡肓切,唐韵匣母。《广韵》《集韵》唐韵胡光切皆未见"黉"字。《广韵》庚韵户盲切:"黉,学也。"《集韵》庚韵胡盲切:"黉,学舍,通作横。"故可知"肓"字应为"盲"字形近讹误,此处宜从大德本、至治本、四库本作"胡盲切"。

7. 祏,常焦切。石藏宗庙主。(点校本页307)

案:切下字"焦",别本皆作"隻"。

常焦切,宵韵常母。《广韵》《集韵》宵韵皆未见"祏"字。《广韵》昔韵常隻切:"祏,《说文》云:宗庙主。一曰:大夫以祏为主。"《集韵》昔韵常隻切:"祏,《说文》云:宗庙主也。《周礼》有郊宗石室,一曰:大夫以石为主。"故可知"焦"字应为"隻"字形近讹误,此处宜从诸本作"常隻切"。

8. 䁇,密比切。䁇瞀,视无所见。(点校本页308)

案:殿本同。切下字"比"大德本、至治本、四库本皆作"北"。

密比切,旨韵明母。《广韵》《集韵》旨韵无鄙切皆未见"䁇"字。《集韵》德韵密北切:"矃,矃瞀,视无所见。"又《类篇·目部》:"矃,密北切,矃瞀,视无所见。"故可知"比"字应为"北"字形近讹误,此处宜从大德本、四库本作"密北切"。

9. 乔,巨矫切。《说文》:高而曲也。从夭,从高省。(点校本页310)

案:切下字"矫",别本皆作"娇"。

巨矫切,小韵群母。《广韵》小韵群母未见"乔"字,《集韵》小韵巨夭切亦未见。《广韵》宵韵巨娇切:"乔,高也,《说文》曰:高而曲也。又虏姓,《前代录》云:匈奴贵姓乔氏,代为辅相。"又《集韵》宵韵渠娇切:"《说文》:高而曲也。引《诗》:南有乔木。又姓。"故可知"矫"应为"娇"字形近讹误,此处宜从诸本作"巨娇切"。

10. 抓,庄交切。《博雅》:搔也。又侧绞切,又止雨切。批击也。(点校本页314)

案:"又止雨切"之"雨"字,别本皆作"两"。

止雨切,麌韵章母。《广韵》麌韵之庾切未见"抓"字,《集韵》麌韵肿庾切亦未见。《集韵》,养韵止两切:"抓,批击也。"又《类篇·手部》:"抓,庄交切。《博雅》:'搔也。'又侧绞切,又止两切。批击也。"可知"雨"字应为"两"字形近讹误,此宜从诸本作"止两切"。

11. 系,之为系,古诸切。(点校本页324)

案:"诸",别本皆作"诣"。

古诸切,鱼韵见母。《广韵》鱼韵九鱼切,未见"系"字,《集韵》鱼韵斤于切亦未见。《广韵》霁韵古诣切:"系,缚系。"《集韵》霁韵吉诣切:"系毄,《说文》:系縨也。一曰:恶絮。一曰:维也。"故可知"诸"字应为"诣"字形近讹误。此处宜从诸本作"古诣切"。

(二)被注音字讹误

1. 纱,于霄切。急戾也。从弦省,少声。(点校本页290)

案:字头"纱",殿本、四库本同。大德本、至治本字头皆作"玅"。

《类篇·纟部》:"纱,师加切,缚属。一曰纺纑。"《集韵》麻韵师加切:"纱,缚属。一曰纺纑,通作沙。"《类篇·弦部》:"玅,于霄切,急戾也。"《集韵》宵韵伊尧切:"玅,《说文》:急戾也。一曰:小意。"故可知"纱"字应为"玅"字形近之误,此处宜从诸本作"玅"。

2. 猱,刃九切。《说文》:复也。(点校本页307)

案:字头"猱",别本作皆作"徖"。

《类篇·犬部》:"獶猱,奴刀切,贪兽也,或从柔。"《类篇·彳部》:"徖,忍九切,《说文》:复也。又女九切,习也。"《集韵》有韵刃九切:"徖,《说文》:复也。"故可知"猱"应为"徖"字形近之误,此处宜从诸本作"徖"。

二、沿袭众本之误

如前所说,《通志二十略》传世的版本有元大德本、元至治本、清乾隆殿本等多种,后出的本子对前面的本子的各种错误虽各有校正,但陈陈相因、谬以传谬的错误仍不少见。根据前贤研究,"《六书略》反切主要来源于《类篇》反切"[①],鉴此,我们穷尽地统计了点校本《六书略》中所有的注音材料,并将这些材料与《类篇》及《广韵》等字书、韵书中的注音进行比勘,结果发现了一批点校本因仍传本之误的例子。试分类举例如下:

1. 孖,时丑切。堪孖,鱼名。(点校本页243)

案:时丑切,有韵常母。《广韵》有韵殖酉切未见"孖"字,《集韵》是酉切亦未见。

《类篇·予部》:"孖,时刃切,堪孖,鱼名。"又《集韵》震韵时刃切:"堪孖,鱼名。"据此可知"孖"切下字"丑"应为"刃"字形近讹误,当据《类篇》校正。

2. 㔾,则侯切,左卪也,合符有二,与者执左,取者执右。(点校本页245)

案:则侯切,侯韵精母。《广韵》侯韵子侯切,未见"㔾"字。《集韵》侯韵将侯切亦未见。

《类篇·卪部》:"㔾,则候切,《说文》:卪也。"又《集韵》候韵则候切:"㔾,《说文》:卪也。"故可知"㔾"切下字"侯"应为"候"字形近讹误,当据《类篇》校正。

3. 冄,而谈切,《说文》:毛冄冄也。(点校本页247)

案:而谈切,谈韵日母。《广韵》《集韵》谈韵日母皆未见"冄"字。

《类篇·冄部》:"冄,毛冄冄也,象形。如占切,又而衔切。冄,又鄃含切,又而琰切。"《广韵》琰韵而琰切:"冄冉,冉冉,行皃。"《集韵》琰韵而琰切:"冄冉,《说文》:毛形,或作冉。"据此可知"冄"切下字"谈"应为"琰"字形近讹误,当据《类篇》校正。

4. 霏,匹名切,雨濡革也。(点校本页263)

案:匹名切,清韵滂母。《广韵》《集韵》清韵滂母皆未见"霏"字。

《类篇·雨部》:"霏,匹各切,《说文》:雨濡革也。"《集韵·铎韵》"霏"字音义同。据此可知,"霏"字切下字"名"应为"各"字形近讹误,当据《类篇》校正。

5. 幵,子玄切,事之制也。(点校本页263)

案:子玄切,先韵精母。《广韵》《集韵》先韵精母皆未见"幵"字。

《类篇·卯部》:"幵夘丣,子幺切,事之制也。"又《集韵》萧韵子幺切:"幵夘丣,事之制也。"据此可知,各本切下字"玄"应为"幺"字形近讹误,当据《类篇》校正。

6. 皛,黑角切,美目,一曰:目深。(点校本页265)

案:黑角切,觉韵晓母。《广韵》觉韵许角切未见"皛"字。《集韵》觉韵黑角切亦未见。

《类篇·目部》:"皛,墨角切,美目,一曰:目深。"又《广韵》觉韵莫角切:"皛,美目。"《集韵》觉韵墨角切:"皛,美目,一曰:目深。"据此可知"皛"字切下字"黑"应为"墨"字形近讹误,当据《类篇》校正。

7. 划,胡瓜切,舟进竿谓之划,又古火切。割也。又古卦切,镰也。(点校本页266)

案:古卦切,卦韵见母。《广韵》《集韵》卦韵古卖切皆未见"划"字。

① 陈梅香《郑樵声韵学研究》引述丁国华《郑樵六书略研究》(台中逢甲大学中国文学研究所硕士论文,2000年)语,高雄:复文图书出版社,2005年,第92页。

《类篇·刀部》:“划,胡瓜切,舟进竿谓之划,又古火切。割也。又古卧切,镰也。”《集韵》过韵古卧切:“划,镰也。”据此可知“划”字又音的切下字“卦”应为“卧”字形近讹误,当据《类篇》校正。

8. 玅,于达(逹)切,小意。(点校本页266)

案:于达(逹)切,曷韵云母。《广韵》《集韵》曷韵云母皆未见“玅”字。

《类篇·玄部》:“玅,千遥切,小意。”又《集韵》宵韵千遥切:“玅,小意。”据此可知,各本切语“于达(逹)切”应为“千遥切”形近讹误,当据《类篇》校正。

9. 鼕,虚冬切,鼓声,从金者,鼓作金止。(点校本页267)

案:虚冬切,冬韵晓母。《广韵》冬韵晓母未见“鼕”字,《集韵》晓母乎攻切亦未见。

《类篇·鼓部》:“鼕鼕 ,虚冬切,鼓声。”又《集韵》冬韵,虚冬切,“鼜鼜鼕鼜鼕,鼓声。”赵振铎《集韵校本(上)》页二九,注[一六]校“虚”為“盧”。又《康熙字典·金部》:“鼕,《广韵》力冬切,《集韵》卢(盧)冬切,音隆。鼓声,本作鼜。”赵校“虚”为“盧”极是。另《广韵》冬韵力冬切:“鼕,鼓声。”故可知“鼕”字当属冬韵来母,点校本、《类篇》《集韵》“鼕”字切语上字“虚”皆为“卢(盧)”字形近讹误。

10. 黂,地官切,黄色。(点校本页268)

案:地官切,魂韵定母。《广韵》《集韵》魂韵定母皆未见“黂”字。

《类篇·黄部》:“黂黗,他昆切,黄色或从屯,黗。又徒混切,又他官切。”《广韵》魂韵他昆切:“《礼记》:孺子黂之丧也,鲁公子名。亦黄色也。”《集韵》桓韵他端切:“黄色,又汤们切。”据此可知“黂”字切上字“地”应为“他”字形近讹误,当据《类篇》校正。

11. 宊,狙箴切。《说文》:入山之深也。(点校本页268)

案:狙箴切,侵韵精母。《广韵》侵韵子心切未见“宊”字。《集韵》侵韵咨林切亦未见。

《类篇·入部》:“宊,钼箴切。《说文》:入山之深也。”又《广韵》侵韵钼针切:“宊,入山深貌。”《集韵》侵韵钼簪切:“《说文》:入山深貌。”据此可知“宊”字切上字“狙”应为“钼”字形近讹误,当据《类篇》校正。

12. 炅,戈笑切。光也,或从光。(点校本页270)

案:戈笑切,笑韵见母。《广韵》笑韵见母未见“炅”字,《集韵》笑韵娇庙切亦未见。

《类篇·日部》:“炅,弋笑切,光也,或从光。”又《集韵》笑韵弋笑切:“曜耀炅,光也,或从光,古作炅。”据此可知切下字“戈”应为“弋”字形近讹误,当据《类篇》校正。

13. 㷉,纡冒切,又音纡勿切。《说文》:从上案下也,从𡰪,又持火,以尉申缯。隶作尉。(点校本页277)

案:纡冒切,号韵影母。《广韵》号韵乌到切未见“㷉”字,《集韵》号韵于到切亦未见。

《类篇·火部》:“㷉尉,纡胃切,《说文》:从上案下也,从𡰪、又。持火以尉申缯。”《广韵》未韵纡胃切:“尉,候也,《说文》作㷉,云:从上案下也,从𡰪、又。持火以尉申缯。”又《集韵》未韵纡胃切:“㷉尉,《说文》:从上案下也,从𡰪、又。持火以尉申缯也。”据此可知各本切下字“冒”应为“胃”字形近之讹,当据《类篇》校正。

14. 狧,甚尔切,以舌取物,又讫(訖)合切,《说文》:犬食也。(点校本页277)

案:讫(訖)合切,合韵见母。《广韵》合韵古沓切未见"狧"字,《集韵》合韵葛合切亦未见。

《类篇·犬部》:"狧,甚尔切,以舌取物,又託合切,《说文》:犬食也。"《广韵》合韵他合切:"狧,同狢,犬食。"《集韵》合韵託合切:"狧狢,《说文》:犬食也。"据此可知各本切上字"讫(訖)"应为"託"字形近讹误,当据《类篇》校正。

15. 獿,居六切。《说文》:獿獿也,从犬夓。(点校本页277)

案:居六切,屋韵见母。《广韵》《集韵》屋韵居六切皆未见"獿"字。

《类篇·犬部》:"獿,奴回切,古之善涂墍者,一曰:獿,拰抭也。又尼交切,《说文》:獿獿也。"又《集韵》爻韵尼交切:"獿,《说文》:獿獿也,谓犬吠。"据此可知各本切语"居六切"应为"尼交切"形近讹误,当据《类篇》校正。

16. 嫋,乃了切,《说文》:姌也,又回灼切,弱也。(点校本页280)

案:回灼切,药韵匣母。《广韵》《集韵》药韵匣母皆未见"嫋"字。

《类篇·女部》:"嫋,乃了切,《说文》:姌也,又日灼切,弱也。"又《集韵》药韵日灼切:"嫋,弱也。"据此可知又音切上字"回"应为"日"字形近讹误,当据《类篇》校正。

17. 忦,若怪切。恨也。又牛戒切,《说文》:忧也。(点校本页295)

案:若怪切,怪韵日母。《广韵》《集韵》怪韵日母皆未见"忦"字,

《类篇·心部》:"忦,苦怪切,恨也。又居太切,惧也。"又《集韵》怪韵苦怪切:"忦,恨也。"据此故可知各本切上字"若"应为"苦"字形近讹误,当据《类篇》校正。

另点校本第313页:"儣,口党切,大意。又若谤切,《说文》:阔也。"文中"又若谤切"之"若"亦是"苦"字形近讹误。

18. 慽,含历切,忧也。(点校本页295)

案:含历切,锡韵匣母。《广韵》《会也》锡韵匣母皆未见"慽"字。

《类篇·心部》:"慽,仓(倉)历切,《说文》:忧也。"又《广韵》锡韵仓历切:"慽,慽痛。"《集韵》锡韵仓(倉)历切:"慽,《说文》:忧也,或书作慼"。据此可知,各本切上字"含"应为"仓(倉)"字形近讹误,当据《类篇》校正。

19. 繴,博尼切。《说文》:'繴谓之罿,罿谓之罬,罬谓之罦,捕鸟覆车也。(点校本页296)

案:博尼切,脂韵帮母。《广韵》《集韵》脂韵帮母皆未见"繴"字。

《类篇·糸部》:"繴,博厄切,捕鸟网。"又《集韵》麦韵博厄切:"繴,捕鸟罔。"据此可知,各本切下字"尼"应为"厄"字形近讹误,当据《类篇》校正。

20. 躠,逵协切,《说文》:躠足也,一曰:小步。(点校本页308)

案:逵协切,怗韵羣母。《广韵》《集韵》怗韵群母皆未见"躠"字。

《类篇·足部》:"躠蹋,达(達)协切,《说文》:躠足也,一曰:小步。或作蹋。"又《广韵》怗韵徒协切:"躠,《说文》曰:躠足也。"《集韵》怗韵达(達)协切:"躠蹋,《说文》:躠足也,一曰:小步。或作蹋。"据此可知,各本切上字"逵"应为"达(達)"字形近讹误,当据《类篇》校正。

21. 使，爽士切，《说文》：令也，又疏史切，将符者。（点校本页 311）

案：爽士切，止韵生母。疏史切，亦止韵生母，两切語音韵地位相同。且"史"字，即止韵生母，做切下字不妥。

《类篇·人部》："使，爽士切，《说文》：令也，又疏吏切，将符者。"又《广韵》止韵踈士切："使，役也，令也。"志韵，踈吏切，"使叓，又色里切。"又《集韵》止韵爽士切："使叓，《说文》：令也，古作叓。"志韵踈吏切："使，将命者。"据此可知各本切下字"史"应为"吏"字形近讹误，当据《类篇》校正。

22. 仕，上吏切，《说文》：学也。（点校本页 311）

案：上吏切，志韵常母。《广韵》《集韵》志韵时吏切皆未见"仕"字。

《类篇·人部》："仕，上史切，《说文》：学也。"又《广韵》止韵鉏里切："仕，仕官"《集韵》止韵上史切："《说文》，学也。"据此可知，各本切下字"吏"应为"史"字形近讹误，当据《类篇》校正。

23. 慈，胡干切，《说文》：急也，河南密县有慈亭。（点校本页 313）

案：胡干切，寒韵匣母。《广韵》寒韵胡安切未见"慈"字，《集韵》寒韵河干切亦未见。

《类篇·心部》："慈，胡千切，《说文》：急也，河南密县有慈亭。"又《广韵》先韵胡田切："慈，亭名，在密县。《说文》云：急也。"又《集韵》先韵胡千切："慈，《说文》：急也，河南密县有慈亭。"据此可知，各本切下字"干"应为"千"字形近讹误，当据《类篇》校正。

24. 箸之为箸，陟略切，为箸，真略切。（点校本页 324）

案：真略切，药韵章母。《广韵》药韵之若切未见"箸"字，《集韵》药韵职略切亦未见。

《广韵》药韵直略切："箸，附也。"《集韵》药韵直略切，"箸著，被服，一曰：置也，或从艹"。据此可知各本切上字"真"应为"直"字形近讹误，当据韵书校正。

25. 取之为取，土句切。《礼》：闻取于人。（点校本页 325）

案：土句切，遇韵透母。《广韵》《集韵》遇韵芳遇切皆未见"取"字。

《类篇·又部》："取，此主切，《说文》：补取也。《周礼》：获者取左耳……又此苟切，获也。"又《广韵》麌韵七庾切："收也，受也。"《集韵》麌韵此主切："《说文》：捕取也，《周礼》：获者取左耳，引《司马法》：载献聝，聝者，耳也。"《集韵》厚韵，此苟切，"获也"。据此可知，各本切上字"土"应为"七"字之讹，当据韵书校正。

26. 甹字，特一切，读若亭。（点校本页 341）

案：特一切，质韵定母。《广韵》《集韵》质韵定母皆未见"甹"字。

《类篇·血部》："甹，唐丁切，《说文》：定息也。"又《广韵》青韵特丁切，音亭．"甹，定息。"《集韵》青韵唐丁切："《说文》：定息也。"据此可知，各本切下字"一"应为"丁"字形近讹误，当据此校正。

除了上述两类问题，在研读中我们还发现点校本中有为数不少的"异文"既不合于汪本——王先生校勘工作底本，也不合于参校诸本。例如：

歾,侧入切,《字林》:夭死也,或作歹乙。又子列切。(点校本页266)

案:包括工作底本汪本在内的诸本切语"侧入切"皆作"侧八切"。侧入切,缉韵庄母。《广韵》《集韵》缉韵阻立切"歾"字皆未见。《集韵》黠韵侧八切:"歾歹乙,《字林》:夭死也。"据此,可知作"侧八切"是;点校本作"入"应出于手民之误。

类似问题,数量亦颇不少,应引起重视,希望再版之时得到改正。

王树民先生年逾八十,以一己之力完成了《通志二十略》洋洋五十二卷的点校整理工作,令人敬佩。上述有待解决的问题,不过是大醇小疵。古籍的整理,永远处于不断推进的过程之中,希望本文能为恢复《通志二十略》的原貌,贡献绵薄之力。

(作者单位:复旦大学古籍整理研究所)

《全元文》漏收申屠駉其人及文考

王开春

近日因翻检宋人陈造《江湖长翁集》，见四库馆臣谓元人申屠駉尝为其作墓志，《全宋诗》陈造小传亦云元申屠駉有《宋故淮南夫子陈公墓志铭》一文。但《全元文》未收此文，亦未为申屠駉立条目，显属遗漏，《元史》亦未为申屠駉立传，今就翻检所及，略述其生平，并将所见之申屠駉文附后。

申屠駉，字子迪，申屠致远子。申屠氏世居汴，其祖父始徙东平，申屠致远晚居高邮，子迪遂为高邮人。

按：《御选宋金元明四朝诗·御选元诗》“姓名爵里一”：“申屠駉：字子迪，致远子，登进士第。”①又吴澄《送申屠子迪序》：“昔御史申屠公清名峻节，伟然有闻于世，子迪其第四子也。”②申屠公即申屠致远，《元史》卷一七〇有传：“字大用，其先汴人，金末从其父义徙东平之寿张……子七人：伯骐徵事郎岭北湖南道肃政廉访司知事，驥、骊俱为学官，駉奉政大夫兵部员外郎。”③申屠致远晚年爱高邮山水，营别墅居之。吴澄《九思堂记》云：“予自中岁闻御史申屠君之名，敬慕而愿识。而卒未及见也。至治三年，予在京师，识其子駉。他日谂予曰：‘先人家东平，晚爱高邮山水，营别墅焉。尝谓君子有九思，为身之本，每以是诲子孙……追维先志，明所居之堂曰九思。’”④因此申屠駉亦居高邮，《（嘉庆）高邮州志》卷九《进士》有申屠駉，注云：“仕至福建廉访使，有传。”⑤同书卷十上《政事》：“申屠駉，字子迪，东平人。父致远，字大用。除南台都事，累官淮西佥事宪。晚爱高邮山水，营别墅焉。駉家于邮。登进士第，擢监察御史，仕至福建廉访佥事。尝奏去天下淫祠。毁冀州曹操庙，一时名士如虞伯生、萨天锡皆有诗文相唱和，交好甚密。”⑥

延祐三年乡贡进士，任职山南北道廉访司，毁夷陵曹操庙，立为学宫，一时名士多有诗文纪其事。

按：《（嘉靖）维扬志》卷一九《人物志》上“元乡举延祐丙辰”条：“申屠駉，高邮人，

---

① （清）张豫章：《御选宋金元明四朝诗·御选元诗》，影印文渊阁《四库全书》本，台北：台湾商务印书馆，1983年，1439册，第430页。

② （元）吴澄：《吴文正集》，影印文渊阁《四库全书》本，第1197册，305页。

③ （明）宋濂等撰：《宋史》，北京：中华书局，1976年，第3988页。

④ 《吴文正集》，影印文渊阁《四库全书》本，1197册，第444页。

⑤ （清）杨宜伦等修撰：《（嘉庆）高邮州志》，《中国地方志集成》本，南京：江苏古籍出版社，1991年，第276页。

⑥ 《（嘉庆）高邮州志》，第336页。

监察御史,升福建廉访司佥事,刘伯温有诗送之。”[1]丙辰即本年。王冕《竹斋集》卷中有《申屠子迪试吏为山南江北道宪司掌书巡按至夷陵(缺文)庙有曹操祠,子迪毁之更立学宫诸士夫作诗文颂美之仆居草泽获观其卷因赘之》诗[2]。又成廷珪《居竹轩诗集》卷一有《延祐三年东平申屠先生掾山南宪司行部夷陵毁曹操祠为孔子庙歌颂赋论者多矣后四十年余亦赋一首》诗[3]。

为江西行中书省掾吏

按:吴澄有《送申屠子迪序》即为送其赴官江西所作,然不详年月。今据申屠駉事迹,姑系于延祐三年和至正元年之间。

至正元年为绍兴路总管府推官,经王艮介绍,结识王冕,多有唱和。

按:朱彝尊《曝书亭集》卷六四《王冕传》:“高邮申屠駉任绍兴理官,过钱塘问交于王艮。艮曰:有王元章者,其志行不求于俗,君欲与语非就见不可。駉至即遣吏自通。冕曰:‘吾不识申屠君。’谢不见。駉乃造其庐,执礼甚恭,冕始见之。”[4]惟此传不书年月,然《金薤琳琅》卷二收有申屠駉题《秦会稽刻石》一篇,文末自属云:“至正元年辛巳岁夏五月望日承德郎绍兴路总管府推官东平申屠駉识。”[5]则事当在至正元年左右。今王冕《竹斋集》多有与申屠駉唱和之作,不具录。

至正十年左右,任福建廉访司佥事。

按:《福州府志》卷二八《职官》“肃政廉访司佥事”条有申屠駉,但年任无考[6]。宋濂《文宪集》卷二一有《元故翰林待制朝散大夫致仕雷府君墓志铭》,记雷机事颇详,内有关于申屠駉者,可帮助我们推定申屠駉任职的时间,先略引其文:“二十五岁登延祐进士……擢延平路总管府推官……罗天麟寇汀州,汀与属邑尤溪相接,府君(雷机)立堡栅数区,以扼其险要……盗闻不敢犯,升泉州惠安县尹……三岁政通人和……除汀州路总管府推官……申屠公駉时为闽部佥事,行部至汀,稔知府君之贤,凡郡县有赴诉者,悉下之府君,即为之决治如律。无不慊乎人心者。已而,不俟引年遽上休至之请。朝廷以其廉退,升翰林待制,阶自将仕郎九转至朝散大夫,未几,卒于官,实至正辛卯冬十月二十三日也。”[7]由本文可知,雷机任汀州路推官时,申屠駉为廉访司佥事。虽铭文并未明言雷机任职时间,但仍可推定。今按,罗天麟起事在至正六年六月,同年闰十月平[8],其时雷机为延平路推官,其后升惠州县尹,任满三年,除汀州府路推官,不久就上章请致仕,迁翰林待制,卒。卒年在至正辛卯,即至正十一年。假定其至止六年当年就升惠安县尹,任满三年后,即除汀州路推官,也当在至正九年。质言之,雷机任汀州路推官,最早当在至正九年,最晚为至正十一年。而申屠駉为福建廉访司佥事,与雷机发生交涉,亦当在此期间。今姑定为至正十年。

---

① (明)胡植等修撰:《(嘉靖)维扬志》,《天一阁藏明代方志选刊》本,1963年上海古籍书店影印,第13页。

② (元)王冕:《竹斋集》,影印文渊阁《四库全书》本,1233册,第58页。

③ (元)成廷珪:《居竹轩诗集》,影印文渊阁《四库全书》本,1216册,第285页。

④ (清)朱彝尊:《曝书亭集》卷六十四,《四部丛刊初编》本。

⑤ (明)都穆:《金薤琳琅》,影印文渊阁《四库全书》本,683册,第233页。

⑥ (清)徐景熹等修撰:《福州府志》,《中国方志丛书》本,台北:台湾成文出版社,1967年,第574页。

⑦ (明)宋濂:《文宪集》,影印文渊阁《四库全书》本,1224册,第212页。

⑧ 见《元史》卷四一《顺帝纪》,第875—876页相关内容。

至正十五年，寓居绍兴。

按：《珊瑚网》卷二八收有申屠駉题《米敷文烟峦晓景》文一篇，文后自属："至正十五年青龙乙未八月十又二日东原申屠駉敬书于越州寓邸之戒得斋。"①又，刘基《竹斋集序》云："至正甲午，盗起瓯括间，予避地至会稽。"②甲午为至正十四年，而王冕《竹斋集》卷中《寄申屠佥事》诗题下小注：时避寇来越。则十五年申屠駉寓居绍兴，或为避乱故也。孔子有云："君子有三戒……及其老也，血气既衰，戒之在得。"③申屠駉以"戒得"名斋，则此时其以步入老境，是可推定的。此后事迹不详。

宋故淮南夫子陈公墓志铭

士有名一乡一国而名天下者，其所遇之时不同，故所行之事或异，要之则立德、立言、立功而已。其生也作法，其殁也垂芳。吾尝泝其流而寻其源，缘其末，以究其本，斯人也，顾出处显晦，各行其道，讵无为而然欤？

高邮在江淮间，为文物渊薮，代不乏人。至赵宋全盛时，若崔御史希甫暨其子进士琮、其孙秘书公度；若乔朝奉竦暨其子吏部执中；若孙龙图觉暨其弟开府览；若秦博士观暨其弟进士觏、觌辈，俱挺然杰出。逮靖康、建炎后，则淮南江北为疆场边陲，高邮值军戎蹂躏，民物凋残，凡冠章甫而衣缝掖者，犹操笔挟册，弗易厥常，由其习俗所尚然尔，舆论以克继庆历、元祐之诸名胜者，若长翁陈公，其巨擘也。公先世家益都莒州，转徙高邮。考宗美，赠朝奉郎。公讳造，字唐卿，力穑多艰，年二十五岁始知为儒，痛其过乎晚也，意锐而气胜，视经史典籍，欲吞而取之。贫不能以自振，配张氏，富室也，捐所有以佐祐所无，从游于里塾邵薿元实、周孚信道。昼夜勤劬，忘寝与食，虽祁寒酷暑，陋室独居，率正襟端坐，凛乎如侍邵、周然。立志，以不至焉耻也，冀复追踪古文，如是者阅十有余年，犹不自足。崔直院大雅勖仕进以行其所学，年四十三登乙未科，官迪功郎，尉太平之繁昌县，改从事郎、平江府学教授，士众悦服师承。范参政成大曰："唐卿亦高邮人，使其遇欧、苏，名不在少游下。"尤尚书袤、罗枢密点得其杂著，谓：是可为师，岂敢为友？调奉义郎，知明州之定海县。其清、泉二乡，枕江濒海，咸斥卤瘠埆，中高四下，略无水利，而课赋反重于五乡。询其地为江颓海齧，较前不如，而赋如平日，无所从输官，民忧苦。公乞减轻，与余乡同，及有失额粮税，名在实亡，每至征，则受督而荷累，公亦控请蠲除。制使交荐，治行最诸邑，擢通守房陵，摄权郡事，适岁大侵，乞拨常平钱粟，以赈贷穷急，缓限取偿，朝可其奏。常论财，其流弊则贪鄙，论水利及救荒政，则自江而淮为南北运河，自高邮而盐城为东西盐河，水以行舟而堤以障水，通漕运而溉民田，水有盈缩而田有高下，但堤坏即田没，昔为涵管石□之所不及，久而泥淤河浅，水涨堤崩，公言以偶兹大旱，则机会修救荒则移运积盐。据诉放灾伤分数，结甲借支，纵令售易，俟秋稔，计价拘还，复募役浚河，日给钱米，匪直拯民涂殍，且河深堤固，农田可溉，其实赋。赋钱银初非房有，科责于吏若民，敲榜禁锢，无有免者。力买于他境，价增倍

---

① （明）汪砢玉：《珊瑚网》，影印文渊阁《四库全书》本，818册，第555页。

② （元）王冕：《竹斋集》，影印文渊阁《四库全书》本，1233册，第2页。

③ 杨伯峻：《论语译注》，北京：中华书局，1980年，第176页。

蓰,公迭辩明消豁。秩满诣阙,张参政孝伯见之曰:“有才如此,乃陆沉于州县耶?”举以自代,时方绎骚,士竞奔走,公授朝散郎、浙西安抚司参议官以归,曰:“吾得尽偿西湖诗债足矣。”改淮南西路安抚司参议官,居乡病卒,赠朝散大夫。公于诲诱则良师,而抚字则循吏,祈祷雨旸,虔诚感格,及公代去,士民愈久益思。两为考官,去取惟允。盖公之德量则纯粹恢弘,才学则优长该洽,词章则温腴藻缛,议论则精确周详,身笃操修而道兼体用,谋猷匡济而策拟治安。斯庠序之所以推尊为淮南夫子。惜乎诞育于海寓分裂之秋,历宦于社稷倾危之际,观其上朝廷宰辅与夫枢密奉使等书,言国家大计,天子以星芒垂象,雨泽衍期,责躬自损,求以应天诏,以两省侍从台谏监司指陈阙失,公谓言路广开,遍周天下,然后下情不壅,天意必回。宿弊未易,缕条其最可畏者,民兵并困。兵困故骄而怨,民困故畏上不爱上。民者国之本,兵者卫民而捍患。今苟以为安而不复他虑,其弊极矣。使九品之微,一命之贱皆得以言利病,抒发所怀,必有资见闻设施,而灾异庶几可息。又以冒罪言事,称曰《罪言》。其论谋敌,谓为吾敌者,大国也,备御之不可不严,我之不可不习,和盟之不可必信。其论备用,谓天下疆土,不及祖宗时,而弥文浮费过于祖宗,宜其无以为经远备也,为今则用不可不节。其谓救时,谓寺观不许典卖田宅,今漫无禁止,寺观寖富而民田寖少。临安尹建白百官赁屋,钱月出无艺,行都空匮,借僧尼私庵,足以以居官僚,不惟省其大费,亦以绝僧俗之杂乱淫僻,既而中止,何惮不行,兹欲救虚耗之弊,当自贵近始,讲裕足之策,当自州郡始。自上始,所以倡其下也,至于正纪纲,整风俗,明赏罚,反冤滥,宽容郡邑,勿迫蹙无聊。场屋中无出难题,以困士子。镪券通用以便益商民。藩屏战征,则预择将帅,其连章累牍,层见叠出,务声竭真衷而靡虞忌讳。公自以无补于世,置江湖乃宜,遂号江湖长翁,物无用曰长物,语无用曰长语,于翁亦然。谓平生所守者,邀乐于书,寄隐于吏,天之于我者,诗文之癖、著述之乐,外此皆置不动虑。构堂曰怀莒,念弗忘其故乡。轩名思可,谓向吾无置锥地,株积寸累,今则有田可耕,向吾贫而借书,手抄心记,今则有书可读,向吾理未彻、学未定,久随所得,入耳著心,今则有家法可守,是三可足以不匮,足以持身,足以保族宜家。夫无一可而渐至于可,乘其可怠则将反乎不可,是庸不思乎。公生于绍兴三年癸丑正月初一日,以淳熙二年乙未岁登科,卒于嘉泰三年癸亥岁八月十有三日,终寿七十有一。葬于高邮县武安乡新安西村之高原公卜之兆。张氏诰封宜人,祔焉。子男二人:一曰师文,朝散大夫、淮西转运使兼无为军节制巢县军马;二曰师是,乡贡进士。孙男二人:一曰□,秉义郎、太平州兵马监押;二曰修,从事郎、台州幕府参军。玄孙男一人,曰寅,税科副使。来孙四人:一曰子奋,儒学教谕;二曰子英,司农寺奏差;三曰子俊;四曰子岩。昆孙男六人:一曰瑗,高邮府掾贡充江北淮东道肃政廉访司书吏;二曰□;三曰舍童;四曰福童;五曰珪;六曰璋。仍孙男二人:一曰元诰;一曰元泽云。玄孙男一人,曰正公。文集四十卷,陆渭南游序之芹官,讲古三卷,长短句一卷。

嗟夫!宋季之显官遗胤,颠沛流离,其所存者无几,而公之族属藩衍昌荣,蝉联绵永,殆先贤之积善余庆在此而不在彼也。承其后者,宜何如哉!抑闻乾坤造化之机运行不息,山川英灵之气蕴闷其全,秀毓才良,熏陶德器,则秦邮盛概,当有继公而作者。瑗以长翁之葬，治命不封不树，矧荐罹兵燹，旌纪茫然，惧无以别昭穆而示子孙，于是访厥宗支，稽于郡乘，荟萃其事，谒铭于予。因忆故安丰路学教授俞士秀，寔长翁四世孙启寅之婿也，曩屡借披研翁集而企慕公贤而深恨乎与公异代而莫获亲炙，乃今追成公美，殊愧弗堪。虽然，发扬前哲之潜德幽光，是则后学者当为之事也。予奚敢辞？辄铨次其状于行者，采摭其传于世者，谨诔铭诗，敬付孙瑗，碑而表墓，歌以祝公。其词曰：

文人自重私自轻，鼓舌噪吻喧讥评。公论所在犹权衡，是非聿定心乃平。历详古今每变更，有得有失输与赢，有邪有正纵复横，有显有诲否却亨，有久有逝止且行。去华就实躬研精，起痿疗聩昭昏盲。如饮玄酒啜大羹，如闻韶乐奏九成，如览宇宙超八纮，如登太华之峥嵘，如览巨浸于沧瀛，如骑鲸舰贺鲲鹏。淮南夫子陈先生，有莒避地迁孟城。幼稚卓荦志宏伟，砚砖为田笔为耕。决射长策亲短檠，一径绝胜金满籯。百家众艺仍兼并，不以文鸣以道鸣。菁莪乐育士准程，率性知命义理明。体用具备德意诚，冠冕佩玉锵璁珩。八音律吕谐根茎，棘闱芹泮是主盟。越雪蜀月见者惊，事若泽民凛忠贞。叔世肯爵良公卿，履冰临渊慎持盈。退归三径采落英，嗟公讵可作九京。不封不树夫何营，散逸谱牒罹甲兵。传刊著述秘郡黉，松楸蔓芳延榛荆。焄蒿霜露恸怆情，裔孙瑗也葺祖茔。竖表勒铭扬厥声，丰碑突兀严丽牲。岁时祝□供粢盛，血□香洁醪醴清，神□则送来则迎。

大元乡贡进士监察御史翰林待制朝请大夫东平申屠驷撰。

（原文见《江湖长翁集》卷首，明万历四十六年李之藻刊本）

跋秦会稽刻石

李斯书《峄山颂》，淳化间守太常博士郑文宝以徐铉所授本刻于长安国学，《泰山颂》，至元间行台侍御史李处巽获刘跂所摸本，刊于建邺郡庠。由是其迹仅存，而所传浸广。予考诸记载，始皇及二世抵越取浙江，岑石刻颂于山，亦斯笔也。磨灭久矣，好古博雅者盖愿见而不可得，予乃以家藏旧本，摸勒置于会稽黉舍，庶与《峄》《泰》等文并贻于后。但《史记》“攸长”作“修长”，“世”字作“三十”，“追道”作“追首”，又作“追守”，“轨度”作“度轨”，今则俱依石刻。至正元年辛巳岁夏五月望日承德郎绍兴路总管府推官东平申屠驷识。

（原文见《金薤琳琅》卷二，影印文渊阁《四库全书》本，题目为笔者所加）

题米敷文烟峦晓景

昔米芾尝谒见宋帝于宣和殿，帝乃从容顾芾问曰：“闻卿复工画，然乎？否乎？”芾适置米友仁所笔《楚山清晓图》在怀袖间，因即出以献，御览则称羡。今元章墨帖谓吴江宰同寮语陈叔达善作烟峦云岩，吾子友仁亦能夺其善，驷遂知元章沉痼于誉儿癖矣。至正十五年青龙乙未八月十又二日东原申屠驷敬书于越州寓邸之戒得斋。

（原文见《珊瑚网》卷二八，影印文渊阁《四库全书》本，题目为笔者所加）

（作者单位：合肥师范学院文学院）

陈祚明诗序五篇*

陈　斌

清初诗论家陈祚明(1623—1674)游幕大学士胡兆龙期间，遍选汉唐及明代诗歌，其《采菽堂古诗选凡例》称："己亥(1659)初夏主少宰宛委胡先生家，论列三唐诗。先生多所正定，意莫逆。其明年，就都谏严颢亭馆舍。辛丑(1661)秋南归，事中辍。归二年，癸卯(1663)夏复走燕山，会胡先生移疾家居。多暇日，以稍差池旧牍，于是汉魏六朝古诗、三唐诗及明李献吉、何景明、边华泉、李于鳞、王元美、谢茂秦诸集，即渐评阅并竟。"①其中《沧溟诗选》由同邑孙治撰序："此陈子胤倩评诗遗书，实古今诗家之龟鉴也。有明作者，前称北地为首，后以历下为宗，人尊所见，家乘一编，总无解于雷同，而有讥于大雅。胤倩天才卓发，学力深湛，肆力于诗者三十有余稔，间以暇日取李何王李诸家，一一辨定。"②诸诗选，今唯《采菽堂古诗选》尚存，康熙丙戌(1706)春由翁嵩年付梓，乾隆戊寅(1758)杭世骏重刊，今人研究陈氏诗学，多赖该书凡例及评语。因陈氏文集未刊③，单篇诗论散佚难觅，笔者搜得数篇，虽犹鳞爪，颇具诗学文献价值，可与《采菽堂古诗选》凡例标举"会王李、钟谭二家"相发明。兹移录如次。

一、《国门集初选序》

近诗自济南、竟陵分镳异驱，沿袭以来，互相讥弹。甚或共源殊委，亦如水火不复相入。缘其始，各师所是，见稍不相类，便若伤我者。展转割弃，径道窄狭，几不自容，亦可嗤矣！设使言诗唯取一途，则自河梁十九首，下视曹谢，已为异物。何许沈、宋、高、岑，辄强作解事语。杜陵《早朝》诸什，凌王轹贾。一时诸公，亦相为推许。至若《春陵》五言，正是靡靡末调耳。而工部捧颂服膺，形之篇咏。且如萧梁《文选》，后人侪之小儿解事。工部则云"熟读文选理"，足明古人恢恢，取径旷远。所谓沧海泰山，不辞细流寸壤，故能成其高大也。余匿影山中，时作为诗文以自娱悦。斥鹖拘嘘，自以为至。及游燕山，重与韩子圣秋篝灯浮白，抗论得失。圣秋出其年岁差次诸公名卿诗稿，及凡客游过长安道上者投赠篇什，共选为《国门集》，得诗千余首，示余，属以校雠之役。余见其集无体不备，无径不

---

* 国家社会科学基金项目：明代学术思想语境下的中古诗歌批评研究(14BZW033)
福建省社会科学规划项目：清代中古诗歌批评文献的整理研究(2012B169)

① (清)陈祚明：《采菽堂古诗选》卷首《凡例》，清乾隆刻本。

② (清)孙治：《孙宇台集》卷四，清雍正刻本。

③ (清)陈祚明《稽留山人集》附"未刻目录"：《敝帚集》(《拟李长吉诗》三卷、《前集》十卷)、《床头集》(文二十卷、诗十卷)、《骈拇集》(《评选战国策》十二卷、《古诗选》三十八卷、《李崆峒诗选》十二卷、《何大复诗选》四卷、《边华泉诗选》二卷、《王元美续集诗选》二卷、《谢茂秦诗选》二卷、《评谢茂秦诗家直说一百七十七则》、《掷米集》(元人杂剧二种)。《四库全书存目丛书》第233册，济南：齐鲁书社，1997年，第456页。

该，争工斗异，诚大观已。既而圣秋衔使节，过章贡、白门、秦淮、洞庭、彭蠡之间，汗漫溯洄，伤余褐衣羁滞，不得同此游也。圣秋归至武林，且梓是选以问世。予乃酌酒遥祝，为文以序之。要之此篇所登，必皆本情选义，披风执雅。即或悲喜殊感，谨肆异法。东西南北，声韵趣尚。亦或文质互显，究若鲁廷合乐。风雅三颂，获夏韶箾，齐聆毕举。又如开元以前，高、岑秀美，王、孟冲淡，李、杜恢奇，虽各标胜概，同为盛世之音。予尝谓诗之靡者当进其情，野者当观以雅。雅则不文何家，不拘何格，曼声协律，可并存于天地间。济南、竟陵，俱无归宿。得是意而读圣秋是选，于耽铅本怀，定当不至河汉。不然即杜陵一集，易崄工拙，字较句比，已不啻以矛刺盾，岂唯是《国门集》哉！西湖陈祚明书于燕山客舍。[①]

按，韩诗，字子固、圣秋，号固庵、学古堂，陕西泾阳籍三原人。崇祯十五年举人。明末寓居江南，曾往余杭石盂山著书及参禅，孙治《学古堂集序》称其人"绩学誉闻，放浪江海，慷慨豪士，与上相贤将名炳丹青者抵掌谈说，不可一世"[②]。1661年秋陈祚明返里，《潞河舟中寄固庵言别》云："我昔友君时，壮岁力方刚。同臭八九人，兄弟如雁行。张元老嗜学，严渤少飞扬。先兄激烈徒，贱子独轻狂。论文意不逆，把酒形俱忘。记忆若畴昔，二纪更星霜"，[③]说明他们二十年前即已论交。韩诗以风雅振起关中，入清官兵部职方司郎中，宦暇常与龚鼎孳、施闰章、吴山涛等集宣武门外慈仁寺，诗酒唱酬，几无虚日。大吏张缙彦、魏象枢及杨思圣等，皆与韩诗相善，"诸公名卿诗稿，及凡客游过长安道上者投赠篇什"，遂为韩诗所得。陈祚明1655年入京游幕，两人虽显隐殊途，然情谊不减当年，遂就韩诗所蒐，共辑《国门集初选》。韩诗撰凡例云："与吴子岱观、邓子孝威，古寺老松，风雨不已。此则《国门》之所由始也。……坦翁先生（张缙彦）杖存松下，相与寻黄公之垆，登黑窑之顶。左顾野鹤，右呼胤倩。"可窥当时二人编选之情状。该序反对济南、竟陵二派"言诗唯取一途"，乃至"分镳异驱"、势同水火，该编以"本情选义，披风执雅"为宗旨，只要符合"雅"的标准，则"不问何家，不拘何格"。不难看出，他们在坚持格调求"雅"的前提下，放宽门径、诸体兼采，又强调融性情入格调，力求折衷济南、竟陵二家。

二、《水西近咏序》

岁戊戌，鬣渊重至都门。会予卧疾，不获晨夕过从，把酒论诗，为欢乐如曩日也。鬣渊持其乙未以来归里之作而命予为序。予迟之，又久无以应。于是田子方避暑西山，凭槛来青轩，啸傲香山碧云间。得浃旬归来，而予序犹未就，诚难乎其言之也。今人粗读唐人诗数篇，辄握笔咿唔不休，取咄嗟而办，不问雅俗得失，辄锓梓以传，为之谬相称许，斯已耳。鬣渊云间大家。云间之诗三、二十年来，嗣响济南、娄东，以追汉魏三唐之盛。予诚不能涉其藩篱，而谓能序鬣渊之诗乎？鬣渊诗，凡数百篇，序者无虑十数人，皆一时名公卿作者之林也，后出者难为工，

① （清）韩诗、陈祚明辑：《国门集初选》，清刻本。
② 《宇台集》卷六。
③ 《稽留山人集》，第525页。

予益自谦,然小巫神气索矣。鬑渊为人轻千金而重朋友之一言,谊至高。吾党同学之士,无不颂服鬑渊者,予又安敢以不文之词为奚囊玷。虽然,鬑渊金闺彦,五侯七贵、金张李赵之家,争欲与结交,而独向褐衣草屦之士,愿得其一言以为乐,非惟不见鄙夷,亦知其旷怀远引,志固与人殊矣。且诸名公卿能知鬑渊之诗,信其建竖于异日,而予知鬑渊慷爽义烈之概,窃独喜为最深。若鬑渊者,使宰天下,推贤让能,而不有其功,良相材也。读其诗想见其为人,虽与《卷阿》《蒸民》并存可也。①

按:田茂遇字楫公,号鬑渊,青浦人。顺治十四年(1657)举人,授新城令,不赴。康熙十八年(1679)博学鸿词,罢归。少游夏允彝之门,以诗文为陈子龙所重。晚居泖滨,访赵松雪、杨铁崖故址筑水西草堂。生平见《清史列传》卷七十。著《水西近咏》《大雅堂集》,辑有《燕台文集初选》《十五国风》。1654、1655 年间羁栖燕市,与王崇简、严沆、施闰章、陈祚明等过从,有《赠陈胤倩》②。1658 年田茂遇还里,陈祚明作《田鬑渊孝廉游西山将买舟南下长歌赠别》赞其倜傥傲俗、笃于友道:"君才本是李青莲,斗酒能成一百篇。把酒长鲸吸巨浪,摇笔雕鹗凌秋天。家徒四壁气卓荦,不贵黄金贵一诺。长将意气输友朋,肯似悠悠学轻薄。曳裾不登七贵门,七贵为尔时开尊。怀刺不入五侯宅,五侯辙迹还过存。"③不久,田氏复入京,以乙未(1555)以来归里之作贽序陈氏,即本序。

三、《慎斋诗存序》

西泠固多诗人,自余十七学古诗,与柴虎臣绍炳、陈际叔廷会、毛驰黄骙相唱和。其后,五言古好胡彦远介;韦苏州、韩退之之体,爱章淇上士斐;近体爱严颢亭沆。而四明周茂三容来游吾郡,独与淇上交莫逆。余益嗜其古文大小篇、各体诗歌。西泠诸子引商刻羽,语语追摹古人,而彦远、茂三间或自抒胸臆,形其所感怀怨叹。予并好之,不能置也。逮余游燕山,交游日益众,览观四方贤士大夫之所论著日益多,然彦远、茂三先后曳裾三条广陌间,公卿重其名,不下陈子昂、李白,语曰:闭门造车、天下合辙,人赏识予夺宁有异耶?王备五典,颢亭内兄之子,曰:与茂三、淇上昵,夫入兰芝之室,与之俱化。备五之似茂三,岂顾问哉?壬寅春,将治装北上,梓其诗以为贽,而乞余叙之。夫都门缙绅先达阅人多矣,操衡尺而别低昂,其识鉴审矣。怀千金之璧而先售其一,如有所复,进而肉好光泽与曩者从同,同则不俟侔色叩声而价大定。今诚如茂三者,即可以知备五。参之伍之,岂直优孟之类叔敖已哉!余里中能诗者,西泠十子以外,张又竞竞光称前辈,斐然大雅材也!徐武令汾、严曾榘方贻名父子,能嗣其家声。吴雁市秋为淇上入室弟子,查继佚声止、俞次寅泰与备五一吟一啸,力敌茂三,雁市方在长安,人都

① (清)田茂遇:《水西近咏》卷首,《四库未收书辑刊》七辑第 23 册,北京:北京出版社,1998 年,第 313 页。
② 《水西近咏·挚匹偶存》,第 389 页。
③ 《稽留山人集》,第 486 页。

知之，今备五又往，西泠之风概可睹矣。[①]

按：王典字备五，号慎斋，仁和人。例贡官河南杞县知县。为陈祚明幕主严沆内兄子，与周容、章士斐厚。陈祚明康熙元年(1662)三月自京抵家，时王典正拟北上，遂携诗求赀。陈氏遂借此总评当时西泠诗坛现状，谓西泠诗坛有二派：其一，以"西泠十子"陆圻、柴绍炳、陈廷会、吴百朋、孙治、丁澎、虞黄昊、毛先舒、沈谦、张祖望为代表，世称西泠派，论诗追随陈子龙。《陈忠裕公自著年谱》"崇祯十四年"附录引《白榆集小传》："先舒著《白榆集》，流传山阴祁中丞之座，适陈卧子于祁公座上，见之称赏，遂投分引欢，即成师友。其后西泠十子各以诗章就正，故十子皆出卧子先生之门。国初，西泠派即云间派也。"[②]1670年柴氏辞世，陈祚明《哀柴虎臣处士》有"畴昔行吟地，东城委巷间。学诗吾爱雅，求志尔真顽"[③]之句回忆当年情形。顺康之际，西泠派重煽复古旧焰，序中"西泠诸子引商刻羽，语语追摹古人"者，即以毛先舒、柴绍炳所编《西泠十子诗选》最典型[④]，所选诸作"几登降王曹，揖让李杜"[⑤]。陈祚明自称十七岁即与柴绍炳、陈廷会、毛先舒唱和，又与张祖望为中表亲，入清复与丁澎并列"燕台七子"，故其诗学渊源于云间、西泠一脉，以折衷格调、性灵为旨。

另一派，即胡介、周容、俞泰为代表之"自抒胸臆"者。周容、俞泰为钱谦益推服。周容(1619—1679)字茂三，号鄮山，鄞县人。康熙十八年，荐博学鸿词，以死力辞。其生平，全祖望《周徵君墓幢铭》[⑥]、《春酒堂外纪》录谢泰宗《周茂山传》所述甚详。周容论诗贵卓然自立、不蹈袭规摹，其《与张又陶书》称"仆诗无它，大约字中见血，字外见声，千古来屈原、少陵后，郑所南有其性而笔墨卤莽，于大雅无当焉"[⑦]，与"十子"敛才就格，规模汉唐大异其趣。周容往来武林，与章士斐、王典、俞泰等游处甚欢，以寓公而占西泠诗坛一席。胡介(1616—1664)字彦远，钱塘人。国变后，弃诸生，隐居河渚。1655年游京师，吴伟业、龚鼎孳等礼遇之，名籍一时。孙治《亡友陆彦龙赵明镳胡介合传》："彦远死后，其父困乏，亦游燕，死于旅馆。纪伯子映重、陈胤倩祚明为经纪其丧焉。"[⑧]陆嘉淑《胡彦远传》称胡介不屑与陆圻辈为伍："为古诗，见操觚者学颜谢，辄颦蹙曰：'何自作苦趣，澹宕顿挫，自有神韵。'近体在随州、黄州间，文不为八家。每曰：'今之学八家，何异嘉隆之学史汉。后之视今，且犹今之视昔。高寄远托，吾尽吾意，不使为俗学已尔。'……陆丽京实执牛耳，独计不能屈彦远。余旧序彦远有曰：'彦远不能以一家之文出虎林数十家之上，然以虎林数十家之力，亦不能偃彦远，而使之

---

① (清)冯贞群辑：《春酒堂外纪》，《四明丛书》第一集《春酒堂遗书》附录，民国21年刻本。

② 陈子龙：《陈忠裕公自著年谱》，《北京图书馆藏珍本年谱丛刊》第63册，北京：北京图书馆出版社，1998年，第569页。

③ 《稽留山人集》，第621页。

④ (清)毛先舒、柴绍炳辑：《西陵十子诗选》，清刻本。

⑤ (清)沈昀：《西陵十子诗选序》，《西陵十子诗选》卷首。

⑥ (清)全主望著，朱铸禹汇校集注：《全祖望集汇校集注·鲒埼亭集外编》卷六，上海：上海古籍出版社，2000年，第860至第862页。

⑦ (清)周容：《春酒堂文存》，《四明丛书》第一集《春酒堂遗书》。

⑧ 《孙宇台集》卷十五。

为下。'丽京读之而笑,以为允也。"[①]胡介《前后感怀》作于明亡前夕,触绪陈怀,"自吐言之志",[②]祚明称"五古好胡彦远介",当指此。俞泰(1623－1673)字次寅、开文,号牧云,为严沆表兄弟,与周容、王典、章士斐皆善,有《涤烟楼集》。《春酒堂外纪》录王廷灿撰《俞次寅先生小传》。1662年七月,陈祚明卜居吴山,与俞泰为邻,谓"我从燕山归,始卜吴山居。比邻有俞生(原注:泰),屣履同襟期"[③]。俞泰诗名与周容并重,《涤烟楼集》卷首有钱谦益《叹誉俞次寅》:"钱塘俞次寅者,茂山之友也。次寅诗名独噪于杭越间,相与敛手推服无异词。夫次寅、茂山皆余之所叹也。"[④]

陈氏对西泠诗坛"西泠"派、"自抒胸臆"二派"并好之,不能置也"的通达态度,与《采菽堂古诗选》凡例主张"会王李、钟谭两家之说,通其蔽折衷焉"[⑤],兼容格调、性情两说之主张可谓桴鼓相应。此序综评清初西泠诗坛,颇具地域诗学文献价值,除上述诸人外,又提及多位清初西泠诗人,皆名著一时:严沆(1617－1678)字子餐,号灏亭,余杭人。顺治十二年(1655)成进士,累仕户部侍郎。方象瑛《少司农余杭严先生传》:"丙申、丁酉(1656、1657)间,与莱阳宋琬、仁和丁澎、宣城施闰章、阳武赵宾、大梁张文光、同里陈祚明往来唱和,称燕台七子。诗文以汉魏初盛唐为宗。"[⑥]有《颢亭诗选》,1661年严津编入《燕台七子诗刻》[⑦]。严曾榘(?—1700)字方贻,号篴庵,严沆子,师事陈祚明。康熙三年(1664)成进士,官至兵部右侍郎,[⑧]其诗"洗尽铅华,直抒胸臆,而蕴藉春容,又拈须苦吟者所不能逮"[⑨]。章士斐(1614—1674),字淇上,钱塘人,诸生。士斐子藻功,即陈祚明婿,"士斐于古文则尊昌黎,于诗则尚孟郊、卢仝"[⑩],有《花隐亭遗集》,今佚[⑪]。徐汾,字武令,号管涔子,仁和人。父徐世臣,字继恩,与陆圻、柴绍炳等倡登楼社,顺治十八年(1661)披缁。生平见孙治《俍亭禅师生传》[⑫]。徐汾"少秉异姿九岁通鲁论易象,十三熟六经左国,十五通《文选》秦汉百家书,善骚赋,十八尚工诗古文辞"[⑬],有《二十一史徵》《东游日记》《归槎日记》《游珲春记》等。吴秋,字雁市,章士斐弟子,"十岁能诗,即自负不肯下人,见章士斐遂惊曰:'是吾师也。'士斐于古文则尊昌黎,于诗则尚孟郊、卢仝,而秋则创为生割排突之调,跳荡自喜"[⑭],有《雁山堂集》。查显,字继侯,号声止,一号止庵,为查慎行族侄,与弟查昇(1650－1707)并

---

① (清)胡介:《旅堂诗文集》卷首,清康熙刻本。

② 《旅堂诗集》卷一《后感怀序》。

③ 《稽留山人集》卷九《寿周圯公进士尊人绳翁先生》,第538页。

④ (清)俞泰:《涤烟楼集》,清刻本。

⑤ 《采菽堂古诗选·凡例》。

⑥ (清)方象瑛:《健松斋集》卷十三,清康熙刻本。

⑦ (清)严津编:《燕台七子诗刻》,清顺治刻本。

⑧ (清)阮元:《研经室全集二集》卷五《严忍公子餐方贻传》,清道光刻本。

⑨ (清)魏裔介著,魏连科点校:《兼济堂文集》卷五《严方贻诗序》,北京:中华书局,2007年,第124至第125页。

⑩ 《康熙钱塘县志》卷二十二《人物·文苑》,《中国地方志集成·浙江府县志》第四辑,上海:上海书店,1993年,第419页。

⑪ (清)吴振棫辑:《国朝杭郡诗辑》卷三,清光绪丁氏刊本。

⑫ 《孙宇台集》卷十五。

⑬ (清)王晫:《今世说》卷三,清康熙刻本。

⑭ 康熙《钱塘县志》卷二十二《人物·文苑》,第419页。

有文名,曾受知于关中马如龙,游其幕最久,有《红莲诗草》[1]。

四、《宠寿堂诗集序》

觉庵张先生,予中表宗绪、祖望昆弟之大父行也。张氏固多才,人人怀隋珠抱和璧,名闻乎天下。先生沉深嗜读书,键户不妄交宾客。既绝意仕进,匿市廛间,于经史无所不窥。熟精文选理,作为五言古诗,引绳墨、步法程,不为晚近固陋就简及剽窃前人句字貌相肖。大抵根《三百篇》国风小雅之旨,取材于汉魏,其姿致类安仁、士衡,简而多风、朴而不俚,宛转而无支蔓,乐易而深厚,优柔而恳至,无论今之作者,自献吉、景明不能工且纯若是,是固宜悬国门传来者。然先生重自韬晦,宾朋广坐间,后进少年扼谈四始六义,语哗而不衷,先生未尝置一词。黄口学语之子,夕有所作,旦以遍示交游,面不知发赤,先生终岁研练,藏草稿笥中,虽宗族子姓不得读,名固不足炫先生,抑先生为此,独有以自乐也?柴子虎臣善言诗,又居比邻,稍得渐窥所撰述,呼其友毛子驰黄共访之,于是先生名始著。祚明岁壬寅自燕山归,得见先生述祖德诗一篇,益强索其余,慭然后出。吾郡有诗人如先生,而四方曾不知,矧在异日,非同人不善阐扬名彦,盖先生蕴椟藏玉之过也。于是,与驰黄、虎臣略取乐府古诗,共为评论,先生独不好为近体,味其五言诸篇,无一语肯效颜谢江沈,况太白子昂,又况何李七子。人读书师古,法太上,不骛多、不贪名,积数十年不衰,故所诣也远,盖可易及乎哉?癸卯,余再游京师,阅六月,先生遥函远达,开帙读之,皆近咏也,体体悉备,言言工妙,大都蕴藉六朝,包含初盛,寔能移人性情、振起风雅,岂徒能作而已哉?而今而后,使天下后世知所取法,先生其不朽矣!康熙二年中秋日。[2]

按:张竞光,字又竞,号觉庵,"西泠十子"张祖望祖叔。因居邻柴绍炳,得与毛先舒游,诗名始著。1662年陈祚明自京归,与竞光游处,次年祚明复至都门,竞光有《送胤倩》诗相赠[3]。陈祚明《慎斋诗存序》称"西泠十子以外,张又竞竞光称前辈,斐然大雅材也"。其《宠寿堂诗集自叙》称曾师事陈子龙友、文征明曾孙文震孟(1574—1636):"先生反复叹赏,谓余诗追踪汉魏,远绍国风。"[4]该集摹拟汉唐痕迹宛然,有陆圻、毛先舒、陈祚明诸人评语,张祖望跋:"读其古歌近体,真不愧前数名家。予同学丽京、虎臣、宇台、驰黄辈咸共啧啧,洵足为西陵之冠冕也。"

五、《且园近诗序》

山长诗工于自言其情,哀伤愤懑,不能自已,而有言多识博闻,才雄自恣,不能名为何代何家,然固《离骚》之遗意也。古人畏富贵而逃之,若巢许务成之流尚已。若恒人之情,得志则仕宦,失职则隐遁,各因时以成其行。今山长以三十余

---

① 《国朝杭郡诗辑》卷三。

② (清)张竞光:《宠寿堂诗集》卷首,清康熙石镜山房增刻本。

③ 《宠寿堂诗集》卷二十九。

④ 《宠寿堂诗集·自叙》。

年前孝廉,屡上公车不第,勉就一氊薄禄,不足以代耕。马队非讲肆,非仕非隐之身,出处语默,一不遂其意,悲夫!杜工部深伤郑广文,然当日之广文不过贫耳,未始不嚣然自得也。居名山水间,吟诗作画,轻世而肆志,闭门坐大,无一事营其心,故人时时乞与酒钱,兀然一醉,不知有天地万物,何不泰之有?山长才远过郑虔而官同,所遇之时独有不同者,安得不哀伤愤懑,以斯人有斯遇,而恶能自已于其言?夫尚友古人者,诵其诗,读其书而见其志,是以贵论世之识也。山长之诗传千秋而下,必有深伤之者,且如祚明放废物外之日,久客燕山几二十年,蹩躠公卿之门,趋走风尘之内,头须如雪,来日短而还山无期,其不成隐,与山长无以异,同声者相感,慕类者以悲,对山长终日泫然,不知涕之何从,乃为之序,以明作者之志,倘祚明得附山长以传,祚之情将于是乎并可见。①

按:王岱字山长,号九青,一号了庵,又号且园,湘潭人。崇祯十二年(1639)举人。入清,屡试不售。康熙五年(1666)七月,任随州学正。又顺天府教授。康熙十八年应博学鸿词,不第。二十二年(1683),迁澄海知县。卒于官。有《了庵文集诗集》。1673年,王岱仍不捷,《别陈徵君祚明》感其数年所予帮助:“十回下第故人怜,古道如君十九年。”②王岱论诗“唯识自己真性情所在”③,本于竟陵,而力矫其孤峭幽僻之弊,谓“不若以楚救楚,又不若以古救楚,务期清而不弱,丽不伤靡,一本气格,以追正始”④,以清丽救其纤仄、以气格振其单弱,颇与陈祚明“会王李、钟谭二家”相契。陈氏谓岱诗“不能名为何代何家”,似惜其未审格调、体制不纯,但仍誉其“工于自言其情,哀伤愤懑”,得“《离骚》之遗意”。盖陈氏论诗不专辨体尊格,标举“情与辞”并重,《采菽堂古诗选》凡例云“屡赞诸家以工言情”,此一评诗旨趣亦可验于该序。

(作者单位:福建师范大学文学院)

① (清)王岱:《且园近诗》卷首,《四库全书存目丛书补编》第52册,济南:齐鲁书社,1997年,第3页。
② 《且园近诗》卷一,第12页。
③ (清)王岱:《了庵文集》卷九《辩诗》,《四库全书存目丛书》第199册,济南:齐鲁书社,1997年,第187页。
④ 《了庵文集》卷一《楚诗汇叙》,第39页。

张问陶《船山诗草》集外佚诗补辑

朱泽宝

张问陶(1764—1814),字仲冶,号船山,四川遂宁人,清代中期著名诗人。论诗以性灵为宗,与袁枚、赵翼同为性灵派执牛耳者。其诗在当时已广受重视,时人洪亮吉更将其与李白、苏轼等大诗人相提并论。"谪仙和仲并庶几,若说今人已无偶"①。今人钱钟书先生也早就提议将"乾隆三大家"中的蒋士铨换作张问陶,方能名实相副②。船山天才卓立,极富诗才,在短短的三十多年创作生涯中有诗五千首③,今存三千余首。张问陶的诗歌主要保存于《船山诗草》和《船山诗草补遗》。《船山诗草》共二十卷,在张问陶逝世的次年(1815),其同年石韫玉刻印于苏州。陈葆森网罗船山未刻遗稿,成《船山诗草补遗》六卷,刻于道光二十九年(1849)。今通行排印本《船山诗草》(中华书局 1986 年版)及《船山诗草全注》(巴蜀书社 2010 年版)都是以此两种清刻本为底本。笔者近日于上海图书馆发现张问陶稿本《京朝集》三卷,存诗 782 首,详细记录了张问陶乾隆癸丑年三月至乙卯年腊月近三年的翰林生活。张问陶晚年删定诗集时,《京朝集》中的许多诗篇未被收入,陈葆森编订《船山诗草补遗》时,也未将失收诗歌全部补入。今将稿本《京朝集》与《船山诗草》和《船山诗草补遗》相互比对,未被后二者所收者竟多达 224 首,《船山诗草全注》在收集张问陶佚诗时也没注意这部分诗歌。因此,张问陶的这二百多首诗歌迄今尚未为学界所知,因其对考察张问陶的生平事迹、探究其诗歌创作都有极其重要的参考价值,故胪列于下,以飨同好。张问陶的诗歌多有一题多首者,凡是刻本已收者,这里不复赘录,止列稿本仅见者,并在其后注明其在稿本诗题下的次序。本文所列之诗题,皆以稿本为主,若与刻本文字有异,则另加说明。

题马稷甫宗琏过海图椒畦画

画海得仙笔,留图赚好诗。十围腰带放,一叶水天迟。碧浪高逾暗,红云秀不移。知君游览后,心眼亦灵奇。

题邵屿葶褀诗后(其二)

早有人传绝妙词,才名难得少年时。当关怪底常辞客,日日关门著好诗。

---

① 洪亮吉《题张同年问陶诗卷》,《卷施阁集》卷十,中华书局,2001 年,第 666 页。

② "袁、蒋、赵三家齐称,蒋与袁、赵议论风格大不相类,未许如刘士章之贴宅开门也。宜以张船山代之。"参见钱钟书《谈艺录》,三联书店,2008 年,第 351 页。

③ 参见石韫玉《悼船山同年三首》:"空传诗卷五千篇。"《独学庐稿·三稿》卷五,清写刻本。

绝　句

细雪玲珑玉,堆盘湖水香。一枝花下藕,五月忆江南。

渊如前辈筵上

诗酒颠狂闹不休,三年如梦此重游。可怜旧日孙刑部,白发萧萧已半头。

可是昙华偶见身,玉杯轻进暖于春。欢场定比名场好,不近才人近美人。

题何兰生士方雪斋诗集(其二)

达者交情古,开轩笔砚香。投诗不游戏,病我太猖狂。真意文章得,雄心岁月长。他时传乐府,许汝并张王。

代启答毕秋帆先生并上近诗一卷(其四)

清笳节鼓鬓如丝,犹似灵岩夜读诗。我愿湖湘诸父老,人人高枕唱公诗。

官菜园寓斋屋后即目偶然作(其二)

弓弦一声如辟历,星体簇簇沙中立。尔辈安知报国难,一人破的千人急。去年风雪征西番,连山万里天漫漫。长弓大箭送西藏,人肩牛背如山怪。风一起,人牛仆,弓皮磨尽箭翎秃,才过巴塘已枯竹。

寄稚存(其二)

我来君去两无妨,只觉逢人不敢狂。宾刺过门都冷落,酒钱入手自飞扬。尘迷燕市驱车苦,书寄黔关下笔忙。何日夜郎流李白,也随明月刀南方。

得稚存书却寄(其一)

尺书堆案酒钱粗,肯掷黄金活腐儒。万里分财心独苦,恐教贫煞管夷吾。

秋日杂诗(其一)

风雷八月雨横飞,酒伴敲门蟹正肥。屈指秋篱花易老,关心海国燕将归。中年事杂书难读,游子家贫愿总违。苦向京华贪薄禄,涪江闲煞钓鱼矶。

按:刻本诗题作"秋日"。

题刘澄斋锡五前辈

陶然亭上倚歌筵,颠倒尊罍笑拍肩。前辈礼宁因我设,先生诗好任人传。云山逸气吞三晋,馆阁才名著十年。同乡醉乡称大户,相逢休惜杖头钱。

钱唐项君溶集赵雪松千文颂赵恭毅公世德诗册为赵味辛中书怀玉题

直从开国建奇勋,七十三城抚字勤。欲颂起衰新气象,为公重铸六朝文。祖德同传问史臣,百年门第各清贫。莫因五世伤遗泽,两姓元孙尚有人。

六十移居烂面胡同后十余日闻有笙歌之会翩然往贺作此以博一笑

隔巷人疏莫浪猜,移居题熟窘奇才。今宵转笑闲官热,偏向笙歌闹处来。

书蚕自题

春蚕心绪苦支持，簇箔曾无不吐丝。多谢主人相料理，女桑新饲两三枝。

题秋帆归兴图送潘状元殿撰世恩归娶

笑检官花归去来，溶溶秋水一帆开。少年韵事天然好，人镜芙蓉玉镜台。

龙绡麟笔望如仙，千里秋光画舫前。一样风帆映江月，春来犹是孝廉船。

告朔午门廊下同李介夫如筠前辈

层霄不听五更鸡，仙乐凌空彩仗齐。一片迷离天地影，星芒烛蕊互高低。

隔岁星霜次第呈，新书一卷是天生。诗情恐被重黎笑，不道明年著不成。是日领时宪书。

六十卜居烂面胡同作诗贺之(其三、其四、其五、其六)

处处疲骡喘大车，京朝官冷好移居。绳床茶灶经营苦，谁解真人地理书。

通人余技不嫌多，置宅居然陆法和。一日移家千日卜，五行八卦尽摩挲。

雾阁云房兴洒然，此中何必住千年。入门大有金银气，但愿时时足酒钱。

开筵仿佛看新婚，帘幕都无旧酒痕。醉倚红儿歌一曲，催租恶客不敲门。

题罗两峰画贾太傅小像

少年真气肯消除，痛哭西京竟尚书。还是贾生安义命，深交绛灌又何如。

湘水东流吊屈平，奇才原不在功名。知君只有苏和仲，谈笑江湖过一生。

书松为胡黄海翔云题

只凭高树写雄才，我亦皇然笑口开。满纸风声声谡谡，一天雷雨画中来。

题　画

月轮西走剑光横，隐隐填胸十万兵。莫笑无声诗淡远，丹青也有不平鸣。

冬日追悼殇女枝秀女卒于八月二十二日(其二、其三)

如此闲官愧不才，乡云回首重徘徊。累渠生死怜渠小，也历南船北马来。

才隔幽明便杳然，笑啼谁忍话生前。惟凭一掬伤心泪，留住三年过眼缘。

题渊如先生所藏侠女图

剑光灯影不分明，衣带凌风夜有声。是侠是仙呼欲出，美人如此定多情。

冬日北半截胡同寓斋即事(其一、其三)

丁香花散客移居，小树亭亭绿有余。风雨关情秋易老，星霜弹指岁将除。典衣独享三升酒，插架时添数卷书。自有新诗堪送日，故人休怨往来疏。

黄草堆檐老树横，残冬天地只风声。梦回中夜身如寄，人坐南窗月乍晴。向好官钱偏折扣，零星诗债不分明。垂帘消瘦红炉火，可似当年宋子京。

按：刻本诗题作“冬日寓斋即事”。

题豆花山居图

不识图中人,却领图中趣。记得山居时,豆花开落处。
种花补旧篱,剥豆点新酒。风尘何日归,读画一回首。

题铁夫二十七岁小像

瘦于鹤,劲于竹,眼光射人心心气足,白描淡写神仙骨,少年何必美如玉。

腊八日谢朱尊一锡爵同年赠红白盆梅两株(其二)

一枝仿佛故山春,不卷重帘护美人。别后只疑成隔世,悟来犹恐是前身。闲中未冷看花眼,门外何妨没马尘。岁暮乡愁谁解释,幸逢朱老在南邻。

题牡丹卷子(其一、其二)

粉香微晕淡胭脂,如梦如仙画一枝。富贵中人无此格,红云紫雾不多时。
一春雨露尽从容,香透名园第几重。寄语东风好抬举,莫教开到十分浓。

癸丑小除日口号

闲中岁月苦迁延,一日何曾值一钱。随手千金都散尽,又书新券买明年。

正月五日谢封町给谏馈醉蟹

八跪双螯太不驯,请君入瓮尚嶙峋。醉乡尽有横行处,恐是荆高一辈人。
笑汝无肠醉不红,也来浮拍酒池中。持螯便作糟邱想,一任持杯右手空。
强学凌云赋不成,文章一世敢横行。怪君妒我都亭梦,醉煞彭蜞赠马卿。
吉梦征兰事有无,劳君日日问悬弧。倘教堕地逢今日,小字甘心唤蟹奴。

新春口号

日日驱车绕凤城,城南城北贺新正。无聊想出安心法,闭目吟诗当远行。

人日饮王兰江祖武前辈家醉后失足破额伤手作诗志过

人生醉后无平地,望尘乃以头为戏。酒本不为卿面计,安知蹉跌非天意。
伤额伤唇复伤手,若崩厥角空稽首。酒痕狼藉血痕浓,一笑浮云变苍狗。
瞎马临池蛾赴火,此头枉为儒巾裹。宾朋诮骂妻孥愁,我不责头头责我。
屡舞仙仙醉不知,忍看座右宾筵诗。下堂伤足古所戒,一怒挥杯掷天外。

又绝句二首

焦头烂额玉山颓,何苦猖狂酒一杯。自笑神情如瘈狗,飞沙卷雾逼人来。
堕车不死有天幸,伏枕呻吟可自由。寄语麴生休近我,避贤新罢醉乡侯。

赠韩介堂廷秀同年时将赴陕西平利县任即以送行(其一)

五年潦草作同年,一面匆匆太偶然。但觉粗疏无我敌,那知清冷被君怜。登科录岂关交通,骂佛人能结酒缘。莫讶投诗如戏语,从来真率胜缠绵。

按:刻本诗题作“赠韩介堂廷秀同年时新选陕西平利县”。

北半截胡同寓斋初春感兴(其二、其三)

日落星未出,月圆天四垂。忽如新雨过,刚被好风吹。愁去不须遣,身闲无可为。寸心悬水镜,终夜照书帷。

诗岂惊人事,无心句偶成。飘然随酒兴,原不为时名。指摘屏他日,狂歌送此生。万言冲口出,那得免平平。

按:刻本诗题作"初春感兴"。

咏小金鱼

鱼苗真是可怜虫,几日洋洋便不同。黑白分头争变化,一分金彩一分红。

贺同年齐筠翘嘉绍生子

互闻啼笑不分明,正见崇兰并蒂生。胜读棣华诗一首,令人增重弟兄情。

咏瓶花

了了瓶中花,无根香不死。孤生天地间,何如古君子。

二月五日生女(其二)

闲官冷落故山遥,一颗明珠慰寂寥。简对预思才子婿,降生刚近百花朝。我为人父原堪笑,汝作诗材未易描。收拾惊天三寸笔,且从碧海赋兰苕。

二月七日屠笏岩绅王秋塍复订婚姻之好招同吴谷人王云壑前辈罗两峰赵味辛杨西禾马苇舟殷介堂会饮于孙渊如前辈樱桃转舍分韵得巫字

容得东山一酒徒,名流合坐尽三吴。宦情颇似野云鹤,诗笔难分大小巫。才子因缘如种玉,文人儿女定联珠。何当记取筵前客,写入他年嫁娶图。

题夹竹桃

花如桃,叶如竹,清节不支离,浓妆不粗俗。美人名士结同心,可似寻常连理木。

送杨西禾之任贵溪

平分吴楚大江寒,说法君真见宰官。绕县惟须种桃李,杀人从古戒申韩。书生未必无经纬,俗吏何曾有肺肝。此去不宜谈杜律,临民终比注诗难。西禾注有《杜诗镜铨》。

饯春心兰诗会题

韶关催我太匆匆,又见丰台芍药红。人自不归春自去,关情还是落花风。

如梦如仙自往还,一杯相送有无间。不知春色归何处,恐逐乡心到故山。

即　目

一鹊下空庭,惊人去如瞥。回风散椿花,濛濛飞绿雪。双燕语呢喃,殷勤绕帘角。几日啄香泥,巢成人不觉。

四月二十日考差寓海淀天仙庵即事有怀

簪笔光明殿,心如未遇时。不才叨馆职,所学愧人师。志苦应殊众,天高且赋诗。朱樱蒙曲赐,退食更逶迟。

白 莲

白莲花冷夜窗虚,一卷名经味有余。月上平塘香在水,不知清梦化为鱼。

松花诗会题

松阴落日走龙蛇,万点新黄补翠霞。抱节止栖千岁鹤,参天也放一春花。月明古涧疑霜雪,僧听寒涛满袈裟。开向人间人不觉,笑他草木太荣华。

五月二十七黎明贼复来入怀人书屋捆书四十余卷将登屋为犬所扑弃之而去

无聊新典旧青毡,累汝偷书亦可怜。此后不宜重过我,须访穷鬼要相缠。

玉轴牙签次第开,借书安得比通财。螂嬛守犬真神物,不是张华不许来。

题陈肖生嵩画册十二首

杏花杨柳

红杏一两枝,绿杨三五笔。随意画春风,可遇不可必。

牡 丹

何日写秾红,脂痕犹润泽。寻常富贵儿,无此好风格。

蕙

画蕙不为兰,蕙本兰之族。譬如君子交,离居情愈足。

碧 桃

桃花不笑人,人笑桃花俗。试问武陵花,何异柴桑菊。

朱 藤

花意居人上,漫天覆紫云。可怜吹不定,开花总纷纷。

月 季

莫爱长春花,朱颜四时好。年年看花人,都向花前老。

菊

秋老万花空,清高补化工。本来无执念,不是背春风。

萱

欲佩宜男花,先种忘忧草。聘得画眉妻,生儿自然好。

芙 蓉

秋水散红云,芙蓉千万朵。我忆芙蓉城,芙蓉应忆我。

腊梅罗汉松

梅是旃檀香,松是阿罗汉。举此问晦堂,又增一公案。

梅 竹

湿翠隐疏红,竹香梅欲笑。不见笔墨痕,天机各清妙。

水 仙

一勺清泠水,凌风意欲仙,立根无倚著,何事不天然。

十九日夜坐苦雨

灯火忽玲珑。邻家四面通。墙倾连夜雨,人坐一窗风。遮眼云光黑,当头电影红。乾坤雷水外,举酒悟真空。

二十二日朱少仙寓斋痛饮奉酬二十一日见怀之作

昨夜君思我,今宵我访君。莫愁三日雨,犹是一山云。唱和闲逾密,樽罍乱不分。醉归车马急,灯火白纷纷。

绝 句

今年六月多风雨,漂损篱间地数弓。自笑吾庐花事晚,石榴才破一枝红。

夏日读李长吉诗集

天为奇才哭,栖栖奉礼郎。福皆因慧折,寿不抵名长。笔艳凝尸气,心灵吐夜光。溷中悲剩稿,我欲戒猖狂。

六月三十日入城访介兹留饮于槐花书屋醉后作小画赠之并题小诗六十字

入巷忽闻蝉,心为槐花远。到门花乱飞,堆庭黄雪满。酒人风趣足,长夏雨声暖。醉时聊放笔,画兴殊不浅。炎风赤日中,借此一消遣。记取眼前人,留作槐花典。

读本草诗会题

药不医圣贤,圣贤亦须死。药不医仙佛,仙佛已死矣。茫茫古今人,生即有死理。同游百年内,寿夭偶然耳。世人畏疾病,伏枕气先靡。岂知生死缘,不缘疾病起。花好乍惊风,木瘿犹结子。天留有疾人,地埋无病鬼。如何不随化,甘心食人矢。宁受庸医毒,不承上帝旨。身试万人方,命投一杯水。呜呼神农书,流弊乃如此。虽云后人误,我独溯其始。盘古无著作,混然谁敢指。

七夕雨中查小山送酒一瓮巧果一盘并索诗为谢口占一绝调之

一种花瓜一杯酒,鹊桥还伏好诗催。仙邻更比天孙妙,风雨声中送巧来。

盘香诗会题

平生嗜烟如嗜酒，黄竹一枝常在手。呼吸晴空万朵云，双童取火更番走。
吹炭燃灯复敲石，火光明灭回头失。喜从近市得盘香，活火一星香一日。
盘中小架尖如邱，蟠香挂作蟠泥虬。金环大小堆无数，赤蚁回旋磨不休。
转华华转难留住，细软余光入云去。真成倒宿黄杨禅，何止三周华不注。
昨日已过今日长，终须烧尽盘中香。焚香且吃相思草，诗肠莫为盘香绕。

书扇二绝句(其二)

尚书家世多才子，十叶金貂万首诗。我更拈毫画梅里，为君点染向南枝。

陈公子均从松江寓书于朱少仙同年征及鄙诗误以予名作涛字既书近作数章奉答复寄一诗以博一笑

鲁鱼传写易朦胧，笙磬同音器不同。自笑陶陶成俗物，一名常欲混山公。

七月上旬苦雨

排担急溜响淙淙，秋水环阶路不通。鸡犬缩头瓜蔓长，全家人住雨声中。
破窗飞雨夜喧阗，抚枕如听万壑泉。莫笑巴人惊不起，漏天原是故乡天。
风沙吹过一春晴，暑雨连秋怒未平。谁使三时兼雨旱，神蛇妖魅太横行。
秋苔四绕屋斑斓，飞鸟无声断往还。我欲披云看白日，题诗分付剑芒山。

灯蒿曲和王封町给谏

蓬蓬蒿一丛，簌簌灯万点。冲天云雾浓，帖地星辰闪。中元夜黑灯满庭，灯摇细火光荧荧。是灯非灯得鬼趣，一滴鬼灯香一炷。香垂火倒燃，火燃香吐焰。鬼眼观灯灯亦幻，生人媚鬼欺其暗。一灯一鬼嬉，千灯千鬼扰。可怜无尽灯，惟凭一茎草。泉下惊看火树明，人间笑指秋萤小。吁嗟乎，人生不瞽心不忙，肯与魑魅争余光。开眸朗若明光烛，且看白日堂堂出旸谷。莫待人歌蒿里曲，纸钱拂拂眯双目，空向蒿灯影里相征逐。

题　扇

钓丝游漾水如春，手掠飞蓬未点唇。我若浮家办蓑笠，樵青应胜画中人。

荣铁斋中丞柱家藏有先祖赠德纯斋司寇书扇五十年前司寇与先祖同官刑部中丞司寇之子也乾隆甲寅秋予与中丞相遇于渊如前辈寓斋中丞既出此扇见示复属予别书一扇作诗记事得绝句四首

巽风斋扇何年制，祖砚留题墨未残。想象两家持赠日，李都官与铁都官。扇有小印曰巽风斋。
两世勋名严仆射，审言孙子亦清狂。买山赀欲凭公办，为我成都筑草堂。
无心相遇已奇缘，往事回头更蔼然。五十年前风一握，几家留到子孙扇。
忽如倒屣迎王粲，真欲逢人说项斯。何意书生三寸笔，被公物色已多时。

题花下美人

月中微有淡香来，小院沉沉半亩苔。想到尘寰无妙处，此花终为丽人开。

题吹箫引凤图

缥缈秦时月，箫声引凤声。神仙传韵事，伉俪有深情。台回秋光远，人高夜气平。红闺小儿女，珍重卜和鸣。

中秋挽汪云壑前辈如洋

理数欲疑天，斯人不永年。死真成意外，贫已极生前。荒徼孤寒泪，承华笔墨缘。锦标无愧色，清望定流传。忆醉东堂月，银槎作酒舩。谁知终夜雨，已尽百年缘。谨厚宁非福，功名竟不全。双奇慈母殉，行路亦潸然。

题潘编修漪玗洞观瀑图

曾从西塞山前过，野鹤声凄月上迟。夜半龙腥波浪涌，船头天静水云奇。只今读画心犹骇，尚忆临江醉不此。何日漪玗洞观瀑，也如人外纪游时。

御者赵才因僬侥求诗于余作四绝赠之(其二、其四)

飞轮争路马蹄忙，独挽轻轩止道旁。也染车中寒士气，寻常拥盖不扬扬。

才听昌符婢仆诗，也持名纸要题词。风尘汝亦能知我，揽辔应无诡遇时。

按：刻本诗题作“御者赵才因僬侥求诗作绝句赠之”。

九月六日雨中邵寿民送蟹十八辈酒一瓶作小句谢之

清酒三升蟹一筐，分来风味近重阳。开樽大有江湖兴，谁与持螯话水乡。

篱边野菊开无数，便欲期君冒雨来。不是到门无剩客，须知饮食亦须才。

九月三十日重过陶然亭同年月会口占

穷愁岁月太迟迟，又对城南酒一卮。我历三秋如隔世，芦花绕到白头时。

题谢康侯照生晋

江天无尽处，野鹤引雏飞。菊圃凝霜影，琴弦冷玉徽。苦心儿辈觉，老眼世情违。书味清尘梦，虚舟缓缓归。

小山赠菊

不为寒香损俸钱，年年花室累仙邻。分来五色迎霜菊，想见千秋送酒人。三径为君添气色，一枝能自写精神。重阳已过休回首，正好餐英醉小春。

题皖江图

柏子山前醉放舟，十年曾过古舒州。手中也有鹅溪绢，欲写长江补旧游。

咏房中菊花

一屋千花气味同，瓦盆堆菊作屏风。秋心那便因人热，晚节原非赋命穷。竹榻留香仍冷淡,书灯写影见玲珑。毡炉小试回天力,独傲寒霜太不公。

题怀宁余伯扶鹏年曹州牡丹谱和翁覃溪方纲阁学元韵

著书人老惜春阴,还是名花见苦心。细写倾城供墨戏,色香都香谱中寻。

重繙小记补欧阳,新识曹州鲁府黄。富贵无名传不得,也须文笔为□张。

贵采秾姿太合时,酸寒应笑我题诗。五年曾作齐东客,未折瑶台玉一枝。

送赵老仆归成都

羡汝还乡易,思归竟得归。情长休念别,人老合知非。厮养缘初尽,钱财愿久违。巴童无去志,相送亦依依。

朱乙青纫兰图为婴玉昆仲题,婴玉名孙垣

出叶双花秀,秋兰并蒂生。预征文字福,如见弟兄情。言以同心好,香真入梦清。老人誉儿癖,应为立修名。

十一月七日微雪谢王香圃送酒

霰集不成雪,影飘如有声。气严虚室静,神肃敝裘轻。旧被嘘先湿,寒炉火乍明。此时一樽酒,真见故人情。

甲寅十一月寄袁简斋先生乙卯三月二日八十寿(其一、其三、其八、其十一)

老庄夷惠外,自创一流人。福慧空男女,新奇惑鬼神。湖山钟间气,猱玃认前身。天亦忘成例,凭公脱轮转。

七品官阶足,三朝岁月深。美人犹著眼,名士自输心。身退原非隐,花迷不讳谣。九州呼怪物,空绝去来今。

小字腾风格,拈毫墨染衣。老犹夸目力,丑亦见天机。点逗轻逾妙,翩翩秀欲飞。奇文奇句外,此事却知稀。

未见劳通问,津津数首诗。颠狂尊父执,疏放感心知。世大交应遍,人奇死亦迟。祝公留健笔,寿我八旬诗。

十一月十七夜待月

屋山先见月,庭宇尚阴阴。待以一樽酒,慰兹千里心。盈亏凭造化,明晦验升沉。预恐浮云掩,含愁坐夜深。

甲寅十一月十八夜梦中得句

人眼青,鬼眼黑。鬼瞰人,色如墨。夜漫漫,不可测。

使　事

使事人不觉,吾思沈隐侯。书皆随笔化,心直与天谋。钟定千声息,江清万影流。莫须矜獭祭,集腋要成裘。

病　酒

量小兴猖狂，来朝病味长。头鸣糟肉败，心战酒兵强。避烛才甘寝，看花又醉乡。遣愁愁转剧，无药医膏肓。

按：刻本诗题作“十一月二十日前一日饮于谷人先生处大醉”。

十一月二十三日

雪云低更黑，陡觉峭寒增。气湿却非雨，夜行知有冰。多愁难断酒，无日早燃灯。岁事此时迫，羁怀自不胜。

二十七日夜饮酒怀亥白兄寿门弟

相望几千里，谁言同一身。异方成独客，各瘦叹三人。壮岁心情乱，儿时笑语真。百年为骨肉，离居太伤神。岁晏怀兄弟，书来共一函。开缄悦情话，把酒当清谈。生产谁能问，文章性所耽。过庭常学易，应是欢中男。

十二月五日坐班后访介兹同年避风小饮分韵得班字

性懒重朝班，无妨宦味闲。避寒寻旧雨，呼酒破愁颜。积券空相问，新诗许共删。岁残乡信隔，何处买青山。

排闷绝句初六日(其二、其四、其五、其六)

残灯争羡地炉红，活火寒灰气不同。蓬户朱门齐送暖，世间公道只春风。

典衣且救贫交急，只当同分一味甘。为感德操平日语，莫因财物令人惭。

僮仆抄诗婢捧书，米盐生计任粗疏。治家只用文翁法，犬守娜嬛也自如。

已惯饥寒万念贫，坐忘常喜梦魂清。守钱奴有回头日，应悔攒眉过一生。

题宋鉴溪年伯老屋课孙图应确山世犖同年之属初六日

才课佳儿又课孙，六经上口喜重温。好山罗列如堆案，流水潆洄亦绕门。世外烟霞传正学，意中科第是私恩。老人心事吾能画，欲挽奇童与细论。

戏咏扑满初七日

器小聚多赀，居然欲破时。此中何梦梦，欲掷故迟迟。瓦注人偏爱，钱神尔自知。我无和峤癖，臭味任参池。

冬夜读书有感初七夜

七弦琴与一弦琴，各抱灵音待赏音。诗到自然皆有格，义多真得转无心。才高易被声名误，学久还须阅历深。何苦拈毫争貌古，埋头空作蠹书蝉。

西山初八日

城外西山遥看客，城中人不看西山。如何低首尘寰里，孤负摩云指顾闲。驴背仰天双眼阔，楼头呼酒万峰间。林峦定比终南秀，输与飞鸦日往还。

十二夜月下读亥白兄书奉怀

忆酌临歧酒,蟾光共举头。重看新月影,还照隔年愁。感梦纷离聚,钞诗远唱愁。书来行有日,春色待卢沟。

醉后劝胡十四唐作时文歌十三日

俗学重时文,人才多汩没。决科老儒铮铮面如铁,手抱兔园册子,嚼尽生人骨。仓颉字,飞上天。六经圣人之道,缒入千重渊。一世儿童受夏楚,钦钦冤抑殊可怜。奎宿暗无光,黑雾填文昌。谁抽俗士心肝,幻化作枉矢,分头上射,射之如贪狼。我梦游太虚,凭空愁兀兀。下看尘寰一气平如画,猝然黄山云映天光。倏忽松声怒郁云心凸,飞出胡唐眼如月。胡唐奇,奇不必奇于诗。诗爱唐人李长吉,胡唐无不及,或过之。胡唐奇,奇不必奇于画。河出图,图作卦。宓羲文王之下,虽周公孔子不能画。之时义最大,十指精刻画,细险如鬼工。作人耳目玩,此巧吾不容。眼洞金石文,篆隶走神笔。墨光稜稜,健如金漆。古人作,胡唐述,李斯程邈不重生,纵使重生亦相匹。黑夜漫漫鸣暗虫,万人摇笔腾酸风。谁能独振凌云气,不作时文不科第。我昔遇君浅,连年仍泛交。岂知物外心,淡定霜天高。身有过人之节复不矜诩,世上狂奴夜郎自大真牛毛。宣尼亦有言,由过求不及。恶影竟捐身,将毋太狷急。君今薄时艺,下笔追典坟。积学纵堪为世用,致身无路通青云。富贵何足道,大义惟君亲。又古人之作易,且观法于鸟兽之文。变通神明,存乎其人。道或在屎溺,腐臭都能神。安知世人咯咯呕心所吐假仁义,不得君子大笔一扫皆清真。才大人可师,道行名不死。头插貂蝉手文史,英雄亦在人为耳。我醉喜狂歌,轩眉欲飞舞。流俗轻醉人,闻声每相侮。胸有奇愁为谁吐,对君鸣作雷门鼓。一樽酒,七尺身,夜深诗思何纷纭。不愁语重遭人骂,只恐谰言不感君。

自题画梅十四日

梅高花亦高,梅短花亦短。春风如有心,欲试看花眼。

腊月十八日京都寓斋得椒畦冠县书却忆

人淡情偏厚,书来亦至文。交游中有道,兄弟外惟君。济世才难遇,穷经志已勤。功名吾党事,冠盖仍纷纷。

十八夜对月怀张莳塘时客宿迁

同姓亦不易,念君如弟兄。文章无世态,离聚见交情。书少去何远,月高愁乍生。南徐今夜梦,应为故人惊。

腊月二十三日始雪

阴阳忽游戏,小雪日中飞。年尽来何晚,风晴力转微。云光争霁色,天影怯寒威。稍喜南窗静,催租不欸扉。

听鹂图为戴春塘聪题

隔花深柳一重重，斗酒双柑访旧踪。要为诗肠争鼓吹，春光图到十分浓。

听鹂雅兴迥清新，戏写家风当写真。应笑世间行看子，一松一鹤太沉沉。

徐寿征以小砚见赠长四寸阔二寸宽一寸实宋制也砚有铭右曰宋澄泥小篆东桥居士行砚行书左曰陶之始浑浑尔竹坨八分作诗志谢

故人忽持赠，小砚宋澄泥。制是中州古，铭皆老辈题。文章交道远，淘练化工斋。自愧苏黄后，论才品较低。

除夕和铁夫岁暮自述元韵二首

养闲忘我是官身，草木敷荣过一春。岁尽方知虚日月，梦中久不办晨昏。清羸未必因诗瘦，喜乐何妨为酒贫。退笔如飞删旧债，明年书券又重新。

有妇犹堪话鹿车，齑盐终岁总怜渠。宦情落落云中鹤，乡梦遥遥剑外书。俗物敢来寻叔夜，富人还欲数相如。祭诗烧尽床头稿，笑看奇光烛太虚。

正月初三咏新月

冬春忽代谢，四日分两年。去年雪在地，今年月在天。新月照余雪，清光同莹然。两年雪月能相见，可惜古人常隔面。夏日蝉，秋日雁。

绝句

勺水妙于海，盆山好于岳。心闲境自奇，端居忘偪促。

闻同年韩介堂廷秀卒于广西马平县任作诗哭之

醉间飞语忽惊呼，凶闻谣传定有无。花县纵非贤者乐，雉经终是古之愚。罗池庙破文光冷，铜鼓山鸣鬼气粗。不信通人无死法，惜君此事太模糊。

书石榴戏题

万里回槎博望侯，吾家余事亦风流。升沉莫向君平卜，且画忘忧安石榴。

二月初旬病中作(其一)

揽镜不像是，劳人瘦可知。灯摇身外影，才竭病中诗。归梦连宵乱，华筵逐处辞。闭门量药饵，春昼耐支持。

挽从母李安人(其一、其三、其四)

真州东望渺天涯，裂素连年哭外家。谁识交亲五千里，江南偏有蜀冈茶。半亭舅氏方以去年冬卒于仪征。

南徐回首溯渊源，外祖家宿迁。五女庄前草不蕃。先是外祖只生五女，故以名庄。毕竟生儿成宅相，几家争指魏阳元。表兄郑文明丁未成进士，官刑部。

闺阁仪型媲郝钟，霓旌荣写太君封。私情未必违公论，彤管千秋纪女宗。

二月十七日晓起见积雪

春晴已过花朝节，冷雪森森又逼人。悔典狐裘嗟太早，细添炉火笑重新。功名有味输同辈，山水无缘惜此身。差喜盆梅常静对，隔年寒影尚精神。

二月十七夜雪后对月

晨兴方对雪，向晚月纷纷。莫讶阴晴易，须怜昼夜分。药苗春渐长，蚁撒日成群。安得连霄雨，东风扫冻云。

仲春口号(其一、其二、其三)

花时随意醉都城，积雪环阶草未生。红杏一枝无觅处，可怜风信亦虚名。
乱书堆里一樽开，此地真成避债台。只有西天残月影，夜深飞上纸窗来。
病起方知粥饭香，姜芽点豉累厨娘。胸中块垒应销尽，不敢逢人说酒畅。

寓斋杂咏

飞鸿延年之室何兰士隶书一刘石庵尚书草书一

戏拓鸿台瓦，飘摇故国情。雪泥无定所，到处以为名。

忍冻读书斋伊墨卿隶书名秉绶

曾与梅花约，三冬夜读书。如何中岁近，意气未消除。

小游仙馆桂未谷隶书

不服长生药，早知无百年。偶凭诗酒兴，一枕小游仙。

夜思早作之斋胡城东篆书

百年一弹指，只用几晨昏。独往原非矫，幽思不为贫。

画眉写韵之室自题

有妇耽佳句，天然笔墨缘。闲情愁外足，诗思梦中圆。

橘师轩朝鲜内阁检书朴斋家题赠

海客亲题赠，何如橘颂亭。楚骚无限意，举酒问湘灵。

二月三十日春分雪

二月忽已尽，春分不见春。绝无花照眼，还有雪侵人。寒重衣难赎，庭空草未匀。闭门沽酒得，高枕亦忌贫。

闰花朝大雪自谷人前辈寓斋分韵赋诗归谢查小山送酒

手击渥头笑语频，买邻不用买青春。应门犬亦垂涎坐，认得常时送酒人。
才联隔巷诗千首，又拜前邻酒一瓢。只为今年足奇景，满天风雪闰花朝。

题红豆村人集即送袁香亭树司马之任粤东(其一、其三)

红豆村名占好春，瑶编入手妙清新。风情未碍神仙气，抚字终宜蕴藉人。不饮偏能知酒趣，作诗犹是累官身。一门裙屐皆才子，笑指仓山愿卜邻。

公昔登科我未生，郑虔三绝旧知名。尘中相对原无谓，意外能来却有情。天海才人终会合，文章交道最分明。临歧不作寻常语，晚节寒香在此行。

周希甫有声舍人小照

水满陂塘雨乍晴，一行花鸭泛春声。江乡只是寻常景，写向风尘便有情。

小住湖湘十五年，旧游回首尚依然。几时销尽轮蹄铁，同买春江鸭嘴船。

闰二月十六日清明与王香圃麟生徐石溪查兰圃小山兄弟携酒游钓鱼台看桃花归过白云观法源寺即事四首(其二、其四)

日气拥高台，年年载酒来。人应悲聚散，水亦受尘埃。官柳还青眼，神鱼不暴腮。钓矶千万曲，一处一樽开。

踏破寻芳路，轮蹄一日忙。花如奇事少，春为闰年常。举眼原非梦，逢人未肯狂。不游游更好，沉醉酒垆旁。

二月二十四日始食江瑶柱小山所赠

世味已淡然，始见江瑶柱。方知饮食人，多为虚名误。

闰二月二十八日渊如前辈寓斋小集寓为歌者陈郎故宅予与徐阆斋合坐樱桃传舍图同人作诗纪事吴谷人前辈首倡是日会者毛海客大瀛徐寿征明理王铁夫启孙徐阆斋嵩及予兄亥白与渊如皆步其韵陈郎蜀人

西蜀樱桃此地栽，繁花曾为几人开。新枝还绕三重屋，旧雨难寻半亩苔。掷果尚思萦手处，说诗可为解颐来。相看墨戏酸寒甚，不称当年锦绣堆。

暮春(其二)

他乡风信也匆匆，两树丁香细雨中。莫笑开多心琐碎，最怜花小意玲珑。严霜密雪栽培久，美女奇书赏宴同。转惜故园春易买，一声莺啭万山红。

三月九日谷人前辈寓斋小饮两峰山人以酒杯画月赠查兰圃即席题句

酒气湿青天，酒杯覆明月。打破酒一杯，本来无一物。

种柳词和徐寿征

自培烟柳看春阴，比似栽花意转深。妆点灞桥风景出，几人能不动归心。

数枝摇曳雨初晴，客舍青青想渭城。满地落花飞不定，东风吹汝太多情。

才子心情最可怜，无花无酒亦缠绵。他乡手种销魂树，不为伤离也黯然。

把臂同歌种柳词，也如红豆记相思。不知归梦谁先后，且向风前赠一枝。

梦中得良友书堂二语戏演其意联缀成篇

诗境迷离午梦回,闭门含笑一樽开。空山独往原无味,虚士争名太不才。良友定从何处得,书堂能许几人来。绝交走碍嵇康懒,寄语山公莫浪猜。

扇题三十六鸳鸯图,为查小山姬人添香女使马翠燕题

春暖晴溪水亦香,溶溶三十六鸳鸯。图成好赠文箫妇,配写簪花一两行。

研光小扇写芳菲,细引薰风上舞衣。莫向回阑轻扑蝶,恐防花鸟一齐飞。

翠羽红衿倚钓船,谁描五色画春江。侬家藏得支机石,也拟金针绣一双。

两两成行最有情,美人生小便知名。呢喃可及双栖燕,不重风流重老成。

三月十三日复举一女,仍用去年预作生子韵

豚犬儿郎亦有情,入怀何必定长庚。羡人金玉寻常得,笑我虺蛇次第生。渐为中年祈好梦,欲凭此事忏虚名。引珠诗草先焚却,醉看双雏酒自倾。

按:刻本诗题作"三月十三日复举一女"。

雨后枕上作

匡床灯暗小堂深,枕上残书走蠹蝉。五夜乾坤空外影,一窗风雨梦中心。青铜铸象悲仙佛,黄土抟人笑古今。无可奈何除是醉,酒杯聊向眼前斟。

三月二十日圆明园考差,寓海淀,戏咏柳花二首

城西柳絮吹成雪,也与尘沙气势同。一路迷漫骄白日,暂时飞舞仗东风。愁中倚着情无定,梦里因缘悟不空。猜到能开开便落,泥人小影莫匆匆。

一天晴雾太迷茫,聚散纷纷为底忙。春色已阑还作态,花名空占卜能香。缠绵只觉吹嘘古,轻薄居然上下狂。稍喜隔桥三两树,长条无语自成行。

四月一日夜与亥白受之怀人书屋话旧以安陶彤三子所入之部分韵得彤字用二冬韵

自昔怀人处,深灯意万重。关心常作别,弹指又相逢。骨肉情难幻,齑盐兴转浓。缠绵一樽酒,同醉禁城钟。

寄怀彭田桥

记得年时同举杯,谈兵拍案气如雷。君逢黄祖真能骂,我服孙登不用才。三十头颅犹未老,寻常科第亦堪哀。安贫莫负东篱菊,自有王宏送菊来。

乙卯礼闱王椒畦学浩张莳塘吉安赵味辛怀玉王剑潭端光汪漪堂涟王铁夫启孙邵寿民葆祺诸友与亥白兄受之弟皆下第作诗慰之

又折樱桃过一春,梦中得失恐非真。才名不上登科录,时论终推下第人。文战归来还气象,榜花开处可精神。王郎旧句堪移赠,珍重青云未了身。

风乙卯四月作

当阶红药几枝花，绕屋青林数点鸦。一月风声吞白日，六时云气散黄沙。阿香车缓难为雨，庾亮尘高未易遮。恼我乡愁何日遣，可能吹梦到天涯。

题王莼圃若沂栩园读书图树畦画

一林高树隐秋城，画到江南便有情。想象栩园风雨夜，玉山低首听书声。

四月二十九日喜雨

日日晴光住夕曛，风声还向月中闻。樽前喜听连宵雨，天上能留昨夜云。无事情怀宜酒伴，乍凉景物似秋分。盆山坐看鱼苗长，也有新萍护水纹。

莳塘分发浙江作诗送别(其一、其二、其四)

竟指铜章笑不休，有人转为得官愁。书生入世心原苦，俗吏登场气已浮。满眼旌旗新令尹，一方民物古诸侯。阳城下考君能办，莫叹凌云志难酬。

画舫笙箫动水滨，东南宦味太津津。舟迷蓬海光何远，弩射钱江气未驯。几辈题诗空吊古，此时抚字可无人。寻常枉说杭州好，只爱湖山不爱民。

百年尘梦不多时，岁中弹冠倘未迟。技熟早通医命法，政成如得称心诗。云连亲舍能为养，地近乡山慎所司。肯学钱郎空赋别，此中交道几人知。

戏题钟进士啖鬼画扇为小山作

鬼肉乃生吞，鬼血昏然呷。尽鬼都无殽，此味真嚼蜡。所以世上人，饮食须有法。

题佩香女士骆绮兰秋灯课女图

读书声小夜迟迟，凄绝秋灯课女时。为想图成谁可寄，好从泉路慰相思。
一枝斑管太聪明，几载离写痛死生。娇女他年休学母，误人终始是才名。
韶光如梦感年华，黄鹄歌成事可怜。但使管彤褒苦节，不烦题咏亦流传。
孤鸳雏凤影参池，剩有伤心数首诗。不是寻常才女泪，清名珍重畏人知。

送周揖松游苏州

国西门外柳毵毵，一曲离歌酒半酣。满眼风尘无意绪，送人偏是到江南。

夏日戏作(其二)

热客争摇大扇，冷人不受炎风。坐看破窗明月，寒光四面玲珑。

戏作画题赠端木同年煜

怪石奇花信手涂，精神满纸墨模糊。不知爪甲留痕处，抵得人间退笔无。

八月二十五日陈荫山招同胡城东、朱少仙、曹扶谷、陆平泉集借树山房各以姓分韵得陈字限五古

荇拔混麒麟，奇杰悲风尘。油轩闰治理，自愧惟词臣。

六月十五日介兹见访口号

愁中难得故人过，官太清闲可奈何。自检称心诗数首，细斟醇酒听君歌

胡城东唐自滦阳作诗见寄有清狂或累仙才之句，用韵奉答

清狂或恐累仙才，好语惊心亦可哀。从古知人曾不易，怪君何处得将来。闲情肯为虚名动，奇服空教俗眼猜。手把瑶笺生妙悟，风沙吹我到蓬莱。

乙卯七夕题陈肖生甲寅七夕咏篁轩雅集图

诗酒情怀易感秋，星河低近曝衣楼。凭谁留住清霄景，羡尔传神顾席头。

八月十一日不睡枕上作

入世本无争，知天气渐平。官闲如作客，志大不谋生。纵酒原非福，谈诗尚有情。梦中还说梦，秋月自空明。

浣花采菊图为吴君篪题

浣花溪上花如锦，偏采寒香一两枝。想象诗情难遣处，三秋风雨杜陵诗。我欲题诗问草堂，客中风景又重阳。秋来不断还家梦，争忍披图看故乡。

八月二十八夜内子以针线帖索诗为题七律二首(其二)

迎寒催放剪刀声，何止齑盐苦累卿。缣素无分都太好，殉央不绣更多情。自看手爪心犹惜，天与清贫艺始成。乞取新诗还替写，夜窗风味两书生。

按：刻本诗题作"内子以针线帖索诗为题七句"。

八月二十九日访邵寿民口占

敝车拂拂走风沙，绕路儿童一笑哗。吟得奇诗无说处，竟携醇酒到君家。

题　画

风暖瑶阶雨乍晴，砧声低应剪声清。不裁新样宁无宠，自浣余香倍有情。小试辛勤增妩媚，细商工课戒聪明。人间寒夜机中女，多少秋衣织未成。

乙卯九日自草桥归作诗索亥白兄受之弟和韵兼寄寿门七弟

不废登临共咏诗，今年九日在京师。人如兄弟犹难聚，秋到风尘自可悲。万事苍茫多病后，一官清冷看花时。故乡景物凭谁问，欲来茱萸寄所思。

重阳后二日乡试磨勘王葑亭给事招同翟立斋槐侍御兵科早饮食科鱼即事

公事只如此，文章岂有神。相看还一笑，举酒忽三人。谏纸钞诗满，科鱼入馔新。侏儒应羡我，醉饱得天真。

题画为查兰圃

一曲溪山岸草匀，嫩莺新柳艳初春。诗情酒态何人见，不系舟中自在身。

自题画马

今昔空维絷，萧萧风满林。防他千里足，还有偾辕心。

乙卯初冬题冲寒访旧图送朱少仙之松江

车马冲寒指暮云，此行偏为故将军。人惟急难方求友，我方悲歌欲感君。但觉穷交多热泪，不知法吏有深文。覆巢好与占乌鹊，莫使双雏痛失群。

采珠图为戴春塘画并题

不肯寻常画洛神，感甄一赋最清新。拈毫独采销魂句，细点明珠为写真。

十月十九日徐后山昆舍人招同法时帆祭酒吴谷人赞善王葑亭给事赵味辛舍人董观桥吏部为竟日之饮口占记事

所到可终日，相知能几人。无诗尤契合，得酒亦精神。志定甘违俗，心闲乃善贫。夜寒归任晚，斗室暖如春。

雪中谢吴少甫吏部存问

才退愁诗债，书来捐俸金。见童今夜笑，风雪故人心。得酒情真过，无衣感更深。草堂资可办，终始望知音。

（作者单位：复旦大学中国古代文学研究中心）

明清学人对曹植及其文章的评论辑要*

王　莉

明清时期文论家对曹植及其文章的关注，与曹植别集的刊刻、汉魏六朝总集的编纂以及明代的复古思潮等都有着密切联系。基于此，文论家对曹植的文章做出更细致深刻的评论。因此，对这些评论加以收集整理，可更全面透彻地了解曹植在明清时期的文章学史地位。

一、综论类

明清时期评论家对曹植及其文章方面的功绩做出概括性评价，分为三类：

（一）知人论世，综述曹植及其文章的成就。

明李梦阳作《陈思王集序》（节选）：

余读植诗，至瑟调《怨歌》《赠白马》《浮萍》等篇，暨观《求试》《藩举》等表，未尝不泫然出涕也。曰："嗟乎！植，其音宛，其情危，其言愤切而有余悲，殆处危疑之际者乎。"予于是知魏之不競矣。先王之建国也，重本以制外，敦睦以叙理；然后疏戚有等，治具可张。或曰"九族既睦，平章百姓"，又曰"至于兄弟，以御于家邦"。魏操以雄诈智力，盗取神器，丕席父业，逼禅据尊，乃不趁时改行，效重本敦睦之计，而愿凋剪枝干，委心异族，有弟如植，俾之危疑禁锢，睹事扼腕，至於长叹流涕，转徙悲歌，不能自已，嗟乎！余于是知魏之不競矣。且以植之贤，稍自矜饬，夺储特反掌耳。而乃从酒刘晦，以明己无父兄之心，善乎？文中子曰："陈思王达理者也，以天下让而犹衷曲莫白，窘迫殁身，至今萁豆之吟，吁嗟之歌，令人惨不忍读。"丕之於兄弟诚薄矣。嗟乎！此魏之所以为魏也矣。按植《审举表》云："权之所在，虽疏必重；势之所去，虽亲必轻。"①

明徐伯虬《曹子建集序》（节选）：

又下论于魏，邺中数子，文学特茂，若曹子建之徒。钟参军曰："曹、刘文章之圣，陆、谢体贰之才。"今集中五言诗及赋、表等作，是为建安之冠也。铿锵乎古之遗声也耶？宛而不险，质而不靡，蓄而不虚，节而不巧，幽愤而有余悲，其可谓古

* 基金项目：安徽大学文学院2015年度学科建设课题"明清学人对三曹诗文的评论及其特点"（批准号：wkyj2015009）。

① （明）李梦阳：《空同集》卷五〇，转引自黄进德：《中华大典·文学卷》（魏晋南北朝文学分典），南京：凤凰出版社，2000年，第405页。

之遗声也已。夫入户升堂，务学之大限也。究原作者，未有不祖汉之风，而不本之魏也耶。然陆平原、谢康乐二子，则又并祖于子建。夫诗，风也。风之被于草木，声斯动焉。陈思才气慷慨，本末协则卓追汉奥，庶为近之已。视彼骋虚靡雅，绚采荡真者，其何以哉。虽然，积忠秉贞，愤切世用，窘束藩迁，惓惓焉多思京之哀矣。独文明不谅乎哉，阸其施而竟殒灭之也，不可不谓之非天也。尚赖定著作者，咸鉴视焉，讵不式风百世矣乎。[①]

明胡缵宗《陈思王集序》：

予有《陈思王集》十卷，吴刻也。予虽雅耽陈集，以刻佳，每珍惜焉。暇日江按察西皋谓予曰："近刻唐、宋集多矣，而思王集顾鲜，夫魏虽不及秦、汉，岂唐、宋所得拟邪？故读陈赋颂，当知不愧马、杨；读陈诗歌，当知不愧苏、李，体虽启乎魏，而致自出乎汉也，百代学士大夫所当观法者。"予曰："唯。"曰："文自典谟，诗自风雅，后惟秦、汉，惟汉、魏。魏近汉，故风未漓。曹氏父子兄弟，固魏之源，实汉之支也。体被文质，词兼雅怨，而浑朴典则，温厚隽永，自为太羹玄酒，增冰椎轮。迨夫晋、宋，文始丽、诗始工矣。故唐以大家名世如韩、柳，咸逊建安；以古调名家如陈、李，咸宗黄初。思王集顾可少传邪？"予曰："唯。""尝闻之，子建出于国风，退之有本子建处，骨气奇高，辞彩华茂，粲溢今古，卓尔不群。信乎怀铅吮笔者，抱篇章而景慕，映余辉以自烛。故欲入苏、李、马、杨之室，子建其户乎。欲登风雅典谟之堂，子建其阶乎。"予曰："唯。"思王诗间有刻本，而集则无多。按察君索予刻，许之。既以枣不及式，改刻之天水郡斋。属予序。予因诠天水有《李陵集》，有《赵充国集》，有《赵壹集》，有《秦嘉集》，皆汉人，今亦皆无刻。岂唐宋易为功而汉、魏为力邪。西皋子曰："唯。"[②]

明谢榛《四溟诗话》卷三：

走笔成诗，兴也；琢句入神，力也。句无定工，疵无定处，思得一字妥贴，则两疵复出；及中联惬意，或首或尾声又相妨。万转心机，乃成篇什。譬如唐太宗用兵，甫平一僭窃，而复干戈迭起。两献捷，方欲论功，余寇又延国讨。百战始定，归于一统，信不易为也。夫一律犹一统也，两联如中原，前后如四边。四边不宁，中原亦不宁矣。思有无形之战，成有不赏之功，子建以词赋为勋绩是也。[③]

清朱绪曾《曹集考异》卷十一《曹子建集校辑叙录(节录)》：

东汉尚风节，子建之精光浩气长留天地间者，在文辞不在风节，偶持风节要不因此增重也。……子建德薄，于魏有罪，于汉无功，惟是自少至终，篇籍不离手，文则两京具体，诗为百代宗工，是能立言不朽，视立德立功曾何悬别。[④]

---

① 书于"《曹子建集》十卷郭云鹏刻本"后，(清)朱绪曾：《曹集考异》卷十一，《续修四库全书》1303 册，上海：上海古籍出版社，1995 年，第 547 页。

② (明)胡缵宗：《鸟鼠山人后集》卷二，《四库存目丛书》集部 62 册，第 461 页。

③ (明)谢榛：《四溟诗话》，中华书局，1985 年，第 46 页。

④ (清)朱绪曾：《曹集考异》，《续修四库全书》1303 册，第 551 页。

(二)概述曹植为文的才情。

明谢榛《四溟诗话》卷二:

屈、宋为词赋之祖。荀卿六赋,自创机轴,不可例论。相如善学楚辞,而驰骋太过。子建骨气渐弱,体制犹存。庾信《春赋》,间多诗语,赋体始大变矣。子美曰:'庾信平生最萧瑟,暮年词赋动江关。'托以自寓,非称信也。[①]

清顾云《盋山谈艺录》:

曹子建有名贵气。[②]

清邓绎《藻川堂谭艺》:

物莫能两大,其斯之谓也乎?李、杜、王、孟之不能于文也,其心思有所专注耳。兼之者,其子建、渊明乎?然亦不能备诸体也。[③]

清胡念修《四家纂文叙录汇编》卷二:

途泽律切,荂蘛纷悦,则曹植之为也。其端自宋玉,而桥其角,摧其牙,离其本而抑其末。浮华之学者相与尸之,率以变古。(曹植则可谓才士矣,)(据《茗柯文初编》补,《七十家赋钞·叙目》亦无此句。)揩揩乎改绳墨、易规矩,则佞之徒也。

不揩于同,不独于异,其来也首首,其往也曳曳,动静与适,而不为固植,则陆机、潘岳之为也。其原出于张衡、曹植,矫矫乎震时之俊也。[④]

清王葆心《古文辞通义》卷四:

杜诗:"文章曹植波澜阔。"[⑤]

清王葆心《古文辞通义》卷六:

李申耆《答汤子垕》云:"骈体导源《国语》及先秦诸子,而归之张、蔡、二陆,辅之以子建、蔚宗,庶几风骨高严,文质相附。"[⑥]

清王葆心《古文辞通义》卷八:

曩吾观于古之善为诗文者,若贾生、太史公、子建、子美、退之、子瞻,皆取其全集玩之,谓彼特异古今者,其才其气殆天授,不可几也。萧颖士论文曰:"六经之后有屈原、宋玉,文甚雄壮而不能经。贾宜文词最正,近于治体。枚乘、相如亦瑰丽才士,然而不近风雅。扬雄用意颇深,班彪识理,张衡弘旷,曹植丰赡,王粲

---

① (明)谢榛:《四溟诗话》,中华书局,1985年,第25页。
② 王水照:《历代文话》第六册,上海:复旦大学出版社,2007年,第5853页。
③ 王水照:《历代文话》第七册,第6200页。
④ 王水照:《历代文话》第七册,第6227页。
⑤ 王水照:《历代文话》第八册,第7212页。
⑥ 王水照:《历代文话》第八册,第7309页。

超逸，嵇康标举，左思诗赋有雅颂遗风，干宝著论近王化根源，此后尤敻绝无闻焉。”①

清陈康黼《古今文派述略·两汉三国时之文派》：

曹氏兄弟子桓（名丕，即魏文帝）、子建，并工为文。……莫不文采斐然。于绮藻丰缛之中，运简质清刚之气，盖将结两汉散体文之局，开六朝骈体文之先者也，谓之辞胜可也。②

清唐恩溥《文章学》：

然魏之三祖，并工词章，陈思王之才，尤为杰出。③

清唐恩溥《文章学》：

夫以子建之明炼……而征引古义，其失如此，则精审之难，亦可知矣。④

清徐昂《文谈》卷二：

两汉尊崇经学，名儒辈出，魏武父子才思雄骏……⑤

清褚傅诰《石桥文论》：

自汉魏四百余年，辞人才子，文体三变：相如巧为形似之言，二班长于情理之说，子建、仲宣以气质为体。⑥

姚永朴《文学研究法》：

陈思以公子之豪下笔琳琅。⑦

刘师培《汉魏六朝专家文研究》：

如曹魏初年，陈思王与陈群、王朗辈华质不同。陈思殆东汉之殿军，群、朗则魏晋之先导。⑧

刘师培《汉魏六朝专家文研究》：

建安以后，群雄分立，游说风行。魏祖提倡名法，趋重深刻，故法家、纵横又渐被于文学，与儒家复成鼎足之势。儒家则东汉之遗韵，法家、纵横则当时之新变也。七子之中，曹子建可代表儒家，其作法与班蔡相同，气厚而有光，惟不免杂

① 王水照：《历代文话》第八册，第 7433 页。

② 王水照：《历代文话》第九册，第 8159 页。

③ 王水照：《历代文话》第九册，第 8726 页。

④ 王水照：《历代文话》第九册，第 8752 页。

⑤ （清）徐昂：《文谈》卷二，1952 年南通区韬奋印刷厂，第 3 页。

⑥ 王水照：《历代文话》第十册，第 9663 页。

⑦ （清）姚永朴：《文学研究法》卷二《运会》，黄山出版社，1989 年版，第 50 页。

⑧ （清）刘师培：《汉魏六朝专家文研究》，《中国中古文学史讲义》，中国人民大学出版社，2011 年，第 169 页。

以慨欢耳。[①]

(三)通过列举具体作品,肯定其文章成就。

明张溥《陈思王集题辞》(节选):

王初蒙宠爱,几为太子,任性章衅,中受拘挛,名为懿亲,其朝夕纵适,反不若一匹夫徒步。慷慨请试,求通亲戚,贾谊奋节于匈奴,刘胜低首于斗乐,斯人感慨,岂空云尔哉。司马氏睥睨神器,魏忽不祀,彼所绸缪者藩防,而取代者他族,思王之言不再世而验,然则《审举》诸文,固魏宗之磐石也。集备众体,世称绣虎,其名不虚。即自然深致,少逊其父,而才大思丽,兄似不如。人但见文帝居高,陈王伏地,遂谓帝王人臣文体有分,恐淮南、中垒不为武、成受屈也。黄初二令,省愆悔过,诗文拂郁,音成于心,当此时而犹泣金枕、赋《感甄》,必非人情。论者又云,禅代事起,子建发愤怨泣,使其嗣爵,必终身臣汉,则王之心其周文王乎。余将登箕山而问许由焉。[②]

清丁晏《陈思王诗钞原序》:

诗自《三百篇》《十九首》以来,汉以后正轨巘门,首推子建,洵诗人之冠冕,乐府之津源也。其接武子建,杰然为诗家大宗,若陶之真挚,李之瑰逸,杜之忠悃,而其原皆出子建。陶、李、杜三家诗,后世盛行,而子建传之者少,非数典而忘其祖乎?惟梁《文选》甄录颇富,揽其精英。梁《诗品》谓"人伦之有周、孔,羽群之有鸾、凤",又谓"孔门用赋,陈思入室。"萧、钟二君,允为知己。自斯以后,称之者希矣。至其人品之高,志量之远,忠君爱国,情见乎辞。观于《洛神》《九咏》,屈灵均之嗣声;《求试》诸疏,刘更生之方驾;《与杨德祖书》,不以翰墨为勋绩,词赋为君子。其所见甚大,不仅以诗人目之。即以诗论,根乎学问,本乎性情,为建安七子之冠。后人不易学,抑亦不能学也。余暇日钞合一编,紬绎讽诵。聆于耳者,黄钟之元音也;咀于口者,太牢之厚味也;耀于目者,锦绣纂组之章也;洽于心者,兴、观、群、怨之旨也。溯而上之,觉《国风》《小雅》之遗,温柔敦厚之教,去古未远。余特表而出之。古人言,知我者希则我贵。后有赏音必常宝贵。追古作而挽末流,诗钞其可重矣乎。同治二年秋,山阳七十叟丁晏叙。[③]

清丁晏《陈思王年谱序》:

……观其《酒赋》乃以为淫荒之源,"先王所禁,君子所斥",是岂耽酒者哉!……《审举》一疏,极论当权者"谋能移主,威能慑下","取齐者田族,非吕宗也;分晋者赵、魏,非姬姓也"。《藉田说》以齐诸田晋六卿、鲁三桓为诸侯之蝎。……王既不用,自伤同姓见放,与屈子同悲,乃为《九愁》《九咏》《远游》等篇,

① (清)刘师培:《汉魏六朝专家文研究》,《中国中古文学史讲义》,第143页。
② (明)张溥著,殷孟伦注:《汉魏六朝百三家集题辞注》,北京:中华书局,2007年,第92页。
③ (清)丁晏:《曹集诠评·原序》第二册,商务印书馆,民国二十年,第1页。

以拟《楚骚》，又拟宋玉之辞，为《洛神赋》，托之宓妃神女，寄心君王，犹屈子之志也。[①]

清潘德舆《养一斋诗话》卷二：

子建人品甚正，志向甚远，观其《答杨德祖书》，不以翰墨为勋绩，词赋为君子；《求通亲亲表》《求自试表》，仁心劲气，都可想见。即《洛神》一赋，亦纯是爱君恋阙之词。其赋以朝京师还济洛川入手，以"潜处于太阴，寄心于君王"收场，情词亦至易见矣。盖魏文性残刻而薄宗支，子建遭残谤而多哀惧，故形于诗者非一，而此亦其类也。首陈容色以表其才，次言信修以表其德，继以狐疑为忧，终以交结为愿，岂非诗人讽托之常言哉！不解注此赋者何以阑入甄后一事，致使忠爱之苦心，诬为禽兽之恶行。千古奇冤，莫大于此。予久持此论，后见近人张君若需《题陈思王墓》诗云："《白马》诗篇悲逐客，惊鸿词赋比湘君。"卓识鸿议，瞽论一空，极快事也。[②]

二、关于曹植辞赋的具体评价

明清文人对曹植辞赋类作品的关注，除了上文的整体风格评价之外，还表现在具体辞赋作品的评价上。

(一)《洛神赋》

明王世贞《艺苑卮言》卷二：

"神光离合，乍阴乍阳。进止难期，若往若还。转盼流精，光润玉颜。含辞未吐，气若幽兰"，此子建之赋神女也。其妙处在意而不在象，然本之屈氏"满堂兮美人，忽与余兮目成""既含睇兮又宜笑，子慕余兮善窈窕"，变法而为之者也。[③]

明王世贞《艺苑卮言》卷二：

《洛神赋》，王右军大令各书数十本，当是晋人极推之耳。清澈圆丽，神女之流，陈王诸赋，皆《小言》无及者。然此赋始名《感甄》，又以《蒲生》当其《塘上》，际此忌兄，而不自匿讳，何也？《蒲生》实不如《塘上》，令洛神见之，未免笑子建伧父耳。[④]

明杨慎《升庵诗话》卷十四：

曹子建《洛神赋》以"流风回雪"比美人之飘摇。雪固自有艳也，然雪之艳非

---

① (清)丁晏：《曹集诠评·附录》，文学古籍出版社，1957年。
② 郭绍虞编选，富寿荪校点：《清诗话续编》，上海：上海古籍出版社，1983，第2026页。
③ (明)王世贞：《艺苑卮言》卷二，续修四库全书，集部，第1695册，第464页。
④ (明)王世贞：《艺苑卮言》卷二，续修四库全书，集部，第1695册，第457页。

韦不能道,柳花之香非太白不能道,竹之香非子美不能道也。①

明孙𬭚评(闵奇华《文选瀹注》卷九引):

极力步骤《神女》而更加之精刻,然天趣却翻不及。又:铺叙绝有条理,顾翻觉近今。

是千锤百炼,语精而细。②

明屠隆《文章四题·古今钜文》:

……语绮丽则宋玉《高唐》《神女》二赋,《史记·司马相如传》,伶玄《赵飞燕外传》,陈思王《洛神赋》,王子年《燕昭王》,谢庄《殷淑妃诔》《月赋》,宋之问《秋莲赋》,元微之《连昌宫辞》。夫万千祀作者佳篇不乏矣,而余取其会心者如此,譬之披沙拣金,往往见宝。饥可使饱,寒可使温,倦可使醒,忧可使喜,何必罢精神于汗牛充栋,兀兀经年,作书中老蠹鱼乎?③

明末清初谈迁《枣林外索》卷二:

晋江黄凤翔曰:"《洛神赋》非感甄也。"冤哉陈思,处于危疑颠沛之会,故感甄也。《天问》曰:"胡羿射夫河伯而妻彼洛滨。"《远游赋》曰:"腾告鸾鸟迎宓妃。"植自附屈原而不敢显语,托宋玉也。④

清洪若皋《梁昭明文选越裁》卷三:

高唐神女,多灵艳动荡之声,读之每令人神不能自持。读《洛神赋》如嚼蜡、如啜淡咸齑,徒令人闷。盖宋气扬,曹气沉,宋意欢,曹意戚故耳。余以为甄文昭有皇后之分,非陈思福命所能得,乃留连于香销玉碎之余,怨耶慕耶?恐不堪作潘岳哀永逝文也。娶妻必得阴丽华,使文叔官止执金吾,未必如是快意耳。⑤

清马位《秋窗随笔》:

《洛神赋》大似《九歌》。⑥

清牟庭相《雪泥书屋杂志》卷四:

曹子建《洛神赋》曰:"体迅飞凫,飘忽若神。凌波微步,罗袜生尘。动无常则,若危若安。进止难期,若往若还。转眄流精,光润玉颜。含辞未吐,气若幽兰。华容婀娜,令我忘餐。"李注曰:"洛灵即神而言。若者,夫神万灵之总称。言若所以类彼,非谓此为非神也。"庭按,前文云"睹一丽人",又云"嗟佳人之信修",

① 丁福保著:《历代诗话续编》,北京:中华书局,1983,第933页。

② (明)闵奇华:《文选瀹注》,国家图书馆藏天启二年(1624)乌程闵氏自刻本。下引闵奇华《文选瀹注》均据此本。转引自《魏晋南北朝文学分典》,第445页。

③ (明)屠隆:《鸿苞集》,《四库全书存目丛书》子部89册,234页。

④ (明末清初)谈迁:《枣林外索》,《续修四库全书》1135册,第200页。

⑤ (清)洪若皋辑评:《梁昭明文选越裁》,《四库全书存目丛书》集部287册,786页。

⑥ (清)马位:《秋窗随笔》,《丛书集成续编》(157册),上海:上海书店出版社,1994年,第129页。

盖视之则人也，而飞行飘忽，则若神也，于文意无妨。注何必曲说。“凌波微步”，言涉湍濑而来也。“罗袜生尘”，言已登此岸履地上也。遥望凌波，若危若往，接持罗袜，若安若还。“转眄流精”，与余目成也。“光润玉颜”，对面观也。“含辞未吐”，欲言不言也。“气若幽兰”呼吸密亲也。“华容婀娜”，有容仪也。“令我忘餐”，慰渴饥也。此一段，正赋交接，蕴藉无痕，千秋妙笔，追踪风雅矣。然向来解读多误，良由前文“践椒途之郁烈”至“翳修袖以延伫”，此十六句本当在“步踟蹰于山隅”句下，“忽然纵体”句上，而误在“若将飞而未翔”句下，“体迅飞凫”句上，其文不次序，故其意难明也。似作者不欲人深知其妙，故自倒乱其文，欲掩后人之目也。①

清梁章钜《文选旁证》卷一九：

何(焯)曰：“文帝猜忌诸弟，留宴从容，正不可得。感甄名赋，其为不恭孰甚。小说因赋附会，全不足信。《离骚经》：‘吾令丰隆乘云兮，求宓妃之所在。’植既不得于君，因济洛川，作此赋以寄心文帝，其亦屈子之志也。”又曰：“《韩诗》曰：‘汉有游女，不可求思’，薛君曰：‘游女谓汉神，洛神之义本此。’”余曰：《南齐书》五十二沈约曰：“以《洛神》比陈思他赋，有似异手之作。”②

清朱乾《乐府正义》卷一四：

按《文选·洛神赋》注载子建感甄事，极为荒谬。袁熙之妻也，思王求之，五官中郎求之，然犹曰“名分未定也”，迨名分既定，则俨然文帝之妃，明帝之母也，而子建犹眷眷不忘；子建在当日亦以文章自命者，奚丧心至此？且文帝独非人情乎，何为而赉以甄后之枕，及《洛神赋》成，居然敢以“感甄”为名？庶人之家，污其妻与母，死必报；岂有污其兄之妻而其兄晏然，污其兄子之母而兄子晏然，况身为帝王者乎？则其事之荒唐，或即出郭氏谗间之口，可怪后世读之者，乃恬不以怪之也。然则感甄之说有因乎？曰：“有之。按《魏志》，黄初三年，立植为鄄城王，所谓感甄者，必鄄城之‘鄄’，非甄后之‘甄’也。”注：“《集韵》：‘甄，音绢，同鄄，衡地，今济阴鄄城或作甄。’”《史记·齐太公世家》：“诸侯会桓公于甄”又《田完世家》：“昔日赵攻甄。”皆与“鄄”同。今读甄后《蒲生行》，惓惓于文帝而非有二心，子建拟《蒲生行》，亦款款于君恩而非有邪志。然则《洛神》一赋，乃其悲君臣之道否，哀骨肉之分离，托为神人永绝之词，潜处太阴，寄心君王，贞女之死靡他，忠臣有死无二之志，小说家附会“感甄”，李善不知而误采之。不独污前人之行，亦且污后人之口。愚故因读《乐府》而附正之。③

清吴景旭《历代诗话》卷一五赋《宓妃》：

吴旦生曰：屈子《天问》：“妻彼雒嫔。”盖言羿梦与洛神宓女交也。子建改赋而名洛神，倘亦有托于此乎？“宓妃”，一作“虙妃”。《离骚》：“求虙妃之所在。”注

---

① (清)牟庭相：《雪泥书屋杂志》，《续修四库全书》子部1156册，第556—557页。

② (清)梁章钜撰，穆克宏点校：《文选旁证》，福建人民出版社，2000年，第497页。

③ (清)朱乾：《乐府正义》，转引自《魏晋南北朝文学分典》，第445页。

云:"虙妃,伏羲氏女,溺洛水而死,遂为水神。"一作宓妃。刘向《九叹》云:"迎宓妃于伊雒。"按《说文》:"虙,房六反,虎行貌。宓,美毕反,安也。"《集韵》:"虙与伏同。虙牺氏,盖姓也。宓与密同,亦姓。俗作密,非是。"颜之推云:"宓字从虍,虙子贱即伏羲之后。济南伏生,又子贱之后。"则知"虙"、"伏"古通用,俗书作"宓",或加山而转为"密"音耳。①

清权德舆《养一斋诗话》卷二:

子桓日夜欲杀其弟,而子建乃敢为"感甄赋"乎?甄死,子桓乃又以枕赐其弟乎?揆之情事,断无此理。义山则云:"宓妃留枕魏王才。"(《无题·其二》)又曰:"来时西馆阻佳期,去后漳河隔梦思。"(《七绝·代魏宫私赠》)又曰:"宓妃漫结无穷恨,不为君王杀灌均。"(《七绝·涉洛川》)又曰:"宓妃愁坐芝田馆,用尽陈王八斗才。"(《七律·可叹》)又曰:"君王不得为天子,半为当时赋洛神。"(《七绝·东阿王》)文人轻薄,不顾事之有无,作此烂语,而又喋喋不已,真可痛恨;作诗者所当力戒也。②

清丁晏《陈思王诗钞原序》:

序明云拟宋玉神女为赋,寄心君王,托之宓妃。《洛神》犹屈、宋之志也。而俗说乃诬为感甄,岂不谬哉。又案:感甄妄说,本于李善,注引记曰云云,盖当时记事媒蘖之词,如郭颁《魏晋世语》、刘延明《三国略记》之类,小说短书,善本书簏无识而妄引之耳。五臣注不言感甄,视李注为胜。何义门曰:"《魏志》甄后三岁失父,后袁绍纳为中子熙妻。曹操平冀州,丕纳之于邺,安有子建求为妻之事。小说家不过因赋中'愿诚愫之先达'二句,而附会之耳。示枕、赉枕,里巷之人所不为;况帝又猜忌诸弟,留宴从容正不可得;感甄名赋,其为不恭。岂特醉后悖慢、胁从使者之可比耶?"方伯海曰:"甄逸女,袁谭妻,操以赐丕,生叡,即魏明帝也。以名分论,亲则叔嫂,义则君臣,岂敢以'感甄'二字显形笔札?且篇中赠以明珰、期以潜渊,将置丕于何地乎?且序明说是洛神,与甄后何与?总是当日媒蘖其短者,欲以诬甚其罪尔。植之得免于罪,亦以序文甚明,故叡无可以罪植也。此事何可不辨。"张溥本云:"燮按,植在黄初时猜嫌方剧,安敢于帝前思甄涕下?帝又何至以甄枕赐植?此国章家典所无也。若事因感甄,而名托洛神,间有之耳,岂待明帝始改?皆传会者之过耳。"③

清刘熙载《艺概》卷三《赋概》:

曹子建《洛神赋》出于《湘君》《湘夫人》,而屈子深远矣。④

清于光华《重订文选集评》卷四引何焯评:

① (清)吴景旭:《历代诗话》,四库全书,集部四二二,第1483册,第110页。
② 郭绍虞,富寿荪编:《清诗话续编》,上海古籍出版社,1983年,第2026页。
③ (清)丁晏:《曹集诠评》第一册卷二赋,商务印书馆,民国二十年,第11—14页。
④ (清)刘熙载:《艺概》卷三,续修四库全书,集部,第1714册,第512页。

萧粹可注太白诗云:《高唐》《神女》二赋乃宋玉寓言。《洛神赋》则子建拟之而作。惟太白知其托词而讥其不雅,可谓识见高远者矣。是前人已有与余同者,自喜愈于无稽也。①

清倪思宽《二初斋读书记》卷三:

曹子建《洛神赋》"骨象应图"当即指张河闲《七辩》中"假明兰灯,指图观列"之图言之,凡《七辩》中"形似削成,腰如约素,靥辅巧笑,清眸流盼"云云,皆子建所祖,则此"图"字所由来,亦易明矣。李善及五臣注俱未之引,何也?②

清何焯《义门读书记》卷四五:

《韩诗》:汉有游女。薛君注:游女、汉神也。洛神之义本于此。《离骚》:"我令丰隆乘云兮,求虙妃之所在。"植既不得于君,因济洛川作为此赋,托辞虙妃以寄心文帝,其亦屈子之志也。自好事者造为感甄无稽之说,萧统遂类分入于情赋。于是植几为名教罪人,而后世大儒如朱子者,亦不加察于众恶之余,以附之楚人之词后,为尤可悲也已。不揆狂简,稍为发明其意,盖孤臣孽子所以操心而虑患者,犹若接于目而闻于耳也。③

清刘师培《文说》:

观《甘泉》《藉田》之篇,齐肃丽则;《长门》《洛神》之作,哀怨清冷。④

(二)《七启》

明王世贞《艺苑卮言》卷二:

枚乘《七发》,其原、玉之变乎?措意垂竭,忽发观潮,遂成滑稽。且辞气跌荡,怪丽不恒。子建而后,模拟牵率,往往可厌,然其法存也。至后人为之而加陋,其法废矣。"⑤

明谢榛《四溟诗话》卷一:

枚乘始作《七发》,后有傅毅《七激》、张衡《七辩》、崔骃《七依》、马融《七广》、刘向《七略》、刘梁《七举》、崔琦《七蠲》、桓麟《七说》、李尤《七欸》、刘广世《七兴》、曹子建《七启》、徐幹《七喻》、王粲《七释》、刘邵《七华》、陆机《七徵》、孔伟《七引》、湛方生《七欢》、张协《七命》、颜延之《七绎》、竟陵王《七要》、萧子范《七诱》。诸公驰骋文词,而欲齐驱枚乘,大抵机括相同,而优劣判矣。赵王枕易曰:"《七发》来

---

① (清)于光华:《重订文选集评》,复旦图书馆藏清乾隆四十三年启秀堂刻,下引于光华《重订文选集评》均据此本。转引自《中华大典·文学典·魏晋南北朝文学分典》,第445页。

② (清)倪思宽:《二初斋读书记》卷三,续修四库全书,子部,第1156册,第591页。

③ (清)何焯:《义门读书记》,北京:中华书局,1987年学术笔记丛刊点校本,第883页。

④ 王水照:《历代文话》第十册,第9534页。

⑤ (明)王世贞:《艺苑卮言》卷二,续修四库全书,集部,第1695册,第455页。

自《鬼谷子·七箝》之篇。”①

明孙铲评(闵奇华《文选瀹注》卷九引):

非不珠含锦烂,顾其奈笔力弱何。

明徐师曾《文章辨体序说》:

昭明辑《文选》,其文体有曰“七”者,盖载枚乘《七发》,继以曹子建《七启》、张景阳《七命》而已。

《容斋随笔》云:“枚生《七发》,创意造端,丽旨腴辞,固为可喜。后之继者,如傅毅《七激》、张衡《七辩》、崔骃《七依》、马融《七广》、曹植《七启》、王粲《七释》、张协《七命》、陆机《七徵》之类,规仿太切,了无新意。及唐柳子厚作《晋问》,虽用其体,而超然别立机杼,汉晋之间沿袭之弊一洗矣。”

窃尝考对偶句语,六经所不废。七体虽尚骈丽,然遣词变化,与连珠全篇四六不同。自柳子后,作者鲜闻。迨元袁伯长之《七观》,洪武宋、王二老之《志释》《文训》,其富丽固无让于前人。至于论议,又岂《七发》之可比焉。读者宜有以得之。②

明王鏊《震泽长语·文章》:

韩子《进学解》准东方朔《客难》作也,柳子《晋问》准枚乘《七发》作也。然未尝似之,若班固《宾戏》、曹子建《七启》,吾无取焉耳。③

明朱荃宰《文通》卷十一:

自大魏英贤迭作,有陈思王《七启》、王粲《七释》、杨氏《七训》、刘氏《七华》、从父侍中《七诲》,并陵前而邈后,扬清风于儒林,亦数篇焉。④

清王之绩《铁立文起前编》卷十二:

《辨体》曰:“昭明辑《文选》,其文体有曰‘七’者,盖载枚乘《七发》,继以曹子建《七启》、张景阳《七命》而已。”《容斋随笔》云:“枚生《七发》,创意造端,丽旨腴词,固为可喜。后之继者,如傅毅《七激》、张衡《七辩》、崔骃《七依》、马融《七广》、曹植《七启》、王粲《七释》、张协《七命》、陆机《七徵》之类,规仿太切,了无新意。及唐柳子厚作《晋问》,虽用其体,而超然别立机杼,汉晋之间沿袭之弊一洗矣。”窃尝考对偶句语,六经所不废。七体虽尚骈丽,然遣词变化,与连珠全篇四六不同。自柳子后,作者鲜闻。迨元袁伯长之《七观》,洪武宋、王二老之《志释》《文训》,其富丽固无让于前人。至于论议,又岂《七发》之可比。⑤

① (明)谢榛:《四溟诗话》,中华书局,1985年,第14页。

② (明)徐师曾:《文章辨体序说·文体明辨序说》,北京:人民文学出版社,1962年,第48页。

③ (明)王鏊:《震泽长语》,四库全书,子部一七三,第867册,第214页。

④ (明)朱荃宰:《文通》,《续修四库全书》1714册,上海:上海古籍出版社,第63页。

⑤ (清)王之绩:《铁立文起前编》卷十二,《四库全书存目丛书》,集部,第421册,第755页。

清李兆洛《骈体文抄》卷二八谭献批：

文士语耳，以意运遂欲抗手枚生。①

清丁晏《曹集诠评》卷八：

归到正论，仍是求自试之心，有此才而不用，是自失其股肱也。②

清于光华《重订文选集评》卷八引何焯评：

《七启》之作，可以希风平子。又：晁无咎见苏子瞻。子瞻为称枚乘《七发》、曹植《七启》之文，引物连类，能究情状，于是拟之为《七述》，是此体北宋文人犹知贵之。

清何焯《义门读书记》卷四九：

启亦发也。七启之作。可以希风平子。③

清宋长白《柳亭诗话》卷二"镜烟"条：

班孟坚纪述曰："我德如风，民应如草。"曹子建《七启》曰："民望如草，我泽如春。"陆士衡衍而为诗曰："我静如镜，民动如烟。"愈变愈妙，可谓青出于蓝矣。④

清黄子云《野鸿诗的》六四：

古人特创一题，作为诗歌，盖由情不自禁，言出乎中，有风动澜回之妙。后人动欲摹拟，不阐乎理，即滞于物，虽极意翻新，不能越其范围。若傅毅《七激》，张衡《七辩》、崔骃《七依》、马融《七广》、曹植《七启》、王粲《七释》、张协《七命》、傅玄《七林》，皆归仿枚乘《七发》，犹未能高驾前修。今艺林之士，岂更有度越数公者哉？要之，各言其志，或者不求似而反似之也。⑤

清吴曾淇《涵芬楼文谈》：

文章之体，往往古有是作，而后人则仿而为之，虽通人不以为病。其滥觞所自，始于扬子云作《太玄》拟《易》，作《法言》拟《论语》。他如枚乘变赋体为《七发》，后则有曹子建之《七启》、张孟阳之《七命》，自是为之者众，好事者合为《七林》一书。⑥

清王葆心《古文辞通义》卷二：

……而枚乘作《七发》，而曹子建述《七启》。张衡作《四愁》，而仲宣述《七哀》……虽华藻随时，而体律相仿。

① (清)李兆洛：《骈体文钞》，上海书店，1988年版，第629页。
② (清)丁晏：《曹集诠评》第二册卷八，商务印书馆，民国二十年，第41—42页。
③ (清)何焯：《义门读书记》，第947页。
④ (清)宋长白：《柳亭诗话》，《续修四库全书》1700册，上海：上海古籍出版社，1995年，第117页。
⑤ (清)王夫之等：《清诗话》，北京：中华书局，1963年，第860页。
⑥ 王水照：《历代文话》第七册，第6591页。

清王葆心《古文辞通义》卷三：

十曰好假设答问，动辄为主客体也。如仿词赋子虚、乌有立为名目及难者、论者、主曰、客曰之类。艾千子于此类陈腐可厌之作命之曰文腐，其《与周介生论文书》曰："文腐则古之《客难》《解嘲》《宾戏》《七启》《七发》之类，而今时尤众。"①

清来裕恂《汉文典・文章典》卷三：

七者，设问类也，原于"孟子七问齐宣王之大欲"。盖周秦诸子旧书，及汉人作赋，多设为问答之辞，而《文选》为之别立"七"体，谬矣。自枚乘作《七发》，后傅毅《七激》，崔骃《七依》，曹植《七启》，张协《七命》，继作者多矣。②

(三)《离思赋》

清宋长白《柳亭诗话》卷一"鱼鸟"条：

《淮南子》："水深则鱼聚，木茂而鸟乐。"写出鱼鸟性情。曹子建《离思赋》："水重深则鱼悦，林修茂而鸟喜。"全用其意。③

(四)《九咏》

清宋长白《柳亭诗话》卷二十八：

曹子建《九咏》曰："临回风兮浮汉渚，目牵牛兮眺织女。交有际兮会有期，嗟痛吾兮来不时。"此思王借以自况，不自觉其沉痛至此。少陵会得此意，故曰："方圆苟龃龉，丈夫多英雄。"若沈休文《代织女答牵牛》，王元礼《代牵牛答织女》，总是借面吊丧，虽悲弗哀矣。④

清洪亮吉《北江诗话》卷四：

牛、女七月七夕相会，虽始见于《风俗通》。至曹植《九咏》注，始明言牵牛为夫，织女为妇。自此以后，遂皆以为口实矣。⑤

(五)《感婚》《出妇》

清丁晏《曹集诠评》卷一：

《感婚》《出妇》二赋，借男女之辞托君臣之谊。一则示欢媾不成，一则云无愆见弃，可以悲其志矣。⑥

---

① 王水照：《历代文话》第八册，第7066页。
② (清)来裕恂：《汉文典・文章典》卷三，南开大学出版社，1993年，第312页。
③ (清)宋长白：《柳亭诗话》，《续修四库全书》，1700册，第109页。
④ (清)宋长白：《柳亭诗话》，《续修四库全书》，1700册，386－387页。
⑤ (清)洪亮吉著，陈尔冬校注：《北江诗话》，北京：人民文学出版社，1998年，第76页。
⑥ (清)丁晏：《曹集诠评》第一册卷二赋，商务印书馆，民国二十年，第11页。

（六）《秋思赋》

明许学夷《诗学辩体》卷四：

子建七言有《秋思咏》一篇，声调与子桓《燕歌行》相类。宋本作《秋思咏》，而今集作《愁思赋》，非也。冯元成云："词实咏秋。为咏则佳，为赋则拙。"①

（七）《节游赋》

清丁晏《曹集诠评》卷一：

疾没世而名不称，赋以见志。②

（八）《感节赋》

清丁晏《曹集诠评》卷一：

结义雅正。③

（九）《九愁赋》

清丁晏《曹集诠评》卷一：

楚《骚》之遗，风人之旨。托体楚《骚》，而同姓见疏，其志同其怨亦同也。文辞凄咽深婉，何减灵均。"履先王之正路"诸句：正则之旨，如见其心。④

（十）《酒赋》

清丁晏《曹集诠评》卷三：

结明正旨，垂戒至深，子建岂沉湎于酒者哉。《魏志》本传言太祖遣植救曹仁，植醉不能受命。注引《魏氏春秋》云，植将行，太子饮焉，逼而醉之。其后臣下希旨，诬植醉酒悖慢，媒蘖之词，何所不至。立丕弃植，魏之所以不竞也。⑤

（十一）《白鹤赋》

清丁晏《曹集诠评》卷三：

伤本离群，皆自喻也。⑥

---

① （明）许学夷：《诗源辩体》，人民文学出版社，2001年，第82页。

②③ （清）丁晏：《曹集诠评》第一册卷一赋，第4页。

④ （清）丁晏：《曹集诠评》第一册卷一赋，第8页。

⑤ （清）丁晏：《曹集诠评》第一册卷三赋，第23页。

⑥ （清）丁晏：《曹集诠评》第一册卷三赋，第19页。

(十二)《鹦鹉赋》

清丁晏《曹集诠评》卷三:

忧戚之词,较之正平弥觉凄惋。[①]

(十三)《离缴雁赋》

清丁晏《曹集诠评》卷三:

纯是自喻,故言之悲惋乃尔。[②]

(十四)《神龟赋》

清丁晏《曹集诠评》卷三:

东阿失意之诗,怨深而婉。[③]

(十五)《蝉赋》

清丁晏《曹集诠评》卷三:

处危疑之时,忧谗畏讥,溢于言外。[④]

(十六)《蝙蝠赋》

清丁晏《曹集诠评》卷三:

嫉邪愤俗之词,末四句痛斥尤甚。[⑤]

三、关于曹植文章的具体评价

(一)《求自试表》

明孙钅广评(闵奇华《文选瀹注》卷一九引):

佳处在作得有肉,高处在气力驱遣,而妙处则又在意到即写。

清洪若皋《梁昭明文选越裁》卷六:

陈思之衅,兆自丁杨。曹瞒末年,德祖受戮,曹丕篡位,仪、广为诛,在陈思断

① (清)丁晏:《曹集诠评》第一册卷三赋,第20页。
② (清)丁晏:《曹集诠评》第一册卷三赋,第21页。
③ (清)丁晏:《曹集诠评》第一册卷三赋,第18页。
④ (清)丁晏:《曹集诠评》第一册卷三赋,第19页。
⑤ (清)丁晏:《曹集诠评》第一册卷三赋,第22页。

无善全之理矣。所幸生平流湎翰墨，非黄须儿比，即丕早已觇其无他能，既而灌均构隙，嫌疑正殷，亦惟是倚藉书痴伎俩，老脸顽皮。今日献诗，明日献赋。丕憾不得不稍息。至植在黄初太和八年内，安乡、鄄城、雍丘、浚仪，展转徙封，防闲最刻。且魏制藩国卫兵，残老不过二百人。植乃欲假以兵柄，驰驱疆场之间，此时曹叡暨王朗、华歆之徒见之，必笑腐儒迂疏，不识时务，然亦未必不谅之也，故得以善终叡世。此植急于自试，正其善于藏身，即子建亦不自知也。①

清丁晏《曹集诠评》卷七：

何等报负，河间东平而后，仅见斯人。志气非小。危言激烈，如见忠臣之心。②

清朱乾《乐府正义》卷七：

《豫章行》二首：（"穷达难豫图"篇）古辞："会为舟船燔。"……子建踵之为《穷达篇》，即其《求自试表》意也。（"鸳鸯自朋亲"篇）古辞："枝叶自捐。"与子建《吁嗟篇》"糜灭岂不痛，愿与林叶连"同意，即其求通亲亲表意也。③

清朱乾《乐府正义》卷十二：

《美女篇》：贤女必得佳配，贤臣必得圣主。《摽梅》所以叹求士之难也。余读子建《求自试表》，未尝不悲其志。其言曰："微才弗试，没世无闻，徒荣其躯而丰其体，生无益于事，死无损于数，虚荷上位，而忝重禄，禽息鸟视，终于白首，此徒圈牢之养物，非臣之所志也。"以子建之才，而亲不见用，君臣际会，自古难之，此诗所谓"盛年处房室，中夜起长叹"者也。④

清朱乾《乐府正义》卷十二：

《白马篇》：此寓意于幽并游侠，实自况也。子建《自试表》云："昔从武皇帝，南极赤岸，东临沧海，西望玉门，北出玄塞，伏见所以用兵之势，可谓神妙。而志在擒权馘亮，虽身分蜀境，首悬吴阙，犹生之年。"篇中所云："捐躯赴国难，视死忽如归"（《白马篇》）亦子建素志，非泛述矣。⑤

清张文虎《舒艺室杂著甲编》卷下《书曹集诠评后》：

山阳丁君俭卿所编《曹集诠评》，……魏武诸子，固以陈思为最贤，然谓其嗣位能远过子桓，未敢必也。其太和二年《求自试表》，见录于昭明，读者每称之。顾当曹仁被围，魏武欲遣往救，为子桓所忌，逼醉以酒，使不能受命，况此时而能授以兵柄乎？⑥

---

① （清）洪若皋：《梁昭明文选越裁》卷六，《四库全书存目丛书》集部 288 册，74 页。
② （清）丁晏：《曹集诠评》第二册卷七表，商务印书馆，民国二十年，第 16—17 页。
③ （清）朱乾：《乐府正义》，转引自《魏晋南北朝文学分典》，第 413 页。
④ （清）朱乾：《乐府正义》，转引自《魏晋南北朝文学分典》，第 419 页。
⑤ （清）朱乾：《乐府正义》，转引自《魏晋南北朝文学分典》，第 420 页。
⑥ （清）张文虎：《舒艺室杂著甲编》卷下《书曹集诠评后》，续修四库全书，集部，第 1535 册，第 213 页。

清何焯《义门读书记》卷四九：

“绝缨、盗马之臣赦。楚、赵以济其难。”注引吕氏春秋云云。此秦而谓之赵者。史记曰。赵氏之先与秦共祖。然则以其同祖。故曰赵焉。按，秦本纪，蛮廉子季胜之后造父。以善御幸于周穆王。穆王以赵城封造父。赵父由此为赵氏。蛮廉子恶来之后非子。以造父之宠。皆蒙赵城姓赵氏。周孝王以其柏翳后。邑之秦。使续嬴氏祀。号曰秦嬴。然则秦固尝以为赵矣。不特为其同祖也。①

清姚永朴《文学研究法》卷二：

书说类《尚书·君奭》外，莫古于《左传·郑子家与郑宣子书》……曹子建《与杨德祖书》……气韵亦美。②

(二)《上责躬应诏诗表》

清潘德舆《养一斋诗话》卷七：

曹子建《上责躬应诏诗表》：“伏惟陛下，德象天地，恩隆父母。”又曰：“七子均养者，鸤鸠之仁也。矜愚爱能者，慈父之恩也。”皆不合理。何则？子建与子桓为亲兄弟，尊之为君，礼也，称之为父，非礼也。其诗曰：“逝惭陵墓，生愧阙庭。”是念其父也。念其父而又以父尊兄可乎？此卑而入于谬者也。③

清何焯《义门读书记》卷四六：

表与诗俱载本传，时封雍城王。二篇词义之美，汉魏以来不可多见。④

清李兆洛《骈体文抄》卷一六谭献批：

忧危愤懑，喷薄而成，言在于此，意在于彼。

畦辙井然，旋导旋顿，由于笔妙，宗臣悱恻。至性语而有充耳之叹，时势阻之。

句有可删，字不可灭。⑤

清于光华《重订文选集评》卷五引何焯评：

凡文章以气为主，陈思王诗文所以高出晋、魏者，气不可掩耳。

(三)《求通亲亲表》

清宋长白《柳亭诗话》卷十八“事君”条：

曹子建《事君行》曰：“百心事一君，巧诈宁拙诚。”《吁嗟篇》曰：“愿为中林草，

---

① (清)何焯:《义门读书记》卷四九,第946页。

② (清)姚永朴:《文学研究法》卷二《告语》,黄山出版社,1989年版,第75页。

③ (清)潘德舆:《养一斋诗话》卷七,续修四库全书,集部,第1706册,第263页。

④ (清)何焯:《义门读书记》卷四六,第888页。

⑤ (清)李兆洛:《骈体文抄》,上海书店,1988年版,第258页。

秋随野火燔。糜灭岂不痛。愿与根荄连。"《杂诗》曰:"愿为南流景,驰光见我君。"(《杂诗》"西北有织妇"篇)魏志曰:"植每欲求别见,幸冀试用,终不能得,常汲汲无欢。"其《求通表》有云:"每四节之会,块然独处,左右唯仆隶,所对惟妻子,高谈无所与陈,发义无所与展,未尝不闻乐而拊心,临觞而叹息也。"又曰:"生无益于时,死无无损于数,直牢圈中物耳。"其汲汲者以此。①

清何焯《义门读书记》卷四九:

此文可匹出师表。而文彩条更为蔚然。世以令伯表仰希葛相者。非知言之选。

惠洽椒房。恩昭九亲。先疏后亲。事与尧反。

至于臣者。人道绝绪。禁固明时,臣窃自伤也。

近且婚媾不通至殊于胡越。

今臣以一切之制至常有戚戚具尔之志。承禁固明时。

臣伏自惟省至实在陛下。因致其意中间包亲亲在内。

远慕鹿鸣君臣之宴至终怀蓼莪罔极之哀。鹿鸣谓明帝。棠棣谓诸王。伐木谓宗族。蓼莪谓太皇太后四年崩。

若降天地之施三句。应则天。

今之否隔至末。又从亲中带结自致意。②

(四)《谢初封安乡侯表》

清丁晏《曹集诠评》卷七:

《魏志》本传:黄初二年贬爵安乡候。注引《魏略》言。初植到关,微行入见清河长公主,帝使人逆之,不得见。太后以为自杀,对帝泣。表中道及太后,疾痛则呼父母,可哀也夫。③

(五)《谏伐辽东表》

清丁晏《曹集诠评》卷七:

老谋深识,当时知此者罕矣。④

(六)《与杨祖德书》

明胡应麟《诗薮》外编卷一:

每读子桓与季重书,子建与德祖书,未尝不唏嘘太息,思见风流好尚如斯。

---

① (清)宋长白:《柳亭诗话》卷十八,《续修四库全书》,1700册,286页。

② (清)何焯:《义门读书记》卷四九,第950页。

③ (清)丁晏:《曹集诠评》第二册卷七表,第14—15页。

④ (清)丁晏:《曹集诠评》第二册卷七表,第22页。

江河百代,岂偶然哉![1]

清洪若皋《梁昭明文选越裁》卷八:

一副经史胸中,一双古今明眼,实见得文章动魂悦魄之理,如垂纶取九渊之鱼,而机在持竿三寸,静感默通,天然会合。此敬礼自得一言,津津乎其味之,惟人不能自见其睫,则又在息心绝我,嗒焉若丧。今人一味鹘突,欺己欺人,享千金于敝帚,如蝇遗鼠溺,碎补悭修,指为真骨董,曰两墩四琏,斑驳啮缺,时有宝光,又岂止刘季绪一人哉?[2]

清李兆洛《骈体文抄》卷三〇谭献批:

有波澜,有性情。[3]

清许印芳《诗法萃编》卷一:

子建此书,抗志立功,不徒以文人自命,且夫有德而后有言,忠节如陶杜,虽处穷约,文章必传,若无忠节,纵能立功,且能立言,人亦唾骂耳,学者可不勉哉。[4]

清李光地《古文精藻》卷上:

子建少年文便雄奕如此。[5]

明孙𨰻评(闵奇华《文选瀹注》卷二一引):

亦有华有锋,第镕炼力似尚未至。

清于光华《重订文选集评》卷四引何焯评:

气焰殊非阿兄可望。

又方伯海评:

篇中抑扬尽致,末以立功立言双收,用意正大,但出自子建之口,亦属空谈耳。

清方东树《昭昧詹言》卷一:

曹子建、孙过庭皆曰:"家有南威之容,乃可论于淑媛;有龙泉之利,然后议于断隔。"以此意求之,如退之、子厚、习之、明允之论文,杜公之论诗,殆若孔、孟、曾、思、程、朱之讲道说经,乃可谓以般若说般若者矣。其余则不过知解宗徒,其所自创则未也,如陆士衡、刘彦和、钟仲伟、司空表圣皆是。既非身有,则其言或出于揣摩,不免空华目翳,往往未谛。若夫宋以来诗话诸书,指陈褊隘,雅俗杂

---

① (明)胡应麟:《诗薮》,上海古籍出版社,1958年版,第40页。

② (清)洪若皋:《梁昭明文选越裁》卷八:《四库全书存目丛书》集部288册,第112页。

③ (清)李兆洛:《骈体文抄》,上海书店,1988年版,第665页。

④ (清)许印芳:《诗法萃编》,转引自《魏晋南北朝分卷》第448页。

⑤ (清)李光地:《古文精藻》,《四库全书存目丛书》集部400册,第31页。道光九年榕村全书本。

糅，任意抑扬，是非倒置，由已本未深诣精解也。①

清李沂《秋星阁诗话》"劝虚心"：

曹子建与杨德祖书云："世人著作，不能无病。仆常好人讥弹其文，有不善，应时改定。"夫以曹子建之才，犹欲就正于人，以自知其所不足。今人专自满假，吾不知今人之才与子建何如也？②

（七）《与吴季重书》

清洪若皋《梁昭明文选越裁》卷八：

翩翩公子，读尽千古异书，遍交当世名流，文章酬赠，饮酒调笑之外，无复余事，乐不可支。观其锦心绣口，对客挥笔，抽黄调白，笔不停辍，想见传粉科头拍袒，胡舞五椎锻，跳丸击剑，诵俳优小说数千言，后着衣帻，评说混元造化，品物区别，坐中无与抗论时。③

清李兆洛《骈体文抄》卷二一谭献批：

傲睨风刺。④

明孙钅广评（闵奇华《文选瀹注》卷一九引）：

陈思与吴季重原非真相知，故两书类多浮饰语。

清于光华《重订文选集评》卷一〇引何焯评：

潘云："书词浮薄，殊无人君度，魏武不立为太子亦自有见。"

又引邵长蘅评：

先叙谦欢，次及文章，而以政事为结。高视阔步，终归勉勖之词，立言有体。

清徐昂《文谈》卷三：

曹子建《与吴季重书》云："当富斯之时，愿举泰山以为肉，倾东海以为酒，伐云梦之竹以为笛，斩泗滨之梓以为筝。"又云："思欲抑六龙之首，顿义和之辔，折若木之华，闭濛氾之谷。"其思想皆就虚空摹写，穷天极地，奇幻不可方物，深得楚骚意趣，如出诸刁俗之口，则鲜不诧为痴呆语矣。⑤

（八）《求存问亲戚疏》

明孙钅广评（闵奇华《文选瀹注》卷一九引）：

① （清）方东树：《昭昧詹言》，北京：人民文学出版社，1961年版，第31页。
② （清）李沂：《秋星阁诗话》，《丛书集成续编》（156册），上海：上海书店出版社，1994年版，第32页。
③ （清）洪若皋：《梁昭明文选越裁》卷八，《四库全书存目丛书》集部288册，第113页。
④ （清）李兆洛：《骈体文抄》，上海书店，1988年版，第663页。
⑤ （清）徐昂：《文谈》，1952年南通区韬奋印刷厂排印，第2页。

比前稍较率易,然说得却畅。华藻锻炼,前胜;意致恳到,此篇胜。

清李兆洛《骈体文抄》卷一六谭献批:

师法子政。

其言殊怼而纡徐而卓荦,固文章之能事。所以不逮子政者,朴至之气耳。[①]

清爱新觉罗·玄烨《古文评论》卷三十二:

情辞恳恻之中,时见锋颖。大才秀拔,八斗非虚。[②]

清蔡世远《古文雅正》卷五:

当与《赠白马王诗》参看。文极沉郁顿挫之致。子长《报任安书》、柳子厚《与许孟容书》,与此篇皆呕心至文也。子长语多激,子厚语多哀,子建语多痛。独登此者,以期关伦理之大耳。[③]

清李光地《古文精藻》卷上:

陈思文接乡两京,诗尤卓荦雄厚,六代文人宗之。以为文章之有陈思,如人伦之有《周礼》。[④]

清于光华《重订文选集评》卷四引何焯评:

二表忠孝笃诚,溢于楮墨之表,子建自是更生一流人,非仅以文采擅长者。文明忌而不用,魏祚所以不永。

(九)《上疏陈审举之义》

清李兆洛《骈体文抄》卷一六谭献批:

若断若续,似无伦次,而意理自密,衷愤塞胸,有不暇择言者矣,其沉痛殆不减子政。

明目张胆,喷薄而出。

不无太尽。[⑤]

清爱新觉罗·玄烨《古文评论》卷三十二:

视自试一表语加激切,然不免于怼矣,方之于诗,其《小弁》之怨乎?[⑥]

(十)《王仲宣诔》

明孙钅广评(闵奇华《文选瀹注》卷一九引):

---

① (清)李兆洛:《骈体文抄》,第261—262页。

②⑥ (清)爱新觉罗·玄烨:《圣祖仁皇帝御制文集》,四库全书,集部二三八,第1299册,第246页。

③ (清)蔡世远:《古文雅正》卷五,四库全书,集部四一五,第1476册,第88页。

④ (清)李光地:《古文精藻》,《四库全书存目丛书》集部400册,第33页。

⑤ (清)李兆洛:《骈体文抄》,第263页。

典赡有之，然乏精陗之致。盖缘炼法未至。

又：虽是常意，然开口点出中的，紧切有力，风骨苍然，正无待搜异。

又：只一姓氏，何劳如许铺叙，殊觉宽而乏味。

又"文若春华"诸句：此正是紧要处，何乃草略数语打发过。

又"身穷志达"诸句：漫尔铺去，全无得力处。

又"芳风"应不上起，明是一时，聊且凑韵。

又"感昔宴会"此段稍露精神，亦是有此段情事，所以说来动人。

又"傥独有灵"诸句：此乃是无中生有。有此数语，此一段意态方浓。①

清李兆洛《骈体文抄》卷一六谭献批：

此书家谓中锋也，不尚姿致而骨干伟异，"感昔"一节后人多从此悟入。②

清王之绩《铁立文起前编》卷五：

……惟《文选》录曹子建之诔王仲宣、潘安仁之诔杨仲武，盖皆述其世系行业，而寓哀伤之意。厥后韩退之之于欧阳詹、柳子厚之于吕温名，则或曰诔辞，或曰哀辞，而名不同。迨宋南丰、东坡诸老所作，则俱谓之哀辞焉。大抵诔则多叙世业，故今率仿魏晋，以四言为句；哀辞则寓伤悼之情，而有长短句、楚体不同。作者不可不知。③

清孙梅《四六丛话》：

曹子建作《王仲宣诔》曰："流裔毕万，末胄称王。厥姓斯氏，条分叶散。世滋芳烈，扬声秦汉。"向注："秦有王離，王翦，汉有五侯，是扬声也。"仆案：王粲系毕公高之后，毕封于魏，后十代，文侯盛，至孙称惠王，因以王为氏。而秦之離、翦自周太子晋之后。汉之五侯自齐田和之后。此三派元不相干，而此引離、翦、五侯为毕氏裔，条分叶(散)，失也。④

(十一)《文帝诔》

清李兆洛《骈体文钞》卷五：

《文心雕龙》云："陈思叨名，体实繁缓，文皇诔末，旨言自陈，其乖甚矣。"予谓文之繁缓，诚如所讥，使彦和见江谢之篇，更不知作和挥诋。至其旨言自陈，则思王以同气之亲，积讥谗之愤，述情至切，溢于自然，正可以副言哀之本致，破庸冗之常态。诔必四言，并无前典，固不得援此为例，亦不宜遽目为乖也。

又谭献批：

① (清)闵奇华：《文选瀹注》卷一九。

② (清)李兆洛：《骈体文抄》，第576页。

③ (清)王之绩：《铁立文起前编》卷五，四库全书存目丛书，集部，第421册，第722页。

④ (清)孙梅：《四六丛话》卷二十五，商务印书馆，民国二十六年，第426页。

章法浑成。①

清刘师培《汉魏六朝专家文研究》:

陈思王《魏文帝诔》于篇末略陈哀思,于体未为大违。②

(十二)《平原懿公主诔》

清李兆洛《骈体文钞》卷五:

含意抑扬,而授辞婉委,此之谓不苟。其模容写貌,则安仁金鹿等篇所自出也。

叙嫁觞有致。③

(十三)《魏德论》

清丁晏《曹集诠评》卷九:

全仿长乡封禅文,典密茂美,足与踵武。④

(十四)《辩道论》

清丁晏《曹集诠评》卷九:

卓然正论,足以唤醒痴迷。⑤

(十五)《藉田说》

清王之绩《铁立文起前编》卷三:

王懋公曰,陈思《籍田说》颇佳。近有无名氏《曲城说》,殊纵横可喜。若刘诚意《卖柑者言》,亦说类耳,而或遂立一"言"之名何居?他如韩非《说难》,其字音税,某选家引入"解说"类,盲人瞎马,一至于此,悲夫!《明辨》列之"杂著",斯得之矣。

……

《明辨》曰,魏晋以来,作者绝少,但《曹植集》中有二首,而《文选》不载,故其体阙焉。要之与论无大异也。此外又有名说、字说,其名虽同,而所施则异,故别为一类。⑥

---

① (清)李兆洛:《骈体文抄》,第90页。
② (清)刘师培:《汉魏六朝专家文研究》,第153页。
③ (清)李兆洛:《骈体文抄》,第92页
④ (清)丁晏:《曹集诠评》第二册卷九论,第58页。
⑤ (清)丁晏:《曹集诠评》第二册卷九论,第53页。
⑥ (清)王之绩:《铁立文起前编》卷三,四库全书存目丛书,集部,第421册,第710页。

（十六）《庆受禅》《谢封陈王》

清王兆芳《文章释》：

章者，乐竟为一章也，书明显若乐章之奏也。汉"上书四名"，一曰章。蔡邕曰："章者需头，称'稽首上书、谢恩、陈事'，诣阙（通）（据《独断》补）者也。"主于感谢陈请，言必明显源。出汉初，流有董子《乞种麦、限田章》，郎𫖮《诣阙拜章》，蔡邕《戍边》《上寿》诸章，魏曹植《庆受禅》《谢封陈王》诸章，刘宋谢庄《为新安王拜司徒》《谢兼司徒》诸章。①

（十七）哀辞（如《金瓠哀辞》（并序）、《行女哀辞》《仲雍哀辞》）

清吴曾淇《涵芬楼文谈》：

魏之曹子建、晋之潘安仁集中，皆有哀词数篇，此文前必有序，而附韵语于后，亦有一篇全为韵语者。②

（十八）章奏

清刘师培《汉魏六朝专家文研究》：

又如曹魏章奏以质实为主，惟陈思王篇制高华，不偭旧规，亦能独迈侪辈。③

（作者单位：安徽大学文学院）

① 王水照：《历代文话》，第七册，第6295页。
② 王水照：《历代文话》，第七册，第6666页。
③ 刘师培：《汉魏六朝专家文研究》，第142页。

《杜诗详注》引《杜臆》考（一）：辑补

储晓军　谷玲玲

在杜诗注释史上，《杜诗详注》无疑是一部集大成式的著作，征引的文献多达百部。在这些著作中，《杜臆》是其征引较多的明代著作。我们在详细梳理了《杜诗详注》中引自《杜臆》的材料后，发现其中所引《杜臆》，有相当部分为今本《杜臆》所缺。因此我们辑录、整理这些文献，希望能为《杜臆》研究提供帮助。我们采用的方法是将《杜诗详注》（中华书局1979年版）中所引《杜臆》悉数摘出，与今本《杜臆》（上海古籍出版社1983年版）逐一比对，以辑出今本《杜臆》所无的部分。列举如下：

1.《赠李白》：东都在今河南府，梁宋在今开封府。（《杜诗详注》P34，以下不再注书名）

2.《冬日有怀李白》：短褐二句，言贫难炼药，即前诗“苦乏大药资，山林迹如扫”也。（P51）

3.《投简咸华两县诸子》：乡里后辈，挟势骄人，固不足责；乃故旧在朝，而礼数亦绝，尚何望乎？疏懒在性，公之致贫在此，公之立品亦在此。又曰：阘冗尊显，贤哲弃遗，则时事可知。无声泣血，伤己而并忧世矣。（P108）

4.《兵车行》：营田，乃戍卒备吐蕃者。（P114）

今驱负来者为兵，直弃之耳，与犬鸡何异。（P115）

5.《贫交行》：作行止此四句，语短而恨长，亦唐人所绝少者。（P133）

6.《奉留赠集贤院崔、于二学士》：验讨论，谓考验其文词所自出，故赴试者语必典雅，唐诗可为后世羽仪者以此。（P131）

7.《陪郑广文游何将军山林十首》（其三）：人竞珍之，故犹称“戎王子”。胡夏客曰：外国王子入居内地，携有其土异花，何将军得其种也。此说“戎王子”是借人称花。（P149）

8.《上韦左相二十韵》：“苍茫兴有神”，起下“歌此曲”，而此曲即所上韦相诗。苍茫，意兴勃发之貌。（P228）

9.《重过何氏五首》（其二）：《杜臆》：疑“幽”“兴”迭见，欲改作“游兴极”，反失作者之旨。（P169）

10.《叹庭前甘菊花》：菊有甘苦二种，甘者可入药，苦者似菊而非，其名曰薏。所云众芳细琐者，薏之属也。移时晚，言移植后时。根失所，谓失其故处。（P211）

11.《沙苑行》：泉出巨鱼，感龙精气，亦成神物，而马之簸荡其中者可知已。（P231）

12.《夏日李公见访》：此物聒，承蝉鸟，反言以见其幽。晚色静，又作转语，文有顿挫之致。（P251）

水花言静,犹《诗》言静女,形容有致。(P252)

13.《自京赴奉先县咏怀五百字》:天柱折,乃隐语,忧国家将覆也。(P271)

14.《白水崔少府十九翁高斋三十韵》:谓写景而兼影时事,语含比赋,是也。云峰矗峙,如昆仑崆峒,回首恍见焉。(P301)

15.《雨过苏端》:一饭扫迹,世情类然,苏独数过倾倒,意良厚矣。又且呼儿具果,延宾取醉,非食而弗爱敬者比。此即年称"文章有神交有道"也。(P339)

16.《送从弟亚赴河西判官》:略文字而皆新意。知其谈兵非徒读父书者比。(P365)

起结皆用比兴,英矫不凡。(P368)

17.《送韦十六评事充同谷防御判官》:挺身张目句,读之令人发指。(P354)

18.《奉送郭中丞兼太仆卿充陇右节度使三十韵》:观刘表、祢衡语,则郭亦非可依者,后果镇蜀而为崔吁所杀。(P373)

19.《送杨六判官使西蕃》:垂泪伤时,有关臣谊。草肥雪干,善摹边景。(P377)

20.《北征》:公先至水滨,望家切,而行步速也。(P399)

21.《送郑十八虔贬台州司户伤其临老陷赋之故阙为面别情见于诗》:首记其状,次记其言,两句已为虔撰一小影。观《八哀》诗,郑多才艺而画更精,曰老画师,此其自知语,亦其自慨语。万里伤心,正为严谴之故。百年垂死,乃在中兴之时。严谴、中兴四字,含无限痛楚。结联情见乎词,郑果卒于台州。(P425)

22.《得舍弟消息》:他乡乱而故乡尤甚,故曰"他乡胜故乡",总是苦语。存亡乃厄苦之故,上句因下。辞房即书中之语,下句因上。汝书、汝妾并提,律中带古,此杜公纵笔。(P510)

23.《早秋苦热堆案相仍》:皆是蝎,谓已皆是蝎,又加以多蝇,此极状其苦。(P487)

24.《雨晴》:诗云塞柳,乃边上之柳,知此诗作于秦州矣。(P601)

25.《崔氏东山草堂》:王维辋川庄在蓝田,必与崔庄东西相近。草堂在东山,可称东庄,则辋川固可称为西庄矣。(P492)

26.《阌乡姜七少府设鲙戏赠长歌》:鲭春葱,啄鲙如葱之脆。鲭音追,啄也。胡夏客作脔。脔,肉也。言去骨留肉而杂以春葱。(P503)

贪路本宜急往,今反觉难行,而上马无力者,以不忍相别故也。此有戏意。为人好心事,以俗语入诗,乃对姜少府言耳。心在中而色见于外,曰于我真,见其钟情而非泛爱。他时我衰子贵,不足为恨,但回忆今日之交欢难再,终不能不怅望耳。此极感恩之语。玩此诗拈韵,知古人东冬通用也。(P504)

27.《戏赠阌乡秦少府短歌》:末句有戏意。(P505)

28.《秦州杂诗二十首》(其二十):旧注引《吴越春秋》以证大禹藏书之所。但吴越所记,乃在会稽;而公所闻,乃蜀之石纽,禹生处也。知公适秦之初,已有入蜀之意。(P589)

29.《铜瓶》:蜀中牵船竹緪曰百丈,此借以名汲水之緪。(P624)

30.《归燕》:四时二句,具见身分,隐然有时止时行意。(P610)

31.《秋笛》:他日,指昔日。(P618)

32.《寄张十二山人彪三十韵》:山人以道术名,而公极称其孝,有关世教不浅。(P655)

33.《病马》:毛骨二句,乃不称力而称德之意。(P622)

34.《西枝村寻置草堂地夜宿赞公土室二首》:起四句,可以入画。公足力已倦,而犹永夜晤语,兴趣自不可及。燃薪代烛,汲井烹茶,此山居清况。(P595)

35.《后出塞五首》(其二):前篇言唾手封侯,何等气魄,至此惨不骄矣,束于军法故也。(P287)

(其五):末章与首章相关,前之冀封侯者,志在立功,此之脱恶名者,志在立节。当时附贼者众,而独有此一人在其间,此纲常所以不坠,公特表而出之,以为万世训。(P291)

36.《晦日寻崔戢李封》:蜂以暖游,带声字更趣。(P298)

末段纡回吞吐,有无穷之悲。(P298)

37.《佐还山后寄三首》:素有期,谓粱熟则分饷,旧有此例。菊、葵,皆秋时物产,故以相比。他日,言平时。米精则饭滑。(P629)

38.《除架》:瓠与瓜有别,瓜乃总名,瓠是开白花者。(P615)

39.《两当县吴十侍御江上宅》:此因主人不在,故写其宅舍凄凉之况。朝烟淡,日将午矣。落叶赤,岁将晚矣。阴风吹宅,天气渐寒矣。(P669)

40.《发秦州》:成县之东河,源出秦州南,又有南河,源出青渠堡南,俱入龙峡,注于嘉陵江。嘉陵水,即汉水。此诗汉源,当在龙峡。鲍注以汉源为县名,非也。(P673)

栗亭,乃魏时县名。(P673)

此诗难于作结。“大哉乾坤内,吾道长悠悠”,亦近亦远,收得恰好,与“飘荡云天阔”同意。(P674)

41.《青阳峡》:“仰看日车侧”,即“愁畏日车翻”意。(P684)

高秋天朗,故见诸山。(P685)

42.《乾元中寓居同谷县作歌七首》:同谷县,唐属成州,元以同谷县省入,明则改州为县。考今志,成县有杜甫故居,注引虎穴龙澄诗为证,其居当在西枝村之西,然公诗却未云居西枝也。(P693)

魂离形体,不能招来,使之同归故乡。(P697)

43.《剑门》:山抱西南,而石角北向,亦见地形内属,彼并吞割据者,皆违天矣。崇墉,象其壁立。城郭,象其长亘。未可傍,人不敢近也。(P720)

44.《鹿头山》:中宗时,萧至忠为专达中丞,谓事得专达于天子,不受人节制。(P724)

45.《酬高使君相赠》:故人,当指裴冕。(P728)

46.《卜居》:公以此地为桃源,直作避秦计矣。(P1610)

47.《狂夫》:故人必有所指,但谓裴冕则非。堂既成后,冕方去蜀也。(P743)

48.《题新津北桥楼得郊字》:设宴者乃邑令,故以池水比其官清。厨烟远庖,又

称其有好生之仁。江郊供客眼,必田野辟而稻粱肥也。(P785)

49.《出郭》:故国兵马既未可归,他乡鼓鼙又未可去,故还与旧乌作伴。故国,指东都。他乡,指成都。时思明未灭,故蜀常备兵。前诗云:“王师未报收东郡,城阙秋生画角哀。”可以互证。(P771)

50.《村夜》:身得所安,而思家更甚,故曰“正含情”。(P778)

51.《寄杨五桂州谭》:通篇气势流走,字句空灵,诗之不缚于律者。(P779)

52.《赠蜀僧闾丘师兄》:“晚看作者意”,言识定于暮年也。(P766)

公诗善用借景,如“落月如金盆”与“陇月向人圆”,皆据一时所见之景,而倾盖欢洽之意自见。(P767)

53.《南邻》:芋栗止于一物,作芋栗,可该园中所产。(P760)

54.《西郊》:此喜地僻,得以遂其疏懒也。(P780)

55.《戏为六绝句》(其五):不薄二字,另读。今人爱古人,连读。清词丽句,紧承爱古人。(P900—P901)

(其六):今人才力,未及前贤,以其递相祖述,愈趋愈下,无能为之先者。必也别裁其伪体,而上亲于风雅,始知渊源所自,前贤皆可为师,是转益多师,而汝师即在是矣。又云:此亦公之自道也。公诗祖述三百,而旁搜诸家以集其成。如楚骚、汉魏诗、乐府铙歌,齐梁以来,甚多仿效,而公独无之。然读其诗,皆三百之嫡派。古人之雁行也,其所师可知矣。如孔子识大识小无不学,而贤不贤皆师矣。不如是,何以谓之集大成哉。别裁,谓区别而裁去之。(P901)

56.《送韩十四江东省觐》:故乡,指洛阳。(P829)

57.《所思》:官虽谪、酒常开,便见司马胸次。或醒或眠,颠狂落拓,真得酒中趣者,此为醉司马传神,而相忆已在其中。(P822)

58.《畏人》:离家万里,寄迹三年,身世孤危,所以畏人而幽栖也。(P881)

59.《三绝句》:残,余也。二女啮臂,恐不两全,故弃之而走。(P1241)

60.《遭田父泥饮美严中丞》:美中丞,指田父之言,非公美之也。(P890)

61.《溪涨》:末四只说平日归家,而沮雨思家,自见于言外,更有蕴藉。(P910)

62.《敝庐遣兴奉寄严公》:开首写景,有逌然自得之趣。下文“宜”字“好”字,正蒙此。(P1202)

63.《江上值水如海势聊短述》:玩末二句,公盖以陶谢诗为惊人语也,此惟深于诗者知之。(P810)

64.《屏迹三首》:无营,根用拙;地幽,根幽居。竹光二句,申地幽,以补幽居佳景。失学四句,申无营,以发用拙余意。洪注谓末联以放达寓悲凉,是也。不然,百年常醉,懒不梳头,成何人品乎?上有“年荒乏酒价”句,则知“百年浑得醉”,尚属期望之词。(P883)

65.《送梓州李使君之任》:送人赴梓州,遂想到彼中名贤,真好贤如渴者。为我潸然,造语尤奇。(P918)

66.《送段功曹归广州》:送行在春,而数月之程,不能春到。故云春天外。三峡山高,故云笼树而小。洞庭湖阔,故曰荡船而明。(P929)

67.《奉赠射洪李四丈》:十金不可得,而至妻孥莫保,穷途之困可知。(P953)

68.《春日梓州登楼二首》:行路之难不一,故用如此二字该之,起语无限悲凉。衰年流落,此身却无少壮,而浪迹但有羁栖,两句各倒转一字,便语新而声协矣。水流城下,登楼所见。风送鼓声,登楼所闻。新燕巢楼,而旅人无定,对景伤情,语意双关。数句中,有梓、有春、有楼,写景言情,相融入化。(P970)

69.《涪城县香积寺官阁》:涪城县,今入潼川州。(P986)

70.《陪李梓州王阆州苏遂州李果州四使君登惠义寺》:公以作客之穷,真有学佛之想,故后诗屡及之。(P995)

71.《送窦九归成都》:起得突兀,转亦顿挫,似尺水兴波。苦节二字,他本因声律不谐,改作持节,黄鹤泥此,遂以窦九为检察窦侍御,误矣。(P1025)

72.《巴西驿亭观江涨呈窦十五使君二首》:同海鸥,乃谑词。(P1005)

73.《陪章留后侍御宴南楼》:一面出令,一面吟诗,有孟德横槊赋诗之风。穷途免哭,身托醉乡也。(P1017)

74.《章梓州水亭》:后半并列宾主四人,却流利不板。亦长歌,如荆人之歌山简。(P1026)

75.《九日》:天宝十四年冬,公自京师归奉先,路经骊山,玄宗方幸华清宫,安禄山反,然后还京,至此十年矣,所以忆之而肠断也。清路尘,辇出而清道也。(P1034)

76.《投简梓州幕府兼简韦十郎官》:无字出韵,或六鱼、七虞兼用耶。(P1011)

77.《西山三首》:筑城、转粟,见谋国者之失算。高适谏之不听,则有分其过者矣。(P1046)

78.《舍弟占归草堂检校聊示此诗》:草堂无人,安得鹅鸭,想有代为看守者。腊月非种竹时,乘弟暂归,故嘱其栽补耳。(P1067)

79.《将适吴楚留别章使君留后兼幕府诸公》:观失身折节等语,公亦殊有戒心。其告别以此,但不明言耳。(P1064)

80.《寄贺兰铦》:今且勿以俱在异域为悲,只此饮啄之缘,尚能几回同事乎。语极凄惨。(P1200)

81.《阆水歌》:江源出陕西凤县嘉陵谷,经广元、昭化过剑州,至保宁府,其曰阆水、巴水、渝水、汉水,皆此江之异名。(P1074)

阆中胜事,总结上文,而赞云可肠断,犹赞韦曲之花,而曰恼杀人也。(P1074)

82.《释闷》:此为代宗不诛程元振而作。吐蕃入寇,逼乘舆,毒生民,祸皆起于程元振。所望一时君臣,翻然悔悟。当柳伉疏入,但削官放归,此诗所以有孽孽全生之叹也。岂知孽孽不除,则兵不得解。兵不能解,则诛求仍不得息。其事之舛谬,真出于意料之外矣。然则风尘亦何由清,而太平将何时见乎。通篇一气转下,皆作怪叹之词。(P1070)

83.《忆昔二首》:“百于年间”二句,尤为有识,盖法度之存亡,关乎国家之理乱,先叙此二语,而随用“岂闻”二字转下,如快马蓦涧,何等笔力。(P1163)

84.《将赴成都草堂途中有作先寄严郑公五首》:此曲说也,本言人醉后,其状颓倒如烂泥耳。(P1108)

85.《韦讽录事宅观曹将军画马图歌》:就马之盛衰,想国之盛衰,不胜其痛,而与画马相关在"筋骨同"一句。翠华向东,谓帝东游。河神朝献,谓帝西幸。江不射蛟,时已晏驾也。(P1155)

86.《楠树为风雨所拔叹》:天意二字宜玩,恐草堂终非吾有也,盖以楠树卜之。(P830)

87.《宴戎州杨使君东楼》:戎州,即叙州。(P1221)

88.《拨闷》:雇,谓舟费。直,谓酒资。(P1224)

89.《长江二首》:朝宗者,人所共取,今盗贼不知此义,谁是尊尔者,见逆理之必亡也。二句解作正对。以下章奉君例之,则谁尊当主君说。(P1233)

90.《荆南兵马使太常卿赵公大食刀歌》:芮公,当作卫公。(P1583)

91.《奉贺阳城郡王太夫人恩命加邓国太夫人》:起二擒题,意完词伟,且卫幕、潘舆,天然佳对。衔恩,以卫公能济时也。送喜,以慈亲膺锡号也。富贵尊荣,承上起下。(P1834)

92.《杜鹃行》:伤形愚,哀其有情而不能自达。(P837)

93.《白盐山》:山高者基必大。此山卓立群峰之表,乃蟠根于积水之边,望若悬空,是不任地而近天矣,岂非夔府一奇观哉!且绕山而上,千家成邑,积水之中,万估船来,又蜀中一都会也。向者春望此山,虽有断壁红楼之句,今秋亲历其地,苦心刻画,而始得此山真面目,但恐词人取句,未必能传耳。此诗细玩,始知描写之工。后来选者不及,论文笑自知,信矣。(P1352)

地志载赤甲山有孤城,即鱼复县,盐山不言有邑,此特言其有似千家之邑耳。(P1353)

94.《八哀诗》:

八哀诗之故司徒李公光弼

羽扇零落,惜不尽其用也。(P1382)

筐箧,似用乐羊谤书盈箧事。(P1383)

八哀诗之赠左仆射郑国公严公武

观"小心事友生"句,知武无欲杀公事。(P1384)

八哀诗之赠太子太师汝阳郡王琎

汝阳被宠善终,本无可哀,直以下交情厚,伤旧而赋也。(P1390)

赞王用"谨洁极"三字,最得要领。(P1390)

95.《故秘书少监武功苏公源明》:蒿里饯,谓致奠也。(P1409)

96.《故著作郎贬台州司户荥阳郑公虔》:"弹琴视天壤",写得疏放有神。(P1412)

97.《奉汉中王手札报韦侍御萧尊师亡》:"一哀侵疾病,相见自儿童",信笔写去,不对之对,惟杜有之。(P1451)

98.《船下夔州郭宿雨湿不得上岸别王十二判官》:柔橹相送,轻鸥伴行,橹鸥之外,但觉汝贤。此感判官之厚,亦怜人情之薄。(P1266)

99.《上白帝城》:"英雄余事业",谓此世界英雄尽有事业可为,惜以衰迈久混风

尘耳,亦因形胜而作此语。(P1274)

病无力,何足为惭,亦对勇壮而云然耳。(P1275)

100.《寄韦有夏郎中》:楫生水衣,而犹卧波,乃春鸥洗翅,若欲呼我去矣。两句自为照应。急水,谓峡江。平涂,谓夔州。皇华指韦,腐儒自谓。为僚,同为省郎也。(P1288)

101.《赠崔十三评事公辅》:元戎不记其名,盖荐崔使教练羽林者。悲歌,谓崔有忧世之心。(P1291)

102.《晓望白帝城盐山》:城中见日初出,从清江而望此山,兼以日气暄和,真足散旅人之愁。旅人以即次为安,谓其堪卜居也。春城焉得有雪,亦谓盐山似之。见此佳景而始拟进舟,有不忍恝然之意。后《入宅》诗云"断崖当白盐",又《移东屯》云"白盐危峤北",公盖眷眷于此山矣。(P1280—P1281)

103.《火》:甚昧至精主,责在主之者,此句乃通篇紧要语。(P1299)

104.《愁》:愁人心事,触目可憎,如江草新生,却谓唤起愁思。巫峡中流,却谓不近人情。盘涡鹭浴,本自得也,疑其有何心性。独树花发,此春意也,谓其只自分明。愁出非常,故情亦反常耳。下文所云,真异常之愁也。戎马南国,前此势不可归。客老孤城,目前身不可归。人病虎横,将来时不可归。托身无处,愁难自遣矣。南国,指洛阳。孤城,指夔州。渭水、秦山,指长安。人罢病,民力竭。虎纵横,暴敛亟也。(P1599)

105.《暮春》:公本欲初春下峡,病至暮春,则舟不可行矣,故有慨于卧病拥塞也。拥塞,则潇湘不可到,而虚此映空水色矣。风雨不绝,旅人增闷,而柳暗莲红,又日月如流。对此鸳鹭立渚,挟子群飞,何以为情耶。(P1604)

公诗用鸳鹭皆有意,如"空惭鸳鹭行""年衰鸳鹭群""寒空见鸳鹭""回首忆朝班",故此诗鸳鹭亦是借以自比。(P1604—P1605)

106.《奉寄李十五秘书文嶷二首》:千金赠,见交游之广。(P1294)

107.《牵牛织女》:亭亭二句,指织女,乃俗论如此。(P1321)

108.《宿江边阁》:《名胜志》载关耆孙《瞿塘关行记》,则高斋即在关上,耆孙与客饮此,诵少陵薄云孤月诗,叹此老具眼。夔江山粗恶,唯少陵所纪处独异。(P1469—P1470)

109.《第五弟丰独在江左近三四载寂无消息觅使寄此二首》:失清秋,谓淹别之久,又蹉过一秋矣。(P1479)

110.《赠李八秘书别三十韵》:清溪发,语奇。(P1460)

111.《庭草》:旧叶之低垂者,今收而上举。新牙之掩伏者,今卷而重出。(P1599)

112.《秋日夔府咏怀奉寄郑监李宾客一百韵》:飘零只在百里,而消渴已阅三年,二句多少伤怀。(P1699)

113.《赠李十五丈别》:前寄李诗云:"猿鸟千崖窄,江湖万里开。"上四乃其注疏也。见万里船,则思出峡。名贤慰怀,喜对李丈也。(P1344)

114.《戏寄崔评事表侄苏五表弟韦大少府诸侄》:此以豹自方,以龙比崔苏辈,起

语涉于戏词。江山丽,谓秋日晴光。鲍谢文,指三人所作。忆疏豁,思江楼之宴。坐氤氲,言意兴之浓。(P1777)

115.《杨监又出画鹰十二扇》:此诗盖因才志不展,而发兴于鹰扬者。公赋鹰马,必有会心语,此则"清绝心有向"是也。前草书,是张旭真迹。此鹰图,乃临摹冯画。独立,静出群。有向,动欲飞。千里马,比其健。万人将,喻其雄。禁,当也。(P1340—P1341)

116.《南极》:西江至白谷而分,此楚蜀之交也。古城,白帝旧城。荒戍,戍土之兵。皆鸟道,居高峡也。自人群,非我族也。柝、弧,城上戒严。醉尉,小人横行。(P1556)

117.《月圆》:江月倒影,水摇而阁上之扉为动,大是画意。月注波中,金光摇而不定;月临席上,绮文依而愈妍。将金波、绮席拆开颠倒,赵汸谓诗家用古语之法。(P1466)

松桂发,犹言松菊犹存。(P1466)

118.《小至》:若以小至为冬至前一日,则诗不当云添线、动灰矣。(P1567)

119.《览镜呈柏中丞》:公与中丞素厚,故末二自陈苦衷,非乞怜语。(P1576)

120.《瀼西寒望》:水色朝光,此萧疏之远而大者。猿挂鸥行,此萧疏之近而小者。瀼西卜居,又结出望中之意。又云:"水色含群动",即"寒水光难定"变语也。"朝光切太虚",即"早霞随类影"变景也。皆公冥搜所得。日映水面,其色闪动。朝光初起,切近太虚。此以一俯、一仰对言。(P1563)

121.《不离西阁二首》:亭以行旅停宿得名,故西阁亦可称亭。(P1565)

122.《送惠二归故居》:山蜂酿蜜于高崖,从山上缒人采之。(P1624)

123.《承闻河北诸道节度入朝欢喜口号绝句十二首》:此并开导诸道之叛卒。(P1628)

124.《怀灞上游》:唐都关中,即今西安。城东三十里有灞水,又东乃文帝霸陵,出长安东门,为东陵道,得名以此。霸水桥曰灞桥,乃长安饯别之所,灞上当即在其处。详诗意,则行乐之地也。(P1606)

125.《舍弟观归蓝田迎新妇送示二首》:题云送示,送弟北归,示之以意也,前有《得舍弟观书》《喜观即到》诸诗,盖观既到夔州,复归蓝田迎妇也。(P1678)

126.《又上后园山脚》:此兼喻吐蕃西走,禄山北竞。水石如故,而中原独疲,以民伤戍役故耳。此追咎当时边将邀功,朝廷好武也。(P1662)

127.《行官张望补稻畦水归》:瀼田在上牢、下牢两关之间,故云关山,与他处关山不同。(P1655)

公诗有云"落杵光辉白,除芒子粒红"。即所谓玉粒红鲜也。(P1655)

128.《甘林》:解衣入我林,可得前诗"束带还骑马"之解。(P1667)

后段列问答之词,居然古调,与三吏、三别诸章参观,何谓唐无古诗乎?(P1668)

129.《暇日小园散病将种秋菜督勒耕牛兼书触目》:借鹤寓言,此东坡《后赤壁赋》之祖,"三步六号叫",只是叫号不息,下语却奇。(P1670)

130.《见萤火》:本意全在末二,借萤发端,正诗之兴也。坐,如黄莺并坐之坐。

却,如却立苍石之却。琴书添冷,夜凉故也。星宿同稀,高飞故也。(P1676)

131.《寄刘峡州伯华使君四十韵》:凡戴冠必先簪发,惟懒事稀簪,故帽棱如故。(P1722)

公因多病,与道士讲修炼之术,故言姹女丹砂。椿寿永,承上药囊。杞天崩,承上灰劫。炼丹养生,又承寿永。张兵伐叛,又承天崩。公托身世外,故求服药永年,不必怀杞人之虑。刘身任民社,则卫生固所宜讲,而惩乱皆其职分也。(P1723)

132.《寄狄明府博济》:不见其十年在官,济济上升,所谓有才无命也。百寮底,居百寮之下。长兄白眉,言博济之兄。(P1689)

133.《课小竖锄斫舍北果林枝蔓荒秽净讫移床三首》:床,藜床也,公《视园》诗"衰年动觅藜床坐"可证。(P1735)

134.《复愁十二首》:吟多意有余,所以写其愁者,犹未尽矣。(P1745)

135.《凭孟仓曹将书觅土娄旧庄》:末云迟暮心,盖有丘首之思。(P1760)

136.《暮归》:阙舟楫,无钱雇船。多鼓鼙,吐蕃为寇。杖藜看云,可谓安时而处顺者。(P1915)

137.《雨》:一命,指他人。旧云公受郎官之命,非是。(P1672)

138.《瞿唐两崖》:公诗"龙以瞿唐会",则知其有龙蛇矣。(P1557)

139.《向夕》:冬日苦短,深山蔽之,其晷更促。岁寒多风,乔木惹之,其声益悲。(P1739)

140.《寒雨朝行视园树》:朝行所视之园树,专指果园,于甘林无豫,故云:"丹橘黄甘此地无。"今按:此地无,正言柑橘之独盛。篇中林香出实二语,明说丹橘矣,岂可云甘林又在果园之外乎?大抵分而言之,则甘林另为一区,合而言之,甘林包在果园之内,盖四十亩中,自兼有诸果也。(P1780)

141.《白帝楼》:边心,身在边而心思乡也。(P1840)

142.《白帝城楼》:高与度对,皆作活字用,言楼之高,由城高之也,如白帝城最高楼可见。(P1840)

143.《元日示宗武》:啼手战,见子孝。笑身长,见父慈。赋诗落笔,应前手战,故用犹字。献寿称觞,因上柏酒,故加更字。(P1850)

144.《大历三年春白帝城放船出瞿唐峡久居夔府将适江陵漂泊有诗凡四十韵》:武当县有川曰沧浪,《禹贡》所云"汉水东流为沧浪"也。(P1871)

145.《泊松滋江亭》:一柱观,即在松滋县,其观犹在县东丘家湖,故云全应近。(P1876)

146.《秋日荆南送石首薛明府辞满告别奉寄薛尚书颂德叙怀斐然之作三十韵》:汉武帝作储胥馆,故李义山诗:"风云长为护储胥。"宋子京诗:"密疏叩储胥。"又:"秋色遍储胥。"俱作皇居用之。(P1911)

147.《宴王使君宅题二首》:公诗每用泛爱,盖以众人自居也。(P1932)

148.《久客》:交态俗情,世人类然,而小吏为最。其见轻者,为衰颜也。(P1936)

149.《官亭夕坐戏简颜十少府》:捣衣杵,有音节,俗谓之花练槌。司空曙诗"宫响传花杵"即此意也。(P1927)

150.《解忧》:此《易传》所谓惧以终始,其要无咎也。(P1961)

151.《楼上》:白玉簪,盖朝冠所用。屡思入朝而中止,故云频抽。(P1998)

152.《苏大侍御访江浦赋八韵记异》:涣本盗侠,读其变律诗,自推作家,肩舆忽访,能具只眼,故就此一节取之,而隐衷则微见于记异二字,言其出于意外也。(P2014)

153.《入衡州》:逃难而兼携妻孥,尤见其苦,而以得免为幸。曰惭激昂,恨不讨贼。曰回刚肠,含愤而行。华表以下,遥望衡州之风景、人民、甲兵、城郭也。(P2069)

154.《舟中苦热遣怀奉呈阳中丞通简台省诸公》:勉本宗室,故有资强干之语。(P2077)

155.《题衡山县文宣王庙新学堂呈陆宰》:自安史乱后,人皆弃文就武,公诗尝云"壮士耻为儒",又云"儒衣山鸟怪",此云"儒服敝于地",儒之贱已极矣。(P2079)

下二句,暗用子路鼓瑟,有北鄙杀伐之旨。(P2080)

以上155则内容,均为今本《杜臆》所无。我们辑录这些内容,不仅可以为《杜臆》以及杜诗研究提供参考,而且它们也说明:1. 今本《杜臆》可能存在散佚。2. 仇兆鳌所采用《杜臆》的底本与今本《杜臆》不同。无论哪种可能,我们的辑录都有意义。与之相关的具体情况,我们也将有专文讨论。

(作者单位:安徽师范大学文学院)

出土文献中的古钟离国

丁慧萍

一、绪 论

江淮地区位于长江与淮河之间。由于长江与淮河的泥沙沉积，形成了广袤的冲积平原。这一地区河网密布，水资源丰富，土壤肥沃，加之地处亚热带和暖温带的交界处，自然环境优越，农业发达，自古以来就适宜人类繁衍生息。

江淮地区地理位置上承东启西，连接南北，其南部又有着储量丰富的铜矿资源，商周以来一直是中原王朝所争夺控制的主要地区。春秋战国时期，周室衰弱，群雄逐鹿中原，这一地区成为南方诸国北上争雄与北方诸国南下称霸的必经之地，江淮地区的许多小国在大国的争霸战争中相继灭亡，其文化也随之消失。

两周时期，江淮流域的小国仅文献中记载的就有英、六、群舒、宗、巢、桐、州来、江、黄等十余个之多，古钟离国就是其中之一，其大致活跃于淮河中下游地区。史书上关于古钟离国的记载大多寥寥数语、一笔带过。如《史记・秦本纪》记载了古钟离国的产生："秦之先为嬴姓。其后分封，以国为姓，有徐氏，郯氏、莒氏、终黎氏、运奄氏、菟裘氏、将梁氏、黄氏、江氏、修鱼氏、白冥氏、蜚廉氏、秦氏。"[①]此段"终黎氏"中的"终黎"即为"钟离"。然古钟离国究竟如何？一直说不清道不明。

二十一世纪初，蚌埠地区的考古发掘有了可喜的进展。从2006年12月持续至2008年8月，蚌埠双墩一号春秋墓的挖掘工作横跨三个年头，收获颇丰；除此之外，2007年5月，安徽省文物考古所与凤阳县文化管理所联合对凤阳卞庄一号春秋墓进行抢救性挖掘，在墓底发现了丰富的随葬器物。两墓出土的刻有铭文的青铜器及出土文物的地点为世人提供了一个认识、了解古钟离国的窗口。

早些年出土的有关古钟离国的文献也在一代代学者的考证中逐渐明朗清晰。1980年9月，安徽舒城县九里墩春秋墓出土一件青铜鼓座，鼓座上模糊不清的铭文在经过数十年、多位学者辨别识认之后，亦帮助当代人一窥究竟。

许多学者都对古钟离国的历史进行了积极的探索，如张志鹏的《"钟离氏"族姓

① (西汉)司马迁:《史记》,北京:中华书局,2008年,第138页。

考》[①]、陈立柱与阚绪杭的《钟离国史稽考》[②]、金荣权的《周代钟离国综考》[③]均以传世文献中关于古钟离国的记载为主考察其历史；刘信芳、阚绪杭和周群所著的《安徽凤阳县卞庄一号墓出土镈钟铭文初探》[④]对新出土青铜器的铭文进行了详细的释读，孙合肥的《舒城九里墩鼓座铭文校注》[⑤]详尽地总结了各家对于九里墩青铜鼓座铭文的考释；缪鹏的《钟离国青铜器初步研究》[⑥]与朱华东的《钟离国历史与文化的考古学观察》[⑦]等则从考古学的角度研究古钟离国。

在有关古钟离国的众多研究成果中，鲜有学者以出土青铜器的铭文为基础，从铭文的字句中探寻古钟离国的特点。在以往研究成果的基础上，本文本着实事求是的精神，通过整理上述出土文献，从青铜器铭文的内容、辞例与字体特征等角度可以解读出两千多年前的古钟离国。

研究中主要采用以下方法：文化因素分析法，利用出土文献中所承载的文化因素探寻古钟离国的特点；比较分析法，将古钟离国的出土文献与其他地区的出土文献进行比较，寻求其与周边国家的关系，确定古钟离国所属的文化区域；文献分析与考辨法，结合相关传世文献的记载，佐证从出土文献中寻得的结论。

二、出土文献概要

（一）蚌埠双墩一号春秋墓出土文献

蚌埠双墩一号春秋墓出土了完整的一套编钟、四件簠和四件戟。编钟九件均为椭圆筒形的纽钟，正面所刻铭文相同，皆为“唯王正月初吉丁亥童丽君柏作其行钟，童丽之金”。四件簠大小各两件，大件内底均有铭文：“唯王正月初吉丁亥童丽君柏择其吉金作其食簠。”四件戟中有一件刻有铭文：“童丽君柏之用戟。”

（二）凤阳卞庄一号春秋墓出土文献

凤阳县卞庄一号春秋墓出土编钟十四件，其中九件镈钟的正、背两面和两侧刻有铭文。正面为：“唯正月初吉丁亥，余□厜于之孙童丽公柏之季子康，择其吉金，自作和钟之。”共 30 字。背面为：“戭，穆穆和和，柏之季康是良，以从我师行，以乐我父兄，其眉寿无疆，子子孙孙永保是尚。”共 34 字。通过对两墓出土器物的形制与组合的研究，发现双墩墓与卞庄墓均为春秋晚期前段的墓葬，卞庄墓“约晚于双墩一号墓二三

---

① 张志鹏：《“钟离氏”族姓考》，《考古与文物》2011 年第 2 期。

② 陈立柱，阚绪杭：《钟离国史稽考》，《武汉科技大学学报（社会科学版）》第 13 卷第 3 期，2011 年。

③ 金荣权：《周代钟离国综考》，《蚌埠学院学报》第 1 卷第 2 期，2012 年 4 月。

④ 刘信芳，阚绪杭，周群：《安徽凤阳县卞庄一号墓出土镈钟铭文初探》，《考古与文物》2009 年第 3 期，第 102 页。

⑤ 孙合肥：《舒城九里墩鼓座铭文校注》，《古籍研究》第 59 卷，第 181—182 页。

⑥ 缪鹏：《钟离国青铜器初步研究》，安徽大学考古学及博物馆学，2010 年硕士学位论文。

⑦ 朱华东：《钟离国历史与文化的考古学观察》，《安徽史学》2011 年第 5 期。

十年”①。

(三)舒城九里墩春秋墓出土文献

舒城九里墩春秋墓中的青铜鼓座出土之时,“由于字迹浮浅,锈蚀严重,大部分模糊不清,缺笔太多,全铭难以通读”②。殷涤非③、曹锦炎④、陈秉新⑤、何琳仪⑥、单育辰⑦、张志鹏⑧诸位学者都对铭文进行了释读,孙合肥⑨整理各家观点,如下:“唯正月初吉庚午,余比卑于之玄孙童鹿公觑,择其吉金,玄镠纯吕,自作皇钟。命从若恺,广淑闻于王东吴谷,逆徐人、陈,却蔡于寺,其神其臭,□□□□□□□□□□□□□□□以□野于陈□□山之下,余寺可参□□,其皇鼓茯茯,乃于之雩,永祀是抈。(上圈)□公获飞龙曰夜白,□即撞□□□□余以共毓示□嫡庶子,余以会同姓九礼,以饮大夫、倗友,□于东土,至于淮之上。世万子孙永保。(下圈)”

据张志鹏考证,从九里墩墓葬的形制、所处区域及下葬时间来看,九里墩墓不可能为古钟离国君主觑的墓葬,墓中出土的青铜鼓座与同出的蔡侯铜戟一样,均为战争掠夺品。九里墩墓为“战国早期楚国贵族之墓”⑩。

三、古钟离国探寻

在今蚌埠市凤阳县临淮关镇东三公里李二庄乡小卞庄西有钟离古城遗址,城址保存较完整,曾出土汉代“钟离丞印”的封泥。“童”,古音定纽东部,“钟”,古音章纽东部,两字古音相近。“丽”,古音来纽支部,“离”,古音来纽歌部,两字古音相同。“鹿”,古音来纽屋部,“丽”“鹿”两字声母相同,韵部为旁对转,可以互用。可知汉代县制地区“钟离”即东周时期的“童丽”“童鹿”。

(一)出土铜器的器主与古钟离国的爵位世系

出土铜器的铭文上均记载了器主的名称。从上述三地所出土的青铜铭文中有关器主的情况来看,古钟离国的部分爵位世系应该是:……比卑于→(子)柏→(孙)康→(曾孙)? →(玄孙)觑……

---

① 徐少华:《蚌埠双墩与凤阳卞庄两座墓葬年代析论》,《文物》2010年第8期,第82页。
② 安徽省文物工作队:《安徽舒城九里墩春秋墓》,《考古学报》1982年第2期,第229页。
③ 殷涤非:《九里墩的青铜鼓座》,《古文字研究》(第十四辑),1986年,第27页。
④ 曹锦炎:《舒城九里墩鼓座铭文补释》,《中国文字》(新十七期),台北:中国文字社,1993年,第283页。
⑤ 陈秉新:《舒城鼓座铭文初探》,《江汉考古》1984年第2期,第73页。
⑥ 何琳仪:《九里墩鼓座铭文新释》,《出土文献研究》(第三辑),北京:中华书局,1998年,第67页。
⑦ 单育辰:《谈战国文字中的“皇”》,《简帛》(第三辑),上海:上海古籍出版社,2008年,第21页。
⑧ 张志鹏:《舒城九里墩墓年代与国别考》,《东南文化》2012年第2期,第69页。
⑨ 《舒城九里墩鼓座铭文校注》,第181—182页。
⑩ 《舒城九里墩墓年代与国别考》,第69页。

(二)"……于东土,至于淮之上"与淮夷文化特征

九里墩青铜鼓座上有"□于东土,至于淮之上"之语,是否是钟离国公在追溯其先祖的历史?是否说明古钟离国与"东土"存在某种联系?

商朝时关于中心和四方的方位概念已确切形成。商人以五方概念划分全国政治疆域,商王直接统治区居中,号为"中商",余者按方位,将属地、属国分别称之为东土、西土、南土和北土。甲骨卜辞就常有四土的称谓。周成王时,周公营建洛邑二城,西面一城称为"王城",东面一城称为"成周"。周人将以成周为中心的地区视为"天下之中",而四土均指称一定的地理区域,如《左传·昭公九年》所载詹桓伯之言:"我自夏以后,稷、魏、骀、芮、岐、毕,吾西土也;及武王克商,蒲姑、商奄,吾东土也;巴、濮、楚、邓,吾南土也;肃慎、燕、亳,吾北土也。"①

陈梦家指出,与大邑或商相对的四方或四土,"实指一个范围更为广大的土地区域"②。《史记·鲁周公世家》:"周公乃奉成王命,兴师东伐,作《大诰》。遂诛管蔡,杀武庚,放蔡叔。收殷余民以封康叔于卫。封微子于宋,以奉殷祀。宁淮夷东土。"③管叔、蔡叔、武庚等人率领淮夷造反,周公东伐,平定淮夷及东部地区。可知,东土是一个大地域的概念,相当于今山东地区。

当时东土的居民主要是夷人,风俗文化与中原地区迥异,这一族群因此也被称为"东夷"。徐旭生考证:先秦时期"中国东方存在一个与中原华夏、南方苗蛮并存的东夷集团"④。通过考察山东地区商代遗址群及出土文物,并结合其地形分析,可以发现,商朝建立后商文化的进入极大地改变了山东境内夷人的分布区域及状态,且进一步造成了夷人地域分布上的断裂,切断了部分夷人之间的直接联系。"到了西周早期,周人的东征与分封,从内到外牢牢控制了山东境内的东夷族群,从南逃至淮河流域的这一部分群体,获得了独立发展的契机,逐渐取代东夷,成为西周中晚期周人在东方最大的敌对势力——淮夷族群"⑤。正如《后汉书·东夷列传》所言,"武乙衰敝,东夷寖盛,遂分迁淮岱,渐居中土"⑥。

据王迅考辨,"英、六等种群是皋陶族偃姓较早进入江淮地区并与江淮原住居民涂山氏等种落交错杂处而形成夏代的淮夷。商周时期偃姓淮夷邦国除英、六外,还有蓼、巢、宗、桐和群舒等,而徐国与古钟离国是淮夷地区较晚出现的嬴姓国。嬴、偃为语之转,可能都是嬴姓国"⑦。

《禹贡》对东夷集团三大支系——莱夷、嵎夷和淮夷的分布地域、风俗特产等做了记录。其中淮夷居于淮北泗上,草木茂盛,"厥贡惟土五色,羽畎夏翟,峄阳孤桐,泗滨

---

① (清)洪亮吉:《春秋左传诂》,北京:中华书局,1987年,第688页。

② 陈梦家:《殷墟卜辞综述》,北京:中华书局,1998年,第319—320页。

③ 《史记》,第708页。

④ 徐旭生:《中国古史的传说时代(增订本)》,桂林:广西师范大学出版社,2003年,第42页。

⑤ 朱继平:《从商代东土的人文地理格局谈东夷族群的流动与分化》,《考古》2008年第3期,第59页。

⑥ (南朝宋)范晔:《后汉书》,香港:华夏出版社,2012年,第1541页。

⑦ 王迅:《东夷和淮夷文化》,北京:北京大学出版社,1994年,第142页。

浮磬,淮夷蠙珠暨鱼”[①],可知,当时这一地区的贡赋有五色土、羽毛、桐树、石磬、淡水蚌珠和鱼类。淡水蚌珠、五色土从某种角度可以佐证古钟离国所具有的浓厚的淮夷文化特色。蚌埠双墩墓与凤阳卞庄墓皆在蚌埠地区,蚌埠濒临淮河,盛产蚌珠,因此后世名为“蚌埠”。双墩一号墓在发掘时发现封土和墓坑内的填土均为五色混合花土,经过区分为黄、灰(青)、黑、红、白五种颜色颗粒土,而“由墓口至0.7米深的填土层中有一层‘放射线状’遗迹现象,亦由深浅不同的五色混合花土构成,且有一定的夹角规律”[②]。墓葬中大量五色土的使用与《禹贡》中对于淮夷盛产五色土的记载不谋而合。

从双墩一号墓圆形封土堆与墓坑看,由五色土构成的“放射线状”遗迹从中间向四周辐射,呈扇面形,构图明显,类似于太阳光芒,这一点亦与东夷人崇拜日神的传统相契合。自此,可以肯定,古钟离国并非江淮地区原著居民,徙自东土,是东夷人的分支。在其后的发展中,形成了独具特色的淮夷文化。

(三)“嫡庶子”与华夏文化

九里墩青铜鼓座铭文曰:“……余以共毓示□嫡庶子……”钟离国公之子亦如中原王朝一样存在嫡庶之别。华夏文化对古钟离国的浸染可见一斑。

嫡庶之辨是嫡长子继承制的一个重要基础,嫡庶制的前提是诸侯的配偶夫人(妻)和妾的地位差别。皇位的嫡长子继承制就是指由正皇后所生的长子继承皇位的制度。“古代君王实行一夫多妻制,多妻中有一个正妻,即‘嫡’,其子为嫡子;其他妻子为‘庶’,其子为庶子。按照周朝的制度典章,最高统治者为天子,统治天下的土地与臣民,继承王位的必须是嫡妻长子”[③]。至于嫡长子的品行与才能是否能堪大任,则不在考虑之内。

宗法制、分封制和礼乐制是西周的基本政治制度,三者相辅相成,共同维护西周政局的稳定,而宗法制的核心就是嫡长子继承制。建国之初,周公在对比、总结前朝经验教训的基础上,制礼作乐,正式创制并确立了嫡长子继承制。这一制度维护了统治阶级的内部团结和等级秩序,巩固了周王朝的统治。

器主在铭文中提及嫡、庶,可见当时虽为淮夷小国,是东土夷人的后裔,也深受华夏文化的浸染,国公之子存在着嫡庶之别。学界定为穆王器的录卣,铭文为:“淮夷敢侵内国,汝其以成周师氏戍于古𠂤。”当时淮夷内侵,入寇很深,极有可能接近成周洛邑,所以周王调遣了成周八师。这一材料与《后汉书·东夷列传》所载,徐偃王僭号,“乃率九夷以伐宗周,西至河上”[④]相印证。又“据穆王时的䒤簋等器铭记载,周师在抵御淮夷的军事部署上非常重视颍水流域默国(读胡,古国名,故城在今安徽阜阳市

① 江灏,钱宗武,周秉钧:《今古文尚书全译》,贵阳:贵州人民出版社,2009年,第52页。

② 安徽省文物考古研究所、蚌埠市博物馆:《安徽蚌埠双墩一号春秋墓发掘简报》,《文物》2010年第3期,第4页。

③ 史卉:《简析中国古代的皇位嫡长子继承制》,《聊城大学学报(社会科学版)》2007年第2期,第158页。

④ 《后汉书》,第1541页。

西北两里，东濒颍水）的军事位置”[①]。可知，当时淮夷内侵，临颍水的㝬国是周的重要军事堡垒，在其东方两百公里的古钟离国应是淮夷诸国侵周的前沿阵地。由此可见，古钟离国地理位置上连接东西，东方是淮夷诸国，西方是代表华夏文明的周王朝，与周地缘相近，有机会接触到中原文化，受华夏文明的浸染，并向其学习较为先进的政治制度。

古钟离国国公之子有嫡庶之别，但其在爵位世袭方面是否严格实行嫡长子继承制，由于史料缺乏，答案不得而知。凤阳卞庄一号墓的铜器铭文上所指“季子康”是否为国公柏的嫡子，亦无法判别。因为春秋之际，王纲解纽，宗法制和分封制难以为继，新的制度尚未确立，诸侯失去外在的约束力，在择储方面独立性更加明显，而当时各国公子的命运也随着其国内各种政治势力的升降而沉浮。

（四）具有区域特征的辞例、字体与南方文化圈

1. 器主名前冠以先辈名号的表达习惯

同一文化区域内，出土青铜器的铭文在辞例方面往往表现出一些共同特征。铭文特征的共性有助于了解、考察某一区域的青铜文化。在具体辞例研究上，李学勤总结春秋南方青铜器的其中一个特点为：“一部分春秋时期铭文，器主常在自己的名字前面冠以先世的名号，最多见的是某人之孙、某人之子。”[②]在青铜器的器主名前加以某人之孙、某人之子等语，是强调血缘关系和身份地位的一种表达，在南方的吴国与徐国表现尤为明显。

在卞庄镈钟的铭文与九里墩青铜鼓座的铭文中，器主名字之前均冠以先辈的名号，即“余比乐于之孙童丽公柏之季子康”“余比乐于之玄孙童丽公鈘”。这一现象表明，古钟离国的青铜器可归为春秋南方青铜器之列，古钟离国与南方诸国的联系更为密切，尤其是吴国和徐国。

2. “择其吉金”辞例的使用

有关古钟离国的青铜铭文均为记事类铭文，主要记载制青铜器时的情况与器主的美好愿望。双墩一号墓与卞庄一号墓所出土的青铜器的铭文字数较少，内容略显简单，九里墩青铜鼓座上的铭文多为赞美所铸之鼓及祈求福佑之辞。但三者在铭文的辞例选择上均使用“择其吉金”四字，这样的金文辞例的选择体现了古钟离国的青铜文化特征。

“择其吉金”是春秋中晚期流行于楚国地区的金文辞例。淅川下寺墓地的出土文物最集中地体现了这一辞例的使用，“在随后的春秋晚期，该类辞例继续在楚系国家流行并影响到长江中下游的徐、舒、吴、越，及间接辐射到的山东地区”[③]。某种文化因素所表现的现象与当时的文化格局密不可分。从这一辞例的使用上可以看出，楚系青铜文化是包括楚国在内的豫南鄂北地区，徐、舒、吴、越所处的长江下游地区，部

① 陈秉新：《徐舒源流初探》，《安徽史学》1986 年第 2 期，第 56 页。

② 李学勤：《春秋南方青铜器铭文的一个特点》，《吴越地区青铜器研究论文集》，香港：两木出版社，1997 年。

③ 张昌平：《“择其吉金”金文辞例与楚文化因素的形成与传播》，《中原文物》2006 年第 4 期，第 45 页.

分山东地区也涵盖其中。而古钟离国正属于这一文化格局之内。

《春秋·成公十五年》曰:“冬十有一月,叔孙侨如会晋士燮、齐高无咎、宋华元、卫孙林父、郑公子鳕、邾人会吴于钟离。”《左传》补充说:“会吴于钟离,始通吴也。”[①]晋楚两国争霸,吴国接受晋国的军事援助,成为晋国攻打楚国的急先锋,处于淮河流域、吴楚之间的古钟离国自然成为兵家必争之地,必深受两国文化的影响。

3. 铭文的字体特征

出土青铜器的铭文字体在一定程度上也可以反映出某一国家的文化特点。蚌埠双墩、凤阳卞庄和舒城九里墩出土铜器上的铭文中均有“唯正月初吉”等字,将三地铭文中的这五字截选出来,并与楚、徐两国同时代的的铜器铭文相比较,整理如下表(表一)。可以发现,古钟离国的字体较为纤细瘦长,端庄规整,后期更加圆转流畅,与楚、徐两国的字体较为相似。正如黄锡全在《楚系文字略论》中所提及,“春秋至战国中期,楚系文字形体逐渐趋向修长,笔划细而首尾如一,富于变化,排列比较整齐美观,笔势劲健,圆转流畅,具有自由奔放之美”[②]。古钟离国在字体特征的表现上,亦属于楚系文化圈。

表一:多地铭文比较

蚌埠双墩墓(青铜簠)	凤阳卞庄墓(镈钟)	舒城九里墩墓(青铜鼓座)	楚国(王孙遗者钟)	徐国(徐郊尹汤鼎)

“楚在兼并战争中,往往将所灭之国重新归并为楚国的一个县邑,并以所灭国国名作为新县邑的县名,管理该县的长官称尹或公,直属于楚王,由楚王亲自任命。而县公或县尹既可以是楚国的同姓或异姓贵族,也可为被灭国家的贵族,这也体现了楚人兼容并收的开放格局。申公彭宇簠、上鄀公簠、邓公鼎等出土的金文资料都证实了楚国这种独特的县邑创建及管理方式。”[③]古钟离国当年处在吴楚争雄的风口浪尖,

① 《春秋左传诂》,第473页。

② 黄锡全:《楚系文字略论》,《华夏考古》1990年第3期,第101页。

③ 邹芙都:《楚系铭文综合研究》,成都:巴蜀书社,2007年,第18页。

在被楚灭国之后，楚国在此地设县，“钟离”一词因此沿袭下来。北魏郦道元注《水经·淮水》“（淮水）又东过钟离县北”一文引东汉末年应劭曰：“县，古钟离子国也。楚灭之以为县。”①可知，楚灭古钟离国后，以其地置钟离县。

正如安徽江淮地区的考古发掘所表现的那样，西周晚期及春秋早中期，伴随着吴楚两国的武力征服，吴越及楚等国文化开始入侵，考古材料中所包含以上二者的文化因素明显增多。春秋晚期开始，楚文化打破平衡，在江淮地区占据绝对优势，开始全面侵入该区域，淮夷文化与古钟离国也随之融入楚文化体系当中，最后随着秦的统一走向夷夏共同体。

四、结 语

古钟离国位于淮河中下游，地理位置上连接南北、沟通东西，有“楚头吴尾”之称，是南北文化、中原文化与淮夷文化交流、冲突与融合的重要地区。

青铜器铭文中的器主名称可以帮助还原古钟离国的部分世系：……比卑于→（子）柏→（孙）康→（曾孙）？→（玄孙）觙……古钟离国是淮夷的一支，其先祖徙自山东地区，保留着部分东夷人的风俗习惯，又形成了独具特色的淮夷文化；另一方面，由于与中原周王朝地缘较近，古钟离国也受华夏文化的影响，君主之子中存在嫡庶之别；出土的铜器铭文常在器主名前加以某人之孙、某人之子等强调血缘关系和身份，在铭文中多使用“择其吉金”的辞例，字体纤细瘦长，笔划圆转舒放，都表现出古钟离国受徐、吴、楚等南方诸国的影响较大，属于南方文化圈。

（作者单位：安徽大学文学院）

① （北魏）郦道元：《水经注》，长沙：岳麓书社，1995年，第453页。

《六书通》所录古文来源考*

刘建民

《六书通》为明末清初乌程(今浙江湖州吴兴)人闵齐伋所编,成书于清顺治十八年(1661)。闵氏去世之前此书并未刊刻。此书残稿多年后由海盐人毕弘增补参订,在康熙五十九年(1720)付梓。《六书通》共十卷,依据《洪武正韵》韵部,以平上去入四声为序编次文字。正文以楷书标目,其下先列《说文》篆文、字义说解和徐铉的反切,次列古文、秦汉印文的各种变体,间或录有金文。所录各体,均注明来源。此书旨在"通六书之变",故名《六书通》①。闵氏搜罗字形颇富,此书又便于检索,清代以来篆刻家多喜用之,故流传甚广。但是此书收字贪多务奇,又不能探源索流,所收难免正讹互见,真伪并存,文字学研究者对此书的评价一直不高。

《六书通》收录的大量古文,基本上都标有来源,但这些古文不大可能直接取自其所标明的来源,那些"原始资料"至明末时大都已经亡佚,当时只有少量资料还存在,但分散各处,搜求颇为不易。《六书通》中的古文,绝大部分应该是从前代字书中辗转而来。大家都知道,保存在宋以来字书、韵书中的古文,许多都源流有自,与先秦古文(特别是战国古文)有着密切关系。这些古文,对于出土古文字材料以及先秦典籍的研究都有裨益。从字书传承方面分析《六书通》古文的来源,对于古文流传的研究也颇具价值。

宋以来重要的传抄古文字书,现存的主要有《汗简》《古文四声韵》《集篆古文韵海》《增广钟鼎篆韵》《六书统》《金石遗文》《摭古遗文》及其《补遗》《集钟鼎古文韵选》《大明同文集举要》《六书索隐》《篆韵》等。上列字书收录古文字形时,有些基本上不标来源,如《金石遗文》《篆韵》等;有些仅仅有个别字形标有来源,如《大明同文集举要》《六书索隐》等。《六书通》中的古文,既然基本上都标有来源,所以其主体不大可能是从不标来源或是仅有个别字形标有来源的字书中来。《汗简》《古文四声韵》《增广钟鼎篆韵》《集钟鼎古文韵选》这四种字书中的古文大都标有来源。其中《汗简》一书,自宋初成书以来,一直流传不广。现存的几部宋代目录,如《崇文总目》《郡斋读书志》《直斋书录解题》《遂初堂书目》,都没有提到郭忠恕的《汗简》②。此书到明末也未曾刊刻,只有极少的钞本流传,流布不广,《六书通》直接参考过此书的可能性也非常小。《六书通》中的古文,最有可能的是取自《古文四声韵》《增广钟鼎篆韵》《集钟鼎古文韵选》这三种书,所以本文重点考察《六书通》中古文与此三书的关系。

夏竦《古文四声韵》目前最通行的版本,是中华书局《汗简古文四声韵》影印的国

---

* 教育部高校古委会古籍整理研究项目:《新集古文四声韵》与《集古文韵》差异性研究(1453)

① (清)闵齐伋辑,毕弘述订《订正六书通》,上海:上海书店,1981年。

② 李零:《汗简古文四声韵·出版后记》,北京:中华书局,1983年,第161页。

家图书馆所藏宋刻配钞本《新集古文四声韵》(下文简称《四》)[①]。此本之后还附印了题为《集古文韵》"上声卷第三"(下文简称"三")的残卷一册。关于这两个本子的异同,学界已多有讨论[②]。目前学术界一般认为此残卷亦是夏竦之书,是宋绍兴十五年(1145)齐安郡学刊刻、开禧年间付印的本子。这两个本子虽然基本内容相同,但由于差异之处颇多,所以本文将它们作为不同的考察对象。

《增广钟鼎篆韵》(下文简称《增》)七卷,为元代杨銁所编[③]。此书主体部分是宋代王楚的《钟鼎篆韵》及薛尚功《重广钟鼎篆韵》。杨銁在此二书的基础上,又有所增补。增补的内容主要来自夏竦之书及党怀英的《钟鼎集韵》。

《集钟鼎古文韵选》(下文简称《选》)五卷,为明代僧人释道泰所编。此书现存重要的本子有两个:一是大连图书馆藏明钞本,二是国家图书馆藏抄本[④]。黄虞稷《千顷堂书目》以及《四库全书总目提要》载有此书。此书虽然也没有刊刻过,但编成的年代距离《六书通》不远,《六书通》(下文简称《六》)参考过此书的可能性还是非常大的。

由于《汗简》流传不广,夏竦之书实际上是宋以后古文字书的一个重要直接来源。本文要考察的《增》《选》《六》,都有可能直接或间接取材夏竦之书。本文的前期工作,首先是穷尽性的考察夏竦之书两个版本(即《四》与"三")的不同之处。然后选取在夏竦之书两个版本中既有差异[⑤],又在《增》《选》《六》中也有相关字形的例子,将夏竦之书、《增》《选》中的相关资料与《六》对照,考察《六》究竟与何者相合,然后再分析存在的各种可能性[⑥]。下面是本文用上面的方法考察后得到的例证,共110组。

序号	字头	"三"	《四》	《增》	《选》	《六》
《六》仅与"三"相同或相近。						
01	跂	古文	并说文		古文 (仅一形)	古文
02	彩	义云章 碧落文	义云章 碧落文			义云章 碧落文

① (宋)郭忠恕、夏竦辑,李零、刘新光整理:《汗简古文四声韵》,北京:中华书局,1983年。

② 周祖谟:《〈新集古文四声韵〉与〈集古文韵〉辨异》,《古籍整理研究学刊》1991年第1期,第7—9页。又收入《周祖谟语言学论文集》,北京:商务印书馆,2001年,第345—349页。《汗简 古文四声韵·出版后记》,第165—166页。王丹《〈汗简〉〈古文四声韵〉新证》,北京师范大学博士学位论文,2009年。李春桃《传抄古文综合研究》,吉林大学博士学位论文,2012年。

③ (元)杨銁:《增广钟鼎篆韵》,《北京图书馆古籍珍本丛刊(第5册)》,北京:书目文献出版社,2000年。

④ 大连图书馆藏本,收入《四库存目丛书》经部197册,济南:齐鲁书社,1997年;国家图书馆藏本,收入《北京图书馆古籍珍本丛刊》第5册,北京:书目文献出版社,2000年,第688—745页。大连图书馆藏本优于国家图书馆藏本,本文所选字形,基本上取自前者,前者个别字形模糊不清者,则取后者。

⑤ 本文这里所说的差异,主要包括包括字形笔划差异、字形多寡(有无)差异以及来源差异等。

⑥ 《增》《选》《六》中相关的内容,理论上还应该与《汗简》中相关的字形进行对照。但由于《汗简》流传不广,《六》参考它的可能性较小。而且本文涉及到《汗简》中的字形较少,并不影响本文的主要结论,所以本文将此问题简单化,不再专门与《汗简》相关字形对照。

续表

序号	字头	"三"	《四》	《增》	《选》	《六》
03	巳	汗简 古老子	汗简 古老子			汗简 古老子
04	盌	演说文				演说文
05	辨	李商隐字略	李商隐字略			商隐字略
06	虡	古乐章	古乐章			古乐府
07	宝	古老子	古尚书			古老子
08	饮	崔希裕略古	崔希裕纂古			略古
09	尾	崔希裕略古	并崔希裕纂古			崔希裕略古
10	囧	崔希裕略古	崔希裕纂古			希裕略古
11	只	崔希裕略古	同上(汗简)			希裕略古
《六》同时跟"三"、《选》相同或相近。						
12	勇	马日集 籀韵	马日碑集群书古文 籀韵		巳日集 籀韵	马日碑集 籀韵
13	踊	古孝经	古孝经		古孝经	古孝经
14	涌	庚俨字书	庚俨演说文		庚俨字书	庚俨字书
15	累	籀韵	籀韵		籀韵	籀韵
16	輢	弥勒传碑	弥勒篆铭		弥勒传碑	弥勒碑
17	里	古老子	古老子		古老子	古老子
18	理	古老子	古老子		古老子	古老子
19	起	籀韵	籀韵		籀韵	籀韵

续表

序号	字头	"三"	《四》	《增》	《选》	《六》
20	岂	汗简	汗简		汗简	汗简
21	谨	义云章	云台碑		义云章	义云章
22	产	华岳碑	华岳碑		华岳碑	华岳碑
23	稾	义云章	义云章		义云章	义云章
24	下	籀韵	石经		籀韵	籀韵
25	两	古老子	古老子		古老子	古老子
26	向	杂古文	古尚书		杂古文	杂古文
27	罔	华岳碑 汗简	华岳碑 汗简		华岳碑 汗简	华岳碑 汗简
28	党	古论语	籀韵		古论语	古论语
29	省	卫宏字说			卫宏字说	卫宏字说
30	矿	杂古文	唐韵		杂古文	稚〈杂〉古文
31	岭	略古	崔希裕纂古		略古	希裕略古
32	鼎	汗简	汗简		汗简	汗简
33	首	汗简	汗简		汗简	汗简
34	染	籀文	籀韵		籀文	籀文
35	肯	古尚书	古尚书		古尚书	古尚书
36	奉	华岳碑	华岳碑		华岳碑	华岳碑
《六》与"三"、《增》《选》三者均相同。						
37	宇	云台碑	云台碑	云台	云台碑	云台碑
38	耻	义云章	义云章	义云章	义云章	义云章

续表

序号	字头	"三"	《四》	《增》	《选》	《六》
39	衮	云台碑	云台碑	云台碑	云台碑	云台碑
《六》仅与《四》相同或相近。						
40	此		汗简	(脱来源)		汗简
41	兕	古老子	古老子			古老子
42	祀	古老子	同上(古孝经)			古孝经
43	士	裴光远集缀	古老子			古老子
44	吕	古孝经 云台碑	古孝经 云台碑		古孝经 云台碑	古孝经 云台碑
45	秬	同上(郭昭卿字指)	古尚书			古尚书
46	禹	云台碑	云台碑			云台碑
47	雨		古老子 云台碑			古老子 云台碑
48	亥	贝丘长碑	丘光庭叙文			丘光庭叙文
49	敏	王庶子碑	古孝经 王庶子碑			古孝经 王庶子碑
50	偃	(脱来源)	古老子		古文	古老子
51	混	古老子	古老子		古老子	古老子
52	卵	义云章	汗简			汗简
53	满		古孝经 古老子 义云章			古孝经 古老子 义云章

续表

序号	字头	“三”	《四》	《增》	《选》	《六》
54	善	义云章	籀韵 义云章		义云章	籀韵
55	甂	孙氏集	孙姜集			孙姜集
56	甃	汗简	汗简			汗简
57	免	古老子 古孝经	古老子 云台碑		古老子	古老子 云台碑
58	昊	古毛诗	裴光远集缀			光远集缀
59	抱	古老子	古老子			古老子
60	澡	群书古文	义云章		群书古文	义云章
61	可		汗简			汗简
62	者		云台碑			云台碑
63	也	古老子	古孝经			古孝经
64	掌	说文	唐韵 同上		说文	并唐韵
65	象	古老子	古孝经			古孝经
66	广		义云章			义云章
67	盎	王存乂切韵	王存乂切韵		存乂切韵	存乂切韵
68	缅	古史记	古史记		古史记	古史记
69	杏	义云章	义云章		义云章	义云章
70	守	王存乂切韵	古老子			古老子
71	受	王存乂切韵	古孝经			古孝经

续表

序号	字头	"三"	《四》	《增》	《选》	《六》
72	后		古孝经			古孝经
73	母	古孝经	古孝经		古孝经	古孝经
74	走	古老子 古文	古老子 汗简			汗简 古老子①
75	省	卫宏字说	王庶子碑			王庶子碑
76	宝	古老子	古尚书			古尚书
77	俯	古汉书	古史记		古汉书	古史记
78	以	古汉书	汉书		古汉书	汉书
79	死		籀韵			籀韵
《六》与《四》《增》二者均相同或相近。						
80	沈	乂云文	云台碑	云台		云台碑
81	豕	汗简	汗简	汗	汗简	汗简
82	闵	古史记	古史记	史		古史记
83	蠢	古尚书	古尚书	尚	古尚书	古尚书
84	祸	古老子	古孝经	孝		古孝经
85	上	古孝经	古老子	老	古孝经	古老子
86	境	云台碑	云台碑	云台	云台碑	云台碑
87	厚	古老子	古孝经	孝		古孝经
88	尾	杂古文	汗简	汗	杂古文	汗简
《六》与《四》《选》二者均相同或相近。						

① 此二形与《四》中字形来源正好相反,或讹。

续表

序号	字头	"三"	《四》	《增》	《选》	《六》
89	左	比之古文	比干墓铭		比干墓铭	比干墓铭
90	闪	古文	籀韵		籀韵	籀韵
《六》与《四》《增》《选》三者相同或相近。						
91	枕	义云文	云台碑	云台碑	云台碑	云台碑
《六》仅与《选》同。						
92	履	朱育集字	朱育集字		古文	古文
93	耸	杂古文	南岳碑		古文	古文
94	史	汗简	汗简		汗简	汗简
94	纸	群书古文			群书古文	群书古文
95	寝	古文	说文	史	史记	古史记
《六》与其他均不同，或讹误，或有其他来源。						
96	蛾 蚁	蚁 古周礼	蛾 古礼记本音俄亦作蚁			"蚁（蚁）"下作"古礼记"
97	纪	古老子	古老子			古老子
98	煮	孙强切	孙强集			张蕴集
99	聚	古老子	古老子		古老子	古文
100	宛	碧落文	碧落文		碧落文	碧落文
101	茧	说文		古文	古文	古文
102	脑	古周易			古周易	古周礼
103	寡	同上(古老子)	同上(古老子)		古老子	古老子
104	惔	杂古文	古老子		杂古文	古文奇字
105	朗	义云章	义云章			义云章

续表

序号	字头	“三”	《四》	《增》	《选》	《六》
106	守	华岳碑	华岳碑		华岳碑	华岳碑
107	手	(脱来源)	汗简			汗简
108	牡	古老子	古老子			古老子
109	戾	裴光远集缀	裴光远集缀			光远集缀
110	朕	古文	籀韵		籀韵	籀文

上表的 110 组例证大致可以分为几类。第一大类是《六》与“三”的内容相同或相近,总共 39 例(第 1—39 例)。这其中又可分为几个小类。第一,《六》仅与“三”相同或是相近,从此可以推知《六》应该是参考过“三”,这样的情况总共 11 例(第 1—11 例)。第二,《六》与“三”、《选》二者都相同或相近,共 25 例(第 12—36 例)。《六》的编纂在《选》之后,所以这些内容,有可能是来自“三”,也有可能来自《选》(下面会提到《六》一些内容仅与《选》相合,可以推测《六》应参考过《选》)。第三,《六》同时与“三”、《增》《选》三者相合,共 3 例(第 37—39 例)。这就无法判断《六》的这些内容是取自何书。

第二大类是《六》与《四》相关的内容相合或大致相合,共 52 例(第 40—91 例)。这其中又可分为几个小类。其中第一小类是《六》仅与《四》相同或相近,共 40 例(表第 40—79 例)。从此可以推测《六》应该参考过《四》。第二,《六》与《四》《增》二者均相同或相近,共 9 例(第 80—88 例)。第三,《六》与《四》《选》二者都相合,共 2 例(第 89、90 例)。第四,《六》与《四》《增》《选》三者都相合,有 1 例(第 91 例)。后面的三小类,就无法判断《六》中的相关内容,是取自《四》还是他书。

第三大类是《六》仅仅与《选》相同,与其他都有差别。共 4 例(第 92—95 例)。这些可以说明《六》应该参考过《选》。

第四大类是《六》与《四》、“三”、《增》《选》都不相合,共 15 例(附第 96—110 例)。出现这种情况,有可能《六》是参考了其他字书,而更可能的是《六》有讹误(或是无意识的错讹,或是有意识的改变)。

关于《六》,还有一点需要说明,《六》中存在大量将隶定字形改写为篆体字形的情况。在上表 110 组例子中,就有 6 例(第 8—11、78、79 例)。

综上,从目前的情况来看,《六》中与夏竦之书有关的那些古文字形,虽然还很难一一分清它们的来源,但可以比较肯定此书在收录古文时,应该同时参考过《四》、“三”、《选》这三种材料,从这三书中都有所取材。

(作者单位:山西大学文学院)

两方唐代墓志文字校补*

舒韶雄

一 唐代陈晖墓志

《洛阳关林唐代陈晖墓发掘简报》①一文详细描述了墓葬随葬器物，考释了墓志志文。此墓葬的发掘对唐代洛阳的分区、葬俗、行政区域管辖范畴的划分等提供了可靠的实物依据。陈晖墓志近正方形，石质，志文竖行排列，阴文楷书，有阴线界格。志文18行，满行19字，共300字。志文字迹较为清晰，有少量磨泐。原录文未断句，标点为笔者所加。

1. 昔为津翼圣，高风烁世，/华族颍川，英绍令则。

"为"为"妫"之形误。志文此处字形为，左边的"女"旁约略可辨。志文下文有"启自妫年"，可参。"妫"是水名，《说文》："虞舜居妫汭，因以为氏。""津"为"渡口"，"妫津翼圣"即妫水滋润哺育了陈氏先人，使其羽翼丰满。"为津翼圣"，语义不通。

2. 情栖八阵，志蕴六奇。叶辛李而齐衡，□甘陈而并/列。

志文"甘"前一字未释读，应是"契"字。拓片此处字形为，略有残泐。陈晖墓志中"契"字的这种写法在碑志中很常见，如北魏《元桢墓志》作，《崔敬邕墓志》作，《刘阿素墓志》作，《奚真墓志》作，唐欧阳通《道因法师碑》作，均是如此。从意义上说，"契"在此处是"契合、切合"义，和前文"叶"同义对文。"辛李"指辛武贤、李广，"甘陈"指甘延寿、陈汤，四人均是西汉名将，典籍并称之，如《全唐文》卷414《喻安西北庭诸将制》："率辛李之将，用甘陈之谋，与羌骑校尉王后君长以下，自金城玉关，至于南北戊午。"志文用"叶辛李而齐衡，契甘陈而并列"赞扬陈晖曾祖战功煊赫，可以和这四人相颉颃。

3. 或赞化一同，用阐亨鲜之道；毗同百里，式和制锦之模。

"和"为"弘"之形误。拓片此处字形为，依稀能辨。"从'口'之字'口'字在日常书写中简作'△'，隶书与汉简中即多有将偏旁'口'写作'厶'者，至六朝从'口'之字多改作从'△'，'口''厶'则俗写中相乱不别。"②"弘"字右边写作"口"，这种写法在简牍、碑志中也很常见，如居延汉简写作，汉《乙瑛碑》作，北魏《崔猷墓志》作，《鞠彦云墓志》作，隋《龙藏寺碑》写作，唐欧阳询《姚辩墓志》写作，均可为证。

"弘"是"阐发，弘扬"义，和"阐"同义对文。阐弘，"阐扬光大"义。《后汉书·方术

* 湖北理工学院重点科研项目：新见唐五代墓志文字研究与整理（13xjr05A）

① 侯秀敏，李淑霞：《洛阳关林唐代陈晖墓发掘简报》，《中原文物》，2012年第6期，第4—8页。

② 陆明君：《魏晋南北朝碑别字研究》，北京：文化艺术出版社，2009年，第104页。

传上·谢夷吾》:“德量绩谋,有伊、吕、管、晏之任;阐弘道奥,同史苏、京房之伦。”“亨”同“烹”,“烹鲜”典出《老子》“治大国若烹小鲜”,“制锦”典出《左传·襄公三十一年》:“子有美锦,不使人学制焉。大官、大邑,身之所庇也,而使学者制焉,其为美锦不亦多乎?”后因以“制锦”为贤者出任县令之典。志文用“或赞化一同,用阐亨鲜之道;毗同百里,式弘制锦之模”赞扬陈晖祖父政治才能突出,精治国之道,是人臣楷模。

4. 惟君昌体局淹静,心术凝和,临财无/□得之心,见危怀授命之虑。

这段文字中,原录文“昌”为衍文,核查拓片可知。“得”前一字原录文未释读,应是“苟”字。“临财无苟得”典出《礼记·曲礼上》:“临财毋苟得,临难毋苟免。”从字形上看,拓片此处字形为,残泐难识。但字形下面的“句”轮廓依稀可辨,上面的“艹”则写作,“苟”的这种写法在墓志、碑帖中多见,如北魏《侯夫人墓志》作,《元绪墓志》作,北齐《僧静明劝化邑义修塔造像记》作,唐孙过庭《书谱》作,均是如此。

5. 即以/其年岁次庚午十月庚午朔其曰窆于伊水乡,礼/也。

“曰”为“日”之形误。“其曰”语义不通。

6. 恐庐落仞□,海销澜故,勒琬荒扃,庶旌嘉德。

原录文“仞”字下一字未释录,应是“鳀”字。拓片此处字形为,比较清晰。受篆书字形的影响,“鱼”字下面四点写成“大”,这也是碑志俗体常见写法,如北魏《皇甫驎墓志》“鱼”作,《元瞻墓志》“鱼”作、“鲤”作,唐《等慈寺碑》“鲸鲵”作,元代《鲜于必强墓志》“鲜”作,均是此类。

7. 肃肃尔祖,启自妫年。□□遐胄,光乎颍川。诞惟令/哲,英规自然。衣冠照曜,之史蝉听。一其

这段录文错误有三,一是“颍”应是“潁”,志文开篇就说“华族潁川”,而且两个“潁”字形前后一致,所以虽然“潁”同“颍”,但最好前后录文统一。二是“一其”应是“其一”,显属误录,不赘言。

三是“听(聽)”为“联(聯)”之形误。从文体上说,这是一段押韵的铭文,“年”是先韵,“川、然、联”是仙韵,先、仙同用,“年、川、然”与“听”则不押韵。从意义上说,“蝉联”意为“绵延不断,连续相承”,“蝉听”则于文不通。从字形上看,拓片此处字形为,左边较为清晰,右边残泐,但下面的“心”字底很清楚。“联”的这种俗体写法在碑志中习见,如王羲之《兴福寺断碑》作,北魏《高贞碑》作,《寇胤哲墓志》作,《元嵩墓志》作,唐欧阳询《姚辩墓志》作。

8. 晙景西逝,阅/川东指。梁木既榷,哲人斯委。平阡雾黯,高松云起。/树懿德于泉门,庶贞徽之无已。

“榷”为“摧”之误,拓片此处字形为。敦煌写卷和历代碑志俗写中“扌”、“木”两个偏旁因形近而不分很常见,“木”字作形旁时通常写作“”,撇画斜直左下并反向出锋,以致与“扌”形近。钱大昕《十驾斋养新录》卷三“陆氏《释文》多俗字”条已经指出“汉碑木旁字多作手旁,此隶体之变”[①]。周绍良先生《唐代墓志汇编》“编辑说明”中也指出了俗写的这个特点。不过断定碑志某处是木旁还是扌旁,还要根据意义判断。

① (清)钱大昕:《十驾斋养新录》,上海:上海书店,1983年,第62页。

“榷”是古书上说的一种树，可做手杖。“梁木既榷”语义不通，而“梁木既摧”则是碑志石刻习见用语，或用“梁木俄摧”“梁木顿摧”“梁木斯摧”“梁木将摧”“梁木云摧”“梁木之摧”“梁木遽摧”等，都是表示贤德之人逝世。

二 唐代司马慎微墓志

《唐代司马慎微墓志考》①一文考释了墓志志文，结合墓志材料对墓主生平及其家族世系作了较为系统的考证。司马慎微墓志志文阴刻，有方形界格，楷书而略带行意，志文31行，满行31字，共889字。志文字迹较为清晰，个别字形略有残泐。

1. 昔金土迭兴肇开，有晋宣王薄伐，则吞灭三雄。武帝従(纵)横，则澄清八表。

此句断句误。应断为：“昔金土迭兴，肇开有晋。宣王薄伐，则吞灭三雄；武帝従(纵)横，则澄清八表。”“肇开”犹“肇始”，“肇开有晋”指晋室初立。司马慎微墓志志文多骈文句式，“宣王薄伐，则吞灭三雄；武帝従(纵)横，则澄清八表”即是。

2. 曾祖幼之，北齐通直散骑常侍、骠骑大将军、吏部侍郎，躬周、陈二国使。

“躬”为“聘”之形误。查验图版，“聘”字形为⿰身甹。碑别字中常用“身”代替形符“耳”，如“职”，北魏《元略墓志》中作⿰身戠，《元引墓志》作⿰身戠，唐欧阳询《九成宫醴泉铭》作⿰身戠，均是此类。而“聘”字在北魏《元寿安墓志》中作⿰身甹，北魏《元鑽远墓志》中作⿰身甹，隋代《苏孝慈墓志》中作⿰身甹，唐《李护墓志》中作⿰身甹，唐《斛斯府君夫人索氏墓志》中作⿰身甹，都是和司马慎微墓志一样的写法。

3. 公幼彰岐嶷，早习趋庭，智识潜通，不竟路旁之李，机神颖晤，能对怀中之橘。

“竟”为“竞”之形误。“竞”，“争抢”义。图版中“竞”的字形作竸，这是“竸”字，《龙龛手鉴·立部》：“竸，同競。”另，此段文字“李”后应用分号，“智识潜通，不竞路旁之李；机神颖晤，能对怀中之橘”是骈体四六句式。

4. 年未弱冠，应茂才举，高第童子，知名臧洪，始游于太学。弱龄对策阮种，便擢于甲科，解褐授襄州襄阳县尉，秩满改梓州通泉县尉。

此段文字断句有误。应断为：“年未弱冠，应茂才，举高第。童子知名，臧洪始游于太学；弱龄对策，阮种便擢于甲科。解褐，授襄州襄阳县尉。秩满，改梓州通泉县尉。”

“茂才”即“秀才”。“高第”一词，史籍常见，指“经过考核，成绩优秀”。“高第”在两汉时期(尤其是东汉)还是察举制的一种科目，“举高第”是中央政府对官吏的一种考核办法②。如《后汉书·李膺传》：“初举孝廉，为司徒胡广所辟，举高第，再迁青州刺史。”《三国志·魏书·荀攸传》：“弃官归，复辟公府，举高第，迁任城相，不行。”

《后汉书·臧洪传》：“洪年十五，以父功拜童子郎，知名太学。”志文中“童子知名，臧洪始游于太学”即指此。“弱龄对策，阮种便擢于甲科”，事见《晋书·阮种传》，史书称“(阮种)策奏，帝亲览焉，又擢为第一”。志文用“童子知名，臧洪始游于太学；弱龄

---

① 张红军：《唐代司马慎微墓志考》，《中国国家博物馆馆刊》，2012第10期，第51—58页。

② 阎步克：《察举制度变迁史稿》，沈阳：辽宁大学出版社，1991年，第29页。

对策,阮种便擢于甲科"骈文句式,对仗工整,称扬司马慎微年少知名、擅长对策。

5. 左仆射褚遂良持节使蜀路,由襄州睹公风仪,累日言宴,启王请,公曰:"愿与孔子同行。"

此段文字第一句断句有误,应断为"左仆射褚遂良持节使蜀,路由襄州"。"路由"意为"路经、路过",史籍常见。如《后汉书·窦融传》:"永元十年,梁棠兄弟徙九真还,路由长沙,逼瑰令自杀。"《魏书·刘芳传》:"高祖迁洛,路由朝歌,见殷比干墓,怆然悼怀,为文以吊之。"

6. 曹植于嗟,痛元瑜之长逝。孔丘流恸,惜回也之不终。呜呼哀哉,公迹辞文囿名,着武功所制词赋,十不收一。

此段文字断句有误。应断为:"曹植于嗟,痛元瑜之长逝;孔丘流恸,惜回也之不终。呜呼哀哉!公迹辞文囿,名着武功,所制词赋,十不收一。"

"迹辞文囿,名着武功"句式对仗工整,一说文章,一说武功。"着"通"著",古文中二字常可通用。"着武功所制词赋"则语意不明。

7. 温德贞明,清神肃穆,织仁组义,非假物于鸳机饰性,端仪讵资,形于鸾镜。

此段文字错误有二。一是"温"为"淑"之误,志文此处作淑,是"淑"字无疑。"温德"意为"文治之德",于志文文意不合。二是此句应断为:"淑德贞明,清神肃穆。织仁组义,非假物于鸳机;饰性端仪,讵资形于鸾镜。""织仁组义,非假物于鸳机;饰性端仪,讵资形于鸾镜"是典型的骈文四六句式,原文断句导致语义支离。

8. 号天擗壤,惟岵屺而莫从。日往月来,践霜露而增感,爰叶谋龟之兆,载启鸣鹤之埏。

此段文字断句有误。应断为:"号天擗壤,惟岵屺而莫从;日往月来,践霜露而增感。爰叶谋龟之兆,载启鸣鹤之埏。"志文均为骈文句式,对仗工整。

9. 天不憖留,残我良兮;宾朋乡党,多凄伤兮。

按:"残"为"殱"之形误,"凄"为"悽"之误。"歼",杀害义,志文中"殱"字字形为殱,很清晰。"凄"同"悽"是古书用字通用之例,志文引录要忠于原文,应以"悽"为正。

10. 旧茔卜宅,临太行兮;新施启路,陟崇岗兮。

"施"为"旐"之形误。志文中,该字字形为旐,容易误认。"旐"是引魂幡,即出丧时为棺柩引路的旗子,故志文说"新旐启路"。

11. 幽泉一闭,夜何泱兮;身虽殆殁,德不士兮。

"殆"为"殒"之形误。查验图版,"殒"字形为殞,清晰无误,此亦上文所述"口"、"厶"俗写相乱不别之例。"殒殁","死亡"义。"殆殁"则不成词。

(作者单位:湖北理工学院师范学院)

■年谱与传记

宣鼎事迹编年

吴瑞侠

宣鼎(1832—1879),字子九,号瘦梅、邋遢书生、金石书画丐、香雪道人等,安徽天长人。晚清小说家,戏剧家、诗人、画家,著有小说《夜雨秋灯录》、戏曲《返魂香传奇》、诗书画册《粉铎图咏》等。

道光十二年壬辰(1832)　一岁

九月廿八日生。

《夜雨秋灯录·自序》(以下简称《自序》)云:"时九月将尽,友人约登台望曲阜,西风逼人,黄花满地。鼎问友人曰:'今日何日?'曰:'廿八。'鼎不禁大惊,继而大恸,盖是日即贱辰,忽忽焉行年已四十矣,而沦落犹是乎!"[①]由此上推四十年,即是年也。

宣鼎远祖为汉代云阳巨公宣秉。至南宋,其先祖宣缯曾任参知政事。

宣鼎和其弟宣茗曾撰《旌表节孝宣节目王太孺人苦节图说》,文云:"远祢始于云阳巨公。至宋南渡,参知政事缯公子孙繁衍,居虎埠。"[②]据盛洋《宣鼎生平考》,"云阳巨公"即两汉之际的宣秉(?—30),官至东汉光武帝朝御史中丞,《后汉书》有传[③]。"参知政事缯公"即南宋理宗朝的参知政事、大学士宣缯(?—1237)。《宋史·列传》卷一百十九:"宣缯,庆元府人。……嘉定十四年,同知枢密院事兼参知政事。明年,拜参知政事。……以观文殿大学士致仕。"[④]

明代御史张昊为宣鼎母亲二世族。

《夜雨秋灯续录》卷一《张侍御》云:"明季吾乡有侍御张公,吾母之四世祖也,忘其讳。"[⑤]张侍御即明代御史张昊。《夜雨秋灯录》卷二《义仆琴轸》述张昊讨贼被擒事。是知宣鼎生母为张氏。

祖景芳公,祖母顾太孺人,生父封祖考修职郎。宣鼎过继伯父广文公,广文公官凤阳训导。

---

① (清)宣鼎:《夜雨秋灯录》,合肥:黄山书社.1999年,第11页。

② (清)宣鼎,宣茗:《表节孝宣节目王太孺人苦节图》,《寰宇琐纪》卷十一,申报馆仿聚珍版式铅印本。

③ 盛洋:《宣鼎生平考》,《安徽文学》2012年第12期,第1—5页。

④ (元)脱脱:《宋史》卷四百十九,北京:中华书局,1975年,第12543页。

⑤ 《夜雨秋灯录》,第500页。

《旌表节孝宣节目王太孺人苦节图说》云:"吾祖娶贤裔顾太孺人,生吾父、吾叔考、吾生父。五叔祖国学生,生子四。六叔祖国学生,生子四。吾父兄弟辈庠生居多……吾父考以明经,官凤阳训导,胞叔文学生早逝,吾生父亦以恩贡候选教谕,例得封祖考修职郎,祖妣'太孺人'。吾兄弟辈游庠者又十余人。……光绪纪元孟夏四月之吉,元孙宣鼎同弟茗合撰于姑苏客馆。"①

弟宣茗,妻许氏,育有一子,一女,子早逝。

扬州博物馆藏宣鼎手稿《粉铎图咏·拾金》宣鼎注:"瘦梅宣伯子并记。"②是知其为长子。宣鼎弟为宣茗,鼎与弟同撰《旌表节孝宣节目王太孺人苦节图说》,见上引。《自序》:"年二十六奉生父命赘入外家,方得延残喘。"③宣鼎《题〈湘痕阁诗词稿〉后》文云:"(咸丰)七年,余入赘许氏。"④据景松《宣鼎二三事》⑤和张振国《宣鼎生卒年及文献遗存考略》⑥,许氏为宣鼎之表姊妹,育有一子一女。子早逝,女名宣箫楼,嫁施东屏。女有一子一女,其女后裔施家现仍居安徽天长。

道光二十二年壬寅(1842) 十一岁

宣鼎髫龄入学,幼年即喜好佛老,习楷书。

《题〈湘痕阁诗词稿〉后》云:"予族自明季由凤阳迁天长 ……予髫龄甫入乡塾。"⑦髫龄指幼年,因无明确系年,姑系于此。《自序》:"性好佛老,闻人有谈玄者,听之忘倦;而尤爱仆妪说果报鬼怪逸事。年十一习楷书,匾额屏障,居然挥洒。"⑧

道光二十六年丙午(1846) 十五岁

初解为文。

《自序》:"十五解为文。"

道光三十年庚戌(1850) 十九岁

得咳血疾,寻愈。

《自序》:"十九忽膺咳血疾,惫矣。旋得《感应编图说》读之,获瘳。"

① 《表节孝宣节目王太孺人苦节图》,《寰宇琐纪》卷十一。
② 车锡伦,蒋静芬:《宣鼎和他的〈粉铎图咏〉》,《文物》1995年,第8期,第199页。
③⑧ 《夜雨秋灯录》,第11页。
④ (清)宣鼎:《题〈湘痕阁诗词稿〉后》,《申报》,光绪四年十二月三十一日。
⑤ 景松:《宣鼎二三事》,《社会科学战线》,1987年,第1期,第309页。
⑥ 张振国:《宣鼎生卒年及文献遗存略考》,《滁州学院学报》,2009年,第11期,第5—6页。
⑦ 《题〈湘痕阁诗词稿〉后》,《申报》,光绪四年十二月三十一日。

咸丰一年辛亥年(1851)　二十岁

生母去世,家难纷起。

《自序》云:"先慈诞鼎之前夕,梦一道者来叩首膝下……二十外先慈见背,先嗣父广文公几毙。家难既起,外侮乘之枭獍成群,争噬吾肉,家道遂中落。"《夜雨秋灯录》卷七《公道娘子》:"懊侬氏曰:'世人亲骨未寒,析分遗产,强者吞弱者四。走控戚属,意借季路一眼,卒之引豺狼,利分鹬蚌,公道已难。更有控诸大府,意求王章之折断,亦复木偶登堂,胥吏果腹,公道更难。势必带妻子嗷嗷,贫无立锥之地而后已。"写出家道败落的凄惨处境。

咸丰三年辛亥年(1853)　二十二岁

宣鼎避粤匪,离开天长,复回。

宣鼎《题〈湘痕阁诗词稿〉后》:"咸丰三年,粤匪将至……会回天长。"①

咸丰五年乙卯年(1855)　二十四岁

遇歉岁,几饿死。

《自序》:"年廿四岁遇歉岁,独卧枯寺中,饿几毙。旋得《金经》《莲华经》讽之,机始转。"

咸丰七年丁巳(1857)　二十六岁

入赘外家,养疴读书,婚姻和顺。

《自序》:"年二十六奉生父命赘入外家,方得延残喘。"《题〈湘痕阁诗词稿〉后》亦云:"七年,予入赘许氏沂湖村舍,养疴读书。"宣鼎母亲姓张氏,不知其入赘外家,何以为许氏?或为其嗣母之外家,待考。扬州博物馆藏宣鼎《粉铎图咏·滚灯》末署:"鼎生平遭际百不如人,唯闺中无狮吼之声,可以自信一笑。"②

咸丰八年戊午(1858)　二十七岁

八月,太平军陈玉成、李秀成部破江北大营,攻克天长,宣鼎举家逃亡他乡。

《题〈湘痕阁诗词稿〉后》:"八年,天长城陷。贼焚掠入乡僻,仓卒携眷走城门。"

咸丰九年己未(1859)　二十八岁

春,举家逃难在外,荒山寻母,赁居湖畔,拾穗当粟,后落水遇救。

---

① 《题〈湘痕阁诗词稿〉后》,《申报》,光绪四年十二月三十一日。

② 《宣鼎和他的〈粉铎图咏〉》,《文物》,1995年,第8期。

《题〈湘痕阁诗词稿〉后》:"九年春,贼稍退……春杪,贼又大至,予全家投离湖头,丛丛出没惊涛骇浪间……是年秋。从军江上。"《金石书画之丐赋并序》文云:"胡乃黄鹄声凄,红羊劫遇,楚炬谁扑?蜀道自经,卵堕巢倾,腹馁担重,荒山寻母。湖滨赁居,扫落叶以添薪,拾遗穗以当粟。……全家几没,嗔贼子之穷搜。一息尚存,感渔人之捞救。"[1]

另据潘实《粉铎图咏简介》云,汉涧佘长荣收藏天长名人挽联诗词手抄本,有宣鼎挽徐仲卿联,内有"结伴避狼烟,忆当年宅泛高沙,曲谱黄鹂,对拍船唇犹莞尔"句[2],知宣鼎曾与徐仲卿结伴避难高邮湖畔。另该手抄本中复录宣瘦梅挽四叔宣燮廷联:"僧房困顿眼差费,曾叫阿阮无价,风雨屡邀杯酒赐;病榻弥留征画箑,愿效延陵挂剑,几筵当做纸钱烧。"[3]可见叔侄情深。宣燮廷何时卒,已难考证,姑系于此。

秋,从军江上。

见上引《题〈湘痕阁诗词稿〉后》。

宣鼎慷慨从军,其弟为之送行。

宣鼎的《粉铎图咏·粉铎逸韵·别弟》云:"难莫难兮困穷,危莫危兮从戎,惨莫惨兮离别,亲莫亲兮弟兄。可汗昨点兵,兄名在行列。布粮救我饥,谁知适塞绝。弓刀裹衣行,伤心不可说。弱弟送长兄,珍重语烦屑……"末署曰:"虎口逋客子九氏写青藤小人物。"[4]子九为宣鼎的号。

宣鼎受军中将领赏识,欲建功立业,不意将军横死,复四处流离,遇水灾,饥寒交迫,处境凄惨。

宣鼎在《金石书画之丐赋并序》中云:"迨至磨盾鹳军,挥毫虎帐,莲幕宵红,柳营春绿。劲旅之众,滥厕书生,上将之前,竟容揖客。方期温峤风流,名成业就;岂料桓侯殒谢,石破天惊,恶曜横飞,将星已堕,依旧飘零书剑,抛掷琴尊。王谢不逢,范韩安在?途穷径窄,骨折神惊。……尽室偕行,惨矣飘同柳絮。较之逡巡城郭、呼号里门者,迨有甚与?"[5]

回上海卖画。

《自序》:"明年,红巾突至,携家窜东海(今江苏、上海一带),慷慨从军,几死锋镝。旋又回上海,卖画供饘粥。"

咸丰十年庚申(1860) 二十九岁

春,遇其师马石樵,赠其《金石书画之丐》图。

---

① 宣鼎:《金石书画之丐赋并序》,《寰宇琐纪》卷十,申报馆仿聚珍版式铅印本。
② 潘实:《我所知道的宣瘦梅》,北京:中国文联出版社,2011年,第181页。
③ 《我所知道的宣瘦梅》,第68页。
④ 《宣鼎和他的〈粉铎图咏〉》,第197页。
⑤ 《金石书画之丐赋并序》,《寰宇琐纪》卷十。

宣鼎的《金石书画之丐赋并序》云：庚申春日，先师马石樵先生辞长千里（江苏江宁县南），遇昭易市，手写《金石书画之丐图》以赠鼎。"《瘦梅致石翁书·寄赠〈石梅合册〉十六页》云："更忆先师马石樵先生，为鼎写一幅乞丐，面则比鸠，衣则悬鹑，短杖担云，破瓢酌酒。袋内累累者金石也，丛丛者书画也。"①马石樵即马尧年，《金陵书画资料》载："马尧年，江浦人，字石樵。诸生，博学供述，尤肆力于绘事，清俊拔俗。著有《藤花馆稿》。"另据《中国历代书画篆刻家字号索引》："石樵，江苏江浦人，清书画家蒋篔婿。"考是年十月，太平军克六合、江浦，马尧年往苏北避难，遇宣鼎。

同治一年壬戌(1862)　三十一岁

回江北，入幕，司笔札。

《自序》："年三十一始入当道幕，司笔札。"《题〈湘痕阁诗词稿〉后》复云："十一年(1861)回江北，入宰官幕，司笔札。"②两说不一，核诸宣鼎生平，此处"十一年"，疑误。当以《自序》为准。

同治二年癸亥(1863)　三十二岁

游幕盐城，考察滨海古铁，于楼村设帐，踏访永宁寺、千佛律寺等寺观。

宣鼎在《返魂香·序言》中云："淮郡盐城，即汉之盐渎，宋陆忠节公故里也。余避粤匪之乱，幕游是邑者四年。"③《夜雨秋灯录》卷四《滨海古铁》："余侨寓盐城时，见东街有古铁板七块，若铺街石，光灿灿，甚巨……盐邑西郭外六十里有楼村焉，其地南邻楚水，西接射湖。道光元年，愚设帐于斯……余避粤匪之乱，幕游是邑者四年。""道光元年(1821 年)"，疑误，宣鼎是时尚未出生。《夜雨秋灯录》卷三《一声雷》云："后十年，乡人某偶游永宁寺，见铁罗汉趺坐廊下……余避乱幕游盐城，乃同治龙飞二年也。偶谒金容，因忆吾乡邑乘载有《铁罗汉传》……询诸寺僧，始得其详。"《寰宇琐记》卷十二载有宣鼎《盐城千佛律寺千佛楼落成征碑节略》。

应李叙堂之聘，与李都督交游，诗画过从，深受赏识。

宣鼎《题赠李都督画册后》云："李都督，儒将也，己未从戎江上即耳都督名，未获把晤。今橐笔海国，应李叙堂廉访之聘，而都督亦坐镇兹土。酒筵一晤，欢若平生。风雨过从，始悉大概。……鼎读书不成，学剑不成，湖海飘零，依人作嫁，残衫破帽，人皆讥笑，而都督独见而生敬。花晨月夕，材官叩门，招赴衙斋。晴窗点笔，解衣磅礴，旁若无人。幸都督曲意优容，不以疏狂。"④

① 《金石书画之丐赋并序》，《寰宇琐纪》卷十。
② 《题〈湘痕阁诗词稿〉后》，《申报》光绪四年十二月三十一日。
③ （清）香雪道人：《〈返魂香〉序》，《申报》，光绪三年一月二日。
④ （清）宣鼎：《题赠李都督画册后》，《寰宇琐纪》卷十二，申报馆仿聚珍版式铅印本。

同治四年乙丑(1865)　三十四岁

客居盐城,于寓所墨耕斋作一百二十幅册页呈梅伯都统大人统政。

据潘实《宣瘦梅传略》,同治四年,宣鼎于寓所墨耕斋作一百二十幅册页呈给梅伯都统大人统政。其《墨梅图》署:“客邸相逢离别赠日摹清影,赠先生右册呈梅伯都统大人统政,瘦某宣颖发学画。”“梅伯都统大人”,疑为姚燮或彭玉麟[①]。潘实之书附部分册页图影,以现存画册观之,宣鼎作此画册,并无求官之意。其《云鹤》图题:“甘辞轩冕老烟霞,万顷寒云暂作家。非是此君身爱瘦,天留标格称梅花。”《梅花诗》题云:“铁石心肠蕴古春。”实为宣鼎自道,故以“瘦梅”自号。上海有政书局(1927)李浚之《清画家诗史》称宣鼎“花鸟极超拔,赋色妍丽”。

同治五年丙寅(1866)　三十五岁

春日花朝,自写小像。

宣鼎题自画像《研隐图》:“同治丙寅春花朝,灯下揽镜自写三十五岁小像,得其神似而已,并以退草摹旧岁黄山白岳砚以成此图……”小像四周环以隶书:“不廊庙,不山林,不市井,有砚田,三十顷,可以耕,可以隐,翳何人,曰宣鼎。”末署:“瘦梅自记于随安斋小室。”

上巳,作《金石书画之丐赋并序》。

《金石书画之丐赋并序》云:“今石樵先生已归道山。……丙寅上巳,偶从箧中检出,泫然流涕,怅触予怀。瞻之在前,画中人未知谁是?呼之欲出,门外汉其即余乎?……率成短赋,自慰吟魂。”[②]

募建楼村二帝祠,秋,离楼村,馆淮海。

《募建楼庄二帝祠小引》中云:“丙寅秋,愚领乡荐,公车北上,仆仆风尘,遂与村人阔别。今岁买棹,来访王生晋三。偕诣祠宇,见环堵萧然,仅十之一。辄以因循责王。生唯唯而对曰……”[③]《自序》:“三十五馆淮海。”

同治六年丁卯(1867)　三十六岁

于草堰场(今属盐城)设馆,病痛几毙。

《题〈湘痕阁诗词稿〉后》:“同治六年,予馆草堰场,痛几毙。”

同治七年戊辰(1868)　三十七

秋夕作《隶书团扇》。

---

① 《我所知道的宣瘦梅》,第6页。

② 《金石书画之丐赋并序》,《寰宇琐纪》卷十

③ (清)宣鼎:《募建楼庄二帝祠小引》,《寰宇琐纪》卷十二,申报馆仿聚珍版式铅印本。

宣鼎书法《隶书团扇》题款:"瘦梅主人戊辰秋夕灯下临邓顽伯先生书。"

同治九年庚午(1870)　三十九岁

应桃源(今江苏泗阳)邑宰孙梦麟聘,为书记。

《返魂香·序言》云:"同治庚午应桃源邑宰孙进士聘,为书记……从八月望日起十月望日止,成院本,初稿名《返魂香》,四十首。"①《自序》:"年三十九游山左.奔疲蹇涩,近于托钵矣。"《题〈湘痕阁诗词稿〉后》亦云:"九年,馆桃源。"

八月至十月,作《返魂香》,脱稿待梓。

见上引。香雪道人《石梅合册序》云:"暇辄采其事填词一篇,挑灯疾书竟夕不寐,声震震出金石,泪琅琅溢笔端。馆仆惊且詈以为颠,不顾也。从八月望日起十月望日止,成院本,初稿名《返魂香》四十首……庚午十月廿日香雪道人书于桃园幕中。"②宣鼎又号香雪道人。扬州市博物馆藏宣鼎手稿《铎余逸韵》绝句六:"许多酸泪灌愁肠,排遣无端骂玉郎。遗臭流芳俱不朽,当年撰出返魂香。"末自注:"幕游桃源,谱《返魂香》传奇一部,纪胜国沃忠勇、王道人事迹,脱稿待梓。"③

始撰《粉铎图咏》。

宣鼎《粉铎图咏·写状》题:"庚午秋瘦梅传神并题铎谣。"④

秋,客袁江,作《松鹰图轴》。

淮安市博物馆藏宣鼎《松鹰图轴》,落款为"天长瘦梅宣鼎,时庚午新秋同客袁江(今江苏淮阴)画并识",下钤"瘦梅"朱文印、"鼎"白文印。

踏访淮滨寺。

《夜雨秋灯录》卷二《慧眼救难产》:"(僧)某岁自五台回,道出桃源,挂褡于淮滨寺……寺僧焚其骨,盛以布囊,挂楼壁上。余幕游其地见之,颇怅触,急为觅高原尺寸地,缄以木龛,葬之。题其短碣曰'行脚僧悟轮禅师之墓'。"

因宾主不洽,辞馆。

《题〈湘痕阁诗词稿〉后》云:"九年,馆桃源。主宾不相能,拂袖去。游燕赵齐鲁间,卖书画糊口。"

同治十年辛未(1871)　四十岁

游幕兖州滋阳郡,游少陵台有感,归而始作《夜雨秋灯录》。

---

① 《〈返魂香〉序》,《申报》光绪三年一月二日。
② 宣鼎《瘦梅致石翁书·寄赠〈石梅合册〉十六页》,《寰宇琐纪》卷七,申报馆仿聚珍版式铅印本。
③ 《宣鼎和他的〈粉铎图咏〉》,第 202 页。
④ 《宣鼎和他的〈粉铎图咏〉》,第 190 页。

《夜雨秋灯录》卷一《忠魂入梦》亦云:"余幕游滋阳时,公子某司马治樽招饮,偕登假山。"《自序》:"明年,入兖郡滋阳署。……时九月将尽,友人约登台望曲阜,西风逼人,黄花满地。鼎偶问友曰:今日何日?曰:廿二八。鼎不禁大惊,继而大恸,盖此日即贱辰,忽忽焉行年已四十矣,而沦落犹是乎!……精神惝恍,不知所云。病十五日,忽蹶而起,裁笺为阄,取平生目所见、耳所闻、心所记忆且深信者,仿稗官例,先书一百余目,每夕作文一篇或者两篇,不数日而患遂霍然。"①

于兖州市购《牡丹亭》,习汤显祖填词心法。

宣鼎《粉铎图咏·铎余逸韵》绝句七云:"先来珊管写优伶,痴念何当让小青。稽首临川称弟子,买丝欲绣《牡丹亭》。"其后自注:"客岁兖州市上购得临川集子残本,填词略得心法。"②

同治十一年壬申(1872) 四十一岁

解馆,赁居任城(今山东济宁),售书卖画为生。

《自序》:"入兖郡滋阳署……明年解馆,赁宅任城,售书卖画,囊稍有余。"

同治十二年癸酉(1873) 四十二岁

客居任城,得观众多古画。

《铎余逸韵》绝句十八宣鼎自注:"客古任城,获见名画甚夥,其尤绝者则陈章侯《痛饮读骚图》!"

客居任城闭门填词。

《铎余逸韵》之绝句二云:"自到任城时闭门,寓庐咫尺即名园。懒随裙展观新剧,恐听哀弦欲断魂。"宣鼎自注:"寓西即长春园,梆鼓之声,时扰清梦。"

秋七月,作《粉铎图咏》成,无力付梓。

《铎余逸韵》序云:"雨窗无俚,集小戏三十六出,绘成短册,各系乐府一首,名曰《三十六声粉铎图咏》,盖欲警自家之聋聩也。图后更附七截十九章。……更名之曰《粉铎余韵》。"③《粉铎图咏·借靴》宣鼎自注:"铎主人宣鼎画于任城客次并志。"《粉铎图咏·大小骗》自注:"瘦梅仿元人钩墨浅绛法。时癸酉新秋荷花再生日,小住任城,笔墨遣兴。"《铎余逸韵》宣鼎跋云:"孝子康叔故里,阎罗包老部民得二百五十二甲子,瘦梅甫宣鼎灯下走笔。时同治癸酉岁(1873)秋七月写就,是夜正逢七夕良辰,天上人间,何离合之不同,悲欢之各别?为之掷笔三叹。"《铎

① 《夜雨秋灯录》,第12页。
② 《题〈湘痕阁诗词稿〉后》,《申报》,光绪四年十二月三十一日。
③ 《宣鼎和他的〈粉铎图咏〉》,第201页。

余逸韵》绝句七注云:“近著《夜雨秋灯录》,脱稿百余篇,功未蒇也,付梓更无此力。”①

作诗引珂雪语。

《铎余逸韵》绝句十:“若个灯窗闲磕牙,摹神肖影不争华。漫言台上衣冠假,也算须臾锦上花。”诗后宣鼎自注:“第三句借珂雪师语。”据潘实《〈夜雨秋灯录〉故事来源及宣瘦梅的再创作》,“珂雪师”即程煐,字瑞屏,天长人,号珂雪头陀、瑞头陀,才智出众,擅长诗文、词曲,乾隆四十四年因文字狱被发配至齐齐哈尔,著有《龙沙剑传奇》,另有《珂雪集》已亡佚。宣鼎曾搜集其诗集,现天长传有手抄本《瑞屏诗抄》即其诗集。② 另《夜雨秋灯续录》卷六《赵蓉江可恶》文末亦引珂雪之诗。

集狐仙诗词成小册。

《铎余逸韵》绝句四后宣鼎自注:“曾集狐仙诗词成小册,题箴曰‘野狐禅’。惜未见流传。”另现藏扬州博物馆之宣鼎《三十六声粉铎图咏》手稿,册首有希古题篆“仙蝶来馆三十六声粉铎图咏”,署“光绪二年六月(1876)”;陈含光题词“如幻三昧”;樊遁园题词“傀儡侏儒世界,嬉笑怒骂文章”。册后有陈含光和卞绰昌题记。

冬,过高邮。

《夜雨秋灯录》卷六《秃发张》中懊侬氏曰:“次癸酉岁,余船冻高邮之三垛,闻张海仙所述如此。”

同治十三年甲戌(1874)　四十三岁

居高邮。游苏淞,撰成《夜雨秋灯录》初稿。

《自序》:“明年解馆,赁宅任城……居两年,回秦邮,游虎阜(虎丘),计得文一百一十五篇,皆初稿而未经修饰者。”

冬十一月,仙蝶来访。

《自序》:“甲戌之冬,有仙蝶过访。是夕,设乩于室,以文呈。”宣鼎的《瘦梅致石翁书·寄赠〈石梅合册〉十六页》云:“尤奇者,客岁冬十一月,郎当老屋,积雪压檐,缭曲幽窗,寒芳破萼,时方狸奴偎灶,冻鹊蜷枝,忽有凤子飞来。初集檐牙,继偎帘额。栩栩然,蘧蘧然,似徘徊而不似遽去。……乃以‘仙蝶来’三字名馆。非敢述异拟求椽笔,著为鸿文,垂诸不朽耳。”③

① 《宣鼎和他的〈粉铎图咏〉》,第204页。
② 《我所知道的宣瘦梅》,第70页。
③ 《瘦梅致石翁书·寄赠〈石梅合册〉十六页》,《寰宇琐纪》卷七。

光绪一年乙亥(1875)　四十四岁

侨居秦邮,三月二十八日作书寄金石,述仙蝶来事,索文。

《题〈湘痕阁诗词稿〉后》:"光绪元年,予自山左回,侨秦邮。"《瘦梅致石翁书·寄赠〈石梅合册〉十六页》述仙蝶来事见上引,信中又云:"石翁神交足下……即承询拙稿《夜雨秋灯录》《返魂香》传奇,皆冗长杂沓,鄙俚酸辛,不堪垂政……蝶来已在人口,题咏尚无。憝恳足下于捧斛传膳之余,一挥珊管,或宋玉大言,或东坡小品,或记或赋,且作且书。但出心裁,无不首肯。"石翁即金石,宣鼎好友,浙江会稽人,字夔伯,号石翁。《中国历代书画家篆刻家字号索引》载:"金石,浙江绍兴,清山水画家,咸丰、光绪间人。"有作品《强自宽斋外集四卷》《蔗畦词二卷》。《寰宇琐纪》卷十二金石《致沈建庭书》云:"宣君识我,我识宣君,就使赤鲤鳞童苍鸿足刖而一片,神驰已同观面。"鸿雁往来,堪称知己。"①

金石覆书。

金石《覆宣瘦梅书》:"瘦兄足下三月二十八日书来并赐梅石画帧。捧函跽发,香生采溢……《蝶来记》并题图四律附达塞责,迟迟始报,罪甚。"②

与弟宣茗合撰《旌表节孝宣节目王太孺人苦节图说》。

宣鼎、宣茗之《旌表节孝宣节目王太孺人苦节图说》末署:"光绪纪元孟夏四月之吉,元孙宣鼎同弟茗合撰于姑苏客馆,淮安府廪贡生陈墉代填祖讳。"③

作《钟小妹传》。

光绪二年(1876)《寰宇琐纪》卷八刊有宣鼎《钟小妹传》,文末署"仙蝶来馆主宣鼎",宣鼎同治十三年(1874)冬十一月后方以"仙蝶来"名馆,故《钟小妹传》当作于是年。

光绪二年丙子(1876)　四十六岁

《寰宇琐记》刊发《钟小妹传》。

光绪二年(1876)《寰宇琐纪》卷八刊有宣鼎《钟小妹传》。

光绪三年丁丑(1877)　四十六岁

作《夜雨秋灯录·自序》。《夜雨秋灯录》、传奇《返魂香》付梓。

《自序》尾署:"时光绪三年春二月花朝日,天长宣鼎瘦梅自序于仙蝶来馆。"上海申报馆以仿聚珍版印行《夜雨秋灯录》,八卷,一百一十五篇,书前有蔡尔康

---

① (清)金石:《致沈建庭书》,《寰宇琐纪》卷十二,申报馆仿聚珍版式铅印本。

② (清)金石:《覆宣瘦梅书》,《寰宇琐纪》卷八,申报馆仿聚珍版式铅印本。

③ 《表节孝宣节口王太孺人苦节图》,《寰宇琐纪》卷十一。

《序》及宣鼎《自序》,现藏北京国家图书馆。传奇《返魂香》亦由申报馆印行,共四卷,四十折。

宣鼎又赴东海。

《题〈湘痕阁诗词稿〉后》:"三年…… 时予正束装赴东海。"

光绪四年戊寅(1878)　四十七岁

作《题〈湘痕阁诗词稿〉后》。

《题〈湘痕阁诗词稿〉后》云:"呜呼!崇节母袁太夫人乃孀而有才、有天性者也。节母为随园老人女孙。归吾乡崇云根先生为室,推戚谊为予之太姻母也……光绪四年太岁戊寅冬十一月中浣姻愚侄宣鼎顿首敬跋。"是知袁枚孙女为宣鼎之太姻母。据王英志《袁枚评传》,该孙女名嘉,字柔嘉,袁迟女,嫁上元崇颖,著有《湘痕阁诗稿》《湘痕阁词》。"云根"当为崇颖的字。

陈含光为《三十六声粉铎图咏》题词。

扬州博物馆藏《三十六声粉铎图咏》载有清画家陈含光题词:"天长瘦梅宣先生鼎,晚近豪士,挟奥博之学与奇逸之气,以客游诸侯。所著小说传奇,一以寓其肮脏不平之气,盖数十年间耳闻目睹者,愤慨深矣!此《三十六声粉铎图咏》,取昆曲为之,每剧一叶,兼题歌行一章于其右,虽当时所由兴感之物,不可推索,要为愤世嫉俗无疑也……爰为之偈:尽卖苍生媚女真,登场袍笏焕然新。画师岂是相嘲骂,冷水一瓢浇汝身。著雍摄提格之岁含光题记。"摄提格之岁即戊寅年(1878)。

光绪五年乙卯(1879)　四十八岁

十二月廿二日《申报》刊宣鼎"惠赐玉和"一文,宣鼎已卒。

据盛洋《宣鼎生平考》考证[①],宣鼎的《题〈湘痕阁诗词稿〉后》刊于光绪四年(1878)《申报》(12月31日第4版),末署:"光绪四年太岁戊寅冬十一月中浣姻愚侄宣鼎顿首敬跋。"知宣鼎此时犹健在。追光绪五年(1879),《申报》(12月22日第3版)刊宣鼎一文:"惠赐玉和……《枯木竹石图》……一般憔悴到烟鬟。"末署"天长宣瘦梅遗稿",另光绪六年(1880)正月初八日《申报》之《得书酬洋》一文亦云:"《夜雨秋灯录》一书为故友宣君瘦梅所著。君亡后家徒四壁,茕茕德曜,无以为生,蒙取原稿见示,用即酬洋三十元以为身后之润,当交妥友,觅便转寄,收到后即赐收字为盼。"三文相印证,知宣鼎卒于光绪五年(1879),且卒于十二月廿二日前。宣鼎死后,光绪六年(1880),申报馆刊行宣鼎《夜雨秋灯续录》,八卷,一百一十五篇,书有蔡尔康的《叙》和何镛《后序》。该书现藏北京国家图书馆。

(作者单位:安徽艺术职业学院)

① 《宣鼎生平考》,《安徽文学》,第1—5页。

吴楚奇著述考*

李山岭

吴楚奇，生卒年待考，清代亳州（今亳州市涡阳县）人，原籍休宁（见后文）。光绪《亳州志》卷十三“人物志·文苑”载：“国朝吴楚奇，字南英，号鸿皋，由凤阳府学生举康熙壬午（1702）江南第一。性潇洒不羁，工诗善画，尝游吴越，过彭蠡、豫章，所历辄为图并系以诗，成二册，名曰《吴越西江游览图咏》。著有《鸿皋集》《琐说》《龙津史谈》诸书，论古今事，语必己出，不袭前人窠臼。”[①]光绪《重修安徽通志》卷二二八“人物志·文苑”据州志载入[②]。文采与方苞、戴名世齐名。受戴案牵连（案起康熙五十年1711），被革去功名。吴楚奇冠冕南国，名重两江，以诗画名世，画属新安派。

吴楚奇所著诸书，州志之外载录极少，流传不广，《四库全书》未录，也不载于《安徽文献书目》。现依据光绪《亳州志》卷十三“人物志·文苑”和卷十六“艺文志·著述”载录，及书目载记，并新近发现的材料，梳理其版本和存佚概况，可从中窥见吴楚奇生平大略。

一、《龙津史谈》

光绪《亳州志·艺文志》：“龙津史谈二卷。”[③]蒋元卿《皖人书录》：“龙津史谈二卷，安徽艺文考史评。”[④]州志载吴楚奇康熙戊午（康熙十七年，1678）年撰写的《龙津史谈序》：

> 史，非传信之书，而传疑之书也。无论洪荒草昧，杳邈难稽；即汉唐近代以来，可疑者正复不少，其间礼乐刑政，忠孝节烈，纷布灿陈，不为审时度势，略迹原心，岂通儒之见乎！然自古及今，论史者不啻百家，予何人斯，而敢为喋喋哉？曰：不然，知人论世，各有深心，不妨因乎前人，以为是非，亦何妨反乎前人，以申予夺。事在邃古者，断之以理；事在晚近者，度之以情。世风日下，江河莫挽，昔日之小人，或为今日之君子，严以绳之，亦宽以谅之。他如几先之哲，事后之悔，或守经而失宜，或达权而尽利，逆作者竟至顺成，善始者不必善终，为法为戒，取

---

* 安徽省教育厅人文社会科学一般项目：亳州文献丛考（sk2013B305）

① （清）锺泰、宗能徵：《光绪亳州志》，南京：江苏古籍出版社，1998年，第350页。

② （清）沈葆桢、吴坤修等：《光绪重修安徽通志》（续修四库654册），上海：上海古籍出版社.2002年，第51页。

③ 《光绪亳州志》，第447页。

④ 蒋元卿：《皖人书录》，合肥：黄山书社，1989年，第383页。

其一二事，推而广之，可以观物理人情之变，可以通心思耳目之穷，可以明造化吉凶进退存亡之故。一披览间，如登天门而俯一切，如燃温犀而照重渊也，又何疑之莫释、信之未审哉！贵贱穷达，经权常变，操是术也以往，其无所之矣。独愧戋戋一家之言，非垂世之书也，故不敢附先贤史论史断之列，而名之曰史谈。康熙戊午。①

二、《吴越游览图咏》

光绪《亳州志·艺文志》载："吴越游览图咏一卷。"②《吴越游览图咏》，吴楚奇撰绘，有民国四年(1915)福华石印馆石印本，2册，藏国家图书馆。

光绪《亳州志》载有清代睢阳刘坤撰《吴越游览图咏序》和吴楚奇自序。刘序全文如下：

胜地非诗画不传，诗画非其人不贵。昔人谓洞天福地，神区奥境，非有夙缘者，不得一至。然而榜人牧竖，固日涉层巘而逐烟波；担贩营商，亦尝历名山而浮大渎，叩厥中藏，奚有也？是必天地之奇与吾心之灵相触相引，而寓之手口之间，然后山川景物分见于宇宙者，时聚于高人达士之怀，而并有其不朽，故曰胜地非诗画不传。虽然古之人如林逋之高吟、太白之觞咏，海岳先生之墨阵离奇，东坡居士之笔情淡远，皆高世绝俗而寄其旷致孤踪，后人览其吉光片羽，犹徘徊想慕，如不胜情。否则，笔墨虽工，君子无取焉，故曰诗画非其人不贵。

南英吴子，才堪命世，学富等身。而叔夜孤松、张绪杨柳，见之者每不禁朱霞天半、白鹤云中之慕。乃者薄游吴越，文人游艺，即景即图，即图即咏，意致洒洒，萧然尘外。在南英，未尝于笔墨求工，要其逸情胜致，旷古遗今，既能使造物不独有其奇，并以见文人慧业，变化生心，不徒作沾沾枯涩想也。有图咏而胜地以传，有南英而图咏洵足贵矣。虽然，是乌足以窥我南英哉！琬琰之质，列之圭璋俎豆，而无不华也；麟凤之姿，置之天池阆苑，而罔弗宜也。以南英之人，讵斤斤焉以诗画争长者？彩笔咏梧凤之章，兰膏绘冲人之壁，我将拭目望之矣。③

案，"刘坤，字资生，睢州人，康熙乙丑(1685)进士，官编修。事亲孝，进馔必躬亲。置田宅分赡诸弟及诸亲族。州南地势卑下，常患水灾，坤相度，地宜开渠导水，悉成膏腴，居民至今赖之"(四库本《大清一统志》卷一百五十五)。睢阳，现为河南商丘市睢阳区，正与古谯亳州接壤，刘坤与吴楚奇宜有同乡之谊。

吴楚奇自序署"康熙辛未五月"，为康熙三十年(1691)，文曰：

或有谓余曰："子好游乎？"余亟应曰："否，否。士君子一日得行其志，耳目心思每弗遑也。游云乎哉！"故夫人得从事于山巅水涯，不得谓非人生之不幸也。虽然，名山胜地启我良多，凭高冈而志梧凤，俯幽谷而念猗兰，览俗尚之贞淫，谒

① 《光绪亳州志》，第447页。

②③ 《光绪亳州志》，第446页。

忠孝之往迹,非有夙因,每难一遘。余于西泠孤屿,梦想多年,尝勒句云"生前应有湖州约,此日当怀石上缘"。嘻,亦可谓情见乎辞矣。但扁舟两屐,至易至难,阮孚之囊不免羞涩,纵清风明月怜余谅余,其如七尺幻泡,无能飞渡何?于是思之,思之不得已而寄之画,又不得已而寄之诗,私镌小篆曰湖山知我,如是者又十年。既而幡然悟跃然喜曰:"误矣,天下惟聋聩者不可以视听,惟蹇躄者不可以登陟,惟冥顽不灵者不可以抒发其幽思而领会其旨趣。天既假我以耳目手足,又畀我以心思,固居然能视能听,能登陟能抒发,能领会之人也,而顾自安于聋聩蹇躄冥顽不灵,谁之过欤?"然意决志坚,而卒不果行。岁届庚午,山左千乘张夫子,方令吴,余蒙亟荐,而未售一时知遇之感,谒自平江,方谓庾信《江南》,欷歔未已,忽幡然悟跃然喜曰:"湖山旧约,其在斯乎?"于是幽岩异境,独往独来,遂买舟东下,直抵西泠。烟雨空山,芒鞋洒水,新晴南浦,蜡屐穿云。因而渡钱塘,过山阴,探禹穴,平生梦想,一旦成真,其乐何似!既又幡然悟跃然喜曰:"与其未见而寄之诗寄之画,岂当前而反漠漠乎?且世之游者未必画,画者未必游,即游矣画矣,归坐芸牖,悬空摹拟,得其似未得其真,奚取焉?"缘是松滋好畤,不假暂离,每遇奇观,先择危峦虚敞,置身其上,凝眸注视,意旷神完,然后即景挥毫,不使远近参差高低大小纤微未肖,虽力弊神疲,弗顾也。且各纪其概,系以短句,虽鄙俚浅陋,弗辞也。帙成,持示二三同人,已经者如逢其故,未见者恍遇其真。则斯游也,非人生之幸,要亦未可谓之不幸矣。独是天下之大,异地名区,系怀不少,立而待之不能,迫之又不得也。山川有情,其谓我何。今而后,或有谓余曰:"十洲三岛,雪岭云涛,实神往焉,曷共诸余?"又将幡然悟跃然喜曰:"嘻,子好游乎?吾与子游。"康熙辛未五月。①

近日,意外得见清代书林萃雅堂刻本《吴越游览图咏》和《西江游览图咏》,钤"哈佛大学汉和图书馆珍藏印"。《吴越游览图咏》一册,内封页题"仙源吴南英先生偶笔""书林萃雅堂绣梓",墨栏上方有"湖山真面"四字。刘坤所撰《吴越游览图咏序》,计9页,每页5行,行10字,宋体楷书。末作"康熙辛未阳月上浣,睢阳年家同学弟刘坤拜题"。后单独一页钤"刘坤别号方斋"印(阳文)和"太史氏"(阴文)。印章与全书墨色一致,应是刻在印版上的。刘序后,是吴楚奇自序,题作"吴越游览图咏小引",每页6行,行16字,末署"康熙辛未榴月谯陵吴楚奇南英氏题于浣露堂之羲窗"。"小引"后有"吴越游览图咏例言"六则,行楷,每页7行,行20字,末署"楚奇再识"。正文首页署"谯陵吴楚奇南英画并题",其下自注"原籍休宁"。正文体例,先以文记录所游之地的传说、胜景,是为小引,再绘以图,复缀以诗,诗后多附有时人简要评语。燕子矶、京口、金山、银山、惠山、阊门、虎丘山、观音山、花山、灵岩山、武林吴山第一峰、雷峰塔、净慈寺、上天竺、灵隐寺、飞来峰龙泓洞、湖心亭、孤山、石屋洞、烟霞洞、西湖、会稽禹陵、会稽南镇,一路走来,文、图、诗并茂,恰如吴南英所言"已经者如逢其故,未见者恍遇其真"。评诗有方鹿圃(方鸣)、陈伊人、戴文昭、张允文、徐虞宾、汪雨峰、王湘滨、黄密菴、郭隐侯、曹橘村、郑后廊、万允人先生、戴嵩年、刘方斋太史(刘坤)、李漪园(李

① 《光绪亳州志》,第446页。

渠，字漪园，号南麓）、姜文清、程廷扬、苏梅廊、王懋公（王之绩）等人，兹不一一考证[①]。

民国四年石印本与书林萃雅堂刻本不同。封里署“谯陵吴楚奇先生著”“民国四年旧历乙卯嘉平月上浣，商丘已魔李维题签”。正文前有“同里同学弟方鸣鹿圃拜题”之“跋语”，全文如下：

天地自平成而后，室庐阡陌，亦了不快人。故特以塑空化手，点出无数烟岚，使古今文人逸士，日握五寸花管，刻画藻缋其间，而后髻鬟螺黛如在掌上，凡此者，皆天地欲自传其奇也。右丞之图辋川也，辋川不可无右丞也；子厚之记永州山水也，永州山水不可无子厚也。南英吴子，雅擅多才，襟袖间原具几许蓬壶，兹因谒本房座主，由白门下京口、历毗陵、达姑苏，抵武林，并会稽吴越之胜，尽入其囊。大抵其图空濛逶迤，似李龙眠蜀江笔意，诗在谢康乐兄弟间。而其每题小引，则追险铸奇，字字作郦道元也。南英笑谓仆曰：“余庶不负此游。”仆曰：“此非君意也。盖吴越山川必不可无吴子，燕矶、虎阜、霞岭、风篁，久欲得墨妙传真，而特假张令君一招致之耳。虽然，南英岂徒山中人哉！平日于圣贤阃奥，不啻三折肱，乃玉已剖而足犹刖，岂天故假奇观以鼓其文章之气乎？则是卷也，将同凌云之赋。而仆幸卧游其间，饱泉壑烟霞，腹果果然矣。

正文页署“谯陵吴楚奇南英画并题，睢阳李维亦魔甫重录”，正文后有李维撰“吴越游览图咏题词”，兹不备录。二者对照，一是版式不同。民国四年刻本半框：19.9×22.6 cm，开本较大，小引、诗及评语同在一页，全图在一页。书林萃雅堂刻本，半框20×12.2 cm，按先小引，次图，再诗及评语的顺序排版，书为线装，版心朝外。全图被分成了两栏，装订后两栏相连，但制版时在两个版上。二是文字有不同，以《题南屏山净慈寺》诗评语为例，民国四年石印本增加了一则“振衣千仞岗，濯足万里流。有此豪概。李已魔”[②]。李维在重录刻板时加入了不少自己的评论。

三、《西江游览图咏》

光绪《亳州志·艺文志》载：“西江游览图咏一卷。”[③]《西江游览图咏》，吴楚奇撰绘，民国四年（1915）福华石印馆石印本，2 册，国家图书馆藏。国图还藏有康熙间刻本，2 册。

州志《艺文志》录有清康熙甲戌（1694）豫章熊飞渭撰《江西游览图咏序》：

比年以中丞各宪作人雅意，谬知豫章书院，今春又忝白鹿洞主，与西江诸士谈经论古而外，时瞻眺五峰泉壑间。窃意，昔贤学揽性天，原非斤斤焉于章句，索言诠也。平日心契象先，鸢飞鱼跃，左右逢源，故发为论说，自有月映万川，处处

① （清）吴楚奇：《吴越游览图咏》，书林萃雅堂刻（哈佛大学汉和图书馆藏）。

② （清）吴楚奇：《吴越西江游览图咏》（二册），睢阳李维重录，福华石印馆，民国四年（1915）。

③ 《光绪亳州志》，第 447 页。

皆圆之妙,然而识此意者鲜矣。长夏扃门课士,忽南英吴子远涉匡庐,枉驾谒余,余惊眙久之。学人日抱残编,穷年呫哔,安所得逸情雅志啸傲湖山?否则利薮名场又日不暇给,何许心期而超然尘埃耶?及相晤倾盖之际,令人意致飞扬,精神洒涤。再览所著《吴越图咏》一书,描绘既精,品题复妙,奇思异想,今古无俦,不觉相视大呼曰"子岂谢公、苏子三生再来耶?"相与言欢者累日。濒行,又出一册示余曰:"此匡庐游览图咏,孤怀高寄,未计工拙,愿乞一言为弁。"余生平未谙画理,但觉摹拟神妙如化工,肖物不爽锱铢,而隽思颖句又复石破天惊。夫世之为诗画者多矣,或规行矩步,或冥骛狂涂,自非深于太极、西铭之学,心契象先,其能如此超然尘埃耶?世之览者,即以作性天元机也可,即以作鸢鱼真谛者也可。康熙甲戌。①

案,熊飞渭,字渔滨,江西南昌人。康熙甲辰进士,康熙十二年(1673年)任广西柳州府融县(今融安县)知县。回江西后,曾任豫章书院山长。康熙三十二年(1693年),江西巡抚马如龙聘熊飞渭为白鹿书院主讲。康熙三十六年(1697)卒于白鹿洞。由序文知吴楚奇于康熙甲戌(1694)年夏季有江西之游,并与熊飞渭相晤于白鹿洞书院。

书林萃雅堂刻《西江游览图咏》,1册,版式、体例一如《吴越游览图咏》。没有熊飞渭序(疑哈佛大学汉和图书馆藏此书有缺页),有吴楚奇自撰《西江游览图咏小引》,正与光绪《亳州志》可以互补所无。记采石矶、小孤山、石钟山、大孤山、落星湖、匡庐山、开先寺、青玉峡、香炉峰、归宗寺、玉簾泉、简寂观、万杉寺、七贤峰、五老峰、三峡桥、玉渊潭、栖贤寺、白鹿洞、左蠡湖、滕王阁21处名胜,诗后有张允文、徐鹿随、万云坡先生、何雨渠、余敦素、毕廷善、刘永年、心壁大师、朱虞宾、邹大任、姜渭纶、吴继圣少尹、兄(吴)式平、华凤采先生、程钝谷先生、陶清修、唐叔玉、钱鹤滩、左开继、熊渔滨先生、李漪庵诸人评点。吴楚奇《西江游览图咏小引》校录如下:

人生梦幻之事,每不若真者为足据,然吾焉知真者之非梦耶!髫年读东坡《石钟山记》与王子安《滕阁》"秋水"之词,未尝不寝寐见之。一夕,与友人论三生事,不觉栩栩入梦,有羽客若旧知,相与迭逿风行,须臾至一山,苍崖万仞,飞瀑千重,洞中冉冉明霞,白鸟数十,修翎振羽。余曰:"何地耶?"客笑曰:"匡崖顿忘耶?"自是匡庐之念颇殷,奈蜡屐无缘!凡自西江来者,辄问曰匡庐何似,豪商贵客刍漠不之省。余既难其问,益叹神皋奥区之非可易至也。逮癸酉春,家式平兄筮仕浔阳,冬十月,石友李子漪(庵)又之任宜丰,私心窃庆曰:"匡庐之行有日矣。"次年春,锐意长往。先抵石钟,但见嵌空深虚怪石,峣峣江上,神摇目眩者久之。过南康,止城隅梵舍,遥望石气青苍,万峰纠错,峰头白云蔼蔼,顷刻变幻,乃真匡庐矣。明日诣开先寺,获遇壁公禅师,一见欢然若旧,携余登鹤鸣峰,观黄岩、王峡诸胜,惟见桂荫参天,松涛匝地。此时已不复仙人世想。由是,篮舆日涉,凡幽崖邃壑,叠巘层峦,以至怒瀑惊湍,仙踪梵宇,无不放情凭吊、瞑踏危攀,

① 《光绪亳州志》,第447页。

但与曩昔梦中若相似若不尽似，岂石梁华顶，梦可到形不可飞渡耶？亦姑留不尽之缘，为异日瞿塘烟棹可耳？从此鼓枻章江，与李子漪（庵）日啸咏于滕阁。阁非故境，然西山暮雨，南浦朝露，宛然在目。天中节后二日，始挂帆都昌，出图咏与家仲兄相见。仲兄曰："西江名胜仅此耶？"余曰："观止矣，执此以概西江，奚不可者？"及返棹，舟次马当，夜深又梦至一地，断壁崩崖，楼阁巍峨数十重，皆菁荧如绿玉，黄冠五六人相视而笑曰："今后尚忆匡崖否？"余错愕不知所对。既寤，但闻涛声枕畔，荻苇中渊而已。嗟乎，岂三生石上别有佳缘，以俟他日之遇耶？则余又焉知梦境之非真也耶！

康熙甲戌七月既望，谯陵吴楚奇南英氏题于浣露堂之梧舫。[①]

民国四年刻《西江游览图咏》版式与同时刻的《吴越游览图咏》相同。有吴楚奇自题"小引"，"例言"，正文题"谯陵吴楚奇南英画并题，睢阳李维亦魔氏重录。"正文之后有李维撰写的"西江游览图咏书后"，记其刊印原委：

清康熙间谯陵名士吴楚奇南英先生，原籍休宁，与方望溪、戴名世同时，驰名大江南北。为人高自期许，不染尘氛。南闱试，未入场前，即以第一人自居，既果获隽。嗣因《南山集》疑案牵累，遂隐不复出，啸傲山林。生平著述甚富，如《鸿皋琐说》《湘南吟草》诸作皆脍炙人口，于书画尤为清绝，虽片纸只字，收藏家视如至宝。乙卯岁，余来游亳，假馆于东溪赵君。赵君业石印，刻意搜求先哲旧稿、名人遗著，一以石印翻新，冀传不朽。爰出《吴越西江游览图咏》前后二册，皆先生蜡屐所经，凡古迹名胜，每绘一图，即缀以诗。书法亦工秀绝伦。披阅一过，觉描摹尽致、吟咏入神。虎丘、燕矶、鹿洞、蠡湖之胜，群趋腕下，恍在目前，洵钜观也。惜日久，墨痕漫漶，原板无存。赵君有硕果几希之虑，意欲复印，重新保存精粹。因属余以临摹录校之役，余以事关表彰先贤，扬于风雅，又何敢辞！乃不计工拙，勉强从事，不过循行数墨，恐失却庐山多矣。书既成，因记其原委如此。睢阳后学李维已魔氏谨识。[②]

值得注意的是民国十四年（乙丑）刊《涡阳志》卷十二"人物"对吴楚奇的记载和此段文字大同而小异，兹引备考："吴楚奇字南英，原籍休宁，与方望溪、戴名世同时，驰名大江南北。为人高自期许，不染尘氛。南闱试未入场前，即以第一人自居，既而果然。嗣因《南山集》案牵累，遂隐不复出。生平著书甚富，如《江西吴越游览图》《龙津史谈》《鸿皋琐说》《湖南吟草》《书绅集》皆脍炙人口，于书画尤为清绝，虽片纸只字，收藏家皆视如至宝。其后裔吴化龙，住县西花堡富罗村，庭中犹有'冠冕南国，名重两江'匾额。"[③]此段文字应是对李维"西江游览图咏书后"文字的节略，并进行实地考查的结果。可见撰文者的审慎态度。

① （清）吴楚奇：《西江游览图咏》，书林萃雅堂刻（哈佛大学汉和图书馆藏）。
② （清）吴楚奇：《吴越西江游览图咏》（二册），睢阳李维重录，福华石印馆，民国4年（1915），第22页。
③ 黄佩兰等修，王佩箴等撰：《涡阳县志》，台北：成文出版社，1970年，第371页。

四、《鸿皋琐说》

《清史稿艺文志拾遗》载:"鸿皋琐说四卷,吴楚奇撰,康熙四十三年刻本。善目,贩续。"[①]案,"善目"是《中国古籍善本书目》;"贩续"是《贩书偶记续编》。《中国古籍善本书目》载"鸿皋琐说四卷,吴楚奇撰,康熙四十三年刻本",藏清华大学图书馆[②]。《贩书偶记续编》卷十一"杂家类·杂说之属"载"鸿皋琐说四卷,清仙源吴楚奇撰,康熙甲申精刊"[③]。另外,蒋元卿《皖人书录》记载了一个民国石印本:"《鸿皋琐记》四卷,安徽艺文考小说家,民国十三年(1924)涡阳汤维哲石印本。"[④]尚不知此本存佚情况。

光绪《亳州志》卷十六存清康熙甲申(1704)宝应王式丹撰《琐说集序》:

> 人生自少至老,其为言百千万亿,发乎情未必准乎理,即使理与情协,又或迂阔不适于用,词说虽繁,求所谓言近旨远,以布帛菽粟纬地经天者,鲜矣。南英,吴子,学揽天人,才涵今古,诙奇博雅,冠绝一时。平居高谈雄辩,往往出人意表,而又非徒逞谈锋,无裨理奥,无与彝伦者。每当偶有所得,或纵谈快意,辄书寸纸于壁,久之成帙,自谓纷离杂错,流于鄙琐,只供闲中自怡悦云尔。予读之,但见有时类庄列之奇恣;有时阐朱程之奥义;有时卓识千古,石破天惊;有时妙解人情,云开日见;有时搜奇探异,万象纷布,而断以心裁;有时考古订今,各溯源流,而指其迷谬。既情理之悉协,又非迂阔不适于用。潜心玩索,真于布帛菽粟中具纬地经天之蕴,古人谓不遇异人必读异书,吴子兼之矣。其他著述种种,未遑登枣,坊客先购此以行,聊缀数语于简端,与高人共忻赏焉。康熙甲申长至前三日。[⑤]

唯光绪《亳州志·艺文志》载:"琐说集二卷。"[⑥]与各家载记卷数不同。

案,王式丹(1645—1718),字方若,号楼村,江苏宝应人。以花甲之年,登康熙四十二年(1703)癸未科进士第一,官翰林院修撰。为诸生时即有盛名,宋荦编《江左十五子诗选》,列王式丹为十五子之首。有《楼屯集》二十五卷、《四书直音》一卷传世。此序写于康熙甲申(1704)年,时为王世丹状元及第次年,吴楚奇得中康熙四十一年(1702)江南乡试解元之后,二人同为江南才俊,彼此推赏之意可见。

---

① 王绍曾主编:《清史稿艺文志拾遗》(中册),北京:中华书局,2000年,第1418页。

② 中国古籍善本书目编辑委员会编:《中国古籍善本书目·子部上》,上海:上海古籍出版社,1994年,第594页。

③ 孙殿起录:《贩书偶记续编》,雷梦水整理,上海:上海古籍出版社,1980年,第171页。

④ 《皖人书录》,第383页。

⑤⑥ 《光绪亳州志》,第446页。

五、《鸿皋集》

光绪《亳州志·艺文志》载："鸿皋集一卷。"[①]中国科学院图书馆整理《续修四库全书提要》曰："鸿皋集一卷，国朝吴楚奇撰。楚奇字南英，号鸿皋，亳州人，康熙四十一年解元，事迹具州志文苑传。光绪通志著录，无卷数，今据本书著录。楚奇性洒脱不羁，工诗善画，州志录《瑞麦行》七古一首。又载有吴越、西江游览图咏各一卷，未见。"[②]蒋元卿《皖人书录》："鸿皋集一卷，安徽艺文考别集十五。"

概而言之，《吴越游览图咏》《西江游览图咏》《鸿皋琐说》是确知存世的，《龙津史谈》《鸿皋集》尚不能确定是存世还是已经佚失。他的作品，有两个特点：一是撰著、刊刻的时间都很清楚，上文即按照时间先后进行描述；二是在内容上涉及史论、诗歌、绘画、小说、古文等多个领域，已足见吴楚奇才学渊深、广博，王式丹所誉"南英吴子，学揽天人，学涵今古，诙奇博雅，冠绝一时"，定非虚语。其中《龙津史谈》是史论；《吴越游览图咏》《西江游览图咏》是以文、诗、画纪游，有图画有咏颂；《鸿皋琐说》属小说家言，"琐说"即是小说；《鸿皋集》当是文集，惜不得见。光绪《亳州志》所载吴楚奇著述名称、卷数、序文等，民国修《涡阳志》都据以载入，其中序文与州志所载偶有异文，兹不赘述。

除以上著述外，民国《涡阳志》所记《湖南吟草》（"湖南"或作"湘南"）、《书绅集》已不可考其详。另外，州志卷十八"艺文志·诗"录《瑞麦行为郡侯张公寿》一首。今人王纪友等编《龙都诗钞简释》录《秋日过大王庙漫题》七言律诗一首[③]。亳州花戏楼景区朱公书院山墙镶嵌的《朱公书院记》，是清康熙四十六年（1707）吴楚奇撰文并书碑，2009年亳州市谯城区十河镇孙小楼村村民发现"太学生元采孙公暨元配张氏孺人合葬墓"碑铭，署"郡凤阳府学生眷晚生吴楚奇"撰[④]。

（作者单位：亳州师范高等专科学校中文与传媒系）

① 《光绪亳州志》，第447页。

② 中国科学院图书馆整理：《续修四库全书提要（稿本）》（第36册），济南：齐鲁书社，1996年，第310页。

③ 王纪友、吴光亮：《龙都诗钞简释》，周口：周口地区第二印刷厂，1994年，第124页。

④ 汪玉琼、赵丽：村民家中"垫粮石"竟是百年碑记（图），http://www.bozhounet.cn/news/7/120091203/1105644.shtml

陈琳《饮马长城窟行》的作者从属

魏耕原

《饮马长城窟行》是建安诗歌的名篇，亦是陈琳最负盛名的代表作。徐陵《玉台新咏》卷一收有两首以此为题的同题诗，一是蔡邕“青青河边草，绵绵思远道”一首，一是陈琳“饮马长城窟，水寒伤马骨”一首。徐公持先生《魏晋文学史》详慎严谨，论及陈琳此诗，认为“作者问题，颇存疑问待考”，态度很审慎。又在该节之后有一长注作了周详审慎的考证，所得结论，“此歌辞应是乐府古辞”①，而非陈琳所作。

其依据可撮述以下几点：

一、此诗始见于《玉台新咏》，不见于《宋书·乐志》。而徐选鉴别不精，所收“枚乘杂诗”“苏武诗”等，皆甚淆乱。收录蔡作此首，《文选》卷二十七署名题作“古辞”，《乐府诗集》亦同。也有两可其说，如《乐府解题》曰：“古词……或云蔡邕之辞。”《文选》《玉台新咏》成书几乎同时，编者萧统、徐陵关系亦颇亲近，出现此种扞格，难以解释。

二、此诗用语质朴，以及所采用的对话与杂言，皆显示汉乐府古辞与民歌之本色。其产生的时间应早于《古诗十九首》(汉末桓、灵间)，而与前期汉乐府民歌如《战城南》《孤儿行》等接近，以之署为汉末建安文人陈琳名下，显然不当。

三、今存陈琳《游览》二首、《宴会》，包括失题诗及逸句，全为五言之作。且用语典雅，重词采与骈偶，文人化色彩很重，不似此诗浑朴自然，故此诗非出于一手。

四、汉乐府古辞，一般篇首语句与乐曲名相合，几无例外，依此可作为判断是否乐府古辞之规律，不合者则为后之拟作。据此则“此歌辞应当是乐府古辞”。

五、杨泉《物理论》：“秦筑长城，死者相属，民歌曰‘生男慎勿举，生女哺用脯。不见长城下，尸骸相撑拄。’其冤痛如此。”此四句“民歌”，亦见于此诗，故此诗确为乐府古辞。杨泉上距陈琳仅二三十年，不应误指陈琳之作为“民歌”，这比后此二百余年徐陵之说更可靠。

以上分别从出处，二者之风格，以及乐府古辞曲名与首句相合之规律与民歌之关系，提出问题。问题本身提得极好，使我们对长期以来忽而不察的问题引起注意，特别是把乐府古辞与曹魏拟乐府的区别，提到诗论与诗体的规律范畴，就非常具有学术见地。徐先生的论据周详，很能启发对问题的进一步思考。

首先，由于东汉末年至唐初，社会动乱四百多年，文献散失极为严重，以致作品作者从属混乱。徐选与《文选》都有旧题苏武诗，后者还有旧题李陵诗。《文选》所收的

---

① 徐公持：《魏晋文学史》，北京：人民文学出版社，1997 年，第 123、132 页。

《古诗十九首》,徐选则题为枚乘。虽然《饮马长城窟行》"青青河畔草"一首徐选题作蔡邕,而萧选视为"古辞","河畔"作"河边";同题"饮马长城窟"一首,萧选未收,而《乐府诗集》卷三十八亦作陈琳。郭茂倩题解说:"一曰《饮马行》。长城,秦所筑以备胡者。其下有泉窟,可以饮马,古辞云'青青河畔草,绵绵思远道',言征戍之客至于长城而饮其马,妇人思念其勤劳,故作是曲也。"所引《水经注》言秦筑长城,"民怨劳苦,故杨泉《物理论》曰:'秦筑长城,死者相属,民歌曰"生男慎勿举,生女哺用脯。不见长城下,尸骸相撑拄。"'其冤痛如此。今白道南谷口有长城,自城北出有高阪,傍有土穴出泉,挹之不穷。《歌录云》:'饮马长城窟。'信非虚言也。"又引《乐府题解》曰:"古词,伤良人游荡不归,或云蔡邕之辞。若魏陈琳辞云'饮马长城窟,水寒伤马骨',则言秦人苦长城之役也。"[①]郭茂倩谓古辞为"妇人思念其勤劳",则为妇人作或为代言体而出之妇人语气。符合徐选所题蔡邕一首的内容与语气。杨泉《物理论》所引"民歌",可见当时筑长城之苦者,非止一首。而据此为"民歌",不能断言此四句即属《饮马长城窟行》中歌辞,亦不能谓陈琳一首即属"民歌"古辞。因为民歌四句全为五言,而陈琳诗此四句的前二句与民歌相同,而后二句改作七言:"君独不见长城下,死人骸骨相撑拄。"我们知道建安诗人乐于取法民歌,曹操《短歌行》两次以《诗经》成句六句入诗,曹植《野田黄雀行》即取法民歌与禽鸟寓言以言自家处境,阮瑀《驾出北郭门行》亦为取法汉乐府之著例。所以陈琳很有可能把五言四句"民歌"引之入诗,并改动后二句为七言。吴景旭《历代诗话》卷二十四即言"孔璋乃用其时之谚语也"。陈祚明《采菽堂古诗选》卷七亦言"'生男'四句用古歌辞"。

《乐府诗集》所引《乐府题解》已失传,而北宋初《崇文总目》已载其书,未著撰人姓氏,并言与吴兢《乐府古题要解》所余二卷《乐府古题》颇同。《四库全书总目》"乐府古题要解"条说:"今考郭茂倩《乐府诗集》所引《乐府题解》,自汉铙歌《上之回》篇始,乃明题吴兢之名,则混为一书,已不始于近代。然茂倩所引,其文则与此书全同,不过偶删一二句,或增入乐府本词一二句,不应互相剿袭至此。疑兢书久佚,好事者因《崇文总目》有《乐府题解》与吴兢所撰《乐府》颇同语,因捃拾郭茂倩所引《乐府题解》伪为兢书。"[②]由此可知《乐府题解》至晚为北宋前著作,或许与吴兢同时。据郭氏所引该节把《饮马长城窟行》分为两种,一是"古词",内容为"伤良人游荡不归",即"青青河畔草"一首,并谓此辞已有两属之说。"或云蔡邕之辞",可能指徐选而言;二是"饮马长城窟"一首,内容为"言秦人苦长城之役",并谓为陈琳所作。可见由徐选以及《乐府题解》至《乐府诗集》,均认为是陈琳所作,著录有序,而非蔡邕一首已有两属歧说。谢灵运《拟魏太子邺中集·陈琳序》谓"袁本初书记之士,述丧乱事多"。就陈琳诗而言,除了这首《饮马长城窟行》外,则无"述丧乱"事,明清古诗选本凡入此诗者,均视为陈诗而无异词。明人张溥说:"孔璋赋诗,非时所推。……诗则《饮马》《游览》诸篇,稍见寄托,然在建安诸子中篇最寥寂。"[③]宋长白说:"《文选》作古辞,《玉台》谓蔡中郎作。……陈孔璋亦有此题,以长短句行之,遂为鲍照先鞭。思王所谓'鹰扬于河朔

① (宋)郭茂倩:《乐府诗集》卷三十八,北京:中华书局,1979年,第2册,第555页。
② (清)纪昀:《四库全书总目》,北京:中华书局,1983年,下册,第1796页。
③ (明)张溥:《汉魏六朝百三家集题辞·陈记室集题辞》,北京:人民文学出版社,1981年,第75页。

者',良不诬也。"[①]沈德潜《古诗源》卷六:"无问答之痕而神理井然,可与汉乐府竞爽矣。"[②]张玉谷《古诗赏析》卷九说:"此伤秦时役卒筑城,民不聊生之诗,比汉蔡中郎作为切题矣。"[③]又谓"生男"四句"语本汉语,神理恰合"。以上就其出处与杨泉所引民歌以及与陈诗之关系看,似均为陈琳所作。

其次,就此诗与陈琳其他诗的语言风格看,确实差异很大。其悬殊之大出于两个原因,一是《饮马》叙民不聊生,自然要用语质朴,切合役卒村妇之语;而现存陈琳诗四首,除《饮马》外,则是《游览二首》与《宴会》,全为归曹后在建安文学集团中所作公宴游览诗,题材不同,所用语言自然有所区别。如曹植《送应氏》二首,其一言洛阳之荒芜,其二叙写饯别的宴会,语言亦成两样。如以其一与《美女篇》《名都篇》相较,差别则更大。所以诗人则根据不同场合采用不同语言,原本为情理中事。如杜甫的《丽人行》与"三吏""三别"语言华饰与质朴差异就极为悬殊。此亦为相题所宜,为题中应有之义。陈诗的高人雅士宴游的雅言与役卒民妇间琐语,二者间的差异,并不诧异。至于采用对话体与杂言,则属汉乐府古辞与民歌本色。其实此与语言风格属于同一道理。同属建安七子的阮瑀《驾出北郭门行》语言质朴,同样采用对话体,同样与阮瑀其余诗的风格亦有与文士语的差异。然不能据此,就认为《驾出》诗应为汉乐府古辞,而非属阮瑀之作。

再则《饮马》是由五言与七言两种句式组成,整齐中略有变化。若从长短不齐的杂言看,倒应不属于汉乐府。汉乐府杂言诗,这类诗一般句式变化较大。如徐先生所举的《战城南》《有所思》为三、五、七言,还有《妇病行》为二、四、五、六、七、八言,《雉子斑》与《孤儿行》为二、三、四、五、六、七言,《蒿里》为一句五言,三句七言,《薤露》两句三言,两句七言。还有不少名作,如《陌上桑》《十五从军征》《上山采蘼芜》《孔雀东南飞》等均为五言诗。像《饮马》这样以五、七言交错的长篇,在汉乐府里几乎找不到一首。如果从句式的角度看,五七言交错至28句,变化又极其自然,甚至在对话中省去问答者,而安顿井然浃切,明显取法于汉乐府民歌的对话与杂言,以此结构成篇。

此诗当为陈琳在河北袁绍时期所作,或身临长城,或所闻长城事,有所感触而成篇。写民间哀怨事,自然取法汉乐府诸种手法。他本是广陵射阳(今江苏任安东南)人,此种题材对于来自南方的作者本有特别的激发。加上长期飘荡,其中也不无多少有些自家处于乱离的感受。而投曹以后,建安诸子包括曹丕兄弟的公宴游览诗均为五言,所以陈琳另外三首自然也会成为五言。陈琳集在《隋书·经籍志》里著录为三卷,两《唐书》的《经籍》《艺文》志与《宋史·艺文志》均为十卷,但到了明人张溥所辑《陈记室集》仅余一卷。大约在元代前后亡佚过甚。所以《乐府题解》的作者与南宋的郭茂倩都有机会看到十卷本的陈集,故把《饮马》称为陈琳所作,一定是有所根据的,不仅是出于徐选的原因。

---

① (清)宋长白:《柳亭诗话》卷十四"饮马长城窟"条,见河北师范大学中文系古典文学教研编《三曹资料汇编》,北京:中华书局,1980年,第304页。

② (清)沈德潜:《古诗源》卷六,北京:中华书局1963年,第129页。

③ (清)张玉谷:《古诗赏析》卷九,上海:上海古籍出版社2000年,第215页。

再次,徐注提出了颇引发兴趣的乐府古辞与后人拟作区别的规律:"若歌辞内容特别是首句语辞与曲名相合,此歌辞即为古辞;若二者不合,此歌辞即非古辞,而是后人拟作歌辞。"①据此徐选"陈琳《饮马长城窟行》",其曲名正与歌辞内容相合,此歌辞首句正作"饮马长城窟"。所以,非陈琳所作,应当是乐府古辞。这种规律与词的早期词牌与内容相同很有些接近。汉乐府确实有这些规律,但也有例外。如著名的《陌上桑》内容与曲名相合,但开首"日出东南隅,照我秦氏楼"与"陌上桑"曲名并不相合。《白头吟》开头的"皑如山上雪,皎若云间月",亦属这种情况。《长歌行》开头"青青园中葵,朝露待日晞",另两首亦与此同,均与题目不合。还有《善哉行》开头为"来日大难,口燥唇干",《陇西行》开头"天上何所有,历历种白榆",以及《步出夏门行》《折杨柳行》《上留田行》《雁门太守行》《艳歌何尝行》《艳歌行》《怨歌行》《梁甫吟》《满歌行》《伤歌行》《咄昔歌》等,均属于首句语辞与曲名不相合,然均为古辞。由此可以发现,一般来说,叙事性的诗首句则与曲名相合,而不相合者大多是言情之制,当然,这只是个大概情况,不能视为绝对。如《陌上桑》为叙事诗,首句即与曲名不合。至于拟作也有往往首句与曲名相合,如《战城南》,吴均、张正见、刘驾等作即是如此。若以徐先生所提出规律看,《饮马》古辞"青青河畔草"一首无论首句与内容均与长城无关,倒应是拟作了,而陈琳一首首句与内容全与曲名相合,反倒成了古辞。梁启超曾对陈琳此诗说:"此一首纯然汉人音节,窃以此为《饮马长城窟》本调。前节所录'青青河畔草'一首,或仅是继起之作。辞沉痛决绝。杜甫《兵车行》不独仿其意境音节,并用其语句。"②明人陆时雍也有怀疑,然意见却很相反:"轻飘矫捷,似不类建安体裁。剖衷沥血,刿骨锥心,遂作中唐鼻祖。"③严羽《沧浪诗话·诗体》有建安体,陈琳此诗与阮瑀《驾出北郭门行》,以及王粲《七哀》其一,均可谓非建安体,因为都是作于未归曹魏之前,而有自家的真性情在,尚未受到建安文学集团的影响。陈琳此诗风格就决绝与矫捷看,则与他的檄文颇为接近。

总之,我们觉得徐先生提出的疑问与考察,很具有学术眼光与价值。问题本身倒不在于结论的正确与否,而在于问题本身所涉及的学术价值。其中必须对汉乐府古辞与拟作各自特点做深入审察,更重要的是使我们注意到建安诸子在归曹之前与身列建安文学集团以后的创作有何变化,引起我们由平面静态的观察层面,深入到变化的动态审视比较角度,真可谓牵一发而动全身。徐先生的态度很谨慎,只在《魏晋文学史》正文提出疑问待考,而考据仅列入注文,所提问题与结论又从以大观小的角度去论证,这些都让人钦佩。至于我们的讨论就所涉及的学术维度,作了进一步的思索。当然结论并不一定正确,换句话说徐先生疑问与结论并不一定错误。因为都是在没有最为直接的《陈琳集》十卷本情况下,作为情理性推测。既是属于推测,其间出入的空间就大得多了,横岭侧峰,或者视朱为碧,都有可能。

---

① 《魏晋文学史》,第 132 页。

② 梁启超:《中国之美文及其历史》,见陈引驰编《梁启超学术论著集》文学卷,上海:华东师范大学出版社,1998 年,第 82 页。

③ (明)陆时雍:《诗镜总论》卷六,见吴文治主编《明诗话全编》,南京:江苏古籍出版社 1997 年,第 10 册第 10678 页。

最后附带一提,徐先生的《魏晋文学史》厚重翔实,对问题的讨论深入而又谨慎。另外,他又是敢讲肺腑之言的长者。他为吴云主编的《建安七子集》所写序言,就觉得真切感人,每读一次都会引起共鸣与感慨。

(作者单位:西安文理学院人文学院、陕西师范大学文学院)

《寒山子诗集序》作者考

岳兰香

台湾学者陈慧剑先生《寒山子研究》一书，对《寒山子诗集序》的作者闾丘胤是否真实存在提出了疑问。而笔者在查阅相关资料时，发现文献记载中确有其人。由此，笔者撰写此文，对陈先生的观点进行补证。

历史上关于闾丘胤的记载最早见于道宣《续高僧传》卷二十一《丹阳沙门释智岩传》：

> 武德四年，从张镇州南定淮海……遂弃入舒州皖公山。……昔同军戎有睦州刺史严撰、卫州刺史张绰、丽州刺史闾丘胤、威州刺史李洵，闻岩出家，在山修道，乃寻之。既睹山崖竦峻，鸟兽鸣叫，谓岩曰：郎将癫邪，何为此住？答曰：我癫欲醒，君癫正发，何由可救。汝若不癫，何为追逐声色，规度荣位。……一旦死至，慌忙何计。此而不悟，非癫如何！贞观十七年……还归建业，依山结草。[①]

此传中记载了闾丘胤寻访在山中修行的故友——曾为大业郎将的智岩。智岩为牛头二祖，生于隋文帝开皇十九年(599年)，卒于唐高宗仪凤元年(676年)，享年约七十八岁。智岩武德四年(621年)出家，此时闾丘胤正担任丽州刺史。而《续高僧传》的作者道宣为南山律宗的创始人，生于隋开皇十六年(596年)，卒于唐乾封二年(667年)，主要生活在唐朝前期。《续高僧传》是道宣为南朝梁代初叶到唐贞观十九年四百二十九位高僧立的传，他与智岩、闾丘胤为同时代的人，因此其记载较为可信。

《续高僧传》中所记载的丽州在历史上只存在了四年。《元和郡县志》卷二十六“婺州”条云：“武德四年，讨平李子通，置婺州。”[②]又“永康县”条云：“武德四年，于县置丽州，八年废。”[③]也就是说，闾丘胤担任丽州刺史最晚不过武德八年。但在“伪序”[④]中，闾丘胤却是以台州诸军事守刺史，即台州刺史的身份出现的。余嘉锡先生据陈耆卿《嘉定赤城志》卷八秩官门，认为贞观十六年(642年)至贞观二十年(646年)，台州刺史为闾丘胤，并言：“耆卿此表，系咸平间知州事曾会所作《壁记》(按：曾会所作《台州郡治厅壁记》)。”[⑤]

---

① (唐)道宣撰：《续高僧传》，卷第二十一，《丹阳沙门释智岩传》，《高僧传合集(上)》，上海：上海古籍出版社，2011年，第279页下。

② (唐)李吉甫撰，贺次君点校：《元和郡县图志》，卷二十六，《江南道二》，北京：中华书局，1983年，第620页。

③ 《元和郡县图志》，卷第二十六，《江南道二》，北京：中华书局，1983年，第621页。

④ 余嘉锡《四库提要辨证》卷二十《集部一·寒山子诗集二卷附丰干拾得诗一卷》证明了《寒山子诗集序》为伪作，因此将其简称为“伪序”。北京：中华书局，1980年，第1251页。

⑤ 余嘉锡：《四库提要辨证》，卷二十，《集部一·寒山子诗集二卷附丰干拾得诗一卷》，第1251页。

正如余嘉锡先生所言,《嘉定赤城志》卷八中确有多处注明“壁记”。如记咸亨四年李瑶为台州刺史,其下注为:“《壁记》作李播,今按唐宰相世系表云‘李璠历房、郢、台三州刺史’。是《壁记》为播也,又咸亨书四年,《壁记》作五年。”①而笔者所见《嘉定赤城志》关于闾丘胤的记载、描述与余嘉锡先生在《四库提要辨证》中所描述的一样,且版本均为《宋元方志丛刊》之《嘉定赤城志》(以下简称“赤城志”):

> 正观(按:应为“贞观”,避宋讳改。)十六年郡守为“闾邱”,其下注:“太祖御讳下一字。”②

然再检《四库全书》本《嘉定赤城志》,卷八《秩官门》贞观十六年,郡守并非“闾丘胤”而是“徐勇”,且“历代郡守”栏亦从未见闾丘胤之名。这样一来,有关贞观十六年台州刺史的文献记载就出现了分歧,到底哪种记载更加真实可靠呢?

《宋元方志丛刊》之《嘉定赤城志》是时为陕西扶风县知县宋世荦所重新刊刻的:

> 台郡有志,自宋陈筼窗(耆卿)《赤城志》。集十数年参考之功,纴千百载阙遗之迹,词旨博赡,笔法精严,称杰构焉。明弘治间,谢方石祭酒(铎)尝重梓之,版已散佚。友人洪筠轩别驾(颐煊)、郭石斋茂才(叶寅)各得残册,交互影钞,遂成全帙。(世荦)又从两家钞得之,谋授剞劂,未遑也。戊寅官陕,中有《台州丛书》之役,此册适在箧笥,亟付棘。③

由其记载,可知他所重刊的《嘉定赤城志》所采用的两个版本及其来源:一是当时其在陕西扶风县任官时所见到的,存于《台州丛书》中的本子;二是好友洪颐煊、郭叶寅所存有的残卷。且其云:“明弘治间,谢方石祭酒(铎)尝重梓之,版已散佚。”由此可见,宋氏在重刊《嘉定赤城志》时,采用的是当时已经比较罕见的明代刊本。

而据叶珠红女士所见,《四库全书》本《嘉定赤城志》是清代官修《四库全书》时从两淮马裕家所藏的抄本收入的。今检中国第一历史档案馆编《纂修四库全书档案》,有六条从两淮马裕家得书的记载:

> 四七　谕军机大臣著李质颖查访淮阳马姓家等家藏书借抄呈抄
> 　　　乾隆三十八年闰三月初三日
> 五〇　两淮总督高晋等奏查无《永乐大典》佚本及访得马裕袁枚家书籍摺
> 　　　乾隆三十八年闰三月十五日
> 五二　两淮盐政李质颖奏解送马裕家书籍摺
> 　　　乾隆三十八年闰三月二十日
> 五四　寄谕两江总督高晋等善为询觅马裕家古书善本
> 　　　乾隆三十八年闰三月二十八日
> 五六　两淮盐政李质颖奏续呈马裕家藏及总商等访得书籍摺
> 　　　乾隆三十八年四月初六日

① (宋)陈耆卿:《宋元方志丛刊·嘉定赤城志》,北京:中华书局,1989年,第7338页。
② 《宋元方志丛刊·嘉定赤城志》,第7337页。
③ 《宋元方志丛刊·嘉定赤城志》,第7277页。

六二　两淮盐政李质颖奏进呈高晋等送到原书暨密访马裕家再无密藏摺
乾隆三十八年四月十九日①

为了编纂《四库全书》，乾隆帝下诏全国征书，各省督、抚、学政采访各地遗书，送《四库全书》馆备用，并提出了征集书籍的具体办法："在坊肆者或量为给价，家藏著或官为装印，其有未经镌刻只系钞本留存者，不妨缮录副本，仍将原书给还。"②可是诏令发出一年后全国并没有多少动静，乾隆开始意识到地方官员和藏书家心存疑虑，担心所呈缴的书有"违碍"之处，招来祸患。于是乾隆在三十八年三月的上谕中说："揆之事理人情，并无阻碍，何观望不前一至于此？必系督抚等因遗篇著述并非出一人，疑其中或有违背忌讳字面。恐涉互干碍，预存宁缺毋滥之见，藏书家因而窥其意指，一切秘而不宣，甚无谓也。"③之后乾隆还为此作出了相应的解释，让藏书家们解除疑虑，似乎收藏什么书都无关紧要。在这种背景下，身为江浙一带有名藏书家的马裕捐书七百多种，其中就包括陈耆卿所刊刻的《嘉定赤城志》。

最初，乾隆皇帝要查缴的书籍主要是明末清初诋毁清朝以及带有反清色彩的书籍，可是后来，查禁的范围却扩大到了宋元时期。到了最后，甚至各地的方志都划在了查禁的范围之内："各省地方志内，如载有应毁各书名目以悖妄著书人诗文者，一概铲削。"④乾隆命令各省督抚，把省、府、州、县志书均细心查核一遍，如志书内录有禁毁的诗文，与之相关的人名、书名都要一起毁掉，而志书中"忤逆"、"诋毁"的条目也须一概删削。如此一来，陈氏所刊刻的《嘉定赤城志》中存在的"忤逆"、"诋毁"条目也不例外。原本中，贞观十六年台州刺史本为闾丘胤，可能是因为其"胤"字触犯了乾隆皇帝的父亲、雍正皇帝爱新觉罗·胤禛的名讳，所以馆臣们在乾隆《查办违碍书籍条款》的指导下删除了"闾丘胤"之条目而采"徐勇"条补之于"贞观十六年"之下。由此可见，《宋元方志丛刊》之《嘉定赤城志》中的记载比四库本《嘉定赤城志》的记载更为可信，准确度也更高。

今无论《四库全书》本《嘉定赤城志》卷八《秩官门》，还是宋氏所重刊的《嘉定赤城志》卷八《秩官门》，均存有这样的小序：

> 自罢侯置守，更累世之承袭而为三年之迁。易事大异，然得人则治、否则乱，亦无以异也。台自汉置回浦，厥后或郡或县，废置不等。长民之吏难零落千载，而其磊落落以治行著，观者光芒注射，亦曷尝有古今哉？按曾守会创《壁记》，起唐武德赵达，前此弗著而后此遗误。乃随本年次序，而博采传记，补其逸者五十有三人，其岁月异同则各附见于其末。盖郡之司命在守，当详实不可遗也。事难备载，摘其要以列于下方云。⑤

---

① 中国第一历史档案馆编：《纂修四库全书档案》，上海：上海古籍出版社，1997年，第7—10页。

② 《纂修四库全书档案》，第351页。

③ 《纂修四库全书档案》，第978页。

④ 王重民：《办理四库全书档案》，北京：国立北平图书馆，1934年。转自郭向东：《〈四库全书〉编撰与中国古文献之劫难》，《图书与情报》，2004年第2期，第15页。

⑤ 影印文渊阁《四库全书》，史部二四四，地理类，《嘉定赤城志》卷八《秩官门一》，台北：商务印书馆，1986年，第628页。

可见陈氏在编撰刊刻《嘉定赤城志》时,除了阅读对照《天台郡治厅壁记》并以其为参考外,还大量收集和阅读了当时存有的众多文字记载,包括一些史籍、佛教书籍以及寺碑,例如《旧唐书·经籍志》《新唐书·艺文志》《国史补》《翰林志》《经史释题》《天台集》《大慈寺智顗画像赞》《唐佛窟禅归塔铭》《僧怀王传碑》等。且如其所言:"会黄去,匆匆仅就,未备也,束其稿十年矣。"即前太守黄氏已收集了大量的材料准备编撰地方志,所以《赤城志》中关于各时、各州刺史的任官情况较为可靠。从宋世荦嘉庆戊寅(1818年)所重刊的《嘉定赤城志》之卷八《秩官门》看,每个年份下都会对应出现太守的名字。有些太守名下有标注,说明当时所存文献中的关于各时、各地太守(刺史)的记载与陈氏所掌握的信息有出入,陈氏以标注的形式加以订正;有些太守名下无标注,即说明当时文献中的关于各时、各地太守(刺史)的记载与陈氏所掌握的信息一致。例如,龙朔二年太守李元名下就标注有两行竖排小字:

> 《壁记》作李元真,按《临海》《黄岩》二旧志皆无"真"字。但一云正观八年,一云上元元年,皆不可晓。今姑从其旧云。①

由此可见,陈氏将"壁记"中的信息与自己所掌握的信息进行了对比,如有不同之处便逐一标注其后,可见陈氏在编撰、刊刻此志时所持之谨慎态度。但是,正(应为"贞")观十六年"闾邱"条下除了标注其讳一字外,均无其他标注:

> 正观(按:应为"贞观",避宋讳改。"下同")十六年郡守为"闾邱",其下注:"太祖御讳下一字。"②

由上文可知,陈氏在记录贞观十六年台州刺史闾丘胤时,除了避宋太祖的"御讳"之外,其所掌握的相关信息与"壁记"或者其他文献中的记载一致。

今《全宋文》卷二七二收录有曾会《台州郡治厅壁记》云:

> 及今皇宋,混一区宇,太平兴国三载,凡一百二十六政,总三百六十一年,历记存焉。今自武德后,至于混一区宇之始,凡刺史名姓,谨列于后。③

可见,曾会将唐高祖武德年间至宋太祖时期台州历代郡守的情况均详尽地记录下来,于是便有了陈氏所作《赤城志》中"壁记"的出现。而陈耆卿将"壁记"中郡守信息与自己掌握的郡守信息进行了比对,并将有出入的地方逐条进行了标注。可是,在贞观十六年"闾丘"条下,除了标注"太祖御讳下一字"外没有任何其他信息。这只能说明,"壁记"中出现的关于贞观十六年台州郡守的信息与陈氏所掌握的信息一致,贞观十六年——贞观二十年台州郡守确为闾丘胤。

既然道宣《续高僧传》卷二十《丹阳沙门释智岩传》已记载有"丽州刺史闾丘胤",而陈氏《嘉定赤城志》卷八《秩官门》中又记贞观十六年至贞观二十年台州刺史为闾丘胤,那么历史上是否有两人同名为闾丘胤?非也。今检阅各种文献及相关材料,历史上并不存在第二个复姓闾丘氏为刺史(郡守)。按记载,闾丘胤担任丽州刺史的年限

---

① 《宋元方志丛刊·嘉定赤城志》,第7338页。

② 《宋元方志丛刊·嘉定赤城志》,第7337页。

③ 曾枣庄:《全宋文》,第十三册,合肥:安徽教育出版社,2006年,第374页。

为武德八年(625)。据余嘉锡先生分析:

> (闾丘)胤盖从张镇州与讨李子通之役,贼平,朝廷赏功,故析置丽州,以胤为刺史。至八年州废,胤必改官,及贞观十六年,复出刺台州,前后相距二十年(按:丽州废州到闾丘胤贞观十六年出任台州刺史,实际相差十八年,并非余嘉锡先生所言二十年),其为一人无疑。①

综上可见,闾丘胤在武德四年(621年)至武德八年(625年)间担任丽州刺史,时隔十八年后,又于贞观十六年(642年)至贞观二十年(646年)间任台州刺史,闾丘胤在历史上实有其人。

(作者单位:西南科技大学文学与艺术学院)

① 余嘉锡:《四库提要辨证》卷二十,《集部一·寒山子诗集二卷附丰干拾得诗一卷》,第1254页。

裴骃《史记集解》所见《左传》古注浅析*

方　韬

南朝宋裴骃《史记集解》是今存最早的《史记》古注。它不仅在《史记》研究史上有着崇高的地位，而且对经学研究亦有不可忽视的价值。太史公编撰《史记》利用了《尚书》《诗经》《左传》《论语》《孟子》等经学文献，故裴骃注《史记》大量参考了汉晋的经书古注，因此《史记集解》成为我们考察汉晋经学的宝库。遗憾的是，学界对《史记集解》中的经学问题尚乏人关注①，故笔者不揣浅陋，试以《集解》中所见《左传》古注为例，略作探讨。

《史记》所用《左传》材料主要集中在本纪、世家、列传中，尤以世家为最。总计有《五帝本纪》《夏本纪》《周本纪》《秦本纪》《吴太伯世家》《齐太公世家》《鲁周公世家》《管蔡世家》《陈杞世家》《卫康叔世家》《宋微子世家》《晋世家》《楚世家》《越王勾践世家》《郑世家》《赵世家》《魏世家》《韩世家》《田敬仲完世家》《孔子世家》《管晏列传》《孙子吴起列传》《伍子胥列传》《仲尼弟子列传》《封禅书》《十二诸侯年表》二十余篇。除《韩世家》《田敬仲完世家》《管晏列传》《孙子吴起列传》《伍子胥列传》《仲尼弟子列传》《封禅书》《十二诸侯年表》外，其他十八篇裴骃皆用《左传》古注为《史记》相关内容做解。据笔者统计，汉晋《左传》注见于《史记集解》者共五家：郑众、贾逵、服虔、王肃、杜预②。从条目上看，郑众注 5 条，贾逵注 220 条，服虔注 313 条，王肃注 26 条，杜预注 279 条。显然，贾逵、服虔、杜预三家构成裴骃所引《左传》注的主体。值得注意的是，贾逵、服虔两家之和远多于杜预，说明在南朝初年《左传》杜氏学可能并无优势，其影响甚至不如贾逵、服虔③。从注者的时代看，郑众、贾逵为东汉早期，服虔为东汉末

---

* 本文系国家社科基金后期资助项目“杜预《春秋经传集解》研究”(15FZW006)，中央高校基本科研业务费专项资金资助(SKZZX2013007)，全国高校古委会直接资助项目“《杜预集》辑校笺注”(1308)的阶段性成果。

① 裴骃《集解》研究的论文较少，期刊论文有应三玉《〈史记集解〉考》，《古籍整理研究学刊》2005 年第 2 期；张振军《从〈高祖本纪〉看〈史记集解〉的特点与价值》，《文史哲》2013 年第 1 期。前者主要考察这种“集解”体的产生及特点，后者以《高祖本纪》为例细致分析了《史记集解》的特点并指出其文献价值。学位论文有李健伟《略论〈史记集解〉的文献学成就》，安徽大学硕士论文 2005 年；李智耕《〈史记集解〉研究》，南昌大学硕士论文 2005 年等。但从经学角度研究《史记集解》者尚未见。

② (清)王鸣胜《十七史商榷》卷一云：“(《史记集解》)于《左传》则引贾逵、郑众、服虔注，不但杜预。”仍遗漏王肃注。王鸣盛《十七史商榷》，1959 年，商务印书馆。

③ 《南齐书·陆澄传》：“永明元年……时国学置郑、王《易》，服、杜《春秋》……(陆澄)乃与(王)俭书论之曰：……《左氏》太元取服虔，而兼取贾逵《经》，由服传无《经》，虽在注中，而传又有无《经》者故也。今留服而去贾，则《经》有所阙。案杜预注《传》，王弼注《易》，俱是晚出，并贵后生。杜之异古，未如王之夺实。祖述前儒，特举其违。又《释例》之作，所弘惟深。”据此，东晋孝武帝太元(376—396)时国子学左氏经、传仍分别用服虔、贾逵本，齐武帝永明元年(483)国子学《春秋》杜、服并立。可能在齐代之前，杜氏影响不如贾、服。(梁)萧子显《南齐书》卷三九《陆澄传》，北京：中华书局，1972 年，第 684 页。

期，王肃、杜预分属于三国、西晋，时间跨度约200年。而这200年恰是《春秋》左氏学由边缘走向中心的关键时期。裴骃生晋宋之际，当其时五家《左传》注并传无疑。因此，裴骃《史记集解》保存的《左传》古注对《左传》学研究具有不可替代的价值。但限于条目，本文暂不拟讨论郑众、王肃两家注。而贾逵、服虔注与杜预注之关系，自清代来一直是学者们关注的焦点，而裴骃注则为重新考察三者的关系提供了绝佳的视角。

面对纷繁的注释，从总体上把握裴骃所引三家《左传》注显得十分必要。太史公据《左传》修《史记》基本不涉《春秋》义理，所采《左传》内容多为历史事实。那么，构成史事的基本要素人物、处所就必为注释者关注[①]，而事件的深层内涵多体现在注释者对文句大义的疏解中，此外，史事中涉及的名物语词也是注释者应为读者扫除的障碍。因此，《史记集解》所引《左传》注的主要内容表现在四方面：人物、地名、语词名物、文句大义。三家注的相关数据详见下表：

	人物	地名	语词名物	句义
贾逵	72	45	71	32
服虔	65	46	60	142
杜预	19	100	29	131

由上表可知：1. 裴骃对人物类注释的征引主要集中在贾逵、服虔两家，而杜预注中则出现了明显的下降；2. 语词名物类注释贾逵、服虔也远较杜预为多；3. 句义类注释服虔、杜预均比贾逵有大幅的增长；4. 地名类注释贾逵、服虔持平，而杜预则一枝独秀。根据裴骃的征引，我们对三家注轮廓有了粗浅的认识：东汉早期的贾逵注似长于名物的解释，尤其在人物注释上用力甚多；东汉末期的服虔亦擅长于名物训释，然其对《左传》句义的解释较贾逵有了长足的进步；鉴于汉魏诸儒在《左传》名物训释上已取得较高的成就，杜预则更专注于《左传》文义的阐释，并在地名注释上独树一帜。

必须指出的是，三家《左传》注流传至今仅杜预注为完帙，因此今本杜注就成为考察《史记集解》所引诸家的基本参照[②]。本文试图将裴骃所取杜预、贾逵、服虔注与今本杜预注进行比勘分析，以期能深入探讨裴骃去取《左传》三家注的特点及晋宋时期《左传》学发展的某些规律。限于篇幅，本文先讨论杜预、贾逵两家。

一、《史记集解》所见《左传》杜预注考析

据杜预《春秋经传集解后序》载，《左传》注完成在太康三年（282）[③]，但杜注文义

---

① 由于《史记》叙事的时间比较清晰，又有年表为辅翼，故裴骃注基本不涉及时间。

② 为便于查阅，《史记集解》用北京中华书局《史记》三家注点校本，1982年第2版，1998年第15次印。《春秋经传集解》用上海古籍出版社点校本，1997年第1版第1印。

③ 《春秋左传注疏》卷六十载杜预《后序》云："去今太康三年"知杜预最后完成《集解》当不晚于晋武帝太康三年。（西晋）杜预、（唐）孔颖达：《春秋左传注疏》，阮元校刻《十三经注疏》（第6册），台北：艺文印书馆，2002年，第1063页。

质直,初未受时人重视[①]。现存文献中首次大量征引杜注者恰是《史记集解》,而裴骃去杜预不过二百年,《史记集解》对研究杜注接受的价值不言而喻。下文将《史记集解》所引杜注与今本杜注相核,从地名注释、句义注释、名物语词训释三类对《史记集解》略作研讨。

其一,《史记集解》引杜注最引人瞩目者为地名注释,约100条,占总数279条的36%。其中,裴氏尤为重视杜预以今地注释古地的内容,即标明春秋古地在今某郡某县某方位者。此类约87条,成为裴氏所引杜预地名注的主体。若将《史记集解》所引杜注地名与今本比勘,可略知裴氏征引之特点:

裴骃所引杜注地名主体皆同于今本。例如,《宋微子世家》:"十二年春,宋襄公为鹿上之盟,以求诸侯于楚,楚人许之。"《集解》:"杜预曰:'鹿上,宋地。汝阴有原鹿县'。"[②]《春秋》僖二十一年杜注与此全同。有时《史记》地名的用字偶与《左传》不同,但裴骃仍据杜注为解,不改字。《齐太公世家》:"冬十二月,襄公游姑棼,遂猎沛丘。"《集解》:"杜预曰:'乐安博昌县南有地名贝丘。'"[③]显然,杜注"贝丘"与《史记》"沛丘"并不对应。然《史记》之文据《左传》庄八年:"冬十二月,齐侯游于姑棼,遂田于贝丘"[④],故裴骃径引杜注而不改。有时,裴骃所取杜注或有省略,但基本内容仍同与今本。如《晋世家》:"乃与晋侯盟王城而许之归。"《集解》:"杜预曰:'冯翊临晋县东有王城。'"[⑤]考《左传》僖十五年杜注:"王城,秦地,冯翊临晋县东有王城,今名武乡"[⑥]可知,裴骃虽略去前后数语,然所取内容仍与杜氏一致。

裴骃所引杜注地名有为今本异文者。《管蔡世家》"夏,为晋灭沈",《集解》:"杜预曰:'汝南平舆县北有邥亭。'"[⑦]考《春秋》文三年杜注作"汝南平舆县北有沈亭"[⑧],而今传诸本杜注皆作"沈亭"。《广韵》云:"沈,国名。古作'邥'。亦姓,出吴兴。本自周文王第十子聃季,食采于沈,即汝南平舆沈亭是也。"[⑨]可知裴骃所引杜注"邥"字为"沈"之古文。今虽不能据此认为杜注原文作"邥",但《史记集解》异文的校勘价值是不容忽视的。

裴骃所引杜注地名异与今本者。《楚世家》:"十三年,灭舒。"《集解》:"杜预曰:'庐江六县东有舒城也。'"[⑩]《左传》记楚灭舒在宣八年,但杜预注舒地则早在文十二年"群舒叛楚":"今庐江南有舒城,舒城西南有龙舒。"[⑪]且杜预另撰《春秋释例·释地篇》云"庐江六县西南有龙舒城"[⑫],亦与裴氏所引"六县东"不同,未知其据何本。有时,裴骃引杜注地名或有脱漏。《秦本纪》:"缪公于是复使孟明视等将兵伐晋,战于彭

① 《晋书·杜预传》:"当时论者谓预文义质直,世人未之重,唯秘书监挚虞赏之。"(唐)房玄龄等:《晋书》,北京:中华书局,1974年,第1032页。

② (西汉)司马迁撰,(南朝宋)裴骃集解:《史记》卷三十八,北京:中华书局,1982年,第1626页。

③⑤⑦ 《史记》,第1485、1654、1569页。

④ (西晋)杜预:《春秋经传集解》卷三,上海:上海古籍出版社,1998年,第144页。

⑥⑧ 《春秋经传集解》,第300、432页。

⑨ (宋)陈彭年等编:《广韵》四十七寝,南京:江苏教育出版社,2002年,影印宋本第94页。

⑩ 《史记》,第1701、192、197、1626、1494、1501页。

⑪ 《春秋经传集解》,第481、425、309页。

⑫ (西晋)杜预撰,孙星衍辑校:《春秋释例》卷六,北京:中华书局,1985年,第241页。

衙。”《集解》:“杜预曰:‘冯翊合阳县西北有衙城。’”①此注为《春秋》文二年杜注,原文为“冯翊合阳县西北有彭衙城”②,疑裴骃漏一“彭”字。

此外,杜预无法指称古地今之所在的,律以其属国名之。此类裴骃虽仅引10余条,亦不可忽视。例如,《秦本纪》:“十五年,救郑,败晋兵于栎。”《集解》:“杜预曰:‘晋地也。’”③又如《宋微子世家》:“秋,诸侯会宋公盟于盂。”《集解》:“杜预曰:‘盂,宋地。’”④核之今本杜注,与裴氏所引皆同。

南北朝时期,杜氏地理类注释最先得到学者们认可。在裴骃大量征引之后,梁刘昭《续汉书》注亦引用杜氏地名注多达二百多条,而北魏郦道元注《水经》也格外关注杜注及其《春秋释地》,征引百余条。对于杜氏在地名注释上的成就,郑樵《通志》评价甚高:“当其杜氏之理星历地理也,如羲和之步天,如禹之行水。”⑤可见,裴骃对杜预地名注释的肯定与后代学者的判断是大体一致的。

其二,从条目而言,《史记集解》征引最多的是杜预对《左传》句义的解释,多达130余条。而裴骃征引此类注释,除多数条目直录原文外,其他条目的处理远较地名类注释复杂:当《史记》文本与《左传》不同时,裴氏或据《史记》内容删改杜注;有时《史记》《左传》文本基本一致,裴骃或据其理解修改杜注。

先看裴氏据《史记》内容删改杜注。

1.《史记》文本与《左传》有异,裴氏删去杜注与《史记》不合的内容。

(1)《史记》与《左传》人名不同,裴骃删杜注。《齐太公世家》:“雍巫有宠于卫共姬,因宦者竖刀以厚献于恒公,亦有宠,桓公许之立无诡。”《集解》:“杜预曰:‘易牙既有宠于公,为长卫姬请立。’”⑥《史记》此文本诸《左传》僖十七年,然《左传》称卫共姬子为“武孟”,与《史记》“无诡”不同。而杜注原文为:“易牙既有宠于公,为长卫姬请立武孟。”⑦“武孟”之名与《史记》不协,故裴骃删去。

(2)《史记》与《左传》语词不同而裴骃删杜注。《齐太公世家》:“陪臣争趣有淫者,不知二命。”《集解》:“杜预曰:‘言得淫人,受崔子命讨之,不知他命也。’”⑧《史记》此文本《左传》襄二十五年,唯《史记》改《左传》“干掫”为“争趣”。而《左传》杜预注云:“干掫,行夜。言行夜得淫人,受崔子命讨之,不知他命。”⑨由于太史公变换《左传》文字,故裴骃将杜预注释“干掫”的内容皆删去。

(3)《史记》删改《左传》文字而裴骃复删杜注者。《晋世家》:“秋,狐突之下国,遇申生,申生与载而告之曰”,《集解》:“杜预曰:‘忽如梦而相见。狐突本为申生御,故复使登车。’”⑩《史记》本诸《左传》僖十年:“秋,狐突适下国,遇太子,太子使登仆而告之曰。”显然《史记》突出了狐突与申生共乘,而《左传》中仍然是严格的主仆关系。故杜注原文云:“故复使登车为仆”⑪,而裴氏删去了“为仆”二字。

---

①③④⑥⑧ 《史记》,第1701、192、197、1626、1494、1501页。

②⑦ 《春秋经传集解》,第481、425、309页。

⑤ (宋)郑樵:《通志·艺文略一》卷六十三,北京:中华书局,1987年,第759页。

⑨⑪ 《春秋经传集解》,第1026、277、1376、1801、217、1802页。

⑩ 《史记》,第1651、1711、1541、1509、1634、1511页。

2.《史记》文本与《左传》有异,裴氏据《史记》文字改杜注。

(1)《史记》人名与《左传》异,裴骃据《史记》改杜注。《楚世家》"子比在晋十三年矣,晋、楚之从不闻通者,可谓无人矣",《集解》:"杜预曰:'晋、楚之士从子比游,皆非达人。'"①《左传》昭十三年载其事"子比"作"子干",杜预注云"晋、楚之士从子干游,皆非达人"②,显见裴骃改"子干"为"子比"。

(2)《史记》语序与《左传》不同,裴骃据《史记》改杜注。《鲁周公世家》"季氏与郈氏斗鸡",《集解》:"杜预曰:'季平子、郈昭伯二家相近,故斗鸡。'"③《左传》昭二十五年载其事云:"季、郈之鸡斗。"杜预注:"季平子、郈昭伯二家相近,故鸡斗。"可见,裴骃据《史记》将杜注原文"鸡斗"改为"斗鸡"。

(3)《史记》改写《左传》文,裴氏据《史记》文义改杜注。《齐太公世家》"初,田豹欲为子我臣,使公孙言豹",《集解》:"杜预曰:'言,介达之意。'"④ 而《左传》哀十四年:"初,陈豹欲为子我臣,使公孙言己",杜预注:"言己,介达之。"⑤ 由于《史记》易"己"为"豹",则杜注原文"言己"无处着落,因此裴骃删去注文"己"字,用杜注"介达"之文解释"言"字。

再看裴骃据己意改动杜注。

1. 裴骃嫌杜注简略,故增字补足句义。《晋世家》:"毕万之后必大。万,盈数也;魏,大名也。以是始赏,天开之矣。天子曰兆民,诸侯曰万民,今命之大,以从盈数,其必有众。"《集解》:"杜预曰:'以魏从万,有众多之象。'"⑥ 而《左传》闵元年所述唯"开"作"启"。杜预注:"以魏从万,有众象。"⑦ 裴氏增加"多之"两字,使众多之意更明确。

2. 裴骃对文义的理解或与杜预不同,有时删杜注。《齐太公世家》"公与妇人饮酒于檀台,成子迁诸寝。公执戈将击之",《集解》:"杜预曰:'疑其作乱也。'"⑧《左传》哀十四年所述与《史记》同,杜预注:"疑其欲作乱。"⑨ 杜预认为齐简公怀疑陈成子将要作乱,而裴骃删"欲"字,则认为简公怀疑成子已经为乱。

3. 裴骃改杜注所用古训,疑其对经书的理解与杜预不同。《晋世家》:"君子曰:'《诗》所谓"白珪之玷,犹可磨也,斯言之玷,不可为也"'。"《集解》:"杜预曰:'《诗·大雅》,言此言之玷难治甚于白珪。'"⑩《左传》僖九年引《诗》于此同,唯"珪"作"圭"。杜预注:"《诗·大雅》。言此言之缺难治甚于白圭。"⑪ 裴骃易"缺"为"玷"。其实,杜注此说本《诗·大雅·抑》毛传:"玷,缺也。"孔颖达《毛诗正义》云:"白玉为圭,圭有损缺,犹尚可更磨鑢而平。"⑫ 显然,玷应作损缺之义。而裴骃仍用"玷",疑其解"玷"为玉之斑点。年辈略长于裴骃的何承天《重答颜永嘉书》云:"夫良玉时玷,贱夫指其瑕;望舒抱魄,野人睨其缺,岂伊好辩?"⑬ 即以玷为玉上之瑕斑。刘勰《文心雕龙·指瑕》

①③④⑥⑧ 《史记》,第1651、1711、1541、1509、1634、1511页。

②⑤⑦⑨ 《春秋经传集解》,第1026、277、1376、1801、217、1802页。

⑩ 《史记》,第1649、1455、1647、1457页。

⑪ 《春秋经传集解》,第272、1129页。

⑫ (东汉)郑玄、(唐)孔颖达等:《毛诗注疏》,阮元校刻《十三经注疏》(第2册),台北:艺文印书馆,2007年,第646页。

⑬ (梁)僧佑:《弘明集》卷四,四部丛刊初编,上海:上海书店,1989年。

亦云："凡巧言易标，拙辞难隐，斯言之玷，实深白珪。"[①]此说亦与裴氏相近。

由上可知，裴骃引杜预文义类注释绝非简单直录原文，而是据注释《史记》需要做适当裁剪，有时甚至按自己的理解改动杜注，最终实现变《左传》杜注为《史记》注的目标。

其三，由于名物训释非杜预所长，故《史记集解》对其征引亦远逊前两类，仅40余条，基本抄录原文。譬如，《吴太伯世家》："美哉，思而不贰，怨而不言，其周德之衰乎?"《集解》："杜预曰：'衰，小也。'"[②]而《左传》襄二十九年杜注亦同。再如，《晋世家》："虢仲、虢叔，王季之子也，为文王卿士，其记勋在王室，藏在于盟府。"《集解》："盟府，司盟之官也。"[③]《左传》僖五年所述与《史记》基本一致，杜预注："盟府，司盟之官"亦与裴骃所引同。此类较多，本文不再胪列。

附带提及的是，裴骃注中疑有未标为杜预注而实用杜氏者。《吴太伯世家》："故晏子因陈桓子以纳政与邑，是以免于栾高之难。"《集解》："难在鲁昭公八年。"[④]核《左传》襄二十九年与《史记》所述全同，而杜注云"难在昭八年"[⑤]，裴骃此条实取杜预为注，唯增一"鲁"字，疑裴氏漏署杜氏之名。据此，裴骃所引杜注至少为280条。

综上，从《史记集解》征引杜预注来看，裴骃最认可的是其地名注解与句义阐释，而此亦合与后人对杜注的基本认识，这说明南朝早期的学者对杜注的特点与价值已有准确的体认。必须指出的是，裴骃征引杜注并非简单直录原文，而是充分顾及注释对象《史记》的需要，不惜对杜注进行改动。这种有意的改动说明裴骃不仅善于汇聚前人古注，还有自己的选择与思考。由此推断，裴骃对《左传》贾逵注、服虔注等的征引也不可能尽为原貌，故文献辑佚者应对此保持警惕。

二、《史记集解》所见《左传》贾逵注考析

贾逵(30—101)，字景伯，东汉扶风平陵人，著名经学家。其父贾徽曾受学刘歆，逵具传其学。贾逵著《春秋左传解诂》三十卷，《史记集解》所引贾逵《左传》注当为此书。然自孔颖达《左传正义》以来，经学家常将贾逵注与服虔注相提并论，通称贾服注。但从《史记集解》的征引可知，贾注、服注截然分明。盖因裴骃所注《史记》乃史学著作，与经学之《春秋》《左传》无涉，自可择善而从。我们亦藉此得略窥贾注、服注各自之特点。

今将《集解》所引《左传》贾注与今本杜注对勘，藉此考察裴骃在杜注、贾注间的去取，亦可知杜注、贾注之关系，进而探究贾注的特点。从裴骃的实际选择来看，大致可分四类：其一，杜注沿袭贾注，裴骃用贾注；其二，杜预有未注而贾逵注者，裴骃用贾注；其三，杜注、贾注相异，裴骃弃杜而用贾；其四，杜注、贾注相异，裴骃两注并存。试分别言之。

---

① 范文澜：《文心雕龙注》，北京：人民文学出版社，1958年，第638页。

②③④ 《史记》，第1649、1455、1647、1457页。

⑤ 《春秋经传集解》，第272、1129页。

其一,杜注沿袭贾注,裴骃用贾氏。裴骃注释《史记》时,显然仔细甄别过《左传》注。凡杜注与贾注基本相同者,裴骃无一例外皆用贾注。以今天的观念来看,裴骃无疑有着清晰的史源意识。《史记集解》征引贾注220条,而杜注与贾注基本相同者约125条,占总条目的57%。细致分析,可知有以下特点:

1. 杜预注所沿袭之贾逵注,最突出的是关于《左传》人物及其关系的注释。前文揭贾逵注涉及人物类者72条,而杜预同于贾氏竟有54条。据此推知,杜预人物注释类或当主要继承贾逵注之成果。此类注释中尤以两者全同者居多。譬如《周本纪》:"庄王四年,周公黑肩欲杀庄王而立王子克。"《集解》:"贾逵曰:'庄王弟子仪也。'"[①]《左传》桓十八年述其事,杜预注:"王子克,庄王弟子仪。"[②]有时,杜预虽沿用贾注的基本内容,但略有删改。《晋世家》:"小子元年,曲沃武公使韩万杀所虏晋哀侯。"《集解》:"贾逵曰:'韩万,曲沃桓叔之子,庄伯弟。'"[③]而桓三年《左传》杜预注云:"韩万,庄伯弟也。"[④]删去"曲沃桓叔之子"六字。当然,杜预也有补充贾注者。《晋世家》"命赵衰为卿,栾枝将下军",《集解》:"贾逵曰:'栾枝,栾宾之孙。'"[⑤]《左传》僖二十七年杜预注:"栾枝,贞子也,栾宾之孙。"[⑥]杜氏在贾注上补充了栾枝的谥号"贞子",给读者提供的信息显然更完整。由于《左传》人物的身份、称谓、相互关系等相对固定,留给注释者发挥的空间非常有限,因此东汉早期贾逵完成这些注释后,继承就成为杜预的首要工作。

2. 杜预注所沿袭之贾逵注,名物解释与语词训释亦占较大比重。总计40余条,占裴骃所引贾逵同类注释71条之大半。譬如,《齐太公世家》:"晋使郤克以车八百乘为中军将",《集解》:"贾逵曰:'八百乘,六万人。'"[⑦]《左传》述郤克伐齐在成二年,杜预解"八百乘"云"六万人"正取贾逵注。有时,杜预在贾逵注的基础上有所增删。《秦本纪》:"乃与晋军盟,许归之,更舍上舍,而馈之七牢。"《集解》:"贾逵曰:'诸侯雍饩七牢。牛一羊一豕一为一牢也。'"[⑧]考《左传》僖十五年杜预注:"牛、羊、豕各一为一牢。"[⑨]杜氏未解七牢而仅说明一牢之制,其文据贾注删减而成。有时,杜预亦对贾逵注略加增饰。《齐太公世家》:"齐桓公欲以为卿,让;于是以为工正。"《集解》:"贾逵曰:'掌百工。'"[⑩]考《左传》庄二十二年杜预注"百工"云"掌百工之官"[⑪],两者解释的角度略有不同:贾氏侧重说明工正的职责,而杜氏则侧重对工正职官的界定,然杜氏据贾逵注增饰无疑。较名物解释,杜预在语词训释上径用贾注者更多。甚至同一语词多次出现,裴骃每次援引贾逵注,而对应之杜注竟与贾注全同。《齐太公世家》:"及即位,断丙戎父足,而使丙戎御。"《卫康叔世家》:"四十二年春,灵公游于郊,令子郢仆。"《晋世家》:"方会诸侯,悼公弟杨干乱行,魏绛戮其仆。"《集解》皆云:"贾逵曰:'仆,御也。'"虽前两者与后者有词性上的差异,但贾逵注的文字全同。考《左传》文十八年、哀二年、襄三年杜预注亦云"仆,御也",杜预沿袭贾逵之迹更是显明了。

3. 地名注释与句义诠释杜氏亦有沿袭贾逵者,但比例小于前二者。贾逵生于地

---

①③⑤　《史记》,第151、1639、1664页。

②④⑥　《春秋经传集解》,第128、78、366页。

⑦⑧⑩　《史记》,第1498、189、1488、1507、1639、1455、1501页。

⑨⑪　《春秋经传集解》,第301、181、1745、76、1126页。

学尚未发达的东汉早期，故其注释《左传》地名仅指出春秋属国之名。魏晋之际地名学得到长足发展，故杜预注《左传》地名重在以今释古。但春秋年代绵邈，不少地名已难确指今地，只能以其属国名之。此类地名注释杜预有10余条直接录自贾逵，仅占贾注同类45条的较小部分。譬如，《齐太公世家》"悼公入宫，使人迁晏孺子于骀"，《集解》："贾逵曰：'齐邑。'"①《左传》哀六年杜预注"骀"云："齐邑。"②与贾注全同。再如，《晋世家》"哀侯八年，晋侵陉廷"，《集解》："贾逵曰：'翼南鄙邑名。'"③而《左传》桓二年杜预注："陉廷，翼南鄙邑。"④惟略去"名"字。

杜预取贾逵诠释《左传》句义者虽仅16条，却占裴骃所引同类注之半数。显然，东汉早期左氏学非仅专注于名物训诂，对传文文义也有深入的探究。譬如，《吴太伯世家》："歌《颂》。曰：'至矣哉。'"《集解》："贾逵曰：'言道备至也。'"⑤此文记吴季札在鲁观乐，鲁为歌《周颂》，季札感慨周文王之道美善至极。此事见《左传》襄二十九年，杜预注云："言道备。"⑥显然用贾逵注。再如，《齐太公世家》"晏婴立崔杼门外"，《集解》："贾逵曰：'闻难而来。'"⑦此文载崔杼弑齐庄公后，晏子闻难来吊庄公事。而《左传》襄二十五年"晏子立于崔氏之门外"杜预注："闻难而来。"⑧与贾氏全同。

其二，杜预未注而贾逵有注者，裴骃用贾逵注。需要说明的是，对杜预未注而贾逵出注的判断，应建立在《史记》文本与《左传》高度重合的部分上。故而《史记》转录《左传》较完整的段落可视为《左传》的另本。从文本注释点的选择上，可窥见贾逵与杜预注释《左传》的不同旨趣。笔者统计，贾逵有注而杜预无注者约20条，不足裴骃征引贾注的十分之一。从类别上看，贾逵注而杜预无注最多者是人名，有近10例。如《齐世家》"逢丑父为齐顷公右"，《集解》："贾逵曰：'齐大夫。'"⑨对应《左传》成二年"逢丑父为右"杜预无注，且全书皆未注"逢丑父"。此外，《鲁世家》之"申繻"、《陈世家》之"申叔时"、《晋世家》之"宛春"、《赵世家》之"梁婴父"等，皆贾氏有注而杜氏皆无。可见，贾逵对人物的注释较为繁琐，故杜氏虽采用甚多，而遗弃者也不少。或许，杜预《春秋释例》有《世族谱》，《左传》人物尽见此书，故次要人物杜预不皆为注。此外，某些名物贾逵有注而杜预则不注。譬如，《晋世家》"虎贲三百人"，《集解》："贾逵曰：'天子卒曰虎贲。'"⑩而《左传》僖二十八年"虎贲三百人"杜预无注。而昭十五年"彤弓虎贲，文公受之"，杜氏亦不注。但就总体而言，贾杜注释点的相同处远多于其差异，显示出两人注释思路有某种相似性。

其三，贾逵注与杜预注相异，裴骃取贾注而弃杜注。这类注释条目不多，但有时能彰显贾杜的差异，反映出裴骃的某种取向。譬如，贾逵、杜预关于诸侯大夫与国卿身份判断的颇有不同。《卫康叔世家》"石碏谏庄公曰"，《集解》："贾逵曰：'石碏，卫上卿。'"⑪而隐三年《左传》杜预注："石碏，卫大夫。"⑫裴骃用贾注。《晋世家》"里克谏献公曰"，《集解》："贾逵曰：'里克，晋卿里季也。'"⑬闵二年《左传》杜预注："里克，晋

---

①③⑤⑦ 《史记》，第1498、189、1488、1507、1639、1455、1501页。

②④⑥ 《春秋经传集解》，第301、181、1745、76、1126页。

⑧⑫ 《春秋经传集解》，第1027、23、227、1197、999页。

⑨⑩⑪⑬ 《史记》，第1498、1667、1529、1643、1772、1500页。

大夫。"[①]裴骃取贾逵注。杜预认为,诸侯大夫凡书于《春秋》者皆国卿,故其对大夫与卿间的界限把握甚严,因此往往贾逵以为卿者而杜预认为大夫。而裴骃用贾逵注,或许意味着其并不认可杜氏此条例。此外,贾逵、杜预在地名等的解释上也有若干差异。譬如,《郑世家》:"高辛氏有二子,长曰阏伯,季曰实沈,居旷林。"《集解》:"贾逵曰:'旷,大也。'"[②]显然,贾氏认为"旷林"即大林。而昭元年杜预注:"旷林,地阙。"[③]杜预以旷林为地理专名,但无法考证出其今地,只能阙疑。二人对旷林理解不同,裴骃认为贾逵的说法更合理。再如,《齐太公世家》:"栾盈败,齐兵还,取朝歌。"《集解》:"贾逵曰:'晋邑。'"[④]而襄二十三年《左传》杜预注:"朝歌,今属汲郡。"[⑤]根据《史记》所述晋栾盈奔齐,与齐庄公合谋伐晋,然栾盈入曲沃先为晋所败,而接应的齐军虽退但却乘势攻占了晋国的朝歌。显然,裴骃认为两国交兵夺邑,注出城邑之属国即可,故不取杜氏今地之注。总上可见,裴骃取贾弃杜的原因是复杂的,应对相关文献逐条分析。

其四,贾注与杜注相异,裴氏两者并存。《史记集解》作为集解类注释的典型,其基本特点在于汇集诸家善注。故裴骃无法在贾杜间做出抉择时,往往两注并存,将继续探讨的空间留给读者。譬如,《吴太伯世家》:"为歌《周南》《召南》。曰:'美哉,始基之矣,犹未也。'"《集解》:"贾逵曰:'言未有《雅》《颂》之成功也。'杜预曰:'犹有商纣,未尽善也。'"[⑥]《史记》此述季札聘鲁观乐,初歌二《南》,季札以为此周王基之始,但犹有未尽。贾逵认为"未尽"是指二《南》未如《雅》《颂》之成功,李贻德《春秋左氏传贾服注辑述》阐发道:"若然《周南》《召南》不过为王化始基,若曰施齐正于天下,告成功于神明,犹未也。"[⑦]而杜预认为二《南》是周文王时诗,彼时商纣王尚存,故未为尽善。其实,两者的解释角度不同:贾逵从诗所表达的内容说明二《南》尚未到成功之时,而杜预则从二《南》产生的时代入手说明商纣仍在,周王朝大功未济,二说各自成理,故裴氏两存。有时,贾杜注的训释不同,裴骃亦两存。《吴太伯世家》:"遂灭有过氏,复禹之绩,祀夏配天,不失旧物。"《集解》:"贾逵曰:'物,职也。'杜预曰:'物,事也。'"[⑧]此文见《左传》哀元年。至今,"物"字仍无达诂。竹添光鸿《左氏会笺》云:"物如字。旧物,夏后氏旧所有物,谓版图也。不失旧物即上文复禹之绩是也。"[⑨]是以"物"为版图土地,而李贻德《春秋左氏传贾服注辑述》:"物,职者,《广雅·释诂》:'职,业也。'言不失旧业也。"[⑩]是以"物"为"职业",今人赵生群《左传疑义新证》承此说[⑪]。而《汉语大字典》以"物"为"典章制度"[⑫],与杜注接近。是今人亦难确诂其字。而裴氏并存两注为学界进一步的研究提供了文献基础。有时,贾杜注虽不相同,但其内容能互相补

①③⑤ 《春秋经传集解》,第1027、23、227、1197、999页。

②④ 《史记》,第1498、1667、1529、1643、1772、1500页。

⑥⑧ 《史记》,第1453、1471页。

⑦ (清)李贻德:《春秋左氏传贾服注辑述》,王先谦编《清经解续编》(第三册),上海:上海书店,1988年,第1007页。

⑨ [日]竹添光鸿:《左氏会笺》,成都:巴蜀书社,2008年,第2260页。

⑩ 《春秋左氏传贾服注辑述》,第1042页。

⑪ 赵生群:《左传疑义新证》,北京:人民文学出版社,2013年,第420页。

⑫ 徐中舒等:《汉语大字典》,成都:四川辞书出版社,1992年,第1806页。

充，故裴骃两存，譬如若干地名的注释。《鲁周公世家》："厘公元年，以汶阳、鄪封季友。"《集解》："贾逵曰：'汶阳，鄪，鲁二邑。'杜预曰：'汶阳，汶水北地也。汶水出泰山莱芜县。'"显然，贾逵指出汶阳为鲁邑，而杜预又详细解释了汶阳在西晋的地理方位，故裴骃二存，使注释的内容更全面。

综上所述，贾逵的人物与名物注释被杜预注大量吸纳，而且两人对注释点的选择也较为接近，呈现出相近的注释理念。故杜预《春秋序》云："然刘子骏畅通大义，贾景伯父子，许惠卿皆先儒之美者也。"① 其对贾逵《左氏》学的欣赏不是偶然的。

（作者单位：北京师范大学古籍与传统文化研究院）

① 《春秋左传注疏》，第16页。

古书中读为“设”的“埶”及其与“执”互讹补例*

王　诚

一、读为“设”的“埶”讹作“执”

古文献中常有以“埶”表“设”的用例①，以及传世古书中存在“埶”与“𢪠（执）”互讹的现象②，这是裘锡圭先生早就指出过的。这里先补充一个读为“设”的“埶”讹作“执”的例子：

《荀子·礼论》：丧礼者，以生者饰死者也，大象其生以送其死也。故如死如生，如亡如存，终始一也。始卒，沐浴、鬠体、饭唅，象生执也。不沐则濡栉三律而止，不浴则濡巾三式而止。充耳而设瑱，饭以生稻，唅以槁骨，反生术矣。设③亵衣，袭三称，缙绅而无钩带矣。设掩面儇目，鬠而不冠笄矣。

杨倞注：“象生执，谓象生时所执持之事。执，或为持。”杨注泥于字形，于意难通。日人久保爱《荀子增注》云：“执，当作‘术’，音之误也。术，道也。”“执”“术”音远，无由得混。于省吾先生在《双剑誃荀子新证》中指出，“执，乃埶字之讹。象生埶也，谓象生时之形埶也。”④此说可从，不过还需申说。《荀子·礼论》上文云：

故三月之葬，其貌以生设饰死者也，殆非直留死者以安生也，是致隆思慕之义也。

杨倞注：“貌，象也。言其象以生之所设器用饰死者，三月乃能备也。”“以生设饰死者”就是“以生者饰死者”、“象其生以送其死”，所以“生设”即指生之所设，“充耳而设瑱，饭以生稻，唅以槁骨”等都是“象以生之所设器用”。由此可知，于省吾指出的讹作“执”的“埶”即读为“设”，“象生设”就是象死者活着的时候所设的器具用品。《荀子》一书中以“埶”为“设”的例子并不乏见，裘先生就曾指出，《荀子·儒效》“埶在本朝”和《荀子·正名》“埶列之位”之“埶”字皆表“设”这个词，是其证⑤。因此，上揭《礼论》“象生执”由于以“埶”为“设”因而讹作“执”，是完全有可能的。

---

* 国家社科基金后期资助项目：上古汉语动词语义内涵研究（14FYY017）

① 裘锡圭：《释殷墟甲骨文里的“远”“𤞷”（迩）及有关诸字》，《古文字研究》第十二辑，北京：中华书局，1985年，第7页。

② 裘锡圭：《古文献中读为“设”的“埶”及其与“执”互讹之例》，《东方文化》（36卷1、2号合刊），香港：香港大学亚洲研究中心，2002年，第39—45页。

③ 诸本“设”作“说”，卢文弨已指出其误。

④ 参见王天海：《荀子校释》，上海：上海古籍出版社，2005年，第787页。

⑤ 裘锡圭：《再谈古文献以“埶”表“设”》，《先秦两汉古籍国际学术研讨会论文集》，北京：社科文献出版社，2011年，第7页。

二、“执”讹作“埶”误改为“设”

裘锡圭先生指出，现有的先秦文字资料，似乎只用“埶”而不用“设”来表示“设置”之“设”这个词，大约自秦汉开始改用“设”[①]，所以“执”字也可能因讹作“埶”而被误改为“设”，他就曾举过一个例子：

《淮南子·兵略训》：是故为麋鹿者，则可以罝罘设也，为鱼鳖者，则可以网罟取也，为鸿鹄者，则可以矰缴加也，唯无形者，无可奈也。是故圣人藏于无原，故其情不可得而观；运于无形，故其陈不可得而经。[②]

郭永秉先生把该例和《管子·四时》“令禁罝设禽兽，毋杀飞鸟”联系起来看，这是很对的，但他说“矰缴可加而‘为鸿鹄者’不可加”，从而认为《管子》和《淮南子》中两个“设”字也许不一定是“执”字之误，只是为求行文整齐或简洁，临时赋予“设”字一种特殊的用法。我们认为，从上古文献用例来看，矰缴所加的对象或宾语正是飞禽。如《战国策·楚策四》：

夫黄雀其小者也，黄鹄因是已。游于江海，淹乎大沼，俯噣鳝鲤，仰啮蓤衡，奋其六翮，而凌清风，飘摇乎翱翔，自以为无患，与人无争也，不知夫射者方修其㠩卢，治其矰缴，将加己乎百仞之上，被礛磻，引微缴，折清风而抎矣。故昼游乎江河，夕调乎鼎鼐。

“㠩卢”指弓箭，“己”指黄鹄，作“加”的宾语，所以㠩卢、矰缴所加的对象就是黄鹄。又如《史记·楚世家》：

十八年，楚人有好以弱弓微缴加归雁之上者，顷襄王闻，召而问之。对曰：“小臣之好射鶀雁，罗鸗，小矢之发也，何足为大王道也。……”

“加”的宾语为“归雁”，也就是微缴所加的对象。再回到上举《淮南子》的例子，高诱注：“麋鹿有兵[③]，而不能以斗，无术之军也。”“鱼鳖之兵，散而不集。”“鸿鹄之兵，高而无被。”据此，“为麋鹿者”谓像麋鹿那样没有战斗力的军队，“为鱼鳖者”谓像鱼鳖那样散漫松懈的军队，“为鸿鹄者”谓像鸿鹄那样高傲轻敌的军队。都是用动物来比喻军队。因此，“以网罟”是“取”的状语，“取”的宾语则是“为鱼鳖者”，同理，“以矰缴”是“加”的状语，“加”宾语则是“为鸿鹄者”，平行地来看，“设”的宾语正应是“为麋鹿者”，而不是“罝罘”，所以该例“设”读为“执”显然是可通的。“执”本就有捕义，在甲骨卜辞中，“执”可作田猎动词[④]。裘先生已提到，殷墟甲骨卜辞中有“执兕”、“执麋”等语，而

① 裘锡圭：《释殷墟甲骨文里的“远”“𤞷”(迩)及有关诸字》，第 44 页。

② 郭永秉：《以简帛古籍用字方法校读古书札记》，《简帛语言文字研究》(第五辑)，成都：巴蜀书社，2010 年，第 463 页。

③ 马宗霍《淮南旧注参正》云：“以下文‘鱼鳖之兵’‘鸿鹄之兵’例之，则此注文‘麋鹿有兵’似当作‘麋鹿之兵’。”

④ 当然，“执”也用作抓捕人。《说文·手部》：“执，捕罪人也。”

且《周礼·夏官·校人》《大戴礼记·夏小正》有"执驹",《庄子·逍遥游》《淮南子·泰族》有"执鼠"[①]。葛亮认为卜辞中"执"表示的则是"抓捕"一类的主动行为[②]。另外,《诗经·大雅·公刘》有"执豕",《庄子·大宗师》有"执爇",《韩非子·人主》有"执百兽",《盐铁论·险固》有"执熊罴",皆可佐证。

下面再补充一个"执"讹作"埶"误改为"设"的例子。《商君书》和《淮南子》都有"设鼠"的用例,前人训说纷歧,我们认为"设"是"执"的误改,"设鼠"应为"执鼠"。前已谈及"执鼠"的用法见于《庄子》《淮南子》,此外,《韩非子·扬权》也有"执鼠",都指捕鼠。我们看《淮南子》中"设鼠"的用例:

《说林》:设鼠者机动,钓鱼者泛杭,任动者车鸣也。

高诱注:"动,发也。发则得鼠。泛,钓浮。杭,动。动则得鱼。"他没有解释"设"字。于鬯《香草续校书·校淮南子》云:"'设'字无义,疑'投'字之误。"[③]蒋礼鸿《义府续貂》云:"设皆诱致之义。"[④]其实,"设"并没有诱致之义。蒋先生的观点最早见于《商君书锥指》:

《外内》:"故开淫道以诱之,而以轻法战之,是谓设鼠而饵以狸也,亦不几乎!"注:"设一物以有所招致,谓之设,犹诱也。"[⑤]

他举《晏子春秋》之例为证,《仲尼相鲁景公患之晏子对以毋忧章》:"君不如阴重孔子,设以相齐。"孙星衍云:"《孔丛(子)》'设'作'欲'。"苏时学云:"'设'疑当作'许'。"[⑥]皆因不解"设"字之义而臆改。蒋先生把"设以相齐"解释为:"谓以甘言诱孔子,谓欲相之耳。"为了说明"设"有诱致义,他在《义府续貂》"设"字条中还引了《汉书》中的两个例子[⑦]:

《赵充国传》:"间者匈奴困于西方,闻乌桓来保塞,恐兵复从东方起,数使使尉黎、危须诸国,设以子女、貂裘,欲沮解之。"颜师古注:"设,谓开许之也。"

《张骞传》:"天子既闻大宛及大夏、安息之属皆大国,多奇物,土著,颇与中国同俗,而兵弱,贵汉财物;其北则大月氏、康居之属,兵强,可以赂遗设利朝也。"颜师古注:"设,施也。施之以利诱令入朝。"

但上述两例中的"设"其实都是许诺的意思,不能等同于"诱"。《国语·吴语》:"必设以此民也,封于江、淮之间,乃能至于吴。"韦昭注:"设,许其劝勉者。以此民封之于江淮间以诱之,必速至也。"这是说许诺以封地为奖赏,引诱士卒出力效忠。"设"的许诺义由设置义引申而来。如《墨子·非命》:"是故古之圣王发宪出令,设以为赏

---

① 裘锡圭:《古文献中读为"设"的"埶"及其与"执"互讹之例》,第44页。

② 葛亮:《甲骨文田猎动词研究》,《出土文献与古文字研究》第五辑,上海:上海古籍出版社,2013年,第93—97页。

③ 何宁:《淮南子集释》,北京:中华书局,1998年,第1184页。

④ 蒋礼鸿:《蒋礼鸿集》(第二卷),杭州:浙江教育出版社,2001年,第168页。

⑤ 蒋礼鸿:《商君书锥指》,北京:中华书局,1986年,第128页。

⑥ 吴则虞:《晏子春秋集释》,北京:中华书局,1982年,第504页。

⑦ 《蒋礼鸿集》(第二卷),第168页。

罚以劝贤，是以入则孝慈于亲戚，出则弟长于乡里，坐处有度，出入有节，男女有辨。”所设置的奖赏要在将来兑现，亦即预设，对受赏者而言就是许诺。上引《赵充国传》的“设”，颜师古释为“开许”，也就是允诺，“子女、貂裘”是允诺之物。《张骞传》“利”作“设”的宾语，这样的用法在先秦文献中已经有了。如《韩非子·奸劫弑臣》：“故善为主者，明赏设利以劝之。”又如《管子·版法解》：“明君设利以致之。”这两例的“设”都应当作设置、许诺解，宾语只能是所设、所许之物，所谓的“诱”是文意，而非“设”的词义。据此，《晏子春秋》“设以相齐”，就是许诺孔子以齐相之位。

既然“设”无诱义，那么《商君书》的“设鼠”很可能是“执鼠”的误改。《韩非子·扬权》：“使鸡司夜，令狸执鼠，皆用其能。”猫抓老鼠，自古而然。《商君书·农战》：“我不以货事上而求迁者，则如以狸饵鼠尔，必不冀矣。”捕鼠以猫作诱饵，喻事情不能成功，故《吕氏春秋·仲春纪》云：“以狸致鼠，以冰致蝇，虽工不能。”

同理，《淮南子·说林》“设鼠”的“设”也应读为“执”。“执鼠”和“钓鱼”正相对应。《墨子·鲁问》：“钓者之恭，非为鱼赐也；饵鼠以虫，非爱之也。”“钓者之恭”是为了得鱼，“饵鼠以虫”是为了捕鼠。

最后再举一例东汉文献中的佐证：

> 《论衡·无形》：“人设捕蜃蛤，得者食之。虽身之不化，寿命不得长，非所冀也。”

“设捕”无解，“设”读为“执”，应为“执捕”，义即捕捉。《史记·朝鲜列传》：“而以节召楼船将军入左将军营计事，即命左将军麾下执捕楼船将军，并其军，以报天子。”《汉书·翟方进传》：“义始发兵，上书言宇、信等与东平相辅谋反，执捕械系，欲以威民。”是其证。

（作者单位：浙江大学古籍研究所）

俄藏黑水城文献释读举例*

张秀清

在整理俄藏黑水城汉文文献的过程中，发现有些字虽然原文书写清楚，容易识读，但读通顺也要费些思量，主要是因为原文使用了不少通假字、俗字等。杨树达先生在《彝铭与文字》中精辟地分析了“识字与通读”二者的关系，谓：“治彝铭者必先识字，此自然之理也。识其字矣，铭文之能通读与否，犹未可必也。何者？古人之用字，有用其形即用其义者，亦有如今人之写别字，用其形不用其义，而但取其音者。如用其形即用其义，则字识而文可通。如用其形不用其义而但借用其音，则虽识其字而文之不可通如故也，于是通读尚焉。盖识字者，辨形之事也，而通读则求义之事也。二事绝不相同，识字固重要，而通读则尤要也。”①这里略选十三例，试为通读。

例一：TK119 佛说报父母恩重经：断绝消息，音信不通。令使爷娘，悬肠各肚②。

按：各，当读为“割”。音近通假。元关汉卿《邓夫人苦痛哭存孝》第二折：“哑子落马痛关情，子母牵肠割肚疼。”郑廷玉《崔府君断冤家债主》第三折：“可怎生将俺孩儿一时勾去，害的俺张善友牵肠割肚。”贯云石《套数》：“知心可腹，牵肠割肚，不枉了用工夫。”也说“牵肠挂肚”“悬肠挂肚”等。张涌泉《敦煌本〈佛说父母恩重经〉研究》：“断绝消息，音信不通。遂使爹娘，悬肠挂肚。”③

例二：TK128《佛说圣佛母般若波罗蜜多心经》御制后序：绝蔑五蕴，涤除六尘④。

按：“蔑”通“灭”。通假。惠宏《黑水城汉文文献词语杂释》：“‘绝蔑’同‘绝灭’。”⑤如“蝛”为“蠛”俗字。韩小荆《〈可洪音义〉研究：以文字为中心》：“蝇蝛，上羊陵反，下莫结反。（卷 9，A852b）按：本条出自《佛说菩萨本行经》上卷音义，今《大正藏》对应经文作‘蝇蛾’，校勘记曰：‘蛾’，宋、元、明本作‘蚊’。根据可洪注音，窃疑此字是‘蠛’的换声旁俗字，‘蝇蠛’古籍中经常连用，如西晋竺法护译《佛说月光童子经》卷一：‘譬如蚊虻之势欲坠大山，蝇蠛之翅欲障日月，徒自毁碎，不如早悔，首过免罪。’即其例。”⑥

---

* 国家社科基金项目：黑水城文献语言研究（11BYY069）阶段性成果。

① 杨树达：《积微居小学述林全编》，上海：上海古籍出版社，2007 年，第 254—255 页。

② 《俄藏黑水城文献》（第四册），上海：上海古籍出版社，1998 年。

③ 张涌泉：《敦煌本〈佛说父母恩重经〉研究》，《张涌泉敦煌文献论丛》，上海：上海古籍出版社，2011 年，第 292 页。

④ 《俄藏黑水城文献》（第四册）；宗舜：《〈俄藏黑水城文献〉（汉文部分）佛教题跋汇编》，《敦煌学研究》2007 年第 1 期，第 23 页。

⑤ 惠宏：《黑水城汉文文献词语杂释》，《西夏学》第 6 辑，2010 年，第 225 页。

⑥ 韩小荆：《〈可洪音义〉研究：以文字为中心》，浙江大学博士学位论文，2007 年，第 244 页。

例三：TK132 慈觉禅师劝化集：疾痛苛养，敬抑搔之，出入卧起，敬扶持之[①]。

按："苛养"读为"疴痒"，通假。疴痒指疾病痛痒。宋苏轼《决壅蔽策》："疾痛疴痒动於百体之中，虽其甚微，不足以为患，而手随至。"

例四：TK132 慈觉禅师劝化集：诛剥黎庶，只推闰官[②]。

按："闰官"读为"润官"。"闰"为"润"的通假字或俗字。宋王明清《挥麈三录》卷二："寻之燕山，虏亦欲保全之，而邈意略不少屈，又不肯去顶发，虏人责之，邈髡而为僧，谓曰：更以二分润官。"宋程珌《洺水集》卷二："昔庆历中诸道转运多求加耗之米，谓之润官，甚至盗臣加耗之外，复增一斗，仁皇谓聚敛过于盗贼，遂命止之。"宋李焘《续资治通鉴长编》卷七一真宗大中祥符二年："诏诸蕃贡物，咸令估价酧之。如闻左藏库减抑所直，目曰润官，自今宜禁之。"卷一六〇仁宗庆历七年："诸路转运司广要出剩，求媚于上。民输赋税，已是太半之赋，又令加耗，谓之润官。江西诸路州军体例，百姓纳米一石，出剩一斗，往往有聚敛之臣，加耗之外，更要一斗。"

例五：TK132 慈觉禅师劝化集：又不知兴废在僻倾之际，存亡当瞬息之间[③]。

按："僻倾"当读为"臂顷"。通假。义为"如人屈伸臂的时间"，与下句"瞬息"一样都形容时间极短。俄藏黑水城文献 TK58 李仁孝（夏仁宗皇帝）印施《观弥勒菩萨上生兜率天经》发愿文："若习十善而持八斋，及守五戒而修六事，命终如壮士伸臂，随愿力往升彼天，宝莲中生，弥勒来接。未举头顷，即闻法音。"敦研 032《四分律》："如人屈申辟（臂）顷，至彼池边。"敦煌变文《庐山远公话》："远公既出长安，足下云生，如壮士展臂，须臾之间，便至庐山。"东汉支曜译《佛说成具光明定意经》："水盥已毕，如伸臂顷。"西晋法护译《离睡经》："以三昧意犹若力士屈申臂顷。"南朝宋法天译《佛说分别缘生经》："譬如力士屈伸臂顷，离梵天界，来诣佛所。"沮渠京声译《佛说旃陀越国王经》："王便敕群臣，严驾当到佛所。须陀便以道力，如申臂顷，将王及人民，俱到佛所。"智严译《佛说广博严净不退转轮经》卷一："供养佛已，犹如壮士屈伸臂顷，于彼佛前忽然不现。"智严译《佛说广博严净不退转轮经》卷一："时尊者大目揵连受佛教已，即于佛前忽然不现，犹如壮士屈伸臂顷。"唐段成式《酉阳杂俎》卷十四诺皋记上："因授一青石，大如鸡卵，言至家可磨此服之，能下毒气。一夕风雷，其物遽持女曰'可去矣'如释氏言屈伸臂顷，已至其家，坠之庭中。"宋道原《景德传灯录》卷二八洛京荷泽神会大师语："觉有浅深，教有顿渐。其渐也，历僧祇劫犹处轮回；其顿也，屈伸臂顷便登妙觉。"[④]

例六：TK172 六壬课秘诀：院内水坑休尸地，寘墙鼬鼠入家来[⑤]。

按：查图版，录"寘"误。实为"窦"字。"寘"本当"填"或"置"讲，句中义不合。"窦"义合。马钰《清心镜（内耕种赠木张先生）》："处孤清，内耕种。心意安闲，不摇不

---

① 《俄藏黑水城文献》（第四册）；宋坤：《俄藏黑水城宋慈觉禅师〈劝化集〉研究》，河北师范大学硕士学位论文，2010 年，第 66 页。

②③ 《俄藏黑水城文献》（第四册）；《俄藏黑水城宋慈觉禅师〈劝化集〉研究》，第 75 页。

④ 妙音、文雄点校：《景德传灯录》，成都：成都古籍书店，2000 年，第 594 页。

⑤ 《俄藏黑水城文献》（第四册）；孙继民等著：《俄藏黑水城汉文非佛教文献整理与研究》，北京：北京师范大学出版社，2012 年，第 352 页。

动。杳冥中、见个金牛,向溪田深窨。清雨降,紫芝耸。赤凤乌龟,前来看供。麻麦结、黍米神珠,上碧霄进贡。"[①]TK228《新雕文酒清话》:"里巷有鄙人王方、王庆,方乃兄也,庆即弟也。居贫无以为志,共议为小窃,穴壁而入,取物率以为常。一日□□一贫家,时深冬,彼家男女极多,皆无衣共卧。庆摸之其冷如冰铁,庆□兄曰:'□劄入古墓来也。'兄曰:'何为也?'庆曰:'满地上皆是石羊、石虎。'"[②]查图版,"劄"实为"劄",左右结构,比"窨"多一"刂"旁。对比两字所在上下文,其意义当相同。

《敦煌俗字典》窾:"P3906《碎金》:'穿窾:音孔,亦作窬。'按:此字《汉语大字典》未收。《敦煌写本碎金研究》引《应用碎金·争讼篇·斗殴》:'钻壁,窾:公上声,穴。'谓此字属于'穴部',音'公'之上声,义为'钻壁'。""窬:按:此字《汉语大字典》亦未收,与此相近者则有'劄'字,《改併四声篇海·穴部》引《类篇》:'劄,剜土也。'明代李实《蜀语》:'穴土行曰劄。'字又作'剠',元杂剧中多有其例,见顾学颉、王学奇《元曲释词》。今方言中仍然广泛使用。"[③]

例七:TK172 六壬课秘诀:会得孙宾占病法,不须诊脉看巢源[④]。

按:"巢"《官板大六壬神课金口诀》作"根"[⑤]。作"巢"是。"巢源"为医书。宋司马光《传家集》卷六二:"某启。近领正月十二日书,续又领所赐论医及乐书,教诲勤勤,感藏无已。医书固难测,《素问》《巢源》在其中最精奥,诚如所谕。""向者所蒙教诲,何敢忘之。但承其意,不承其术。谨当熟读《中庸》以代《素问》《巢原》,熟读《乐记》以代《考工记》《律历志》。庶几有得于桑榆,启发其端,皆自益友之赐也。至幸至幸,至感至感。不宣。光再拜。"《全宋诗》卷二二六四范成大二三《题药方》:"孤童亦复梦槐柯,无德无功用福多。天理乘除当老病,巢源王诀奈君何。"《全宋诗》卷三〇七张方平三《耳鸣》:"素问方家本,巢源导引精。早年曾有客,奇术可还婴。何日开金鼎,灵丹见八琼。"

例八:TKl87 佚名古方书:"此方(缺)所传甚难,更在秘之不可轻传。至祝。"[⑥]"其效不可细述,大佳。"[⑦]

按:查图版,原文"至祝""大佳"后都有符号如图一、二所示。张如青《俄藏黑水城佚名古方书辑校考释》:"至祝二字下有一竖的波折符号,疑系古人所用省略符号,省去当时方后通用的祝祷辞。"[⑧]"大佳下有一竖撇形符号,疑系重文符号。"[⑨]杨昕《黑水城出土汉文医方:治疮疡方的考释与研究》将其释为"大佳(后缺)"。[⑩] 两处都应视为习语省书符号,省写的习语分别为"至祝""大佳",当读为"至祝。至祝""大佳。大

① (金)马钰著,赵卫东辑校:《马钰集》,济南:齐鲁书社,2005年,第118页。
② 《俄藏黑水城汉文非佛教文献整理与研究》,第465页。
③ 黄征:《敦煌俗字典》,上海:上海教育出版社,2005年,第130—131页。
④ 《俄藏黑水城文献》(第四册);《俄藏黑水城汉文非佛教文献整理与研究》,第377页。
⑤ 《俄藏黑水城汉文非佛教文献整理与研究》,第377页。
⑥ 《俄藏黑水城文献》(第四册);《俄藏黑水城汉文非佛教文献整理与研究》,第391页。
⑦ 《俄藏黑水城文献》(第四册);《俄藏黑水城汉文非佛教文献整理与研究》,第393页。
⑧ 张如青:《俄藏黑水城佚名古方书辑校考释》,《上海中医药大学学报》2001年第4期,第16页。
⑨ 《俄藏黑水城佚名古方书辑校考释》,第18页。
⑩ 杨昕:《黑水城出土汉文医方:治疮疡方的考释与研究》,《西夏研究》2012年第2期,第48页。

佳”。张涌泉《敦煌文献习见词句省书例释》:“敦煌写卷中,抄手遇习见之词句,有仅写起始一字或数字,而其下一字或若干字则用省书符号略去之例。其省书符号与重文号略同,多作‘丷’‘々’等形,但往往与上一字的末笔连书,故写法略有变异。其习见省书之词句,包括习词、套语、重句、引语等。”[1]

清翟灏《通俗编》卷一七“切祝”:“(东坡尺牍)与某知县云:儿子鲁钝不及事,惟痛与督励也,切祝、切祝。又与开元明师云:拙诗一首,不须示人,切祝、切祝。(朱子集)与方伯谟,亦云千万留意,至祝、至祝。(按)今人简牍多作切嘱至嘱,据前人嘱字,似但用于卑幼,尊及平等皆用祝也。”宋朱熹《朱熹别集》卷二:“彼人凶猾,吾甚为汝忧之,切宜深自防也。渠岂能改过。不可错准拟,只当益加戒心耳。至祝。至祝。”

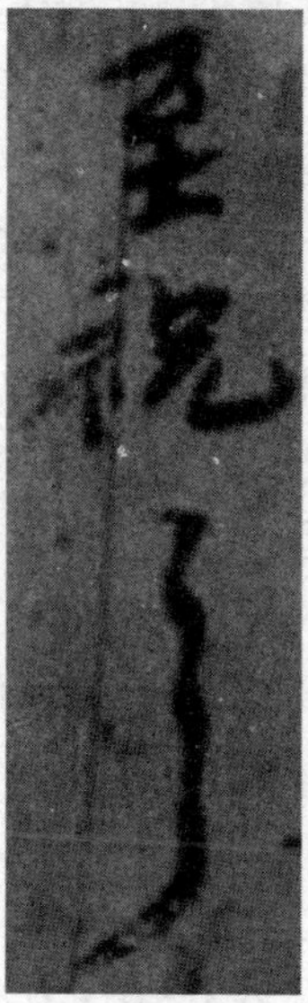

图一

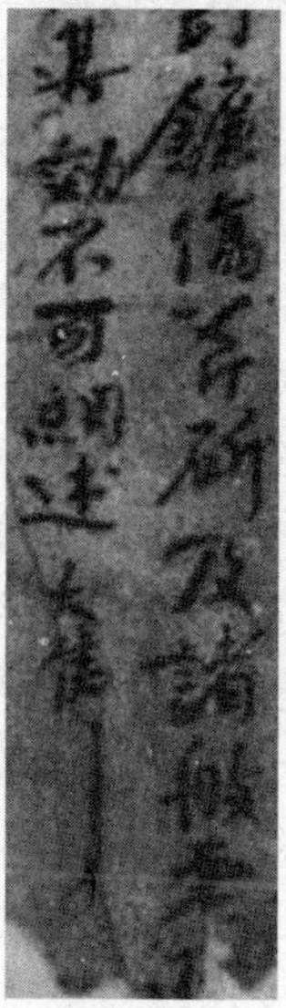

图二

例九:A6 解释歌义:诗曰:抱玉岩前桂叶稠,碧溪寒水至今流。空山落日猿啼叫,疑是荆人哭未休[2]。

按:上述诗歌亦见于清彭定求等编《全唐诗》卷六四七胡曾《咏史诗·荆山》:“抱玉岩前桂叶稠,碧溪寒水至今流。空山落日猿声叫,疑是荆人哭未休。”

例十:A6 解释歌义:“诗曰:莳兰莫当门,怀玉莫向楚。楚无别玉人,门非莳兰□。”[3]

按:所缺之字当为“所”字。《秦汉魏晋南北朝诗》宋诗卷五,“种兰诗:种兰忌当门,怀璧莫向楚。楚少别玉人,门非植兰所。”唐李延寿《南史》卷二六列传第一六:“(袁)淑乃赋诗曰‘种兰忌当门,怀璧莫向楚。楚少别玉人,门非植兰所’。寻以久疾免官。”诗中楚、所为韵,门、人为韵。门:臻摄魂韵明母莫奔切;人:臻摄真韵日母如邻

---

① 张涌泉:《敦煌文献习见词句省书例释》,《浙江师范大学学报》2011 年第 1 期,第 65 页。

②③ 《俄藏黑水城文献》(第四册);《俄藏黑水城汉文非佛教文献整理与研究》,第 615 页。

切。所:遇摄语韵生母踈举切;楚:遇摄语韵初母创举切。

例十一:A21 神仙方论:右各等分为细末,面糊为丸,如梧桐子大,每服三十丸,空心饣乍汤下①。

按:张如青、汤晓龙《俄藏黑水城医学文献〈神仙方论〉辑校考释》:"饣乍:古方言词,音 zuò。《说文·食部》:'楚人相谒食麦曰饣乍。'由此可知,'饣乍'当为'麦'。"②误。惠宏《黑水城出土医方〈神仙方论〉的错乱及再校录》读为"醋",释"饣乍当'酢(醋)'形近之误。"③"饣乍"为"酢"换旁俗字,从食、从酉义类相近。"酢",即今常用的酱醋之"醋"。元黎崱《安南志略》卷一五:"《千金方》:治疮癣始生积痒。以一两重,入桂酿三两,作末,醋汤调下。"明李时珍《本草纲目》石部第十一卷:"硫黄(柳木槌研细)、半夏(汤泡七次焙研)等分。生姜自然汁调,蒸饼和杵百下,丸梧子大。每服十五丸至二十丸,空心温酒或姜汤下,妇人醋汤下(《和剂局方》)。"以醋汤下药,文献多见,不烦举。

例十二:A21 神仙方论:治大风疾:虾蟆衣,不亦多少噉干;萆薢,为细末④。

按:"亦"不通,当读为"以"。通假。不以多少,义同"不论多少,不管多少,不拘多少"。文献有征。宋张世南《游宦纪闻》卷一:"世南在蜀中,遍访林下人,求独炼法,鲜有能者。忽一日,得青城山道友传授云……其法用雄黄不拘多少,研细。甘锅火内,煅令通红,取出。"元葛可久《十药神书》:"花蕊石散:花蕊石(火煅存性,研为粉)不拘多少。"宋李焘《续资治通鉴长编》卷一二八仁宗康定元年:"诏自今都部署司应有寨栅申报贼寇入界,不以多少远近,并须画时救应。"卷二一五神宗熙宁三年:"陕西诸路有投顺蕃汉人户,不以多少,宜令接纳,厚加存恤,审辨奸诈,不令有复归之计。"卷二一八神宗熙宁三年:"近指挥陕西、河东诸路,如有夏国投来蕃部,不以多少,并令接纳,厚加存抚。近日惟鄜延、环庆屡奏投来人户,而诸路并不知有无,可询具实封以闻。"元脱脱等《宋史》卷二六八列传第二七:"时制,沿边粮斛不许过河西,河西青盐不得过界贩鬻,犯者不以多少,处斩。"元王好古《阴证略例》:"一法:治水偏大,上下不定,疼痛不止,牡蛎不以少多,盐泥固济,炭三斤,煅令火尽,冷取二两,干姜一两,炮为细末,二味和匀,冷水调得所,涂病处,小便大利即愈。"明徐光启《农政全书》卷五六荒政(采周宪王《救荒本草》):"救饥:采嫩芽煠熟。换水浸洗淘净,油盐调食。又以子不以多少炒。舂去赤皮。"

蒋礼鸿谓:"不以:无论,不管。""《维摩诘经讲经文》:'譬如大火,我相终无。热性周遍,有何差殊?若夜(也)起得,悉平等,不以玉石金土,一等燋然;拣甚大地山河,一时倾灭。'"⑤

例十三:инв. No. 3775 西夏光定七年祭文"至卜其□宅吉位,哭不哀礼化六□□□,闻乐不(后缺)"⑥。

---

①④ 《俄藏黑水城文献》(第四册);《俄藏黑水城汉文非佛教文献整理与研究》,第 630 页。

② 张如青、汤晓龙:《俄藏黑水城医学文献〈神仙方论〉辑校考释》,《中华医史杂志》2010 年第 3 期,第 159 页。

③ 惠宏:《黑水城出土医方〈神仙方论〉的错乱及再校录》,《时珍国医国药》2012 年第 6 期,第 1485 页。

⑤ 蒋礼鸿:《敦煌变文字义通释》(增补定本),上海:上海古籍出版社,1997 年,第 494 页。

⑥ 《俄藏黑水城汉文非佛教文献整理与研究》,第 724 页。

按：上述录文有误。查图版，当录为“哭不哀，礼无容，□□闻乐不”。“□□”似为“永夜”二字，原文不甚清，待定。与此相似内容亦见于《孝经》丧亲章第一八：“子曰：‘孝子之丧亲也，哭不偯，礼无容，言不文，服美不安，闻乐不乐，食旨不甘，此哀戚之情也。三日而食，教民无以死伤生，毁不灭性。此圣人之政也。丧不过三年，示民有终也。为之棺椁衣衾，而举之；陈其簠簋，而哀戚之；擗踊哭泣，哀以送之；卜其宅兆，而安措之；为之宗庙，以鬼享之；春秋祭祀，以时思之。生事爱敬，死事哀戚，生民之本尽矣，死生之义备矣，孝子之事亲终矣。’”①

（作者单位：西北民族大学海外民族文献研究所）

① 吕友仁、吕咏梅译注：《礼记全译·孝经全译》，贵阳：贵州人民出版社，2009年，第938页。

广东省域清诗总集的开山之作
——屈大均《广东文选》成书背景论略*

陈凯玲

一提到清代的广东诗人，人们首先会想起“岭南三大家”，“三大家”中又以屈大均的创作成就最为突出。如果提到广东清诗总集的编者，屈大均依然无愧为“大家”。他一生著述宏富，不仅给后世留下了大量的诗文作品和学术专著，还编纂了一系列情系桑梓的文献，尤其热心于广东地区历代诗文的整理和编刊。其中，刻于康熙二十六年丁卯(1687)的《广东文选》，为目前存世的清代最早一部广东省域诗文总集①，荟萃了从两汉至清初二千多年内广东(包括个别寓贤)代表性作家二百余人的文学作品，其文献价值已得到学界充分肯定②。

《广东文选》全书四十卷，虽然规模称不上宏大，却是屈大均毕生丰富著述经验的结晶。一方面，该书借鉴前人的成果和经验，在明人张邦翼所辑《岭南文献》基础上进行合理的取舍，以更为鲜明的文学色彩，超越了前人的同类总集；另一方面，屈大均本人也是多种总集的编者，曾有《广东文集》《岭南诗选》等相关总集的编纂计划与活动，无疑为后来《广东文选》的顺利成书奠定了基础。本文即就《广东文选》的成书背景略作考察，对该书与几部相关著作的关系作一些初步的探讨，以发掘其背后颇为曲折的编纂历程。

一、《广东文选》与《岭南文献》

总集的编纂，是一定历史文化积淀的产物。广东地区从汉代赵佗建立南越国始，经历长期的开化与文明的过程，逐渐形成丰富的人文资源，诚如屈大均所言：“广东自汉至明千有余年，名卿巨公之辈出，醇儒逸士之蝉连，操觚染翰，多有存书。”③特别是在明代嘉靖以后，商业经济的迅猛发展更促进了文化教育的兴旺和印刷技术的进步，

---

* 基金项目：广东省哲学社会科学“十二五”规划资助项目“广东省域诗歌总集研究”(GD15YZW02)。

① “广东省域清诗总集”范畴的界定，主要依据三个标准：一则该总集所收作者，必须籍属清代的广东省(大致以清代广东省辖境为准，包括广东道和海北道、海南道，即今天的广东、海南两省及广西壮族自治区部分地区)；二则该总集选诗范围，必须立足全省，而并非限于省级之下的府、县、乡镇等局部地区；三则只针对选集一类，凡以其他形式编纂之总集(如丛书、合刻等)，均不在讨论范围之内。

② 骆伟：《论岭南文献》，《高校文献信息学刊》，1995年第4期，第6－11页；汪松涛：《屈大均与广东地方文献》，《岭南文史》，1997第4期，第4－8页。《广东文选》已有点校本问世，参陈广恩《点校说明》，广州：广东人民出版社，2008年，上册，第1－7页。

③ (清)屈大均：《广东新语》，中华书局，1985年，第318页。

粤人开始大量著书，不仅别集纷纭众多，总集的编纂也开始受到重视。据道光《广东通志》卷一百九十八《艺文略·十》集部之四总集类著录，明人所编各种广东地方性总集即达三十余种之多；而其中最早的省域诗文总集，则为万历年间张邦翼所辑《岭南文献》①。

张邦翼，湖北蕲州（今蕲春）人，万历年间曾官广东提学副使。其《岭南文献》自序称有感于广东人文蔚盛，"所为论撰，率真醇尔雅"，而遗著散佚，甚至"片语不遗，姓名俱逸"，因此以整理岭南历代文献为己任，"乘校士余闲，征书十郡"②。自万历四十三年（1615）"乙卯之冬"，至四十四年（1616）"丙辰之春"，成书凡三十二卷。全书按体裁分类编次，计散文二十五卷，包括诏诰、敕批、奏对、笺疏等二十余种文体；诗歌七卷，包括四言至七言诗、词、歌谣等。《四库全书总目》卷一百九十三集部总集类存目之三，称入选此书者"起唐张九龄，迄于明之万历，凡二百六十余人"③；但据原书卷首作者"姓氏"统计，实际收录共有三百一十九人。其中以明人为主，尤以嘉靖朝文人居多，占总人数近三分之一，而唐、宋、元三代合计只有十四人。《四库全书总目》说该书"于岭南诸集搜辑颇广，然明人著作，百分之中，几居其九焉，盖时弥近而所收弥滥，亦明季标榜之习气也"④，实则这也是广东地区文化日益发达的一个结果。

《岭南文献》虽然"文"与"献"并称，但实际更侧重于"献"亦即今天所说的文献。即如入选作家，据凡例第六款所说，便是"重流品，次文章"。虽然它也提到"禄位之崇卑，行踪之显逸，无论也"⑤，但考其作者"姓氏"，其中入仕者凡二百六十八人，上起丞相、尚书，下至进士、举人，均按官品、科名由大到小、由高至低排序；而"青衿才士，遗逸布衣"，则"附收篇末"⑥，总共不过四十七人，形同点缀而已。再如"文章"，也明显存在重思想而轻文采、重文献而轻文学的倾向，如其自序所说：

> 惟是以理为鹄，以品为权。谈学术，必其醇而粹者亟收之，不则漱芳润，猎菁华，其为金玉渊海，弗顾也；谭经济，必其典而确者亟收之，不则悬画饼，饰象龙，其为黼黻河汉，弗顾也。⑦

具体则如"奏对、笺疏、札议"，"即文不简古，然忠肝赤胆，可照汗青，故博采之"⑧。可见，张邦翼编纂《岭南文献》，的确更看重"学术"、"经济"之类的文献价值。

张邦翼之后，福建晋江杨瞿崃续纂《岭南文献轨范补遗》六卷，后世也称为《岭南文献续集》。《四库全书总目》卷一百九十三集部总集类存目之三，称该书"必其事与理关切者，纂而补之"，"中间又自分理类、事类等目"⑨，可见其于"文章"强调"事"

---

① （清）阮元等：《（道光）广东通志》，《续修四库全书》第673册，第334页。
② （清）张邦翼：《岭南文献》卷首，《四库全书存目丛书》影印万历刻本，补编第21册，第2页。
③ （清）永瑢等：《四库全书总目》，北京：中华书局，1965年，下册，第2704页。
④ 《四库全书总目》，第2704页。
⑤ 《岭南文献》卷首《凡例题评》第六款，第5页。
⑥ 《岭南文献》卷首《姓氏》附"论"，第15页。
⑦ 《岭南文献》卷首，第3页。
⑧ 《岭南文献》卷首，第4页。
⑨ 《四库全书总目》，第2705页。

“理”,注重文献,比《岭南文献》更进一步。并且,该书还只收散文,不选诗歌,这从对待文学的态度来看,显然比《岭南文献》还要不如。

《岭南文献》及《岭南文献续集》,作为广东地区较早的省域诗文总集,其开创之功自然不可磨灭。只是从文学的角度考察,它们的局限也是相当明显的。

屈大均《广东文选》,在资料方面多有取资于《岭南文献》及《岭南文献续集》,如其《凡例》第一款所说“合二书为一”①。以诗人为例,此集共收录一百三十八人,其中七十八人即已见于《岭南文献》,占全书诗人总数近百分之六十。这种情况又相对集中在唐、宋、元和明初,距离屈大均年代较远,很可能是因为“文献不足征”而造成了不谋而合。

但是,《广东文选》对《岭南文献》及《岭南文献续集》,事实上还是做了大量的增补工作。以时代范围而论,《岭南文献》《岭南文献续集》两书“皆起自唐开元年,至明万历年而止”;而《广东文选》所收作者,“起自汉文帝时,至明崇祯时而止”②,并实际延续到清顺治、康熙年间(关于《广东文选》所收作者时代下限的问题,笔者另有专文探讨,此处不赘)。可见,此集所收作者时代范围,上限和下限都有所延伸,而尤以明末清初为突出。

尤其值得注意的是,《广东文选》在选择作品的标准上不为前人所囿,而以文学家的眼光“选文定篇”,特别注重作品的文学审美价值。其《凡例》第一款曾说:

> 吾粤旧有《岭南文献》一书,乃督学蕲阳张公凤[邦]翼所撰。又有《岭南文献续集》一书,乃督学晋江杨公瞿崃所撰。……今合二书为一,删者五之,增者五之;删其不文,增其文。……而是书主于“文”,不主于“献”也。③

所谓“主于‘文’,不主于‘献’”,正是《广东文选》最大的特色。这里的“文”,即指文学。其具体表现,则大致有如下三个方面:一是增加诗词在各类文体中的比重。《广东文选》和《岭南文献》《岭南文献续集》三书,内部均按文体分类编次,但是,《岭南文献续集》“有文无诗”④;《岭南文献》总共三十二卷内,诗词之类只有七卷,占全书百分之二十二弱;而《广东文选》总共四十卷,其中诗词有十五卷,接近全书百分之三十八。尽管散文中也未必没有文学色彩相当浓厚的作品,但诗词之类,显然更具有文学的气息。二是强调作品本身的文学审美价值,以文存人,而不以人存文。如其《凡例》第三款明确说:“予所选止于文,盖以文而存其人,不以人而存其文。故其文未能尽善者,虽大贤,弗敢多录。”⑤这与前述《岭南文献》“重流品,次文章”,以人存文的做法,可谓截然相反。具体如明弘治年间儒学大师湛若水,《岭南文献》同时选其诗文,其中诗歌多至十八首;屈大均虽然也推尊他为“圣人之徒”,以之与陈献章、王守仁相提并论,“倡明洙泗之学,以开聋聩”⑥,但《广东文选》却只选录他的散文,于诗歌则一首都不录。这显然是屈大均以一个诗人的眼光,认为湛若水的诗歌水平不够,所以如此对

① (清)屈大均:《广东文选》卷首,《四库禁毁书丛刊》集部第136册,第128页。
②③⑤ 《广东文选》卷首,第128页。
④ 《四库全书总目》卷一九三集部总集类存目之三,第1758页。
⑥ 《广东新语》卷十“甘泉之学”条、“事师”条,第308、312页。

待。三是注重文学创作的独创性,推尊“真作者”。如其《凡例》第五款曾说:“为文当以唐、宋大家为归;若何、李、王、李之流,伪为秦汉,斯乃文章优孟,非真作者。”[①]这就是批评明代前、后“七子”“文必秦汉,诗必盛唐”的模拟风气,主张文学创作要有作家自己的风格,抒写个人的真实感情。这样写出来的作品,自然更具有文学的审美价值。

因此,《广东文选》相对于《岭南文献》及《岭南文献续集》来说,最主要的也就是突出总集的文学性,而相应淡化它的文献色彩。这实际上就是远绍魏晋南北朝时期形成的文学独立意识,与南朝梁代昭明太子萧统的《文选》连成一气。作为广东地区的省域文学总集,《广东文选》的出现,真正将总集编纂引向了文学的角度。也正是从这个意义上说,《广东文选》堪称广东历史上最早的一部“文学”总集。

二、《广东文选》与《广东文集》

在《广东文选》问世之前,屈大均本人也曾编纂过一部《广东文集》。该书现今只有残本流传,但其《广东新语》卷十一《文语》第一则“广东文集”,还完整保存着该书的自序,其中提到:

> 嗟夫!广东虽一国乎,求文于人,人或不足于文;求人于文,文则有余于人矣。博取而约之,撰为一书,名之曰《广东文集》。使天下人得见岭海之盛于其文,文存而其人因以存,以与《广东通志》相表里,岂非一国人文之大观乎哉?[②]

据今人汪宗衍先生考证,《广东文集》最初于康熙二十五年丙寅(1686)由广州知府刘茂溶出资刊刻,“然草创是书,当在早年”[③]。从《广东新语》已经收录该序这一点来看,屈大均着手编纂《广东文集》,再迟应该不迟于《广东新语》完稿,亦即康熙十七年戊午(1678)顷[④]。有关该集的编纂情况,至少有以下几个方面特别值得注意。

1. 关于命名

屈大均对《广东文集》的命名,经过一番详密的推敲与论证,可谓别具匠心。其自序曾针对《岭南文献》一书,说:

> 先是时,吾粤有《岭南文献》一书,吾尝病其“文”不足,“献”亦因之。盖因“文”而求其“献”耳,非因“献”而求其“文”也。斯乃《[昭明]文选》之体乎,以言乎“文献”,则非矣。且“岭南”之称亦未当:考唐分天下为十道,其曰“岭南道”者,合广东西、漳浦及安南国境而言也。宋则分广东曰“广南东路”,广西曰“广南西路”矣。今而徒曰“岭南”,则未知其为东乎,为西乎?……是皆非今日四封之所至,与本朝命名之实,其亦何以为征?凡为书必明乎书法,生乎唐则书“岭南”,生乎

① 《广东文选》卷首,第129页。

② 《广东新语》,第316—317页。

③ 汪宗衍:《屈大均年谱》,屈大均《屈大均全集》附录之一,北京:人民文学出版社,1996年,第8册,第1962页。

④ 《屈大均年谱》,第1932页。

宋则书"广南东路",生乎昭代则必书曰"广东",此著述之体也。以尊祖宗之制,以正一代之名,而合乎国史,其道端在乎是。[①]

这里包含两层意思。一是从所编内容来说,屈大均有鉴于《岭南文献》"其'文'不足",所以有意把《广东文集》称作"文集",借以突出"《[昭明]文选》之体"。二是从行政地名来说,屈大均认为用"岭南"不符合"本朝命名之实",所以特地将它改作"广东",借以遵循"著述之体",以求"名副其实","名正言顺"。并且在《广东文集》之外,他的《广东新语》《广东丛书》也同样都以"广东"命名[②]。而《广东文选》一书,既称"广东",又称"文选",这显然正是《广东文集》书名的一个翻版。

2. 关于时代范围

《广东文集》所涵盖的作者时代范围,也比《岭南文献》更广。其自序接下去曾说:

吾尝谓广东……文,其以汉之陈元为始乎。其《请立左氏》一疏,大有功圣经。次则杨孚,有《请均行三年通丧》一疏;即其《南裔异物志》,辞旨古奥,散见他书,搜辑之亦可以为广东文之权舆。今徒以曲江冠简端,抑疏矣。[③]

这是说的上限。通过追溯广东文学创作的源头,屈大均把东汉陈元定为广东本土最早的文学家,打破了长期以来以唐代张九龄(曲江其号)为"文宗"的惯论,从而将广东的文学发展史推前了六百年之久。至于其下限,则屈大均在《广东文选·凡例》第二款中提到:"予所编纂《广东文集》,自汉至今。"[④]也就是一直到清朝康熙间。唯现存《广东文集》存目(详后),其中所收时代最晚的作家为顺治三年丙戌(1646)在江西抗清殉节的黎遂球。至于《广东文选》的时代范围(参前),则又与《广东文集》不尽相同。

3. 关于体例规模

《广东文集》规模宏大,远远超过《岭南文献》及其《续集》,其体例编排也较一般总集复杂。据其自序说:

以张天如所撰《汉魏百名家》为例,可乎。其例也,人各一集,集分诸体。体不必兼,即一体亦成一集。不成一集,则以其可附者附之。……书成,总计三百余卷。集皆有原序、新序或书后。集末则以本传、行状、墓志附焉,俾其人生平本末尽见,易以考求。统名曰《广东文集》,分名则曰某人集。[⑤]

可见,全书是以个人专集的形式,分集编刊,各专集内部再按体裁分类编次。现今唯一为南京图书馆收藏的康熙刻本《广东文集》残卷,所存即《陈议郎集》《杨太守集》《刘御史集》《谭处士集》《杨文懿集》《林光禄集》《黎太仆集》七家专集,凡十六卷[⑥]。而据《广东文选》自序所述,"予先有《广东文集》之役",计收"大家数十,名家百

---

① 《广东新语》,第 317 页。

② 《广东丛书》拟收《广东文集》"外诸家著书非文体者",见《广东新语》卷一一,第 319 页。

③ 《广东新语》卷一一,第 318 页。

④ 《广东文选》卷首,第 128 页。

⑤ 《广东新语》卷一一,第 318—319 页。

⑥ 骆伟:《广东文献综录》,广州:中山大学出版社,2000 年,第 541 页。

余，凡为二百余集”①，其原书确乎规模惊人。只是就其性质而言，《广东文集》显然属于典型的“丛书”，与《广东文选》以及《岭南文献》正、续集之类一般意义上的总集不同。

4. 关于选录标准

《广东文集》号称“一国人文之大观”，但在选录作家的作品时仍然不无选择，具体来说也就是排除与文学无关的“非文”之体，如其自序所说：

> 其集外诸家著书，非文体者，约有百余种。若丘文庄之《大学衍义补》，湛文简之《格物通》《周易测》《二礼经传测》《非老》《非杨》，黄宗大之《皇极经世传》，黄文裕之《乐典》，王光禄之《正学观水记》诸书，虽为体博大，为理精微，可以羽翼圣经贤传，概不编入。②

这里所列举的“非文体者”，都是与经史相关的学术著作，严格来说并不属于文学的范畴。可见，《广东文集》虽然自称“宁宽毋严”，博取诸家作品，但事实上却还是以“文学”作为一个基本的选择标准。这与前述该书命名为“文集”，可谓正相一致；换一个角度说，这也正是“文集”之“文”在全书编纂中的具体体现。而《广东文选》，显然也是基于这样的标准。

《广东文集》由于规模太大，在屈大均生前没有能力全部刊刻。但它对屈大均编纂《广东文选》，却刚好提供了一个坚实的基础。《广东文选·凡例》第二款在叙及《广东文集》时曾说：“但是书浩繁，未能尽刻，姑于诸集中拔其十之二三，以见大概。不能连篇累牍，为先哲多所表章，予之所不得已也。”③这里一方面说明了《广东文集》的刊刻困难，另一方面也交代了“拔其十之二三”，精编成《广东文选》的过程。这对于《广东文选》的诞生来说，显然是顺理成章的。因为在屈大均案头的这部《广东文集》，它本身就是一个现成的资料库，足以使编纂《广东文选》省去许多工序，占尽厚积薄发之利，因而其成书自然更容易。

从《广东文集》精编为《广东文选》，还有助于提高《广东文选》的总体水平。屈大均《翁山文外》卷二《岭南诗纪序》曾经提到：

> 予兹不揣愚蒙，谬有《广东文集》之役，思为同乡先哲罔罗放失，纂辑成编，以一国之文献，为一家之私书；而裁择未精，中多冗滥，颇为识者所病。然予志在广收以为富有，备史臣之肆考，资学士之多闻，若武库之有利钝，太仓之有精粗，不遑计矣。④

而《广东文选》一书，对《广东文集》所收作品有删有存，如其自序所说：“存者为先哲显其日月光华，删者为先哲藏其珠玉瑕类，是吾之所以为恭敬也云尔。”⑤因此，从客观上来说，《广东文选》收录的作品自然具有更高的文学价值。

《广东文选》与《广东文集》两书，虽然有大有小，有粗有精，但各自都有它们存在的意义。正如《广东文选》自序所说：

---

①③⑤　《广东文选》卷首，第128页。
②　《广东新语》卷一一，第319页。
④　《屈大均全集》，第3册，第58页。

譬之水焉,《文集》为牂牁大洋,而《文选》为一勺;譬之山焉,《文集》为罗、浮二岳,而《文选》为一卷。使观者从一勺以求牂牁大洋,从一卷以求罗、浮二岳,是一勺为牂牁大洋之所必须,一卷为罗、浮二岳之所不可少。《文选》为《文集》之车右轮,相辅而行,而不可废一者也。……书成,……以为《广东文集》之先声。[①]

《广东文集》与《广东文选》两者缺一不可,如同"大洋"与"一勺"水,"罗、浮二岳"与"一卷"石,是整体与部分的关系,小中可以见大;又如"车"与"轮"的关系,后者可以辅佐前者。同时,这两个比喻还都说明了屈大均始终坚持《广东文集》的刊刻,其"未能尽刻"只不过是一时之困;而为了改变这个困局,他有意以《广东文选》作为《广东文集》的"先声",不仅可以宣传推广后者,而且很有可能也是为了赚取、积累后者的刊刻资本,走"曲线救国"的道路。

屈大均本人重视《广东文集》的程度,无疑更甚于《广东文选》。但一方面由于《广东文集》最终"未能尽刻",已刻者又散失严重,另一方面则《广东文选》这部晚出的"先声"凭着以少胜多的优势,使得其知名度实际上盖过了《广东文集》,这也许是屈大均始料所未及的。

三、《广东文选》与《岭南诗选》及其他

屈大均在《广东文选》自序中,曾经说过:"广东者,吾之乡也。不能述吾之乡,不可以述天下。"可见,他始终以编纂"吾乡"总集为己任。而他生前亲手编刊的地方总集,除了《广东文选》以及《广东文集》刊布流传以外,还有数种最终未能成书,《岭南诗选》即为其一。

《岭南诗选》是屈大均早年拟编的一部广东省域通代诗歌总集。其《广东新语》卷十二"宝安诗录"条曾提到:

予撰《岭南诗选》前、后集,《前集》自唐开元至明万历,《后集》自万历至今;人各有传,仿《列朝诗集》之体;积二十年,亦未有成书,可叹也。[②]

又其《翁山文钞》卷一《东莞诗集序》,同样提及这部《岭南诗选》,当时"尚未就"[③]。根据这两条线索,可以推知,此书体例仿照钱谦益的《列朝诗集》,以人系诗;又分前、后两集,以明万历朝为界。《前集》与清代绝无关系,《后集》则一直收到清初,总的时间跨度大致与《广东文选》的诗歌部分相同。其编纂时间,据本师朱则杰先生《清诗考证》书稿推断,大致在康熙三年甲辰(1664)以后。可惜这想法虽早,却"积二十年,亦未有成书"。究其原因,近人朱希祖先生在《屈大均(翁山)著述考》一文中认为,一方面在于"王隼已有《岭南诗纪》",不必重复劳动;另一方面是书名"'岭南'二字之不谛"[④],即不符合前述应取"广东"之原则。不过,更大的可能,恐怕还是由于后来

---

① 《广东文选》卷首,第128页。
② 《广东新语》卷一二,第358页。
③ 屈大均:《翁山文钞》卷一,《屈大均全集》,第3册,第280页。
④ 《屈大均全集》附录之三,第8册,第2163页。

长期奔波逃亡各地，无暇顾及该书编纂，而后来却被王隼捷足先登了。

屈大均编纂总集的目光，还不仅仅局限于广东本省。他曾有《麦薇集》，拟专门收录清初全国遗民诗歌，今《翁山文钞》卷一尚载其自序[①]，而有关计划远在后来卓尔堪辑《明遗民诗》之前[②]。又有《绿树篇》，以咏“绿树”为主题，属于题咏类诗歌总集，《翁山文外》卷九载有《书绿树篇后》。再有《三间书院倡和集》，则系唱和类诗歌总集，其序亦见《翁山文钞》卷一。此外，屈大均还积极为他人所编有关诗歌总集做宣传，分别为前及王隼辑《岭南诗纪》、蔡均辑《东莞诗集》，以及陕西张云翮（曾任广东驿盐道）辑《岭南倡和集》等书撰序。特别是前两种总集的编纂者，他们和屈大均一样都是广东人，又都是“生当乱世，有志纂修”[③]，可谓志同而道合。而这种“志同而道合”，亦即通过纂修总集的方式曲折表达自身的遗民意识，正是明清易代之际十分突出的一种文化心态。

《岭南诗选》《麦薇集》《绿树篇》《三间书院倡和集》等总集虽然没有成书，或者已经遗失，却可以见出屈大均编纂总集的热诚和志向，并且这种热诚和志向一直贯穿他的一生。更重要的是，它们作为总集编纂的经验积累，客观上有助于《广东文选》后出转精，成为一部集大成的著作。

综上所述，《广东文选》的成书背景，可以说是屈大均热心乡邦文化活动的一个缩影，折射出广东清初遗民文人思想中的浓郁乡邦情结。屈大均此书，不但完成了他要“为父母之邦尽心”的愿望[④]，而且也扩大了广东文化的传播和影响。同时，它作为广东省级清诗总集的开山之作，对后世广东地区总集的编纂活动，曾起到很大的引导作用。时至今天，当我们评价清代广东文化发展的推动者时，屈大均及其《广东文选》仍然应当得到充分的肯定。

（作者单位：广东惠州学院中文系）

① 《翁山文钞》卷一，第280－281页。
② 朱则杰：《全国性清诗总集佚著五种序跋辑考》，《淮阴师范学院学报》2006年第3期，第332页。
③ 《翁山文钞》卷一，第279页。
④ 《广东文选》卷首自序，第128页。

慕寿祺《中国小说考》浅论

王希明

慕寿祺(1874—1947),字子介,号少堂,甘肃镇原县平泉镇人。出生于书香门第,自幼熟读诸书,光绪癸卯(1903)举人。初以盐大使签分四川,后由劳绩保知县,分发山西。1907年赴北京、天津、汉口等地考察学务。后加入同盟会。民国后历任甘肃省议会副议长、南京国民政府参议院议员、甘肃省通志馆编纂、甘肃学院教授等职。

慕寿祺著述颇丰,有《甘宁青史略》《镇原县志》《中国小说考》《河鱼天涯诗训》《陇上同名录》《西北道路志》等30余部。其中《中国小说考》搜罗广泛,涉及100余种小说作品,保存了不少小说、戏曲研究的资料。从中颇可窥见作者的小说观。王振良《稗谈书影录》曾简介此书,并抄录其序跋①。此外,颜廷亮曾经辑录《中国小说考》中有关敦煌文学的资料四条,加以标点后发表,以提供敦煌文学研究的资料②。除了这种资料性的介绍外,专门的研究目前尚未见到。

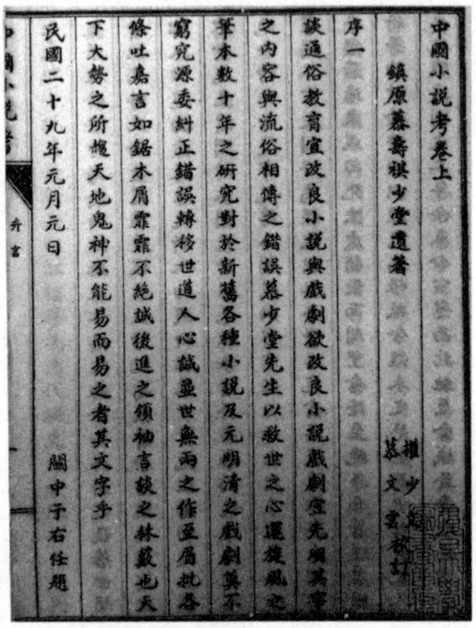
中國小說考卷上
鎮原慕壽祺少堂遺著　權少　慕文雲校訂
序一
談通俗教育宜改良小說與戲劇欲改良小說戲劇宜先明某事之內容與流俗相傳之錯誤慕少堂先生以救世之心運旋風之筆本數十年之研究對於新舊各種小說及元明清之戲劇莫不窮究源委糾正錯誤轉移世道人心誠蓋世無兩之作至屑批各條吐嘉言如鋸木屑霏霏不絕誠後進之領袖言鼓之林藪也天下大勢之所趨天地鬼神不能易而易之者其文字乎
民國二十九年元月元日　關中于右任題

《中国小说考》一书国家图书馆、甘肃镇原图书馆、复旦大学图书馆有藏本。复旦大学馆藏本附有慕寿祺的女儿慕文云落款日期为1962年10月15日的铅印便笺,云:"先父慕少堂先生生前著作,除'甘青宁大事记'早已出版外,其他遗著中'中国小说考'一书,在1949年春曾以石印印出百余部。由于文字中印刷错处甚多,一直保存未印散发。最近经过校阅,附表勘误。兹随函寄赠一部,请查收,俾供参阅。"而书中亦有"民国三十八年仲春印于兰州"的字样。可知此书印于1949年,后由慕文云寄赠各图书馆。

此书线装两册,卷各一册。上卷九十五叶,下卷四十六叶,凡一百四十一叶。半叶10行,行25字。卷上首页首行题"中国小说考卷上",次行署"镇原慕寿祺少堂遗著,权少文、慕文云校"。前有于右任序、张继序、作者自序,后有李龚行跋、梅贻宝跋、作者后序、慕文云跋记。

张继己卯(1939)冬十月的序言中提到自己在抗战建国二年(1938)去拜访慕寿

① 王振良:《稗谈书影录》,上海:上海远东出版社2011年版,第394—403页。

② 颜廷亮:《慕少堂〈中国小说考〉有关敦煌文学的论述辑录》,《图书与情报》,1985年第4期,第82—87页。

祺:“问近著何书,出《小说考证》一书以相示,又闻所未闻见所不见矣。”可见 1938 年此书已经成稿。而慕寿祺后序日期为国纪二十九年(1940)冬十二月朔。于右任等序均作于 1939 年 6 月至 1940 年 7 月之间。张继序中提到此书分 16 类,分别为说部、笔记、弹词、野语、理想、劝惩、忠孝、节烈、豪侠、革命、扰乱、战事、才女、仙佛、妖妇、敦煌旧小说,又后附历代小说总论。而此一石印本的目录“仙佛”类后增加了“高僧”类,“妖妇”类易名为“妖怪”类,“旧小说(敦煌石室所发见)”类后又增加了“鸿博”和“札记”两类。在“总论”类后,又增加“杂录”类,凡 21 类。可见慕寿祺于 1938 年完成初稿后,还在修改,至 1940 年冬始定稿。卷末慕文云跋为民国三十七年(1948),慕寿祺已于前一年去世,故署“遗著”。

此书的基本体例是先列书名,然后简介书的作者、卷数、成书年代、成书缘由及内容、风格等。这一部分介绍字数多少不一。如《玉历钞传》《欧洲大战记》条各有 500 字左右,而《博异记》条就只有 40 余字。有的有双行小字注,如洪昇《长生殿》条注解附陈鸿《长恨传》以供参考。有时候注解也直接选取原书中的一则以现其原貌,如《殷芸小说》摘录“骑鹤上扬州”一条。另外尚有眉批,多为考证词语、引述他人观点、表达自己的感慨等。施德操《北窗炙輠录》条,眉批即解释“炙輠”一词的由来。

《中国小说考》的 21 类中,第 20 类“总论”是对汉代小说、唐代小说、宋代小说戏曲、元代戏曲本事、清代戏曲本事的概述,属于纵向的小说史。而第 21 类“杂录”则是对秦腔、欧洲小说及戏曲、北大研究词曲、说书、有声电影、顽票的专论。主体部分为前面 19 类,是对所著录小说戏曲的简介及考订。据目录所列著录小说戏曲为 108 部。但是《述异记》《墨庄漫录》《阅微草堂笔记》《沈云英传》不见于目录,《道州御寇记》见于目录而不见于正文。实际上正文著录书籍凡 111 部。不过书中考订评价的书籍却不止此数,在注解及眉批中往往提到一些书,也加以介绍。

仅就正式著录的 111 部来看,其中白话通俗小说戏曲等近 40 种。各类收书多少不一,最多的笔记类有 22 部,而理想类、才女类、高僧类都只有 2 部。从书籍的类型来看,从笔记、志怪到通俗小说,到戏曲,甚至包括外国翻译作品,各体均备。从分类和收书看,慕寿祺的小说概念还是传统图书分类的子部小说概念,包括杂史、笔记和戏曲。晚清人论小说多包括戏曲,而到了 20 世纪 30 年代还如此,不免显得保守。

前 19 类中比较有特色的是理想类和革命类。《封神传》所以列入理想类,是因为“观于今日战事,益信著书者之理想甚高”。甚至连 20 世纪初即盛极一时的翻译作品《福尔摩斯侦探小说》也被收入此书,列入理想类,注解曰:“福尔摩斯以科学方法侦探案情,其事至奇,其心最细,读者几疑真有其事而不知皆理想也。”革命类著录 5 部,《儒林外史》入选,因“吴敬梓有新思想,讪笑举业怀疑礼教”;《水浒》入选,因“非礼之礼,非义之义,江必有之,自异于他贼也”;《明夷待访录》入选,因“其大旨在于提倡民权,变更政治,故多通达治体之论”;《太平天国野史》入选,因“定制度律令,禁雉发放奴婢,禁蓄妾买娼缠足”,“事虽不成,谈革命者皆宗之”;《镜花缘》入选则因“为言女权之书,无一语落前人窠臼”。这两类的设置,具有鲜明的时代特色,也足以显露作者的思想。慕寿祺是清末甘肃革命的先驱,1911 年 2 月即组织集会要求甘肃当局宣布共和,他设立阅报社,传播《民报》《革命军》等进步读物。武昌起义后,他被选为甘肃临时议会议长,由此被目为"甘肃国民党领袖"。无怪乎他要专设"理想""革命"这样的类别,甚至忍不住将《明夷待访录》这样的书作为小说收入此书,点评一番。

这种设置也和慕寿祺的小说社会功用论相一致。他在《自序》中认为"说部之书,托体较卑",但是相对于枯燥的经史,容易吸引读者,"口说三古之书,手摩六经之旨,作为文章,垂示后世"会使得听者"昏然不终日";相反,"述委巷之丛谈,道故家之轶事"则可以使"四座欣然,惟恐其词之毕也"。《后序》中又说:"圣贤之书既不足以维系人心,知识阶级普通社会所观览而品题者惟小说,是嗜其味之甘。"《自序》眉批中则说:

小说家言自古虚实参半,然天地间轶事有正史所不录而散见于诸书者,当非全属子虚。是篇包罗万有,壁垒一新,析理必求其精,述故务求其实,而能引人入胜,可与经史同功。至其挽回世道人心比经史而收效更捷矣。

小说补正史之阙,与经史同功,而收效更捷。这种功效即"有助风化"、"挽回世道人心"。这也决定了《中国小说考》的写作目的:

因就家中所存新旧小说二百余种择其雅驯者得半数焉,加以说明,俾知内容,并附历代戏曲于后。盖里闾秋收报赛,粉墨登场,男妇聚观,认为正史。加以改良,黜其郑声,未始非通俗教育之一道也。稿既脱,谬蒙阅者盛奖,愈惭本怀。门人将付印,欲户之而未能也。明曹安撰《谰言长语》一卷,皆据所见闻,阐明义理,议论纯正,颇有裨于风教。是编也,存天理于将亡,遏人欲于无形。其亦《谰言长语》之续也耶!(《后序》)

《自序》中也有类似的交代:"为转移风化计,就案头所存新旧小说略加解释,后之览者亦知所从事矣。"由此,用小说来启发"理想"鼓吹"革命",也算是转移风化的一种。

本着这一观念,是否有益于风化,就成了《中国小说考》评判小说的重要标准。例如,慕寿祺称赞纪昀《阅微草堂笔记》、俞樾《右台仙馆笔记》"尤为有关风化"。《女仙外史》条眉批则曰:

《女仙外史》简直是一部妖书发达史。这一类书的影响产生了社会的种种迷信,酿成了全国的经济破产,就最近百年之事言之,如川楚教匪、义和神团、民国之红枪会皆妖书之所鼓惑也。人民深受其害,犹有钞本流通各省。他的魔力极大,但这力量只能产生妖怪而不能产生国民,中国现在所需要的是健全国民。

此外《福尔摩斯侦探小说》条注解则斥责黑幕侦探小说曰:

这种书起于都会商埠生活的复杂,一般人对近代社会组织无了解能力,发生恐怖,故侦探小说得以应运而生。其影响造成了人类之不相信任,互刺阴私,并且给绑票、拆白的一种教科书去作实验。

这一观念,肯定小说的社会功能,认为小说有魔力,能影响人心。特别指出了不好的作品会产生恶劣的社会影响。而将社会风气的恶化归罪于小说,是梁启超小说界革命之后，针对侦探小说及艳情小说提出的观点。1915年他在《告小说家》一文中说当时的小说：

> 其十九则诲淫与诲盗而已，或则尖酸轻薄毫无取义之游戏文也。于以煽诱举国青年子弟，使其桀黠者濡染于险诐钩距作奸犯科，而模拟某种侦探小说中之一节目。其柔靡者，浸淫于目成魂与逾墙钻穴，而自此于某种艳情小说之主人者。于是其思想习于污贱龌龊，其行谊习于雅曲放荡，其言论习于诡随尖刻。近十年来，社会风气，一落千丈，何一非所谓新小说者阶之厉？循此横流，更阅数年，中国殆不陆沉焉不止也。①

慕寿祺的观点应该是受了梁启超的影响。

此外，对于小说的虚实问题，慕寿祺是崇实抑虚的。由于慕寿祺的小说概念非常宽泛，这里必有将杂史笔记、历史演义和纯虚构的小说分别论述。如果说他评论《封氏闻见录》"足资考证"，《北梦琐言》"可资考证"，《归田录》"足补正史所未备"，是基于这类作品自身的性质，那么评价《天山雪》"可为信史"，《右台仙馆笔记》"虽齐谐志怪之书，而考据详明，援引宏富，可作野史云"，《彭公案》"此书所记，固未必尽属子虚尔"，就显得对小说艺术中虚构的作用认识不足。他对《三国演义》七分实三分虚的看法是"其为空中楼阁者，迎合普通社会之心理耳"，注解中又论其事迹多符合《三国志》，能起到"主持公论，维系人心，足补正史之所不及"的作用。甚至在对《包公案》等公案小说中就某些案件力辨其虚。似乎只有实录才能使小说具有价值，甚至《绿野仙踪》条注解说："编小说者引用古人语宜依样画葫芦，不得任意删改。"这种说法，简直是要剥夺小说作者虚构的权力，将小说变成正史的附属物。至于《西游记》这本神魔小说，慕寿祺竟也要考证乌巢禅师授《心经》的情节与玄奘传记不相符合，质问"果何所据而云然耶"，可见他甚至想要让《西游记》这样的作品也能"补正史之阙"。

上述慕寿祺的小说观，放在小说批评史中衡量，不免给人以落后之感。从桓谭、班固起，到唐代刘知几，宋代郑文宝，无不标举小说可以补正史之缺，其论述对象主要是笔记以及传奇。明清时评论家又把这一条用在通俗小说上，如修髯子（张尚德）谓《三国志通俗演义》"羽翼信史而不违"②。实际上以小说为史的一种，认为可补正史，是想借史学的权威性来提高小说的地位。至清末梁启超倡导小说界革命，则把小说提高到"文学之最上乘"的地位，他于1902年发表《论小说于群治之关系》，称："欲新一国之民，不可不先新一国之小说。故欲新道德，必新小说；欲新宗教，必新小说；欲新政治，必新小说；欲新风俗，必新小说；欲新学艺，必新小说；乃至欲新人心，欲新人格，必新小说。"这一号召得到了热烈的响应，小说刊物纷纷创办，小说创作和研究也出现热潮。可以说，小说作为一种文体具有自己独立的地位，已成共识，自然无须再借史学来抬高自己。而到了20世纪30年代，慕寿祺对于小说的地位仍旧停留在"托体较卑"的认识上，对于小说的功用仍旧强调其可补正史，这显然是比较保守的观念。

---

① 梁启超：《饮冰室合集·文集》第十二册，北京：中华书局，1941年，第67页。原载《中华小说界》，1915年7月第2卷第1期。

② 见《三国志通俗演义》之《引》，万历万卷楼本，日本内阁文库藏本影印本。

至于小说内容的虚实真幻问题,本来就是明代小说批评中的焦点之一。早在明代谢肇制、叶昼、冯梦龙等人,就曾论述过艺术虚构的合理性。像叶昼说:"《水浒传》事节都是假的,说来却是逼真,所以为妙。"[①]明末清初袁于令评论《西游记》说:"文不幻不文,幻不极不幻。是知天下极幻之事,乃极真之事;极幻之理,乃极真之理。"[②]1912年,《小说月报》第三卷第五期起开始登载管达如的《说小说》,其中论述小说是"理想的而非事实的","小说则记载理想界之事实者。理想界之事实,无奇不有,斯小说亦无奇不有"[③]。以上这些事实,说明小说批评界对于小说艺术中的虚实问题,在慕寿祺的年代,已经有了相对比较科学的认识。慕寿祺却否定小说艺术中虚构应有的价值,也显得远远落后于时代。

上述慕寿祺的小说观,粗看觉得过于保守,但仔细考察,则会发现,这恰恰是个人际遇和时代背景影响生成的。慕寿祺虽是前清举人,但却绝非抱残守缺之辈。他曾于光绪三十三年(1907)被陕甘总督生允派赴京、津、汉等地调查学务。归后写成《调查录》8卷,极力主张革除旧弊,推广新式学堂,致力于发展近代教育。宣统末年,他加入同盟会,在清末民初成为甘肃推动共和的重要人物。此外,他本身对历史兴趣很大,特别是对甘宁青三省的文史有很深的研究。就此而论,他自然要宣扬小说为教育服务,宣扬小说有补于历史。何况《中国小说考》成书于抗日战争期间,不能不受时局的影响。他在《红楼梦》条注解中提到柔情文学的流弊:

> 近人谓"在承平世界男欢女爱本可自由,无如国步多艰,祸在眉睫,生死存亡之际,要多愁多病身去执干戈以卫社稷是不可能,即使倾国倾城貌去看护伤兵也不中用,现在需要的是健全国民",言之诚是也。

放在国家危难的背景下,慕寿祺对小说政治社会功能的强调,就显得顺理成章了。《并蒂花传奇》条注解论爱情小说"与政治风化有何关系,与其存也宁删"这样看上去偏激的话,也就容易理解了。而其实慕寿祺也并非一味否认小说的审美意义,如论《聊斋志异》这本虚幻之作"以劝善惩恶为宗旨";"其行文之法或整齐或疏放,或虚或实,或笑或哭;铺叙处有曲折,过接处无痕迹,驰聚处有节制,引证处不堆砌;随意记录,借题发挥,极文人之能事矣"。这是从文法上着眼的评论。《桃花扇》条眉批则认为没有团圆结局"增人悒恨",但是又肯定"曲终不见,江上峰青,绵邈含情,正在烟波"。这是从读者心理角度对悲剧性结局的艺术效果作出的评价。前者基于明清以来的点评传统,后者则近于王国维对《桃花扇》悲剧性的论述。王国维在《红楼梦评论》里对于《桃花扇》等几部真正的悲剧给予很高的评价,称"《桃花扇》政治的也,国民的也,历史的也"[④],这是受到西方文学影响后的新观念。而不同于王国维的论断,慕寿祺的说法实际上更侧重作品的艺术性,是从中国民众传统的接受立场考虑的。

---

① 《水浒传》第一回回评,容与堂本。

② 明刊《李卓吾先生批评西游记》卷首幔亭过客《题辞》,见黄霖、韩同文:《中国历代小说论著选》(修订本),南昌:江西人民出版社,2000年,第278页。

③ 陈春生、刘成友:《20世纪中国文学史文论精华:小说卷》,石家庄:河北教育出版社,2000年,第53页。

④ 王国维:《王国维文集》第一卷,北京:中国文史出版社,1997年,第10页。

在《中国小说考》成书前，民国时期对于小说的系统的研究已有鲁迅《中国小说史略》诸书。研究的成果由传统的评点、序跋向论文、系统的专著转变。比较之下，《中国小说考》所采取的传统的叙录提要式如同蜻蜓点水，给人有点无面之感。本来后附的总论类，应该承担起概论的任务，但是遗憾的是，细查其中《元代戏曲本事》论戏曲的作用，全文照搬曾毅《中国文学史》第四编近古文学第三十六章《小说戏曲之勃兴》①。《清代戏曲本事》一篇同于曾书第五编近世文学第十四章《清之戏剧小说》。就连杂录类《顽票》一篇后半部分论小说的作用也照搬徐枕亚《答友书论小说之益》②。以上引用均未注明出处。从研究方法看，张继序中称慕寿祺："以科学方法整理小说，其最新者以《红楼梦》为清代秘史，以《金瓶梅》为凤洲孝思，以太平天国为革命先驱，皆发前人之未发。"实际上结论可能新奇，方法却是老套。《红楼梦》条注解中认为文学作品的解读如同猜谜，"三坟五典八索九丘以及诸子百家稗官野史，或万言或数万言，举为商迷"。眉批中又举陶渊明《述酒》王士祯《秋柳》为例。这其实是清末民初盛行的索隐一派的观点。慕寿祺称许"蔡孑民索隐已知窍矣"。蔡元培《石头记索隐》出版于民国六年(1917)，认为《红楼梦》是"政治小说"，影响极大，堪为旧红学的代表。慕寿祺用同一方法，认定："贾母清之孝庄皇太后也，贾赦贾政王夫人合之则为老摄政王多尔衮也，林黛玉冒辟疆之妾董小宛也，王熙凤即养心殿草诏之王文靖公熙也，其他一婢一仆皆有所指，一举一动皆有关系。"他又将《金瓶梅》归入忠孝类，认为该书是王世贞为替父雪耻而做，西门庆即严世蕃。

可以说，这本书仍旧是明清时期笔记体小说批评作品的余绪。不管是从体例还是小说观，还是研究方法方面看，此书似乎都显得毫不起眼。但即使如此，《中国小说考》仍旧有其独特的价值。

其一，作为特殊历史时期的产物，此书除了前文所述有助于考察革命、战争对于文学观念的影响外，还有助于理解在西学东渐的大背景下知识分子的心态。

近代以来，中国的发展和西方文化的引入密切相关。此书中一些注解，显示出西学的影响。《山海经》条的注解以赫胥黎《天演论》证明古今动植物的变迁之理，这是自然科学方面的。《目连传》注解中考证关于地狱的问题，罗列西方文学中的地狱为证，即荷马的《奥特赛》(今译《奥德赛》)，委琪尔(今译维吉尔)的《阿尼特》(今译《埃涅阿斯纪》)，但丁的《神曲》，这是文学方面的。

然而慕寿祺却又在《引言》中论外国小说在中国"因国情之互异致冰炭不相容"，"有识者曰：因其排斥礼教，偏重宗教，以各种主义及一切不正当之恶化杂入小说中，藉售其文化侵略之阴谋"，斥外国小说为"世道人心之蠹"，提醒人们"倘不从事审定则狂澜既倒，其无津涯，虽有善者亦无如之何矣"。

慕寿祺对于西方的态度代表了当时知识分子的一种矛盾心理：一方面学习西方，另一方面又心怀警惕，担心在西化的过程中遗失本民族的传统。他对于外国小说的介绍是有所选择的。《中国小说考》中收入《清室外纪》《福尔摩斯侦探小说》《伊索寓

① 该书由上海泰东图书局于1915年出版。

② 徐枕亚：《枕亚浪墨》卷二，上海：清华书局，1915年，第26页。

言》三部外国人的作品。他在《福尔摩斯侦探小说》条眉批称赞托尔斯泰"主持社会改良及宗教神秘之事,其论说以感化平民躬行实践为宗旨",比较之下,"窃愿吾国著小说者如张恨水之流曷弗于感化平民而加之意乎?"他赞美《伊索寓言》:"善乎,《伊索寓言》一书! 余尝取之以课童蒙,最足益人智慧。"他对外国小说的选择,仍以有助于本国国民精神为务。

《清室外纪》条的眉批也许能说明他设想的解决之道:

> 昔日本元老有言曰:"日本经历最大之改革而不危及于国本,感受西方物质之文明而能为我所用者,盖由于不使改革之事伤害国粹之故。"日本讲求西学施行西法较中国最早,其所得亦最精,而其固有之道德无毫发损伤,况中国乎? 况中国为东方文化之祖国乎?

这近于洋务运动时期的"中体西用"观念。只不过,这里文化层面的,"中体"意味着植根于本国的文化传统,而"西用"则意味着吸纳西方思想文化的精华以为我所用。时至今日,国家之间的差异主要在于文化形态,民族自身身份主要基于本民族的传统已成共识,各国纷纷设法加强国民的文化身份认同感。站在今天的立场,来看那样的一个时代,在学习西方的浪潮中,像慕寿祺这样能保持清醒的文化独立意识,是难能可贵的。其中体西用的比较视野,对今日之中国思想界,也仍有启迪意义。

其二,《中国小说考》中多处提到敦煌文献,还专列"旧小说(敦煌石室所藏)"一类,对于敦煌文学研究有特别的意义。慕寿祺曾著《敦煌艺文志》,又在100余万字的巨著《甘宁青史略》以及《中国小说考》的旧小说(敦煌石室所藏)类首说明中,对敦煌文学的发现和流传过程有详细记录①。

慕寿祺手中即收藏有敦煌文献。如甘肃省图书馆藏《妙法莲华经陀罗尼品第二十六》有慕寿祺的题跋及印章,《妙法莲华经信解品第四》背面有慕少堂跋及"慕寿祺印"和"少堂"收藏印②。他在《唐太宗入冥记》条注解中强调了敦煌文献对小说史研究的意义:

> 此书原本现藏伦敦不列颠博物院中,其他如句道兴俗文译本之类皆小说也。可知中国小说非起于宋元,最迟当在唐代末叶,自六朝至唐正佛教盛行时代,将佛教中故事演为俗文,俾一般民众易于领会,又由佛经而推广到中国原有的古传记,于是《唐太宗入冥记》《秋胡小说》在中世界中国文学史上增加许多资料,并可因敦煌古书发现而推翻前此无数的传统见解。

在《中国小说考》的注解及眉批中,慕寿祺也有意识地利用敦煌文献,如《董永传》条眉批:"敦煌莫高窟发现董永小说,言上帝钦永之孝,遣仙女下嫁。成婚后始往主家织缣,与《博物志》道逢一语略异。"

其三,《中国小说考》保存了陇上风俗以及地方戏曲小说的重要资料,呈现了独特的地方文化。慕寿祺对于民俗非常关注,他在书中《周处风土记》条注解中说:"所有

---

① 陈乐道:《垄上学者慕寿祺与敦煌卷子》,《档案》,2006年第5期,第28—29页。
② 郜惠莉:《甘肃省图书馆收藏敦煌文献简介》,《敦煌学辑刊》,1998年第2期,第74页。

家庭之组织、职业之选择、社交之往来、信仰之类别，以及起居、饮食、服御、娱乐、艺术等习惯无不在记述之范围，歌谣与谚语为民众文学之所表现，尤应广为甄采，不得以其俚俗而弃之。”他甚至关注《三国志》中人物多单名(《三国演义》条)，唐代女子双名(《西厢记》条)的现象，加以研究。再如陇南人所作之《并蒂花传奇》杂剧，为各家均未著录之曲目。后附考证祝英台非陇产，用了《宁波府志》等史料，又记宁波男女去梁山伯庙烧香的风俗，以及“若要夫妻同到老，梁山伯庙到一到”的谚语，来加以印证。

从民俗学的角度研究小说始于20世纪20年代，并非慕寿祺首创。慕寿祺的优势在于他世居陇上，对边地山川道路兴衰沿革民风土俗了如指掌。慕文云《跋记》称其父“尤其对于西北历史及音韵学，专心致志，颇多记载”。慕寿祺的著作《甘宁青史略》为甘肃、青海、宁夏三省区第一部系统的地域史，共21卷，全书纪事起自伏羲氏，迄于1928年，记载甘宁青四千多年间的政治、经济、军事、文化、宗教、民俗、灾异、山川、交通、形胜、古迹等，是有关西北地区的百科全书式的作品。正因慕寿祺有此等学养背景，《中国小说考》一书的注解和眉批，才会资料丰富，堪称鸿博。比如陇上伤心人《清同治时中国匪乱记》条详记俄国、英国外国势力的介入，眉批中对地名(如浩罕)，少数民族(如撒拉族)的注释，非熟悉西北者不能。

《中国小说考》中所收《雪山修行记》，《陇防纪略》《并蒂花传奇》等均已失传。如《陇防纪略》记陇西阳坡斋教匪作乱事：“作者虽不署名，亦有心人哉！钞本流传，纸质脆薄，欲其经久难矣。”后附注解，对此事介绍非常详尽，绘声绘色。此书不见别的书录。赖《中国小说考》著录，才得以了解其概貌。此外，《中国小说考》杂录类中“秦腔”一条，以及眉批中有关秦腔剧目等的条目也对了解地方戏曲颇有意义。

总之，慕寿祺《中国小说考》以今天的眼光看来也许存在这样那样的局限性，但是瑕不掩瑜。对于其中反映出的小说观念，不能简单地进行否定，而应结合时代和个人经历具体分析。对于其特有的价值，则应给予充分重视。总体来看，此书以及作者慕寿祺其人，都值得进一步研究。

(作者单位：复旦大学中国古代文学研究中心)

《古籍研究》征稿启事

一、《古籍研究》创刊于1987年，现已出版63卷。在学界同仁的大力支持下，已成为古籍整理与研究领域有较大影响的学术阵地。本刊每年出版两期，欢迎学界同仁惠赐稿件。

二、本刊主要刊发与古籍整理和研究相关的各种专门性论文。书评和研究综述亦适量刊载。来稿内容必须原创，不存在版权问题。

三、本刊欢迎电子投稿，请将稿件WORD文档投至本刊专用邮箱gujiyanjiu@aliyun.com。如稿件中造字、图表等不能正常显示，须同时投寄PDF文件或纸质稿。请勿一稿多投，勿寄个人。

四、来稿请遵从本刊格式规范，并请在文末注明作者姓名、单位名称、职称、详细通讯地址、电子邮箱和电话，以便联系。

五、本刊稿件由相关领域专家匿名评审。稿件被采用者，将发给录用通知。如稿件寄达后三个月内未收到本刊采用通知，可自行处理。来稿一般不退。

六、本刊不向作者收取任何版面费、审稿费等费用。来稿刊出后，本刊即奉上薄酬，同时寄赠样刊两册。

七、本刊通讯地址：安徽省合肥市肥西路3号安徽大学文学院《古籍研究》编辑部。邮编：230039。

附：稿件要求及格式规范

1. 来稿要求一般不少于4000字，题目不超过20个字，副标题不超过18个字。

2. 来稿文字须用国家公布的通用简化汉字，标点符号和计量单位须符合最新国家规范和标准。

3. 来稿请按如下顺序排版：论文标题，作者姓名，正文，作者简介，联系电话和电子邮箱。

4. 来稿若属课题研究成果，请在首页用脚注标明课题名称和课题号。示例如下：

国家社会科学基金重大项目：现存元人著作（汉文部分）总目提要

(12&ZD157)

5. 本刊文后不列参考文献，注释一律采用脚注形式，以阿拉伯数字顺序编码，圈码(①②……)标引。古代文献的作者请在朝代外加圆括号。译著须标明原著者国籍，并在国籍外加方括号。引文出处要求按顺序依次准确标明：作者、书(篇)名、出版地或刊物名称、时间及页码。示例如下：

著作：

① 钱钟书:《管锥编(一)》，北京：三联书店，2007年，第36页。

② (元)陶宗仪:《南村辍耕录》，北京：中华书局，1959年，第181页。

③ [古罗马]玛克斯·奥勒留:《沉思录》，梁实秋译，南京：译林出版社，2012年，第10页。

论文：

④ 章培恒:《〈桃花扇〉与史实的巨大差别》，《复旦学报》(社科版)，2010年第1期，第15页。

⑤ 任继愈:《朱熹与宗教》，《皓首学术随笔·任继愈卷》，北京：中华书局，2006年，第26页。

⑥ 程毅中:《古籍数字化须以古籍整理为基础》，《光明日报》，2013年4月30日，第6版。

文章多次引用同一论著，第一次出现时用上述格式标注，再次出现时只需标注论著名称和页码，示例如下：

⑦《管锥编(一)》，第38页。

《古籍研究》编辑委员会

2016年5月